科学出版社“十四五”普通高等教育本科规划教材
普通高等教育基础医学类系列教材

医学遗传学

第2版

龙 莉 杨 明 主编

科 学 出 版 社
北 京

内 容 简 介

本书从分子、细胞、个体、群体水平系统介绍医学遗传学基础知识、基本理论和基本技能，融合学科发展的最新成果，并且增设遗传病案例一章，不仅帮助读者将所学知识和理论综合应用到具体的遗传病病例中，而且体现了现代医学教育“早临床、多临床”的教育理念。全书共十九章，包括绪论、基因与基因组、基因突变与DNA多态、染色体和配子发生、染色体畸变、染色体病、单基因遗传病、分子病与先天性代谢缺陷病、多基因遗传病、线粒体遗传病、群体遗传、肿瘤发生与遗传、出生缺陷、免疫与遗传、药物反应与遗传、表观遗传与疾病、遗传病的诊断和治疗及遗传病的预防等。在第 1 版基础上，增加PPT、微课等数字资源，帮助学生进行自主学习和个性化学习，提升学习效果。

本书可作为医学院校各专业本科生的教材，也可作为医学各专业研究生、教师、科研人员和临床工作人员的参考书。

图书在版编目（CIP）数据

医学遗传学 / 龙莉, 杨明主编. -- 2版. -- 北京 :科学出版社, 2025. 2. -- (科学出版社“十四五”普通高等教育本科规划教材) (普通高等教育基础医学类系列教材). -- ISBN 978-7-03-079965-4

I. R394

中国国家版本馆CIP数据核字第2024RT9529号

责任编辑：李　植 / 责任校对：宁辉彩
责任印制：张　伟 / 封面设计：陈　敬

科学出版社出版
北京东黄城根北街16号
邮政编码: 100717
http://www.sciencep.com

天津市新科印刷有限公司印刷
科学出版社发行 各地新华书店经销
*
2018年1月第　一　版　开本：850×1168　1/16
2025年2月第　二　版　印张：16 1/2
2025年2月第十二次印刷　字数：445 000

定价：69.80元

（如有印装质量问题，我社负责调换）

《医学遗传学》（第 2 版）编辑委员会

主　编

龙　莉　杨　明

副主编

马　萍　陈元晓　梁伟波

编　委

（以姓氏笔画为序）

马　萍（湖北科技学院）

龙　莉（昆明医科大学）

寻　慧（贵州医科大学）

杨榆玲（昆明医科大学）

张　弋（攀枝花学院）

张迎春（贵州医科大学）

武　阳（湖北科技学院）

修江帆（贵州医科大学）

梁伟波（四川大学）

方　玲（广西医科大学）

刘家宇（贵州医科大学）

杨　明（贵州医科大学）

宋少娟（长治医学院）

张延洁（昆明医科大学）

陈元晓（昆明医科大学）

胡　浩（中信湘雅生殖与遗传专科医院）

崔照琼（昆明医科大学海源学院）

霍　静（长治医学院）

秘　书

张延洁　屈胜秋

前　　言

《医学遗传学》自 2018 年 1 月出版以来，被国内多所高等院校作为医学类本科生教材使用，部分院校还将其用作硕士研究生参考教材，受到各院校师生的好评。为了全面深化普通高等教育改革、提升教育水平和培养质量、推进新医科建设，科学出版社组织多所高校基础医学领域的专家、教授启动了再版工作。

《医学遗传学》第 2 版保持了第 1 版的基本框架，强调知识的精与新，将近几年有关本学科的新进展（如精准医疗、产前诊断、基因治疗等）融入相关章节；根据最新的《国际人类细胞基因组命名系统（2020）》（ISCN2020）对核型描述进行了修订，根据人类基因组变异协会的《序列变异描述建议》对基因突变的描述进行了修订；而对一些基本知识和基本理论进行了精简。将第四章染色体和配子发生、第五章染色体畸变和第六章染色体病的知识进行了整合，把第六章第三节性发育疾病调整到第四章，作为性别决定的知识拓展；把第六章的内容重新划分为染色体数目异常疾病、染色体结构异常疾病和染色体异常携带者的遗传学效应三节，强调染色体异常携带者在遗传病预防中的意义。第十章线粒体遗传病将第二节更改为线粒体基因组突变，将原第二节中的线粒体基因组突变所致疾病与第三节细胞核 DNA 异常引起的线粒体病合并为第三节线粒体遗传病。第十三章出生缺陷增加“胚胎发育”一节，使学生在了解胚胎发育基本过程的基础上，更容易理解出生缺陷发生的原因，以及预防措施。更加注重与临床的联系和接轨，根据遗传病临床防治现状，对相关遗传病名称、诊断方法、预防措施进行了修订，帮助学生更好实现基础与临床的接轨。加强教材数字资源的建设，配套 PPT、微课等数字资源，帮助学生进行自主学习和个性化学习，提升学习效果。

本教材的编写得到昆明医科大学校领导、教务处的大力支持，基础医学院邹智荣副院长和邹英鹰副院长一直关心和全力支持本教材的编写工作。科学出版社编辑对本教材的编写进行了悉心的指导和帮助，定稿会得到四川大学华西医学院梁伟波教授、屈胜秋博士的大力支持，张延洁博士为编写会和定稿会提供了有力的后勤保障，使会议能圆满召开，在此一并表示衷心的感谢！

尽管所有编委在本教材的编写中付出了辛勤的劳动，也力求尽善尽美，但由于水平有限，难免存在不足的地方，恳请专家、同行和使用本教材的广大师生和读者批评指正，使之不断提高和完善，联系邮箱 1460009621@sqq.com、yangmingGMU@163.com。

主　编

2024 年 2 月

目　录

第一章

绪　论

学习要点

掌握：①遗传病的概念；②遗传病的分类。
熟悉：①遗传病的特征；②遗传因素在疾病发生中的作用。
了解：①医学遗传学的研究任务和临床应用；②医学遗传学的分科和发展简史。

医学遗传学（medical genetics）是运用遗传学的理论和方法研究人类遗传病的一门综合性学科，它研究人类遗传病的发生机制、传递规律和再发风险，为遗传病的诊断、治疗和预防提供理论依据。医学遗传学的研究领域涉及基础医学和临床医学的各学科，它既是一门重要的基础医学课程，也是与临床医学相互渗透的一门学科，已经成为临床医学的二级学科之一。

第一节　医学遗传学的任务和分支学科

随着医学的快速发展，医务工作者在医疗工作中遇到的很多问题，如许多疾病的病因、发病机制、病变过程、预后、诊断和预防等，都需要用遗传学的理论和方法去解决。

一、疾病与遗传

感性经验告诉人们，疾病的发生往往由环境因素引起，如气温变化、病原微生物感染等。但是很早以前，人们也认识到一些疾病是由遗传因素导致。随着现代生命科学的飞速发展，人们对疾病发生的认知发生了改变，大量的科学研究发现人类一切正常的或异常的性状综合起来看都是遗传与环境共同作用的结果。遗传因素即个体具有的遗传物质及其功能状态，它决定了机体的形态结构、发育、生理功能、免疫反应、代谢特征甚至精神活动，因而也决定了机体对环境致病因素的易感性和反应。当受人体遗传因素控制的代谢方式与人体周围环境保持平衡时，这种状态或结果就是健康，遗传结构的稳定与完善是健康的基础。而遗传物质及其功能状态的缺陷或是周围环境的显著改变，都能打破这种平衡，导致疾病的发生。因此，现代医学认为遗传因素不仅决定了个体的发育、代谢和免疫状态，而且在疾病的发生和发展中也发挥着重要的作用，任何疾病都是遗传因素和环境因素共同作用的结果。只是在不同的疾病中，遗传因素和环境因素所起作用的大小并不相同，大致分为以下四种情况：

（一）完全由遗传因素决定发病

基因突变或染色体畸变后即导致疾病的发生，如白化病、成骨不全、血友病 A、21-三体综合征和特纳综合征等。

（二）基本上由遗传因素决定发病，但需要一定的环境诱因

例如，苯丙酮尿症是由苯丙氨酸羟化酶基因缺陷所致，但是需要含苯丙氨酸的食物才能诱发。

（三）遗传因素和环境因素在疾病发生中都起重要作用

在这一类疾病中，遗传因素赋予个体遗传易感性，环境因素促使疾病表现出来。绝大多数复杂疾病（如高血压、冠心病、糖尿病、精神分裂症等）、某些先天畸形和大多数肿瘤都可归入此类。虽然遗传因素和环境因素在这些疾病的发生中都重要，但是不同的疾病，二者所起作用的大小仍然不同。例如，唇裂/腭裂、先天性幽门狭窄、精神分裂症和哮喘的遗传率大于70%，说明遗传因素在这些疾病的发生中更为重要；而十二指肠溃疡，遗传率小于40%，说明环境因素在该病的发生中更为重要。还有一些疾病，如脊柱裂、无脑儿、原发性高血压和冠心病等，遗传率为60%～70%，说明遗传因素和环境因素在这些疾病的发生中基本同等重要。不仅如此，对于同一种疾病，遗传因素和环境因素在疾病发生中的作用也可以不同，如糖尿病和高血压在青少年发病和成年发病中，二者的作用就有所不同。与成年发病相比，在青少年发病中遗传因素所起作用更为重要，所以临床上将这两种疾病分为青少年型和成人型。

（四）基本由环境因素决定发病

例如，冲击、挤压或者高温等引起的外伤，细菌和病毒引起的感染性疾病（如结核病、肝炎等），它们的发生基本由环境因素决定。以前一直认为这类疾病的发生完全与遗传因素无关。但是，近年来的研究表明，这类疾病的发生、发展和康复仍然和遗传因素有关。一方面，肝炎、结核病和艾滋病等传染病的发生与个体的易感基因有关。另一方面，外伤的病程长短和修复难易程度可能也与个体的遗传背景有关。

综上所述，正如诺贝尔奖得主 Berg 所说“几乎所有的人类疾病都与遗传相关”，因此，所有的疾病都可视为广义的“遗传病”。

二、医学遗传学的研究任务和临床应用

医学遗传学研究是以疾病为对象，以患者和家系等为材料，解决疾病的遗传基础这个科学问题。它不仅要研究遗传病的发病机制和传递规律，还要研究遗传因素在疾病发展和预后等方面的作用。因此，确切地说，现代医学遗传学是研究人类疾病与遗传的关系，从综合（遗传和环境）角度比较全面地探讨和分析遗传因素在疾病发生、发展和转归过程中的作用，并且在此基础上寻找疾病诊断、治疗和预防的措施和策略，为改善人类健康、提高人口素质做贡献。具体来说，医学遗传学的研究任务包括：①克隆和定位遗传病的致病基因或易感基因，阐明发病机制，并以相关基因为靶点研发新药和治疗方法；②揭示遗传病的传递规律，推算再发风险，预防遗传病在家庭中再发；③寻找高血压、糖尿病、抑郁症等复杂疾病和肿瘤的易感基因，综合环境因素，评估个体的患病风险，进而指导疾病的预防、早期干预和发病后的治疗，例如可以通过调控高风险个体的生活方式和饮食习惯，预防或推迟疾病的发生；④研究遗传因素在药物反应中的作用，筛选用于药效和毒副作用评估的生物标志物（如特殊分子标记、生化表型等），并用这些生物标志物预测患者对特定药物的敏感性、疗效和毒副作用，最终制定个体化用药方案，例如，现在一些化疗药物的使用，要先检测患者的特定基因，然后再根据结果确定用药方案；⑤研究遗传因素在疾病预后中的作用，寻找评估患者预后的分子标志物，指导疾病治疗，例如，临床上已经将染色体畸变和特定基因作为生物标记，预测白血病患者的预后，指导白血病的治疗。

知识拓展 1-1　外显子组测序与单基因遗传病致病基因捕获

在医学遗传学的各项研究中，致病基因或易感基因的克隆和定位是首要任务，也是其他研究的基础。早期，对于单基因遗传病致病基因的克隆和定位，主要是从遗传病已知的酶或蛋白质缺陷出发，根据缺陷蛋白质或酶的相关信息，筛选特定的 cDNA 文库，从而克隆到致病基因。然后，再根据致病基因的序列，进行致病基因定位。此后，在患者中筛选致病基因的突变，并做功能研究，阐明发病机制。运用此策略鉴定的致病基因有血红蛋白病基因、血友病 A 基因和苯丙酮尿症基因等。然而大多数情况下遗传病相关的酶或蛋白质缺陷未知，所以无法实施这种策略。虽然还有其他单基因遗传病致病基因克隆和定位的策略和方法，但适用性都有限。人类基因组计划和国际人类单体型图计划的完成，以及高通量生物芯片的成功研发，大大加快了单基因遗传病致病基因的寻找，取得了前所未有的成就。但是仍然有很多单基因遗传病的致病基因尚不明确，单基因遗传病致病基因的寻找仍是一项艰巨的任务。

外显子组测序（exome sequencing）加快了单基因遗传病致病基因寻找的步伐。外显子组（exome）是指一个个体的所有蛋白质编码序列的总和。人类外显子组的序列仅占整个基因组的1%，但是据估计85%的人类致病基因突变都位于这1%的蛋白质编码序列中。因此，只对各种疾病患者的外显子组进行深度测序，就避免了对99%的非编码序列进行测序和分析，既减少了工作量，又降低了测序成本。另外，因为外显子组测序的覆盖度深，数据准确性高，所以成为捕获单基因遗传病致病基因强有力的手段，为这些疾病的研究提供了广阔的平台。例如，2009年Ng SB用该技术发现了米勒综合征（常染色体隐性遗传病）的致病基因*DHODH*；2010年中南大学湘雅医院、华大基因等单位合作，利用该技术发现了小脑共济失调（常染色体显性遗传病）的致病基因*TGM6*。

外显子组测序技术不仅用于捕获单基因遗传病的致病基因，而且还可以用于筛选癌基因和复杂疾病的易感基因，以及遗传病的基因诊断。2010年，外显子组测序技术被美国*Science*杂志评为2010年度十大科技突破之一。

医学遗传学已经渗透到临床医学的各学科，临床医生需要应用医学遗传学的理论和方法，为患者及其家庭解决疾病的诊断、治疗和预防问题，并提供遗传咨询服务。例如，在儿科，医生要寻找和判断一个多发畸形儿的病因，除了常规检查外，可能还需要对患儿及其父母进行染色体检查、高分辨基因组检测（如外显子组测序）等遗传学检查。在乳腺科，医生需要为有乳腺癌家族史的妇女预测发病风险，指导该妇女对乳腺癌进行预防，并解答其相关问题（案例 19-9）。在产科，医生要为孕妇提供产前筛查和产前诊断服务，为孕妇及其家属解读结果，并提出处理意见（案例 19-1）。在血管外科，医生在对深静脉血栓年轻患者进行药物治疗前，需要结合家族史等预测患者用抗凝血药物治疗的疗效和风险，然后选择合适的药物、适当的剂量和用法。在外科，医生要对患者的肺癌组织样本进行基因表达芯片分析，预测患者的预后，指导该患者的治疗。

从遗传的角度认识疾病，改变了传统疾病的诊断和防治体系，并成为个体化医学（individualized medicine）的核心内容。医学遗传学正在逐渐成为临床医学的独立学科。20世纪70～90年代，欧美和日本等发达国家相继在临床医学中设立了医学遗传学二级学科。在我国，2014年8月国家卫生和计划生育委员会制定并下发了《住院医师规范化培训内容与标准（试行）》，将医学遗传学列入临床医学二级学科，纳入了住院医师的规范化培训，这标志着医学遗传学在我国正式进入临床医学行列。目前，有的医院已经设立了医学遗传科或医学遗传中心。

三、医学遗传学的分支学科

医学遗传学发展迅速，已经建立了许多分支学科，它们从不同的侧面和层次研究人类疾病和遗传的关系，由此构成了医学遗传学的完整体系。医学遗传学的主要分支学科如下：

1. 生化遗传学　生化遗传学（biochemical genetics）是用生物化学的方法研究遗传病相关蛋白质或酶的变化，以及核酸的相应改变，由此提出了分子病和先天性代谢缺陷病的概念。

2. 细胞遗传学　细胞遗传学（cytogenetics）主要研究人类染色体正常形态结构、染色体畸变与疾病发生的关系。

3. 分子遗传学　分子遗传学（molecular genetics）主要研究遗传病的基因结构、表达和调控等方面的改变，探讨基因突变与疾病发生的关系，为遗传病的基因诊断和基因治疗提供理论依据。

4. 表观遗传学　表观遗传学（epigenetics）主要研究在DNA序列没有发生改变的情况下，基因表达或细胞表型的可遗传变化。表观遗传的异常可导致疾病的发生。但与DNA序列变化不同的是，许多表观遗传的改变是可逆的，这就为疾病的治疗提供了乐观的前景。

5. 群体遗传学　群体遗传学（population genetics）是研究群体的遗传结构及其变化规律的学科。它应用数学和统计学方法，研究群体的基因频率和基因型频率；研究突变、选择、近亲婚配、迁移等对群体遗传结构的影响；研究人类群体中致病基因的分布及其变化规律，包括遗传病的种类、发病率、遗传方式、基因频率、携带者频率及影响其变化的因素，为控制遗传病在群体中的流行提供科学依据。

6. 肿瘤遗传学　肿瘤遗传学（cancer genetics）主要研究遗传因素在恶性肿瘤的发生、发展、易感、防治和预后中的作用，为临床上恶性肿瘤的诊断、治疗及预防提供科学依据。

7. 药物遗传学　药物遗传学（pharmacogenetics）主要研究遗传因素对药物吸收、分布、代谢和作用的影响，尤其是遗传因素与药物不良反应的关系，为临床个体化用药提供理论依据。

8. 免疫遗传学　免疫遗传学（immunogenetics）主要研究免疫反应的遗传基础和遗传控制，如抗原的遗传控制、补体的遗传基础和补体多样性产生的遗传机制等，为控制免疫过程、阐明免疫缺陷的发生机制提供理论依据。

9. 发育遗传学　发育遗传学（developmental genetics）主要研究生物体发育过程的遗传控制，为防治发育异常提供理论依据。

10. 行为遗传学　行为遗传学（behavioral genetics）主要研究遗传因素在行为形成和发展中的作用，阐明躁狂抑郁症、精神分裂等异常行为的遗传基础，为异常行为的防治提供依据。

11. 临床遗传学　临床遗传学（clinical genetics）主要研究遗传病的诊断、治疗和预防，是医学遗传学的临床应用。

12. 毒理遗传学　毒理遗传学（toxicological genetics）又称遗传毒理学（genetic toxicology），主要研究环境因素（诱变剂、致畸剂、致癌剂）对遗传物质的损伤机制和毒理效应，以及这些环境因素的检测方法和评价手段。

第二节　遗传病概述

遗传病（genetic disease）是指遗传物质 DNA 或染色体改变导致的疾病。经典的遗传病指生殖细胞遗传物质改变导致的疾病，它的发生需要一定的遗传基础，并且这种遗传基础按一定的方式从亲代传递给子代。而现在，把体细胞遗传物质改变导致的疾病也纳入遗传病的范畴。

一、遗传病的特征

遗传病的本质特征是遗传物质改变，除此之外，遗传病还具有以下特征：

（一）垂直传递

除了体细胞遗传病外，其他遗传病具有从上一代向下一代垂直传递的特征，不延伸至无亲缘关系的个体。但是垂直传递的不是疾病表型，而是致病的遗传物质。所以，就遗传物质的传递来说，具有垂直传递的特征。但就疾病表型的传递来看，单基因显性遗传病可见疾病表型的垂直传递，而单基因隐性遗传病通常为散发，父母均正常，看不到垂直传递。感染性疾病和营养性疾病则往往是“水平方向”的传播。

遗传病患者在亲代和子代中往往以一定比例出现，患者和正常成员间有一定的比例关系。通过了解此关系，可弄清遗传病的遗传方式并预测其再发风险。

（二）先天性

大多数遗传病表现为先天性，即生来就有的特性，同时还具有终身性，如白化病患者出生就表现有“白化”症状，并且伴随患者终身。临床上一般将出生时就表现出来的疾病称为先天性疾病（congenital disease）。也有少数遗传病不具有先天性，要到一定年龄才发病，如亨廷顿病往往在 35 岁以后才发病，成人型多囊肾和脊髓小脑共济失调症一般也要到中年后才发病。此外，先天性疾病也不都是遗传病，也有可能是胎儿在宫内发育过程中受到不良因素影响而导致的。如孕妇在妊娠早期感染风疹病毒，可使婴儿出生时患先天性心脏病。孕期服用“反应停”，可导致婴儿短肢体症，即所谓的“海豹畸形”，二者都不是遗传病。

（三）家族聚集性

同一家族成员继承相同致病基因的概率较大，所以遗传病往往具有家族聚集现象，一个家庭中往往可见多个患者，如一个家族中常常有多个血友病 A 患者。临床上，常常把表现出家族聚集现象的疾病称为家族性疾病（familial disease）。还有不少遗传病无明显家族史，是散发的，如常染色体隐性遗传病和染色体病。另外，家族性疾病也可以由家庭成员共同的环境条件导致，如家庭成员饮食中长期缺乏维生素 A 可使一个家庭的多个成员患夜盲症，但它不是遗传病；又如，在缺碘地区甲状腺功能低下所致的呆小症也有家族聚集现象，但这也不是遗传病。

（四）在特殊群体中发病率更高

对于遗传病来说，患者亲属的发病率高于群体发病率，近亲婚配子代的发病率高于随机婚配子代的发病率，同卵双生的同病率明显高于异卵双生的同病率。

二、遗传病的类型

在分析一种疾病的遗传基础时，首先要确定它的类型。临床上对遗传病进行诊断、治疗和预防时，也要首先弄清它的类型。目前根据遗传方式主要将遗传病分为以下五大类。

（一）染色体病

由染色体数目或结构畸变导致的遗传病称为染色体病（chromosomal disorder）。人类正常体细胞具有 46 条染色体，如果在配子发生或受精卵早期发育过程中出现差错，导致染色体数目或结构异常，将使胚胎发育异常，引起自然流产或染色体病。例如，多一条 21 号染色体将导致 21-三体综合征，5 号染色体短臂末端缺失将导致猫叫综合征。染色体病涉及许多基因的改变，所以常常表现为复杂的综合征，主要临床表现包括生长发育迟缓、智力障碍和先天发育异常等。在妊娠前 3 个月的自然流产中，染色体畸变引起的大约占一半。新生儿中，染色体病发生率大约为 6.5‰。

（二）单基因遗传病

一对等位基因异常导致的遗传病称为单基因遗传病（monogenic disorder），简称单基因病。等位基因异常可发生在一对染色体中的一条，也可同时发生于两条染色体上。单基因病的传递呈典型的孟德尔式遗传，也称为孟德尔遗传病，呈现独特的系谱特征。就单个单基因遗传病来说，发病率一般极低，上限约为 2‰，属于罕见病。但随着发现的单基因病的病种越来越多，从一类疾病来说，单基因病不算罕见。

（三）多基因遗传病

由两对或两对以上等位基因和环境因素共同作用导致的遗传病称为多基因遗传病（polygenic disorder），简称多基因病。多基因病有家族史，但无明确的系谱特征。多基因病患病率高，一般大于 1%，包括多种常见病和先天畸形，如糖尿病、高血压、动脉粥样硬化、哮喘、癫痫、精神分裂症和唇裂/腭裂等。

（四）线粒体遗传病

遗传物质 DNA 异常导致线粒体功能异常而引起的疾病称为线粒体遗传病（mitochondrial genetic disease），简称线粒体病，包括线粒体 DNA（mitochondrial DNA，mtDNA）异常、核 DNA（nuclear DNA，nDNA）异常以及 mtDNA 异常和 nDNA 异常共同作用导致的疾病。如莱伯遗传性视神经病变、线粒体心肌病等。人类线粒体基因由卵细胞传递，因此线粒体遗传呈现母系遗传的特征。线粒体遗传病也可以由核基因组异常或线粒体 DNA 和 nDNA 异常共同作用引起的线粒体蛋白异常导致。线粒体遗传病发生病变的器官和组织常常为神经、骨骼肌和心脏。

（五）体细胞遗传病

体细胞遗传物质改变导致的疾病称为体细胞遗传病（somatic-cell genetic disease）。因为体细胞遗传病是体细胞的遗传物质发生改变，所以一般不在亲代和子代之间垂直传递，只影响由该细胞分裂产生的子细胞，如恶性肿瘤、一些出生缺陷和自身免疫缺陷病。恶性肿瘤通常是调控细胞生长的基因突变所致，是常见遗传病。

三、在线人类孟德尔遗传

在线人类孟德尔遗传（Online Mendelian Inheritance in Man，OMIM）源自美国约翰斯·霍普金斯大学医学院 Victor A. McKusick 教授主编的《人类孟德尔遗传》(*Mendelian Inheritance in Man*)一书，该书自出版以来，就一直是医学遗传学领域最权威的百科全书。随着医学遗传学的迅猛发展，该书的内容急遽扩增，从 1966 年出版到 1998 年，就出了 12 版。即便如此，还是很难跟上医学遗传学发展的步伐。在这样的形势下，数据库形式的在线人类孟德尔遗传（https://www.omim.org）于 1987 年应运而生，供全世界免费浏览和下载。无论是纸质版还是数据库形式的在线人类孟德尔遗传，都囊括了所有已知的遗传病、遗传性状及其基因。

OMIM 以一个个的条目（entry）形式呈现，为了方便索引，每个条目都有编号，称为 OMIM 号，由 6 位数字构成。OMIM 号可前缀一个符号，星号（*）表示该条目描述的是基因；井号（#）表示这是描述表型的条目；加号（+）表示该条目描述一个序列已知的基因及其表型；百分号（%）表示该条目描述分子机制不明但已确认为单基因遗传的表型或基因座；OMIM 号之前无任何符号，表明该条目描述的表型怀疑有单基因遗传基础，但尚未确认，或该表型与其他条目中的表型的区别尚不清楚。截至 2024 年 2 月 11 日的统计数据，OMIM 条目总数为 27 269 个。其中，常染色体遗传条目 25 770 个，X 连锁遗传条目 1365 个，Y 连锁条目 63 个，线粒体遗传条目 71 个。

四、遗传病的危害

自从现代医学有效控制了结核病等严重危害人类健康的一些传染病的发生和发展以后，这些疾病在人群中的发病率逐渐降低，人类的疾病谱发生了变化，遗传病对人类健康的威胁日益严重。通过以下数据和事实可见一斑：①人类遗传病的病种在不断增长，根据 2024 年 2 月 11 号 OMIM 的数据，2024 年 2 月人类单基因异常比 2017 年 8 月 11 号多了 3081 种；②一些严重危害人类健康的常见病的发生与遗传有关，如恶性肿瘤、糖尿病、高血压、哮喘、精神分裂症和先天性心脏病等；③我国活产儿中，出生缺陷的发生率大约为 5.6%(《中国出生缺陷防治报告(2012)》)，多数出生缺陷是遗传因素和环境因素共同作用的结果；④智力障碍在我国的发生率约为 2.2%，遗传因素是其重要病因；⑤环境污染增加了致癌、致畸和致突变因素，使遗传病的发病率有升高的趋势；⑥即使未受遗传病所累的个体，也并非与遗传病无关，可能是致病基因的携带者，据估计平均每人携带 5～8 个有害基因。

综上所述，遗传病给人类带来的危害是巨大的。因此，了解和掌握遗传病的发生机制和传递规律，确立遗传病诊断、治疗和预防的方法及措施，降低遗传病在人群中的发生势在必行。由此可见，医学遗传学已经成为医学教育中不可缺少的重要课程之一，每个医学生都应该学好它。

第三节 医学遗传学发展简史

医学遗传学的发展与其他学科一样，也是在生产实践活动中发展起来的。早在古希腊希波克拉底时代，人们就认识到某些疾病可能在家族中传递。大约 1500 年前，犹太法典规定对易出血者的某些男性家属免除割礼，说明当时的人们已经认识到血友病的遗传规律。18 世纪 Maupertuis 对多指（趾）及皮肤和毛发缺乏色素者（即白化病）的家系进行了研究，指出这两种症状有不同的遗传方式。

现代遗传学的奠基人是奥地利的孟德尔（Mendel），他在 1865 年发表了《植物杂交试验》，揭示了生物遗传性状的分离定律和自由组合定律，标志着遗传学的诞生。但是直到 1900 年，孟德尔这项工作的价值才被认识。随即，孟德尔定律就被应用于一些人类疾病。

一、医学遗传学的早期发展

1901 年 Garrod 描述了 4 个尿黑酸尿症家系，并于 1902 发表论文“尿黑酸尿症的发病率：关于个体性的研究”，首次用孟德尔定律解释人类疾病。1908 年，Garrod 出版了《先天性代谢缺陷》一书，提出了先天性代谢缺陷的概念，并且指出尿黑酸尿症、白化病、胱氨酸尿症、戊糖尿症等属于隐性遗传。1903 年，Farabee 发表了短指（趾）症的家系研究，指出其为显性遗传。此后人们发现，人体许多性状都符合孟德尔定律。例如，1900 年 Landsteiner 发现的 ABO 血型，1911 年 von Dungren 和 Hirschfeld 发现它是遗传的，1924 年 Bernstein 则阐明了 ABO 血型受一组复等位基因的控制。

继 Garrod 提出先天性代谢缺陷后，随着生物化学技术的发展，一些先天性代谢缺陷的发病机制逐渐被阐明。1941 年，Beadle 和 Tatum 提出了“一个基因一种酶”学说，说明基因通过对酶的控制来影响代谢过程。1952 年，Cori 夫妇发现糖原贮积症 I 型是由于缺乏葡萄糖-6-磷酸酶。1953 年，Jervis 发现苯丙酮尿症是由于缺乏苯丙氨酸羟化酶；Bickel 证明，通过控制新生儿的苯丙氨酸摄入量，能有效控制苯丙酮尿症的发展，取得较好的治疗效果。1949 年，Pauling 发现镰状细胞贫血患者的血红蛋白在电泳时发生了微小的改变，说明蛋白质分子的可遗传变异可以导致疾病，提出了分子病的概念。1956 年，Ingram 证实镰状血红蛋白（HbS）与正常血红蛋白相比，它的 β 珠蛋白的第六位氨基酸是缬氨酸而非谷氨酸，因为 β 珠蛋白基因的第六个密码子中有一个碱基发生了替换。在这些研究成果的基础上，形成了生化遗传学这一分支学科。

1952 年，徐道觉用低渗法处理细胞，获得分散状态良好的染色体。1956 年，蒋有兴和 Levan 证明人类的体细胞染色体数目为 46 条，这标志着细胞遗传学的开始。1960 年，Nowell 用植物凝集素刺激体外培养的淋巴细胞增殖，同年，Moorhead 综合应用各项技术，建立了人体外周血染色体标本制作的方法。这些染色体技术的应用，很快揭示了缺失、倒位和易位等染色体畸变类型，明确了染色体畸变与一些疾病发生的关系。1959 年，Lejeune 发现唐氏综合征患者的细胞中多了一条 21 号染色体，证实染色体异常可以引起疾病，这类疾病称为染色体病。此后相继发现了一系列的染色体病，如 Ford 发现特纳综合征患者的性染色体只有一条 X，Jacob 发现克兰费尔特综合征患者的性染色体组成是 XXY。1960 年，在美国丹佛召开了第一届国际细胞遗传学会议，制定了人类染色体的命名方法，称为丹佛体制。1961 年，Lyon 提出了 X 染色体失活的莱昂假说。1970 年，Caspersson 建立了染色体 Q 带技术；1971 年，Seabright 建立了染色体 G 带技术；1975 年，Yunis 建立了染色体高分辨显带技术；1969 年，Pardue 建立了原位杂交（in situ hybridization，ISH）技术；1982 年，Ward 建立了荧光原位杂交技术（fluorescence in situ hybridization，FISH）。这些技术促进了细胞遗传学的迅猛发展。

1944 年，Avery 等用肺炎双球菌转化试验证实了 DNA 是遗传物质。1953 年，Watson 和 Crick 提出了 DNA 双螺旋结构，标志着分子遗传学的诞生。而限制性内切酶、反转录酶等的发现，聚合酶链式反应（PCR）、DNA 重组、转基因和基因敲除等技术的出现，大大推动了分子遗传学的发展。1978 年，简悦威利用限制性内切酶实现了镰状细胞贫血的产前基因诊断，从此开创了遗传病基因诊断的新时期。20 世纪 80 年代开始，苯丙酮尿症、血友病等遗传病也都实现了基因诊断。随着分子遗传学的发展，20 世纪 90 年代，基因治疗进入了临床试验阶段。重症联合免疫缺陷（severe combined immunodeficiency，SCID）和血友病 B 的基因治疗临床试验取得了令人鼓舞的治疗效果。

二、医学遗传学的快速发展

真正促使医学遗传学发生革命性改变的是 20 世纪 90 年代开始实施的人类基因组计划（the Human Genome Project，HGP）。1990 年，人类基因组计划启动，旨在解密人类 30 亿碱基对的全部序列，为此成立了国际性的人类基因组组织（Human Genome Organization，HUGO）。2000 年 6 月，人类基因组工作框架图公布；2004 年 10 月，国际人类基因组测序协作组公布了人类全基因组高精度序列图，鉴定出存在于基因组内的 20 000～25 000 个基因。2007 年，Watson 和 Venter 先后公布了各自的个人基因组测序结果，使人类基因组研究进入了个人基因组时代。

人类基因组计划的完成，仅仅迈出了在分子水平理解人类生命本质的第一步，尚有许多问题未能解答，例如这些基因的功能是什么？怎样调控？基因与环境如何共同致病？生命的整体现象如何形成？于是，一系列人类基因组延伸计划应运而生，如蛋白质组学（Proteomics）、环境基因组学（Environmental Genomics）、人类单倍体型图计划（Human Haplotype Mapping Project，HapMap）、癌症基因组计划（The Cancer Genome Atlas，TCGA）、药物基因组学（Pharmacogenomics）、人类表观基因组计划（Human

Epigenome Project，HEP）等。

人类基因组计划和这些延伸计划的实施，使人类获得了大量的基因组数据。加上不断更新的分析工具的出现以及对基因型与表型数据的大量挖掘，都大大加快了单基因遗传病致病基因的寻找、多基因遗传病易感基因的发现和恶性肿瘤易感基因的发现，迄今为止已经揭示了很多人类单基因异常和严重危害人类健康的多基因病（如心血管疾病、糖尿病、恶性肿瘤、自身免疫性疾病等）的致病基因或易感基因，建立了对各种基因病的诊治方法，并能对一些疾病的预后以及药效进行预测，为个体化医疗的实现奠定了基础。医学遗传学的发展，让人们对许多罕见病和常见疾病的机制有了更加透彻的认识，并有效推动了疾病的预防和治疗，使医学进入基因组医学的时代，推动了医学甚至整个生命科学的发展。

知识拓展 1-2　　人类疾病的遗传修饰动物模型

遗传修饰动物，顾名思义就是对遗传物质 DNA 进行了人工改造的动物，这种动物体内每一个细胞的 DNA 都带同样的人工修饰。在动物发育早期，将特定的基因或 DNA 片段导入受精卵或早期胚胎细胞，或者将受精卵和早期胚胎细胞中的特定基因敲除或敲入。然后，将改造后的早期胚胎（如果改造的是受精卵，将改造的受精卵在体外培养成早期胚胎）植入动物体内，随着胚胎发育逐渐形成遗传修饰动物。目前科学家们正用遗传修饰动物来模拟人类遗传病。例如，美国左治亚洲埃默里大学的 Anthony Chan 和他的同事将突变的人类 Huntingtin（HTT）蛋白的基因和绿色荧光蛋白共同注入猕猴的卵细胞中，人工授精后培养，再将胚胎植入代孕母猴体内，发育娩出遗传修饰猕猴，模拟亨廷顿病。美国国家癌症研究所的研究人员，通过在核纤层蛋白 Lamin A 的基因中引入一个单核苷酸突变，使 Lamin A 的第 530 位氨基酸由亮氨酸变为苯丙氨酸，培育出早衰综合征小鼠模型。这些疾病的遗传修饰动物模型在基因功能和发病机制研究、新药开发、基因治疗等领域有广阔的应用前景。

三、我国医学遗传学的发展

20 世纪 60 年代后，我国的医学遗传学也发展起来。1962 年，项维报道了“中国人的染色体组”，吴旻进行了国内第一例染色体病的产前诊断，标志着我国细胞遗传学研究和临床诊断的开始。1963 年，杜传书在我国证实蚕豆病的病因是缺乏葡萄糖-6-磷酸脱氢酶；1965 年，曾溢滔鉴定了国内第一例异常血红蛋白，开始了我国生化遗传学的研究。1978 年，以李汝琪和谈家桢为代表的遗传学家开始在中国重建现代遗传学，成立了中国遗传学会。同年，李璞教授主编了《国外医学遗传学分册》，介绍国外医学遗传学的进展和动态，2000 年更名为《国际医学遗传学杂志》。1979 年，中国遗传学会人类和医学遗传学专业委员会成立。

20 世纪 80 年代以来，我国医学遗传学研究取得了一些可喜的成果。1981 年，上海新华医院陈瑞冠等、北京儿童医院刘慎如等开展苯丙酮尿症的群体调查，开始了我国遗传代谢病的新生儿筛查。对血红蛋白病进行了上百万人的普查，基本摸清了血红蛋白病、地中海贫血在我国的分布和类型。发现了我国葡萄糖-6-磷酸脱氢酶缺乏症、α 和 β 地中海贫血常见的突变类型。对苯丙酮尿症、血友病 A 和假肥大型肌营养不良症、地中海贫血等的基因诊断已经应用于临床。血友病 B 的基因治疗达到国际水平。1986 年，中华医学会医学遗传学分会成立。20 世纪 90 年代以后，中国学者发现了许多遗传病的发生机制，如夏家辉发现了一个新的耳聋基因 *GJB3*；贺林发现了 A-1 型短指（趾）症的致病基因——*IHH* 基因，阐明了该病发生的分子机制，而且还发现 *IHH* 基因可能参与指骨的早期发育调控；陈义汉和黄薇证明了 *KCNQ1* 基因突变与心房颤动相关。贺林等还发现了一种罕见的恒齿缺失的遗传病，并成功定位了该病的致病基因；根据研究者代表贺林和发现者赵氏兄弟的姓氏将该病命名为“贺-赵缺陷症”，这是世界上第一例以中国人姓氏命名的遗传病，被在线孟德尔遗传收录。

1993 年，国家自然科学基金委员会通过了“中华民族基因组中若干位点基因结构的研究”重大项目立项，标志着我国人类基因组研究正式启动。1999 年中国作为唯一的发展中国家加入了人类基因组研究组织，承担了 1%的测序计划，于 2000 年按时完成了测序任务。2007 年，华大基因研究院和香港、台湾的科学家一起完成了 10%的国际人类基因组单体型图计划。2007 年 10 月，华大基因研究院杨焕明等成功完成了名为“炎黄一号”的第一个完整的中国人基因组图谱，这也是第一个亚洲人全基因组图谱，这项研究在基因组科学领域是里程碑式的科学成果，对中国乃至亚洲人的 DNA、隐性疾病基因、流行病预测等多个领域的研究具有重要意义。高通量测序技术的发展，为遗传病和癌症的预防、诊断和治疗带来了福音，而遗传咨询是基因测序转向临床应用必不可少的一环。

2015 年 2 月 9 日，中国遗传学会遗传咨询分会（The Chinese Board of Genetic Counseling，CBGC）成立，旨在促进我国分子诊断技术的快速发展，加速新的遗传病检测技术的转化，降低我国的出生缺陷率。该组织成立后，联合多家医疗机构和科研单位组织开展人类单靶标基因组计划，分别解决各个单项生命体问题，目前已经启动的是“中国聋病基因组计划”、“中国双胎基因组计划”、“中国新生儿基因组计划”和“中国胚胎基因组计划”。这些项目的实施，有助于降低我国的出生缺陷率，提高国民健康水平。

小　结

医学遗传学是运用遗传学的理论和方法研究人类遗传病的一门综合性学科，它研究人类遗传病的发生机制、传递规律和再发风险，为遗传病的诊断、治疗和预防提供理论依据。医学遗传学已经建立了许多分支学科，它们从不同的侧面和层次研究人类疾病和遗传的关系，构成医学遗传学的完整体系。遗传病是指遗传物质 DNA 或染色体改变导致的疾病，具有垂直传递、先天性、家族聚集性和在特殊群体中发病率更高等特征，分为单基因遗传病、多基因遗传病、染色体病、线粒体遗传病和体细胞遗传病五大类。遗传病对人类健康的威胁日益严重，因此，医学遗传学不仅是现代医学的重要组成部分，也是未来医学的发展方向。

复习思考题

1. 什么是医学遗传学？它的任务和临床应用是什么？
2. 什么是遗传病？它有哪些特征和类型？
3. 试从遗传因素在疾病发生、发展中的作用以及遗传病对人类的危害角度，简述医学遗传学在现代医学中的地位。

（龙　莉）

第二章

基因与基因组

学习要点

掌握：①基因的结构与功能；②人类基因组的结构。
熟悉：人类基因组学。
了解：基因组医学。

人类对基因的认识始于 1865 年，Mendel 通过豌豆杂交实验提出生物的性状由遗传因子（hereditary factor）决定。1909 年 Johannsen 将遗传因子更名为基因（gene）。1903 年，Sutton 和 Boveri 发现遗传因子的行为与生殖细胞形成和受精过程中染色体的行为一致，于是推测遗传因子在染色体上。1910 年，Morgan 通过果蝇杂交实验证实，基因在染色体上呈直线排列。1944 年，Avery 等采用肺炎双球菌转化实验证明 DNA 是遗传物质。1953 年，Watson 和 Crick 提出了 DNA 双螺旋结构模型，显示 DNA 具有自我复制功能，揭开了遗传之谜。至此，人们认识到基因是具有"特定遗传效应"的 DNA 片段。1958 年，Crick 提出中心法则；1966 年，Nirenberg 等破解了全部遗传密码，加上 1970 年反转录酶的发现，确定了遗传信息在生物大分子之间传递的基本法则，并开启了基因工程领域。1991 年，实施了第一例遗传病的体细胞基因治疗。2003 年，人类基因组计划的完成进一步丰富了人类对基因的认识，促进了后基因组时代的发展，使得医学遗传学在临床上得到了更广泛的应用。

第一节　基因的结构与功能

基因是遗传信息的基本单位，一般指位于染色体上编码一个特定功能产物（如蛋白质或 RNA）的一段核苷酸序列。它既包括编码序列，也包括相关的调控序列。

一、基因的化学本质

对绝大多数生物而言，基因的化学本质是 DNA。但在某些仅含有 RNA 和蛋白质的病毒中，基因的化学本质是 RNA。例如，冠状病毒没有 DNA，只有一条单链 RNA。以下主要介绍 DNA。

1. DNA 的化学组成　DNA 是脱氧核糖核酸（deoxyribonucleic acid，DNA），它的基本单位是脱氧核苷酸，而脱氧核苷酸是由碱基、脱氧核糖和磷酸连接而成的化合物（图 2-1A）。DNA 的碱基分为嘌呤和嘧啶两类，一共四种，它们分别是：腺嘌呤（adenine，A）和鸟嘌呤（guanine，G）；胸腺嘧啶（thymine，T）和胞嘧啶（cytosine，C）。四种碱基可以构成四种脱氧核苷酸：脱氧腺苷一磷酸（dAMP）、脱氧鸟苷一磷酸（dGMP）、脱氧胞苷一磷酸（dCMP）和脱氧胸苷一磷酸（dTMP）。四种脱氧核苷酸通过 3′-5′磷酸二酯键聚合成脱氧多（聚）核苷酸链。脱氧多核苷酸链具有方向性，两个末端不同，一个是5′端，一个是3′端（图2-1B）。

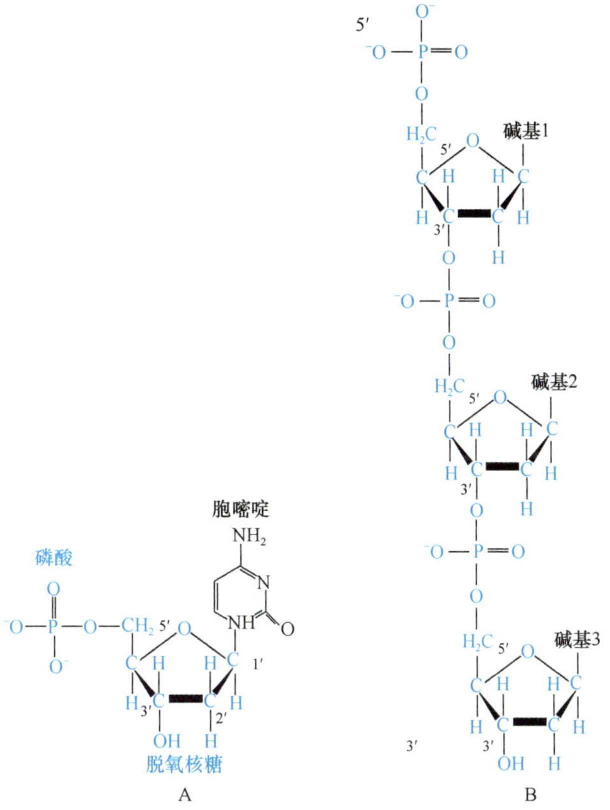

图2-1　脱氧胞苷一磷酸（A）和脱氧多核苷酸链（B）

2. DNA的分子结构　DNA的分子结构是双螺旋结构（图2-2），要点如下：①DNA由两条反向平行排列的脱氧核苷酸链组成，一条是5′→3′方向，另一条是3′→5′方向；脱氧核糖和磷酸在外侧，碱基在内侧；②碱基之间有严格的配对规律，A与T之间形成2个氢键配对，G与C之间形成3个氢键配对；两条脱氧核苷酸链通过内侧碱基之间的氢键连接在一起；碱基互补配对是DNA复制、转录及反转录的基础；③自然状态下，大多数DNA形成向右盘旋的双螺旋结构；④DNA分子中四种脱氧核苷酸的排列顺序，蕴含了各种生物性状的遗传信息；⑤DNA双螺旋结构的表面形成2条凹槽，一条宽而深，称为大沟，一条狭而浅，称为小沟；这两条沟与不同的蛋白结合，可以调节遗传信息的表达。

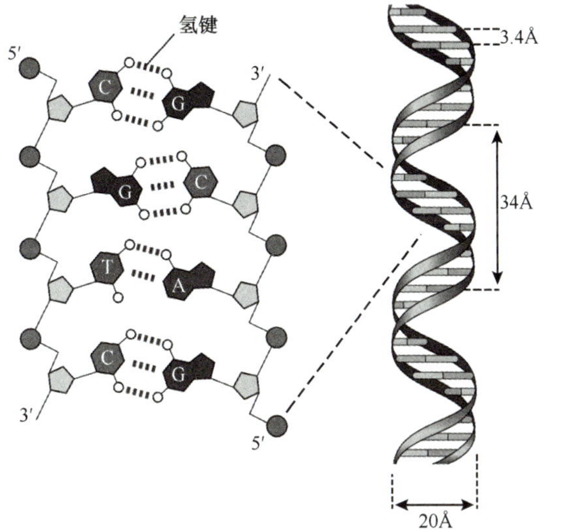

图2-2　DNA的双螺旋结构

二、真核生物基因的结构

原核生物基因的蛋白质编码序列是连续的，而大多数真核生物基因的编码序列是不连续的，被若干个非编码序列隔开，因此被称为断裂基因（split gene）。真核生物基因的序列包括转录单位和侧翼序列两部分（图 2-3）。

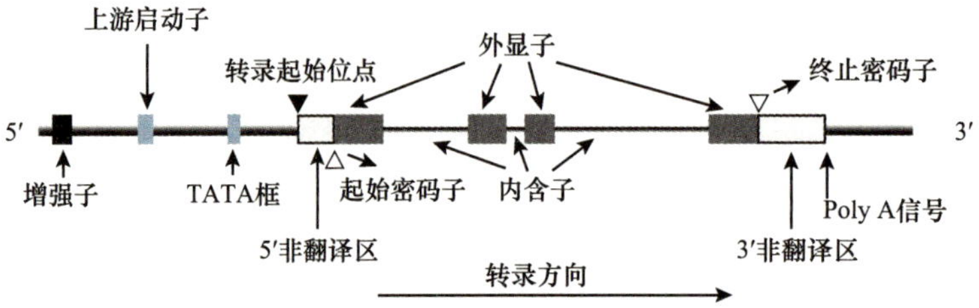

图 2-3　人类基因结构

（一）转录单位

转录单位（transcription unit）指从 RNA 聚合酶识别的转录起始位点至转录终止区的核苷酸序列。真核生物的转录单位一般只包含一个基因，转录后形成单顺反子信使 RNA（mRNA），只编码一条多肽链。

真核细胞基因中含有的编码序列，称为外显子（exon）。两个外显子之间无编码功能的序列，称为内含子（intron）。不同的基因，所含外显子和内含子的数目和大小不同。例如，人的进行性假肥大性肌营养不良症基因 *DMD* 有 89 个外显子和 88 个内含子，全长 2200kb，外显子约占全长的 0.6%，编码 3685 个氨基酸。在人类基因组中，也有少数的基因无内含子序列，如 *SRY* 基因，转录单位长 828 个碱基对，只有 1 个外显子，没有内含子，编码 204 个氨基酸。

（二）侧翼序列

侧翼序列（flanking sequence）是指真核基因中转录单位两侧的核苷酸序列，对基因的表达及表达水平具有调控作用。侧翼序列包括启动子、终止子、增强子和沉默子等。

1. *启动子*　启动子（promoter）是决定 RNA 聚合酶转录起始位点的 DNA 序列，通常位于基因转录起始点上游 100～200bp 范围内，包括 TATA 框（TATA box）、CAAT 框（CAAT box）和 GC 框（GC box）等。启动子不仅决定了转录的起始位点，还能影响基因的表达水平。例如，TATA 框的主要作用是使转录精确地起始，而 CAAT 框和 GC 框的主要作用是控制转录起始的频率。

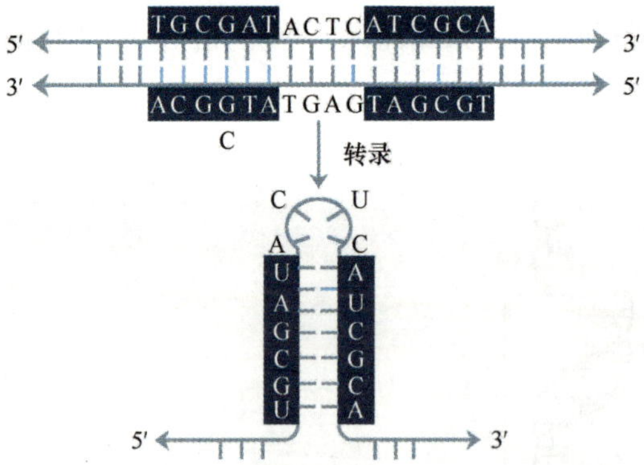

图 2-4　终止子回文序列以及形成的发夹结构

2. *终止子*　终止子（terminator）是位于真核基因 3′端编码区下游的一段提供转录终止信号的 DNA 序列。由特定序列 5′-AATAAA-3′和一段回文序列组成。5′-AATAAA-3′是多聚腺苷酸（Poly A）的附加信号。回文序列在转录后形成发夹结构，阻碍 RNA 聚合酶向前移动，终止转录（图 2-4）。因此，与启动子的作用不同，终止子的终止作用不是 DNA 序列本身，而是发生在转录生成的 RNA 上。

3. *增强子*　增强子（enhancer）是增强真核基因转录效率的 DNA 序列。增强子的位置不固定，可以位于转录起始点上游或下游；距离被调控的基因可远可近，远的可达 3kb 或更远。增强子发挥作用的方向可以是 5′→3′，也可以是 3′→5′。

4. *沉默子*　沉默子（silencer）是帮助降低或关闭邻近基因表达活性的一段 DNA 序列。

三、基因分类

按照产物的类别，可将基因分为蛋白质基因和 RNA 基因两种。根据产物的功能，可将基因分为结构基因（合成对其他基因表达不产生影响的蛋白质和酶）和调节基因（合成阻遏蛋白和转录激活因子）两类。

如果根据基因序列特点，则可将基因分为单一基因、基因家族、假基因和串联重复基因四大类。

1. 单一基因　单一基因（solitary gene）是指基因组中只有一份或极少几份的基因。

2. 基因家族　基因家族（gene family）是指基因组中存在的来源于同一个祖先、结构和功能相似的一组基因。有的基因家族的成员位于同一条染色体上，可同时发挥作用，合成某些蛋白质，如位于 6 号染色体短臂（6p21.3）的人类白细胞抗原（human leukocyte antigen，HLA）基因家族。而有的基因家族的成员分布在不同染色体上，编码一组功能上紧密相关的蛋白质，如珠蛋白基因家族，包括位于 16 号染色体（16p13.33-pter）的类 α 珠蛋白基因簇和位于 11 号染色体（11p15.5-pter）的类 β 珠蛋白基因簇。基因簇（gene cluster）指基因家族中来源相同、结构相似和功能相关且彼此紧密连锁在同一染色体上的一组基因。

3. 假基因　假基因（pseudogene）是指在基因家族中，不产生功能产物的基因。进化过程中，可能由于缺失、倒位或点突变等，使基因失去活性，成为无功能的假基因。假基因通常缺少内含子，两侧有顺向重复序列，如 β 珠蛋白基因家族中的 ψβ。

4. 串联重复基因　串联重复基因（tandem repeated genes）是指呈串联重复排列的基因，人类的串联重复基因主要有 45SrRNA、5SrRNA、tRNA 及组蛋白基因。45SrRNA 基因位于人类第 13、14、15、21 和 22 号染色体的核仁组织区，每个核仁组织区平均含有 50 个串联重复排列的 45SrRNA 基因，每个 45SrRNA 基因之间为不转录的间隔区。人类 5SrRNA 基因位于 1q42-43，单倍体基因组约有 1000 个 5SrRNA 基因。在人类单倍基因组中有 1000～2000 个 tRNA 基因，为 50～60 种 tRNA 编码，每种 tRNA 基因平均重复 20～30 次。组蛋白基因家族较复杂，但每种组蛋白基因的拷贝数完全相同。

四、基因的功能

基因的功能包括复制和表达。

（一）基因的复制

基因的复制（replication）即在细胞周期 S 期进行的 DNA 复制，是以亲代 DNA 分子为模板合成子代 DNA 分子的过程。首先，亲代 DNA 分子（母链）在解旋酶等的作用下，从复制起点开始，将 DNA 双螺旋结构的氢键断开。复制的起点是特异的，由特定的脱氧核苷酸序列组成。然后，DNA 聚合酶以每股单链为模板，根据碱基互补配对原则，合成新的子代 DNA 分子（子链）。真核生物的 DNA 复制具有以下几个特点：①多起点，一条 DNA 分子一般有多个复制起点，复制从多个位点同时开始进行；②互补性，新合成的子链与亲本母链完全互补；③半保留性，DNA 复制时以双链中的每一条单链作为模板，分别合成一条互补新链，重新形成的双链中各保留一条原有 DNA 单链，DNA 的这种复制方式称为半保留复制（semiconservative replication）；④不对称性或半不连续性，因为 DNA 聚合酶只能沿 5′→3′方向催化合成新的 DNA 分子，所以当以 3′→5′母链为模板时，其子链合成是连续的，称为前导链（leading strand）。而当以 5′→3′母链为模板时，其子链的合成是不连续的，称为后随链（lagging strand），先按 5′→3′方向合成长 100～200bp 的 DNA 小片段，称为冈崎片段（Okazaki fragment），然后 DNA 连接酶再将冈崎片段连接成完整的单链，DNA 的这种复制方式称为半不连续复制（semidiscontinuous replication）（图 2-5）。

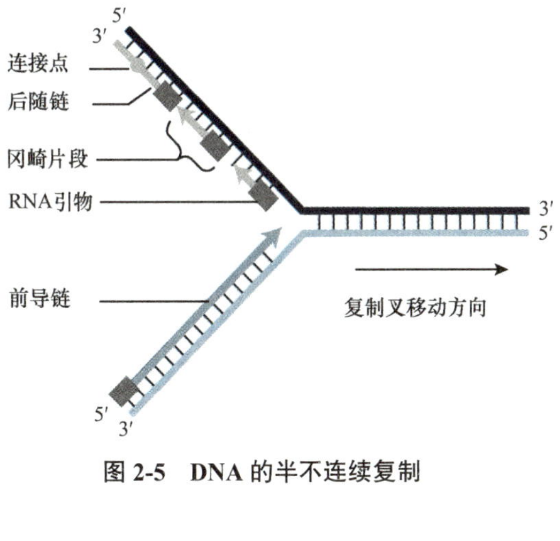

图 2-5　DNA 的半不连续复制

（二）基因的表达

基因表达（gene expression）是把储存在 DNA 序列中的遗传信息经过转录和翻译，转变成具有生物活性的蛋白质分子，从而决定生物表型的过程。不同的基因指导各种特异性蛋白质的合成，使生物表现出千差万别的形态、生理和行为特征。

在原核生物中，转录和翻译是同步进行的。而在真核生物中，基因的转录在细胞核中进行，翻译则在细胞质中进行（图 2-6）。

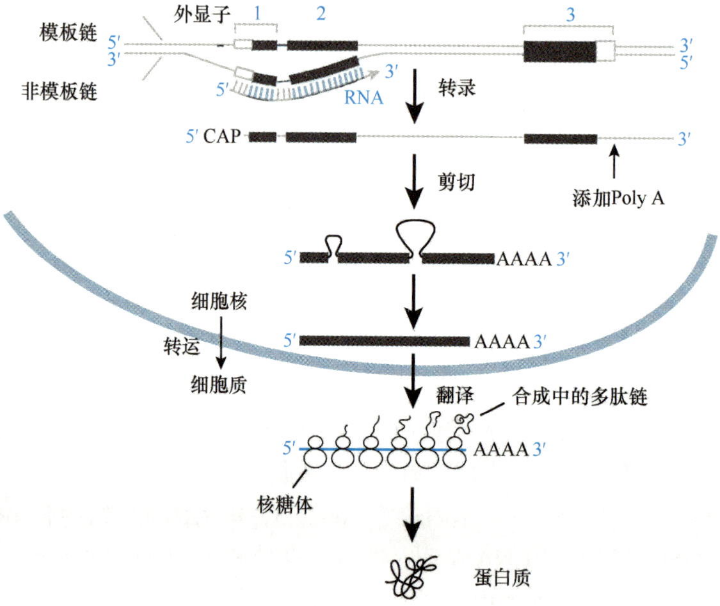

图 2-6　真核生物基因的表达过程

1. *转录*　转录（transcription）是以 DNA 双链中的一条链为模板，以 ATP、CTP、GTP、UTP 为原料，在 RNA 聚合酶催化下，按照碱基互补原则合成 RNA 的过程。通过转录，遗传信息从 DNA 流向 RNA。转录仅以 DNA 的一条链为模板，把这条链称为模板链（template strand），又称非编码链（non-coding strand）、负链（negative strand）或反义链（antisense strand）；另一条链的碱基序列与新合成的 RNA 链相同，只是 T 被 U 取代，称为编码链（coding strand）、正链（positive strand）或有义链（sense strand）。转录产物主要有三种：mRNA、rRNA 和 tRNA，分别由 RNA 聚合酶Ⅱ、RNA 聚合酶Ⅰ和 RNA 聚合酶Ⅲ催化合成。RNA 中，只有 mRNA 将遗传信息传递给蛋白质。转录的过程分为起始、延伸和终止三个连续的步骤。在起始阶段，RNA 聚合酶在转录因子的帮助下与启动子结合，启动转录。然后，RNA 聚合酶沿着模板链 3′→5′方向移动，按照碱基配对原则，以 ATP、CTP、GTP 和 UTP 为原料，催化核苷酸聚合反应，使 RNA 链不断延长，这是转录的延伸阶段。当 RNA 聚合酶在 DNA 模板上移动到终止信号时，RNA 的合成就终止。

2. *转录后加工*　经过转录得到的 RNA 还只是初级转录产物，尚需经过加工才能成为成熟的 RNA。如真核生物 mRNA 的初级转录产物包括外显子、内含子和部分侧翼序列，称为核内不均一 RNA（heterogeneous nuclear RNA，hnRNA）。在细胞核中，hnRNA 经过加帽、剪接、加尾等加工过程，形成成熟的 mRNA（图 2-5）。加帽（capping）是指在 hnRNA 的 5′端加上 7-甲基鸟苷酸（m^7G），以保护 mRNA 不被降解，增强 mRNA 的稳定性。加尾（tailing）是指在加帽的同时，在 hnRNA 的 3′端加上 80～250 个腺苷酸组成的多聚腺苷酸（poly A）尾。多聚腺苷酸尾的长度很难确定，因为它的长度随着 mRNA 的寿命增长而缩短，并且随着多聚腺苷酸尾缩短，翻译的活性也下降。剪接（splicing）则是指将 hnRNA 中的内含子切除，再将外显子按照顺序准确地拼接起来，形成连续编码的 mRNA。大多数基因内含子的 5′端起始处是 GT，3′端结尾处是 AG，可被剪接体准确识别，完成酶切和拼接。

3. *翻译*　翻译（translation）是指在细胞质核糖体中，将 mRNA 分子中核苷酸序列通过 tRNA 分子解码，生成对应的特定氨基酸序列的过程，其实质是以 mRNA 为模板合成蛋白质。mRNA 上每三个相邻的核苷酸组成一个密码子（codon），决定一个氨基酸以及多肽链合成的起始或终止。mRNA 的四种核苷酸，可以组成 64（4^3）种密码子，其中 61 种密码子编码蛋白质的 20 种氨基酸，还有 3 种是终止密码子（stop codon），AUG 既编码甲硫氨酸又是起始密码子（表 2-1）。翻译是在 mRNA、tRNA 和核糖体三者的密切配合下完成的。mRNA 是蛋白质合成的模板，tRNA 转运氨基酸并识别 mRNA 分子上的遗传密码，核糖体则是蛋白质合成的场所。蛋白质合成的过程通常分为起始、延伸和终止三个连续的阶段。每个阶段都涉及许多不同而重要的生化过程。

表 2-1　遗传密码表

第一个核苷酸	第二个核苷酸 U		C		A		G		第三个核苷酸
U	UUU	苯丙氨酸（Phe）	UCU	丝氨酸（Ser）	UAU	酪氨酸（Tyr）	UGU	半胱氨酸（Cys）	U
	UUC		UCC		UAC		UGC		C
	UUA	亮氨酸（Leu）	UCA		UAA	终止密码子（Stop）	UGA	终止密码子	A
	UUG		UCG		UAG		UGG	色氨酸（Trp）	G
C	CUU	亮氨酸（Leu）	CCU	脯氨酸（Pro）	CAU	组氨酸（His）	CGU	精氨酸（Arg）	U
	CUC		CCC		CAC		CGC		C
	CUA		CCA		CAA	谷氨酰胺 Gln	CGA		A
	CUG		CCG		CAG		CGG		G
A	AUU	异亮氨酸（Ile）	ACU	苏氨酸（Thr）	AAU	天冬酰胺（Asn）	AGU	丝氨酸（Ser）	U
	AUC		ACC		AAC		AGC		C
	AUA		ACA		AAA	赖氨酸（Lys）	AGA	精氨酸（Arg）	A
	AUG	甲硫氨酸（Met）	ACG		AAG		AGG		G
G	GUU	缬氨酸（Val）	GCU	丙氨酸（Ala）	GAU	天冬氨酸（Asp）	GGU	甘氨酸（Gly）	U
	GUC		GCC		GAC		GGC		C
	GUA		GCA		GAA	谷氨酸（Glu）	GGA		A
	GUG		GCG		GAG		GGG		G

4. *翻译后修饰*　翻译后的初始产物大多是无功能的，需要经过进一步的加工才能成为具有生物活性的蛋白质，这一加工过程称为翻译后修饰。常见的翻译后修饰包括多肽链一级结构的修饰和蛋白质高级结构的修饰。多肽链 N 端和 C 端的切除或修饰，氨基酸残基的羟基化、糖基化、磷酸化、乙酰化和甲基化等属于多肽链一级结构的修饰。如结缔组织的蛋白质（如胶原蛋白）常含有羟脯氨酸和羟赖氨酸，是在多肽链合成后经脯氨酸和赖氨酸羟基化衍生而来，有助于稳定胶原蛋白螺旋结构。蛋白质高级结构的修饰包括新生肽链的折叠、亚基聚合和辅基连接。如 2 个 α 珠蛋白和 2 个 β 珠蛋白形成珠蛋白四聚体 $\alpha_2\beta_2$，再与血红素结合才成为有功能的血红蛋白。

5. *非编码 RNA*　非编码 RNA（non-coding RNA）是指一类不参与蛋白质翻译、也缺乏 tRNA 和 rRNA 功能，但在转录、剪接、mRNA 翻译和稳定等过程中发挥重要作用的 RNA，如干扰小 RNA（siRNA）、微 RNA（miRNA）。这些 RNA 从基因组上转录而来，在 RNA 水平上行使各自的生物学功能。

（三）基因表达的调控

基因表达具有组织特异性和阶段特异性。真核生物基因表达的调控是通过多阶段实现的，即转录前调控、转录调控、转录后调控、翻译调控和翻译后调控。例如，转录前染色体结构变化，基因丢失、扩增或重排，以及 DNA 甲基化等；转录时顺式作用元件（cis-acting element）与反式作用因子（trans-acting factor）的共同作用；转录后的选择性剪接和 RNA 编辑等；翻译过程受核糖体数量、起始因子、延长因子和释放因子等蛋白质以及 tRNA 类型和数量的影响；而新生多肽链还需要进一步修饰、加工和组装才能具有活性。基因表达的失控，也就是基因在不适当的时空表达，或者基因表达的产物数量异常都能导致疾病的发生。

第二节 人类基因组与基因组学

基因组（genome）指细胞内一套完整单倍体遗传物质的总和。1920 年德国科学家 Hans Winkler 首先使用基因组这一概念，用“gene”和“chromosome”两个词组合来描述生物的全部基因和染色体。不同生物的基因组大小和复杂程度各不相同，如病毒 SV40 的基因组大小是 5.2kb，大肠埃希菌的基因组大小是 4600kb，黑腹果蝇的基因组大小是 180 000kb。基因组控制着生物体的生长发育等生命活动。

一、人类基因组

人类基因组（human genome）包括细胞核基因组（nuclear genome）和线粒体基因组（mitochondrial genome），细胞核基因组位于细胞核染色体上，而线粒体基因组位于细胞质的线粒体中。

（一）细胞核基因组

细胞核基因组（简称核基因组）是指细胞核中第 1～22 号常染色体加上 X 和 Y 两条性染色体所对应的 24 个 DNA 分子，约 30 亿碱基对，编码蛋白质的基因有 20 000～25 000 个，RNA 基因有 6 000 多个，假基因有 12 000 个。核基因组由基因及基因相关序列、基因外序列组成。基因及基因相关序列包括编码序列和非编码序列，非编码序列包括内含子和调控序列。其中，蛋白质编码序列不超过 DNA 序列总长度的 1.5%，内含子和调控序列不超过 25%。基因外序列是指基因组中除基因及基因相关序列之外的所有 DNA 序列，包括基因间的序列，主要由重复序列和不编码蛋白质的单一序列组成（图 2-7）。按照 DNA 序列拷贝数的不同，可将人类核基因组序列分为单一序列和重复序列。

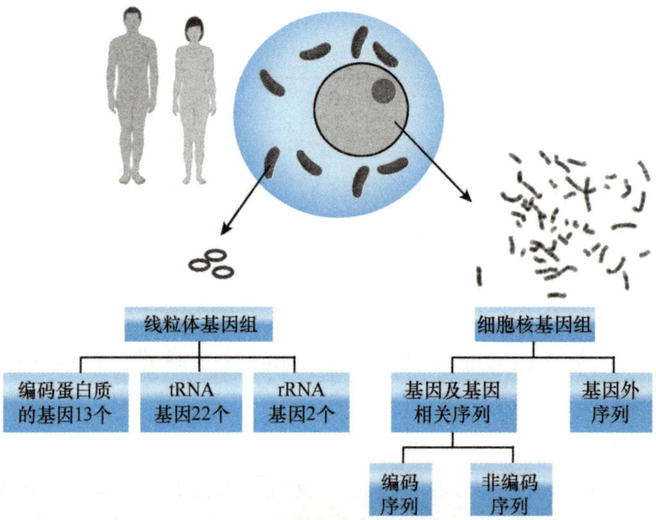

图 2-7 人类基因组的组成

1. 单一序列　单一序列（unique sequence）又称为非重复序列或单拷贝序列，在基因组中仅有单一拷贝或少数拷贝，大多数编码蛋白质和酶的基因属于此类序列。

2. 重复序列　重复序列（repetitive sequence）指在基因组中重复出现的序列，有多个拷贝，至少占人类基因组的 50%，主要是基因外 DNA 序列，偶也见于基因内，如内含子和非翻译区（untranslated region，UTR）。根据重复次数，可将重复序列分为中度重复序列（重复次数 10^2～10^5）和高度重复序列（重复次数 $>10^5$）。而根据重复序列的来源和分布特点，可将其分为串联重复序列和散在重复序列。

（1）串联重复序列（tandem repeat）：是以不同长度的短序列（一般为 2～200bp）为重复单位，按头尾相接方式串联在一起的高度重复序列。串联重复序列是人类基因组中分布特征显著的重复序列，多分布在异染色质区，如着丝粒、端粒和近端着丝粒的短臂。根据重复单位的大小，可以分为三个亚类：卫星 DNA、小卫星 DNA 和微卫星 DNA。卫星 DNA（satellite DNA）由大的串联重复单位排列组成，大小在 100kb 至 $n\times1000$kb 的范围内，聚集在着丝粒异染色质区，一般不转录，GC 含量低于基因组其他部分，可用氯化铯密度梯度离心法将其与基因组其他 DNA 分开，因而称为卫星 DNA。小卫星 DNA（minisatellite DNA）是由 15～100bp 的重复单位重复多次形成长 0.1～20kb 的 DNA 片段，又称可变数目串联重复(variable number tandem repeat，VNTR)，分布于所有染色体的端粒，绝大多数不转录，重复单位的重复次数在群体中存在高度变异，在重复序列两侧用限制性内切酶酶切后，会产生大小不等的片段，具有丰富的多态性（polymorphism）。微卫星 DNA（microsatellite DNA）是由 2～6bp 的重复单位重复多次形成，又称为短串联重复序列（short tandem repeat，STR），一般构成着丝粒、端粒和 Y 染色体长臂的染色质区。双核苷酸重复排列是最常见的类型，如 $(CA)_n$、$(TC)_n$、$(CT)_n$ 和 $(AG)_n$ 等，有些微卫星 DNA 位于基因的编码区，常成为突变热点发生动态突变，甚至导致疾病的发生，如脆性 X 染色体综合征、脊髓小脑共济失调等疾病中都发现微卫星 DNA 如 $(CA)_n$、$(CTG)_n$ 等的动态突变。

（2）散在重复序列（interspersed repeat sequence）：是以分散方式分布于整个基因组内的重复序列，多为中度重复序列。散在重复序列一般是非编码序列，有十个到几百个拷贝，分散于基因组中，重复单位之间有单一序列相间隔，约占整个基因组的 45%。rRNA 基因和 tRNA 基因属于此类序列。根据重复单位的长度可以分为两个亚类：短散在核元件和长散在核元件。短散在核元件（short interspersed nuclear elements，SINEs）的重复单位长度为 100～400bp，拷贝数可达 10^5 以上。人类基因组中短散在核元件之间的平均距离约为 2.2kb，分散于基因内、基因间或基因簇内，但未见于外显子中。Alu 序列是短散在核元件的典型代表，也是人类基因组中含量最丰富的重复序列，约占基因组的 11%。在人类基因组中，平均约每隔 3kb 就有一个 Alu 序列，一共有 30 万～50 万拷贝，组成 Alu 家族。Alu 序列长约 300bp，不同部位的 Alu 序列有所不同，序列中含有一个限制性内切酶 Alu Ⅰ 的识别序列 AGCT，可被 Alu Ⅰ 将其酶切为 130bp 和 170bp 的两个片段，故称 Alu 序列。长散在核元件(long interspersed nuclear elements，LINEs)的重复单位长 5000～7000bp，重复 10^2～10^4 次，主要分布于常染色质区，包括 LINE-1、LINE-2 和 LINE-3 三类基因家族。其中 LINE-1 家族是人类最重要的转座因子，持续活跃，编码两种蛋白：RNA 结合蛋白 p40 和另一个同时具有核酸内切酶和反转录酶活性的蛋白。长散在核元件属于转座子，短散在核元件属于反转座子，都是可移动的遗传因子，可在基因组内由一条染色体转移到另一条染色体。它们的拷贝随机插入到基因组的其他区域，可影响基因的正常功能，从而导致疾病的发生。如某些隐性遗传病就是由于 Alu 序列插入到外显子中，致使蛋白质编码区的改变而出现临床症状。

（二）线粒体基因组

线粒体基因组（mitochondrial genome）是指一个线粒体中包含的闭环双链 DNA 分子，即线粒体 DNA（mitochondrial DNA，mtDNA），是细胞中除核基因组外的又一基因组。人 mtDNA 长 16 569bp，编码 37 个基因，包括 2 个 rRNA 基因、22 个 tRNA 基因和 13 个编码蛋白质亚基的基因。

二、人类基因组学

人类基因组学（human genomics）是研究人类基因组组成，各基因的精细结构、相互关系以及表达调控的学科。人类基因组学研究主要包括：以全基因组测序为目标的人类基因组计划和以基因功能鉴定为目标的后基因组（post genomic）研究及在临床上的应用。

（一）人类基因组计划

人类基因组计划（the Human Genome Project，HGP）于 1990 年 10 月正式启动，2003 年正式完成，破译了人类基因组 DNA 的 30 亿个碱基对的序列，确定了 2 万多个基因及其在染色体上的位置、结构和功能，构建了人类基因组图，是人类第一次在分子水平上全面地认识自我。

我国在 1999 年 9 月正式加入了这一计划，并承担人类基因组第 3 号染色体短臂端 3000 万对碱基的测序任务，包括与肺癌、卵巢癌、鼻咽癌等有关的基因。通过参与这一计划，我国成为人类基因组计划最重要的后续研究——国际人类基因组单体型图计划（International HapMap Project）的五个成员国之一，承担了 10%的任务。之后，我国完成了第一个东亚人种的单倍体基因组图谱构建和序列测定，命名为“炎黄一号”。

（二）后基因组学

后基因组学是在基因组的层次上，研究基因的表达、调控与功能，包括功能基因组学、转录组学、蛋白质组学、代谢组学、表观基因组学、疾病基因组学、肿瘤基因组学、药物基因组学等。

1. 功能基因组学　功能基因组学（functional genomics）是利用结构基因组学提供的信息，在基因组或系统水平上全面地分析基因组中编码序列和非编码序列的生物学功能。它以揭示基因组功能和调控机制为目标，探讨单一细胞在生命的一定时刻、一定条件下所表达的基因种类和数量；比较不同细胞间或同一细胞在不同条件下基因表达的差异。了解基因对个体发育、生长、衰老和死亡的影响，为疾病发生、发展机制以及个体对疾病的易感性或抗性差异等提供科学依据。

2. 转录组学　转录组（transcriptome）是指一种生物基因组表达的全部转录产物的总称。每个个体仅有一套基因组，而其转录组在不同环境条件下、不同生命阶段或不同生理或病理状态下都可能不同。以转录组分析为研究内容的研究领域则称为转录组学（transcriptomics），研究一个细胞在特定生理或病理状态下表达的所有 RNA 以及转录调控规律，揭示疾病的发病机制，寻找可能的治疗靶点。

3. 蛋白质组学　蛋白质组学（proteomics）研究细胞基因组所表达的执行生命活动的全部蛋白质的组成、功能及其活动规律，包括不同的生命时期，或正常或疾病或用药前后等的全部蛋白质的变化。

4. 代谢组学　代谢组学（metabonomics）研究生物或细胞中所有代谢组分的集合，包括生物体内源代谢物种类、数量及其变化规律，并寻找代谢物与生理病理变化的相对关系。基因与蛋白质的表达紧密相连，而代谢物则更多地反映了细胞所处的环境，这又与细胞的营养状态、药物和环境污染物的作用，以及其他外界因素的影响密切相关。因此 Bill Lasley 认为，“基因组学和蛋白质组学告诉你什么可能会发生，而代谢组学则告诉你什么确实发生了”。

5. 表观基因组学　表观基因组学(epigenomics)是在基因组的水平上研究表观遗传修饰及其作用。2003 年人类表观基因组计划（Human Epigenome Project，HEP）正式启动，以揭秘人类基因组中的 DNA 甲基化密码和组蛋白修饰状态对基因表达的调控。

6. 疾病基因组学　疾病基因组学（disease genomics）的主要任务是鉴定和分离重要疾病的致病基因与相关基因，并确定其致病机制。

7. 肿瘤基因组学　肿瘤基因组学（cancer genomics）指通过建立肿瘤基因组图谱，阐明各类肿瘤的基因组变异规律及其在肿瘤发生发展过程中的作用。美国 2005 年开始针对多种癌症开展了癌症基因组计划（the Cancer Genome Atlas，TCGA），解析癌症组织的基因异常，帮助临床诊断及抗肿瘤药物研发。

8. 药物基因组学　药物基因组学(pharmaco genomics)则研究基因组或基因变异对药物在人体内吸收、代谢、疗效及不良反应产生影响的现象及其机制，从而指导新药开发和合理用药。

9. 影像基因组学　影像基因组学（imaging genomics）将疾病影像数据和基因组数据整合，并挖掘两者之间的联系，从而发现能够反映基因多态或表达的影像特征，在此基础上建立基于影像特征的非侵入式疾病诊断方法，是目前生物医学最有前景的研究领域之一，并与 AI 结合建立疾病诊断模型和健康风险预测模型。

（三）人类基因组学与精准医疗

上述一系列“组学”研究积累了与人类生理、病理相关的大量数据与信息，将医学在认识和有效应用疾病分子靶标的基础上，推向了可预测（predictable）、可预防（preventive）、个体化（individuation）和参与性（participatory）的 4P 医学的高度，精准医疗（precision medicine）的概念应运而生。精准医疗是一种将个人基因组成、环境与生活习惯差异考虑在内的疾病预防和治疗的医学模式。其实质是根据不同个体对特定疾病遗传基础的不同，将患者分为不同的亚群，进而给予相应的治疗。

精准医疗有助于实现疾病的准确诊断和分类，制定个性化的疾病预防和治疗方案。例如，药物基因组学的发展使精准药物治疗成为可能。已经开发出的药物基因组学临床决策支持系统（PGx-CDS），使一些药物如阿巴卡韦、依伐卡托、拉布立酶、他莫昔芬等在使用之前必须进行 PGx 检测。我国于 2015 年发布了《药物代谢酶和药物作用靶点基因检测技术指南（试行）》和《肿瘤个体化治疗检测技术指南（试行）》，指导疾病治疗。IBM 开发的基因组学智能计算平台（watson for genomics）在读取基因组测序数据后，自动与大量的临床、科学和药理数据库进行比较，为病人制定个性化的医疗建议。

通过研究基因组，可以识别出具有患癌风险的基因突变，并制定个体化的防癌策略。例如，乳腺癌是女性最常见的癌症之一，目前已经发现乳腺癌的患病风险与易感基因 *BRCA1* 和 *BRCA2* 相关。因此可以通过基因检测，发现携带高风险突变的女性，并对其实施早期筛查和预防措施，例如更频繁的乳腺 X 线检查或者进行预防性乳腺切除手术，从而减少罹患乳腺癌的风险。

三、人类参考基因组概览

人类单倍体基因组的测序完成以后，已经作为构建新测序基因组的主要模板，也称为人类参考基因组，并不断更新，目前主要为 GRCh38（在 University of California Santa Cruz，UCSC Genome Browser 中为 hg38）。GRCh38 已测序片段的总长为 2937.64Mbp，最长的第 1 号染色体长 248.96Mbp，最短的第 21 号染色体长 46.71Mbp。第 4 号染色体的 GC 含量最低，为 38.3%，第 19 号染色体的 GC 含量最高，为 47.9%。GRCh38 中基因总数为 37 523，最短的基因为 33bp，最长的基因为 2 473 592bp，转录本 162 497 个，其中 mRNA 115 938 个。2023 年 5 月 10 日，《自然》（*Nature*）杂志发表了人类泛基因组，为 GRCh38 添加了 1.19 亿碱基对和 1 115 个基因重复变异，检测到结构变异的数量增加了 104%，为人类基因组遗传多样性描绘了更完整的图景。

知识拓展 2-1　“人造生命”的演进

克雷格·文特尔（Craig Venter），“人造生命之父”，基因测序领域的“科学狂人”。在人类基因组测序中，他发明了“鸟枪法”，也俗称“霰弹法”。简单地说，先将整个基因组打乱，切成随机碎片，然后测定每个小片段序列，最终利用计算机对这些片段进行排序和组装，并确定它们在基因组中的正确位置。在 1990～1997 年的 7 年间，多国小组完成了总任务的 3%，用了文特尔的方法后短短 3 年就完成了 90%。

文特尔从 1995 年开始做基因组计划的同时，还在创造一个人工生命体。2010 年 5 月 20 日，文特尔研究所宣布，他们利用人工合成的基因组，创造出了世界上第一个“人造细胞”，取名为“辛西娅”。他说：“在这颗星球上所有能够自我复制的生命体中，我们首次拥有了这样的一员——它的父母，是一台电脑。”之后，他又在马不停蹄地继续向前，2016 年 3 月 24 日，文特尔在《科学》杂志发表论文，他的团队设计并制造出了最简单的人工合成生命体，此次设计的人工生命体仅有维持生命所需基因，这一数字仅为 473 个，是目前已知最小的生命体基因组。

2014 年，由纽约大学 Jef D. Boeke 教授领衔的研究团队创建出了第一条人工酵母染色体（酵母染色体中最小的 3 号染色体）。2017 年，酵母基因组中的 1/3 完成了设计合成，《科学》杂志以特刊形式进行了报道。其中，天津大学元英进教授（2019 年第十三届药明康德生命化学研究奖杰出成就奖得主）领导的团队同时发表两篇论文，成功实现了酵母 5 号和 10 号染色体的化学合成。同时，当时任职于清华大学的戴俊彪研究员带领团队设计合成了 12 号染色体，并开发了长染色体分级组装的策略。中国科学院杨焕明院士与当时任职于爱丁堡大学的蔡毅之博士合作领导的项目完成了 2 号染色体的从头设计与全合成。Jef D. Boeke 教授与同事们则完成了 6 号染色体的合成。

2023 年 9 月，《细胞》带来了合成生物学领域备受关注的重大进展，以封面故事形式报道了国际合作项目“酿酒酵母基因组合成计划”的最新成果：一半天然、一半人工合成的酵母细胞问世！这种酵母细胞内含有 7.5 条人工合成的染色体，但其生存和复制能力与野生的酵母菌株相似，同时，科学家们还展示了完全从头开始为酵母细胞编写设计的一条新染色体：转运 RNA（tRNA）染色体。

小　结

基因是遗传信息的基本单位，一般指位于染色体上编码一个特定功能产物（如蛋白质或RNA）的一段核苷酸序列。真核基因由编码序列和非编码序列组成，又称为断裂基因，由外显子、内含子和侧翼序列组成。基因依据其序列和功能特点分为：单一基因、基因家族、假基因和串联重复基因。基因的功能包括复制和表达。基因的复制方式是半保留复制。基因表达是把储存在DNA序列中的遗传信息经过转录和翻译，转变成具有生物活性的蛋白质分子，从而决定生物表型的过程，其表达在不同水平受到严格的调控。

人类基因组包括细胞核基因组和线粒体基因组，是人体遗传信息的总和。细胞核基因组由基因及基因相关序列、基因外序列组成。按照DNA序列拷贝数的不同，人类细胞核基因组序列分为单一序列和重复序列。人类基因组学是研究人类基因组组成，基因组内各基因的精细结构、相互关系以及表达调控的学科。目前人类参考基因组主要为GRCh38，并不断更新，成为医学生必备工具之一。

复习思考题

1. 基因的化学本质是什么？有哪些特点？
2. 试述基因的基本功能。
3. 试展望基因组医学前景。

（宋少娟）

第三章

基因突变与 DNA 多态

学习要点

掌握： 基因突变的概念及类型。

熟悉： ①基因突变的效应；②DNA 多态的概念及类型。

了解： ①基因突变的特征；②DNA 损伤的修复。

在生物体世代传递的过程中，遗传物质通常都能保持其固有的分子组成和特定的生物学功能，以维持物种的稳定。另一方面，遗传物质又不是一成不变的，就人类而言，基因组序列具有多样性，不同个体的基因组序列存在多种变异（variation）。现有的研究表明，人类无血缘关系的个体间，约 99.5%的细胞核 DNA 序列相同，剩下约 0.5%的序列存在差异。虽然相对于整个基因组来说，个体间基因组的差异是非常小的，但正是这约 0.5%的差异，不仅决定了个体身高、体重、头发颜色等的不同，还决定了个体对某种疾病的易感性、对药物及环境因素（包括病毒、细菌、毒物等）反应的差异。这些变异都是由突变（mutation）造成的，突变是指遗传物质在机体内外许多因素的作用下，发生的可遗传的改变。突变是生物固有的属性，突变以及由此引起的性状改变不仅是生物多样性的源泉，而且为生物进化提供了丰富的原材料。

自然界中，每种生物的 DNA 总按一定的频率发生突变。自然界中的各种物理、化学或生物因素，以及 DNA 复制错误、DNA 修复缺陷等都可以引起自发突变。如果按照人为的设计，利用物理、化学或生物因素，采用实验的手段造成的突变则称为诱发突变。诱发突变是产生生物新品种的重要方法。

突变可以发生在生殖细胞，然后通过有性生殖将该突变传递给子代个体，并存在于子代个体的每一个细胞中。突变也可以发生在体细胞，通过细胞分裂将该突变传递给子代细胞，在局部形成突变细胞群，成为病变甚至癌变的基础。体细胞发生的突变，只在体细胞中传递，不传给子代个体。生殖细胞的突变率大于体细胞，因为生殖细胞在减数分裂时对外界环境更敏感。

狭义的突变仅指发生在分子水平上 DNA 序列的变化，称为基因突变（gene mutation）。广义的突变还包括发生在细胞水平上染色体数目和结构的变化，这称为染色体畸变（chromosome aberration）。本章讨论的突变是狭义的突变，即基因突变，染色体畸变将在第五章介绍。

第一节　基因突变

基因突变使基因的一种等位形式变成另一种等位形式，即在原有基因座上产生新的等位基因。一般来说，将群体中最常见的等位基因称为野生型（wild type）等位基因，而将其他等位基因称为变异型（variant）或突变型（mutant）等位基因。理论上，基因组中每一个核苷酸都可能发生突变。实际上，突变并非完全随机发生，DNA 分子中某些部位的突变率大大高于平均数，称为突变热点（mutation hotspot）。

一、基因突变的类型

根据 DNA 序列的改变方式，可将基因突变分成三种类型：碱基替换、插入/缺失和动态突变。

（一）碱基替换

碱基替换（base substitution）是指 DNA 分子中一种碱基被另一种碱基取代的突变形式，又称点突变（point mutation）（图 3-1）。其中，同类碱基之间的替换称为转换（transition），即嘌呤替换嘌呤或嘧啶替换嘧啶，例如，腺嘌呤（A）和鸟嘌呤（G）之间、胞嘧啶（C）和胸腺嘧啶（T）之间的互换；不同类碱基之间的替换称为颠换（transversion），即嘌呤替换嘧啶或嘧啶替换嘌呤，如 A 和 T 之间、C 和 G 之间的互换。碱基替换如果发生在蛋白质编码区，有可能改变氨基酸的组成和顺序，根据影响的不同可将其分为同义突变、错义突变、无义突变和终止密码突变。

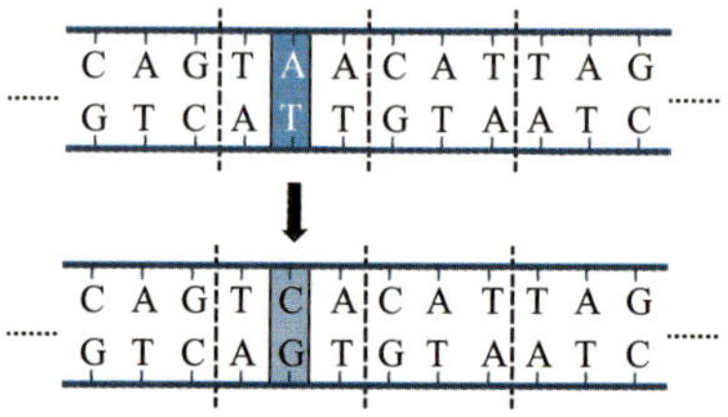

图 3-1 碱基替换

1. 同义突变 同义突变（same-sense mutation）是指碱基替换后，密码子发生改变，但是编码的氨基酸还是同一个，没有改变。同义突变不影响蛋白质的结构，但是翻译时可能存在密码子偏好（同一氨基酸的不同密码子具有不同的翻译效率），会导致蛋白质的表达量改变，进而影响蛋白质的功能。

2. 错义突变 错义突变（missense mutation）是指碱基替换后，编码一种氨基酸的密码子变成编码另一种氨基酸的密码子，使蛋白质的氨基酸序列发生了一个氨基酸的改变，可导致蛋白质空间结构的改变及功能的丧失。例如，β 珠蛋白基因的第 6 位密码子 GAG 突变为 GTG，编码的氨基酸则由谷氨酸变为缬氨酸，形成异常血红蛋白 HbS，引起镰状细胞贫血。但是有的错义突变对蛋白质的结构和功能影响不大甚至无影响。一般位于蛋白质保守区活性位点的错义突变，如果突变前后氨基酸的理化性质差异大，则容易引起蛋白质功能的改变。而位于蛋白质非保守区的错义突变，如果突变前后氨基酸的理化性质差异不大，那么可能对蛋白质的结构和功能影响不大。

3. 无义突变 无义突变（nonsense mutation）是指碱基替换后，编码氨基酸的密码子变成终止密码子，使蛋白质合成提前终止，形成一条缩短的多肽链。无义突变的 mRNA 通常不稳定，容易被快速降解，有可能来不及翻译成多肽链。即使 mRNA 足够稳定并翻译，肽链缩短的异常蛋白通常也是不稳定的，往往被快速降解。例如，异常血红蛋白 Hb McKees Rocks 的 β 珠蛋白基因第 145 位酪氨酸的密码子 TAT 突变为终止密码子 TAA，相应的 mRNA 序列由 UAU 变化为 UAA，使翻译提前终止，合成 C 端丢失 2 个氨基酸的异常 β 珠蛋白。

4. 终止密码突变 终止密码突变（termination-codon mutation）是指碱基替换后，终止密码子变为编码氨基酸的密码子，使本应终止合成的多肽链继续延长，直至遇到下一个终止密码子才停止，合成一条延长的多肽链。另外，终止密码突变还扰乱了基因下游 3′端非编码区的正常调控功能。例如，异常血红蛋白 Hb Constant Spring 的 α 珠蛋白基因第 142 位终止密码子 TAA 突变为谷氨酰胺的密码子 CAA，α 珠蛋白链延长为 172 个氨基酸。这个突变基因转录形成的 mRNA 不稳定，容易被降解，导致 α 珠蛋白合成减少，表现为典型的 α 地中海贫血。延长的多肽链通常也无功能或者功能异常。

事实上，多数的碱基替换都发生在非编码区，如基因间区域、基因上下游调控区和内含子区域。发生在调控区的碱基替换，可能影响转录和翻译的效率，从而使蛋白质合成量增加或减少。而发生在内含子的碱基替换，则可能改变剪接位点，致使 RNA 前体剪接错误，生成异常的 mRNA，最终导致蛋白质合成障碍。

（二）插入/缺失

在原有 DNA 序列中插入或缺失 1 个至数个核苷酸，则是插入/缺失（insertion/deletion）。插入或缺失的核苷酸可以是 1 个或几个，也可以是 10 个甚至上千个不等。根据插入或缺失的核苷酸数目以及引起的效应不同，可以将其分为移码突变和整码突变。

1. 移码突变 移码突变（frameshift mutation）是指在基因编码序列中插入或缺失一个或几个碱基（不

是3或3的倍数)，造成插入/缺失位点后的阅读框改变，从而改变了翻译后氨基酸种类的突变(图3-2A)。移码突变的后果一般比较严重，可能导致严重的遗传病。例如异常血红蛋白Hb Wagne的α珠蛋白基因第138位密码子TCC中缺失了一个C，导致从第138位开始的密码子全部重新组合及编码。其中，第142位终止密码子变为氨基酸密码子。突变的α珠蛋白基因经过转录和翻译后产生异常的α珠蛋白链，不仅从第138位开始氨基酸序列改变，而且由于第142位终止密码子的改变使多肽链延长至146个氨基酸。

2. 整码突变　整码突变(in-frame mutation)是指基因内核苷酸数目的增(减)为3的倍数而不造成阅读框改变的突变。如果这样数目的增(减)恰好发生在两个相邻密码子之间，那么在插入/缺失点后，原有阅读框不变，因此氨基酸序列也不变(图3-2B)。例如，异常血红蛋白Hb Gum Hiu的β珠蛋白基因丢失了第91～95位5个密码子，导致β珠蛋白缺失了5个相应的氨基酸。而如果这样数目的增(减)发生在密码子内，那么将只造成插入/缺失点前后、后各一个密码子的改变，其他密码子不变。

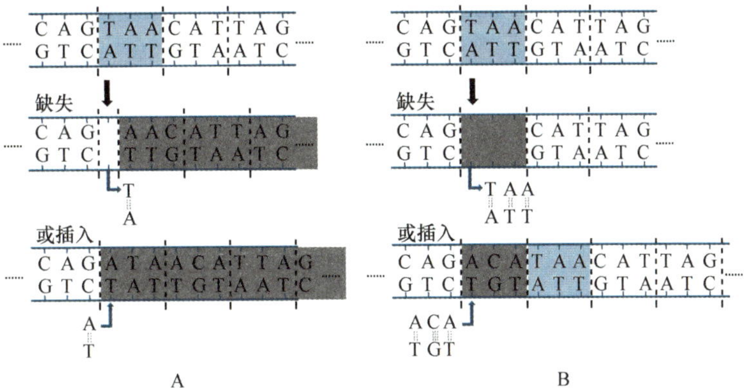

图3-2　移码突变(A)和整码突变(B)

(三)动态突变

动态突变(dynamic mutation)是指基因组内一些短串联重复序列的拷贝数在世代传递过程中不断增加的现象。常见的是三核苷酸重复序列拷贝数的增加。如脆性X综合征(fragile X syndrome；OMIM #300624)，患者的X染色体在q27.3有脆性位点(不稳定部位)，将该位点克隆到脆性X智力障碍基因1(fragile X mental retardation 1，*FMR1*)后，它的5′端非编码区有一段不稳定的$(CGG)_n$三核苷酸重复序列，在每次减数分裂或有丝分裂过程中，CGG的拷贝数都可能发生改变。正常人CGG的拷贝数为6～54，当n增加到60～200时称为前突变，表现为无临床症状的携带者。如果n继续增加，超过200时则患病，称为全突变。患者表现为智力障碍等临床特征，是最常见的X连锁智力障碍，10%～20%的男性智力障碍由本病引起。另外，患者CGG的拷贝数越多，症状就越严重，重症脆性X染色体综合征患者CGG的拷贝数可高达2000。

动态突变也可以发生在编码区。目前已经发现近20种遗传病和脆性位点与动态突变有关，除脆性X染色体综合征外，还有强直性肌营养不良Ⅰ型(OMIM #160900)和亨廷顿病(OMIM #143100)等。

动态突变发生的机制目前还不清楚，现有的解释包括非复制DNA的不等交换和姐妹染色单体不等交换，以及复制DNA的滑脱链错配(slipped-strand mispairing)和聚合酶滑移等。

二、基因突变的效应

基因突变后，可能对蛋白质无影响，如同义突变；也可能改变蛋白质的结构、功能和表达等，进而影响个体的表型。

(一)蛋白质效应

基因突变对蛋白质造成的影响主要包括：功能丢失、功能加强、新特性、异时表达或异位表达(图3-3)。

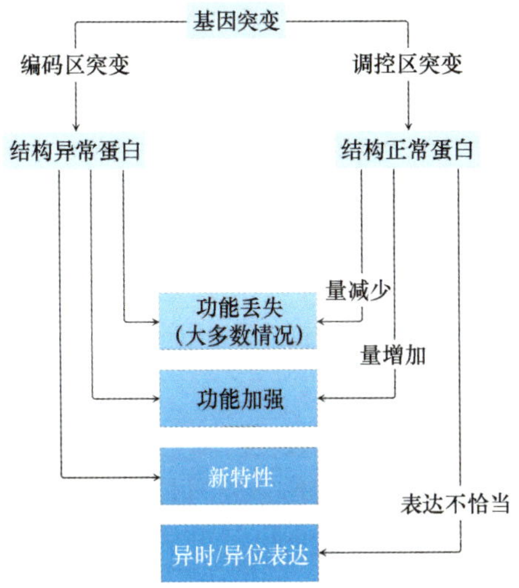

图3-3　基因突变的蛋白质效应

1. 功能丢失　功能丢失（loss of function）是指基因突变后，蛋白质失去正常功能或表达水平降低，是常见的基因突变对蛋白质造成的影响。如调控区突变后导致基因表达水平下降，或者编码区的错义突变导致蛋白质失去正常功能。另外，突变蛋白不仅可能失去了原有功能，而且一般稳定性也较差，容易被降解，从而使其在细胞内的含量比较低。

2. 功能加强　功能加强（gain of function）是指基因突变后，蛋白质的活性增强。蛋白质活性增强的原因主要有两个，一是基因突变后，一般是编码区突变后，蛋白质结构发生改变，使蛋白质活性增强；二是基因突变后，一般是调控区突变后，基因表达水平升高，使蛋白质数量增加，功能也相应加强。

3. 新特性　新特性（novel property）是指基因突变后，蛋白质产生新的特性。例如，β 珠蛋白基因的第 6 位密码子 GAG 突变为 GTG 后，形成异常血红蛋白 HbS。HbS 具有相对正常的运氧能力，但却获得了在缺氧情况下相互聚集的新特性。

4. 异时表达或异位表达　异时表达（heterochronic expression）是指基因突变后，在错误的时间表达。异位表达（ectopic expression）是指基因突变后，在错误的位置表达。

（二）个体效应

有的基因突变对个体有害或有利，形成明显的表型效应，而有的基因突变对个体的表型无明显的影响或影响小，不形成明显的表型效应。

1. 不产生明显效应　无论基因突变发生在编码区还是非编码区，无论基因突变对蛋白质有无影响，多数基因突变对个体的表型无明显的影响或影响小，因而不形成明显的表型效应，对个体既无好处也无坏处。这类突变可以称作中性突变。有些突变，不影响机体的生理功能，只是形成正常人体生物化学组成的遗传学差异，如 ABO 血型和各种同工酶。

2. 产生有害效应　基因突变可能使蛋白质的结构或功能改变，从而影响个体的生长发育、降低生育力、缩短寿命、提高感染易感性、致病或致死、导致药物不良反应等，产生对个体有害的效应。基因突变使蛋白质功能丧失时，可能导致疾病的发生。例如，低密度脂蛋白受体基因突变，使它与低密度脂蛋白结合并摄入细胞的功能丧失或降低，引起血液中低密度脂蛋白含量过高，导致家族性高胆固醇血症。基因突变使蛋白质功能加强时，同样也可能导致疾病的发生。例如，外周髓磷脂蛋白 22（peripheral myelin protein 22，PMP22）基因增加了一个拷贝后，导致腓骨肌萎缩症 Ⅰ 型（Charcot-Marie-Tooth disease type 1A，CMT1A；OMIM #118220）。基因突变使蛋白质获得新特性，也可能导致疾病的发生。例如，β 珠蛋白基因突变形成异常血红蛋白 HbS，HbS 具有相对正常的运氧能力，但却产生了在缺氧情况下相互聚集的新特性，使红细胞变形能力下降，容易受损造成溶血性贫血，引起镰状细胞贫血。基因突变导致蛋白质异时或异位表达，也可能导致疾病的发生。例如，珠蛋白基因的表达具有阶段特异性，如果珠蛋白基因的某些调控元件突变后，导致正常情况下只在胎儿期高表达的 γ 珠蛋白基因在成年期继续表达，引起遗传性胎儿血红蛋白持续存在症。

3. 产生有利效应　有的基因突变使蛋白质的结构或功能改变后，产生对个体有利的效应，例如，增强个体生存能力和生育能力。异常血红蛋白 HbS 突变的杂合子（β^A/β^S）比正常血红蛋白 HbA 纯合子个体（β^A/β^A）更能抵抗疟疾，在疟疾流行区具有更强的生存能力。这类突变是进化的基础和源泉。

基因突变对蛋白质和个体产生何种效应，取决于突变发生的位置、性质和突变片段的大小等因素。因此，基因突变只是说明序列发生了变异，不能说明它的功能或者个体表型变化与否，以及变化和效应为何种类型。

三、引起基因突变的因素

能引起基因突变的因素都是基因突变的诱因。突变的发生主要来自两个方面，一方面是细胞分裂（包括减数分裂和有丝分裂）过程中，DNA 复制错误导致突变的发生；另一方面是机体内外环境因素损伤 DNA 后，细胞的修复系统对 DNA 损伤进行修复，其中不能修复的损伤将导致突变的发生。具体来说，基因突变的诱因如下：

（一）DNA 复制错误

DNA 复制是一个严格而精确的事件，准确率非常高，但是还做不到 100%正确。真核细胞的 DNA 复制，每 1 千万个核苷酸中会有 1 个出错。然而，细胞自身具有复制校正系统，能校正 99.9%以上的复制错误。经过校正后，错误率低至 10^{-10}，因此每次细胞分裂每个基因组只有不到 1 个核苷酸发生突变。

（二）物理因素

1. 紫外线　紫外线的照射会损伤 DNA 的结构，通常使 DNA 序列中相邻嘧啶结合成嘧啶二聚体，如 $\widehat{TT}$、$\widehat{CC}$ 或 $\widehat{TC}$，其中最常见的是 $\widehat{TT}$（胸腺嘧啶二聚体）。嘧啶二聚体的形成，使 DNA 局部结构变形。复制或转录时，这一区域发生碱基配对错误，从而导致新合成的 DNA 分子或 RNA 分子的碱基改变。

2. 电离辐射　电离辐射包括高能粒子（α 射线、β 射线和中子流等）和波长极短的电磁波（X 射线和 γ 射线等）。电离辐射可直接击中 DNA 链，导致碱基变化、DNA 链和染色体断裂等，引起基因突变和染色体畸变。电离辐射的诱变作用与一次性照射的强度和剂量有关，另外还具有累积效应。也就是说，强度较弱和剂量较小的一次照射可能不足以损伤 DNA，引发突变。但如果反复或多次照射，照射的强度和剂量将累积在一起，最终导致突变的发生。

（三）化学因素

很多化学物质能引起基因突变，例如：

1. 羟胺　羟胺可使碱基 C 的化学成分改变，不能正常地与 G 配对，改为与 A 配对。经过两次 DNA 复制后，C—G 碱基对变为 T—A 碱基对（图 3-4）。

2. 亚硝酸类化合物　这类物质能将碱基中的氨基脱去，使碱基的结构发生改变。例如，A 脱氨基后变为次黄嘌呤（H），但与 H 配对的不是 T 而是 C。所以，经过两次 DNA 复制后，T—A 碱基对变为 C—G 碱基对（图 3-5）。

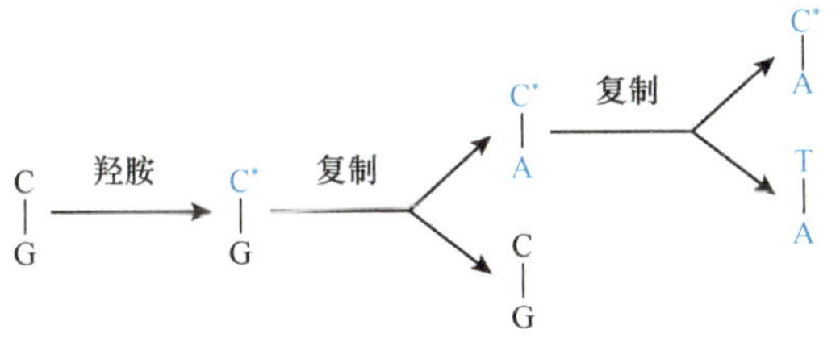

图 3-4　羟胺引起的碱基替换

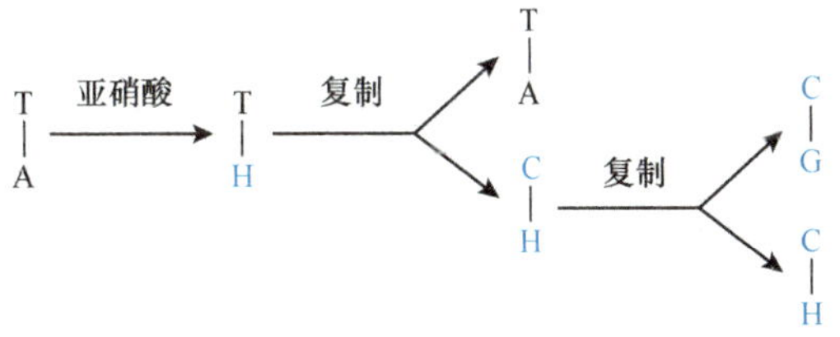

图 3-5　亚硝酸引起的碱基替换

3. 烷化剂　甲醛、氯乙烯、氮芥等烷化剂，具有高诱变活性，可将烷基（$—CH_3$、$—C_2H_5$ 等）结合到 DNA 的碱基上，使其发生烷基化。烷基化的碱基将发生配对错误，导致突变发生。例如，烷基鸟嘌呤不再与 C 配对，改为与 T 配对，经过两次 DNA 复制，G—C 碱基对变为 A—T 碱基对（图 3-6）。

4. 碱基类似物　5-嗅尿嘧啶（5-BU）、2-氨基嘌呤（2-AP）等碱基类似物可替代碱基，插入 DNA 分子中引起突变。例如，5-嗅尿嘧啶的化学结构与 T 类似，不同的是它既可与 A 配对，也可与 G 配对。因此，5-嗅尿嘧啶插入 DNA 链替代 T 后，如果一直与 A 配对，影响不大。但是，如果它与 G 配对，那么经过 2 次复制后，A—T 碱基对变为 G—C 碱基对（图 3-7）。

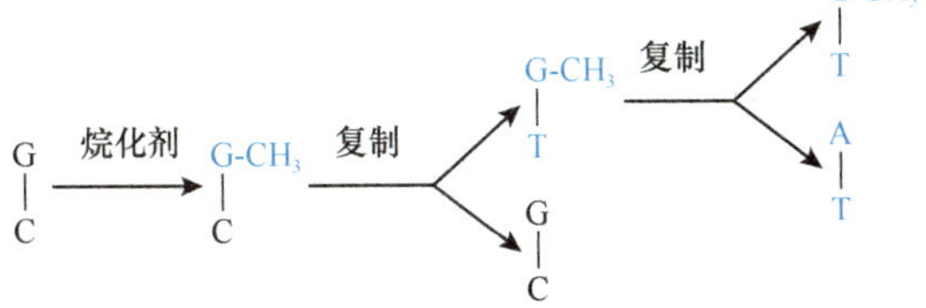

图 3-6　烷化剂引起的碱基替换

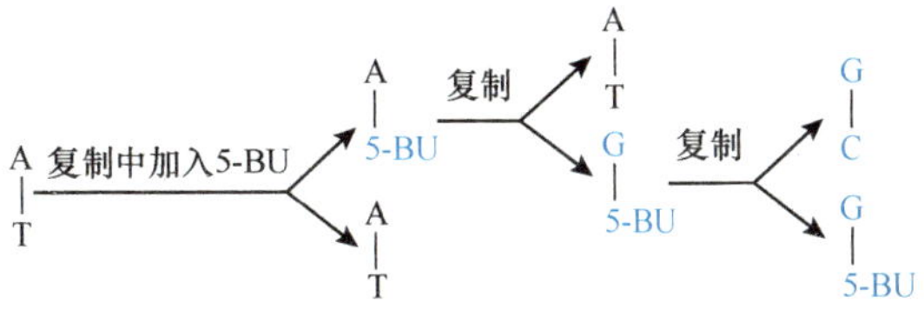

图 3-7　5-BU 引起的 DNA 碱基替换

5. 芳香族化合物　吖啶类和焦宁类扁平分子构型的芳香族化合物可以嵌入 DNA 的核苷酸序列中，造成碱基插入或丢失，引起移码突变。

（四）生物因素

1. *病毒* 某些病毒能诱发突变，如麻疹病毒、风疹病毒、流感病毒和疱疹病毒等，但是具体的机制还不清楚。逆转录病毒可能是先通过反转录酶合成病毒 DNA，再将病毒 DNA 插入到宿主 DNA 中，引起突变。

2. *真菌和细菌* 真菌和细菌代谢产生的毒素或代谢物，也能诱发基因突变。如黄曲霉菌产生的黄曲霉毒素能诱发突变，导致肝癌。

除上述因素之外，碱基的异构互变、碱基上氨基的自发脱落、自发水解使嘌呤和嘧啶从 DNA 上脱落、细胞呼吸副产物氧自由基等都可以引起基因突变。

四、基因突变的特性

1. *多向性* 多向性是指同一基因座上的基因（如 *A*）可独立发生多次突变，形成不同的等位基因（如 *a1*、*a2*、*a3* 等），构成复等位基因。例如，ABO 血型抗原基因、人类组织相容性抗原基因都是复等位基因。

2. *可逆性* 基因突变的方向是可逆的，即基因 *A* 可突变为 *a*，称为正向突变（forward mutation）；反过来基因 *a* 也可以突变为 *A*，称为回复突变（reverse mutation）。

3. *可重复性* 可重复性是指对于任何一个基因位点来说，突变不止发生一次，可以反复发生。

4. *稀有性* 尽管基因突变是普遍存在的一种遗传事件，但是大多数突变都被修复系统修复。因此，自然状态下，各种生物的突变率都很低，人类基因的突变率为（10^{-6}～10^{-4}）/（基因座·代）。

五、基因突变的描述

对于基因突变的描述，目前普遍接受的标准是人类基因组变异协会（Human Genome Variation Society，HGVS）提出的《序列变异描述建议》（*Recommendation for the Description of Sequence Variants*），网址为 http://www.hgvs.org/varnomen。按照该建议，任何变异都应该在最基本的水平（DNA 水平）上描述；任何变异都应该根据它与一个公认的参考序列的关系来描述；被一个或多个核苷酸隔开的两个变异，应分别描述；遵循 3′原则，即默认参考序列的 3′最末端位置被改变；优先次序，如果一个变异可以描述为不同类型，按替换、缺失、倒位、重复、插入的优先次序；只能使用 HGNC 批准的基因符号。变异的描述一般包括参考序列标识符、参考序列类型、变异位置、变异前的序列、变异类型和变异后的序列等部分，但有的时候变异涉及的具体序列可以省略。例如，在 NC_000023.11:g.33038255C>A 这个变异中，“NC_000023.11”为参考序列标识符，这条参考序列为人类 X 染色体全序列；参考序列标识符后跟冒号（:）；“g.”表明参考序列为线状基因组序列；“33038255”表明在 NC_000023.11 中的第 33038255 位核苷酸发生变异；“C”表示在参考序列中第 33038255 位核苷酸为 C；“>”表示变异类型为替换；“A”表示变异后 C 被替换为 A。

（一）参考序列类型

参考序列类型用单个小写字母表示：“c.”表示编码 DNA 参考序列（coding DNA reference sequence）；“g.”表示线状基因组参考序列（linear genomic reference sequence）；“m.”表示线粒体 DNA 参考序列（mitochondrial DNA reference sequence）；“o.”表示环状基因组参考序列（circular genomic reference sequence）；“p.”表示蛋白质参考序列（protein reference sequence）；“r.”表示 RNA 参考序列（RNA reference sequence）。

（二）变异位置

根据参考序列类型的不同，对变异位置编号的规则也不一样。

基因组参考序列（包括线状基因组、线粒体 DNA 及环状基因组）的位置编号，都是从 1 开始编号，直到最后一个核苷酸，比如 g.1、g.2、m.1、m.2、o.1、o.2 等，不使用“+”“–”“*”等前缀。

对于编码 DNA 参考序列，根据其蛋白质产物来编号。①蛋白质编码区。从 c.1 开始编号（表示起始密码子 ATG 的 A），一直编到终止密码子的最后一个核苷酸（TAA 的最后一个 A、TAG 的 G 或 TGA 的 A）。②非翻译区。5′非翻译区（5′UTR），用减号（–）加上数字来表示相对于起始密码子上游的位置，比如 c.–1

为起始密码子ATG上游的第一个核苷酸，即紧挨着A的位置；3′非翻译区（3′UTR），用星号（*）加上数字来表示相对于终止密码子下游的位置，比如c.*1表示紧挨着终止密码子下游的那个核苷酸。③内含子。内含子5′端，以紧挨此内含子的上游外显子的最后一个核苷酸为基准，用加号（+）加上数字来表示位置，比如c.31+2，表示上游外显子的最后一个核苷酸编码为31，在其之后的内含子的第2位为我们想表示的位置；内含子 3′端，以紧挨此内含子的下游外显子的第一个核苷酸为基准，用减号（–）加上数字来表示位置，比如c.32–3，表示下游外显子的第一个核苷酸编码为32，在其之前的内含子的倒数第3位为我们想表示的位置；内含子的前半部分核苷酸用加号表示，后半部分核苷酸用减号表示，如果内含子的核苷酸数目为奇数，则最中间那个核苷酸用加号表示。

非编码DNA参考序列，从第一个核苷酸开始编号，直到最后一个核苷酸，比如n.1、n.2。内含子中的核苷酸与编码DNA参考序列的规则一样。

RNA参考序列，按照其相应的编码DNA参考序列或非编码DNA参考序列来编码，如r.123与c.123或n.123对应。

蛋白质参考序列，从第一个氨基酸到最后一个氨基酸顺序编号，如p.1、p.2、p.3……等。

（三）变异类型

1. *DNA序列变异* 碱基替换以“>”表示，“>”之前是被替换的核苷酸，之后为替换后的核苷酸，例如，g.455G>T，表示参考序列第455位的核苷酸（G）变为T。缺失用“del”表示，由位置加上del构成，不用写出具体缺失的序列（因为通过参考序列可以获知），例如，c.76_78del表示某基因编码DNA序列的第76～78位缺失。重复用“dup”表示，其后也不用写出具体序列。插入用“ins”表示，其后要跟插入的具体序列，例如，c.76_77insT，表示某编码DNA序列第76～77位核苷酸之间插入一个T。倒位用“inv”表示，其后不跟具体序列。缺失-插入用“delins”表示，其后跟具体序列，例如 g.32_37delinsTAG，表示第32～37位缺失，但在该位置插入了TAG。等位基因，在方括号内一系列以分号分开的变异，表示一个基因的多个变异，比如，g.[123G>T；78_79insA；146del]同时表示了三个变异。重复序列，指一个或多个核苷酸（重复单位）出现多次，串联重复，例如g.31CGG[15]，表示第一个CGG拷贝的第一位（C）编号为31，CGG重复了15次。复杂变异，指不能归属为上述变异类型的序列变异。HGVS与ISCN常设委员会合作开发了描述复杂变异的方法，最新版可见于ISCN 2020中，为独立的一章，称为“描述染色体重排的基于序列的命名体制”。

2. *RNA序列变异* 包括替换、缺失、重复、插入、倒位、缺失-插入、等位基因、重复序列和拼接等类型，前缀“r.”，其他描述与DNA变异基本一致，但核苷酸用小写英文字母表示，如r.76a>u。“拼接”变异是DNA序列变异中没有的类型，它是指与参考序列相比，序列变异使正常的RNA拼接方式发生改变。

3. *蛋白质序列变异* 包括替换、缺失、重复、插入、缺失-插入、等位基因、重复序列、移码和延长等类型，前缀“p.”。氨基酸可以用三字母缩写表示，也可以用单字母缩写表示。氨基酸替换不用“>”表示，直接在发生变异的氨基酸编号前写出被置换的氨基酸，之后写出置换后的氨基酸，如p.Lys76Asn，表示与参考序列相比，第76位氨基酸由赖氨酸变为天冬酰胺。缺失，表示为“p.”“氨基酸+缺失的位置”“del”，例如p.Val7del。重复，表示为“p.”“氨基酸+重复的位置”“dup”，例如p.Val7dup。插入，表示为“p.”“氨基酸+两侧位置”“ins”“插入序列”，例如p.His4_Gln5insGlnSerLys，表示第4和第5个氨基酸之间插入了三个氨基酸。缺失-插入，表示为“p.”“氨基酸+缺失的位置”“delins”“插入序列”，例如p.Cys28delinsTrpVal。等位基因，表示为“p.”[“变异1”；“变异2”]，例如p.[Ser73Arg；Asn103del]。重复序列，表示为“p.”“氨基酸+重复单位的位置”[“拷贝数”]，例如p.Ala2[10]，表示重复单位为Ala，第一个Ala处于肽链的第2位，重复了10次。移码变异是指发生在翻译起始密码子和终止密码子之间，与参考序列相比，使阅读框相位改变的序列变异。移码变异表示为“p.”“氨基酸+位置+新氨基酸”“fs”“Ter”“终止位置”，例如p.Arg123LysfsTer34，表示在参考序列中从第123位的Arg开始发生移码变异，这个氨基酸变成Lys；“fs”表示变异的类型为移码（frame shift）；“Ter”表示终止密码子，其后为新的终止密码子的位置。延长，是指使参考氨基酸序列N端或C端延长一个或多个氨基酸的序列变异，N 端的延长表示为“p.” “Met1” “ext” “新的起始密码子的位置”，C 端的延长表示为“p.” “正常终止密码子的位置” “新的氨基酸” “ext” “Ter” “新的终止密码子的位置”，例如 p.Met1ext-5 和 p.Ter110Glnext*17。

第二节 DNA 多态

基因突变后，如果突变基因经过世代繁衍、积累，使它在群体中保持大于 1%的频率，突变就演变成 DNA 多态（DNA polymorphism）或基因多态（gene polymorphism）。因此，DNA 多态是指在生物群体中，一个基因座同时存在两种或两种以上的等位基因，而且它们的频率都大于 1%。突变是 DNA 多态产生的根本原因，DNA 多态是人类表型多样性的重要基础。人类 DNA 多态主要包括单核苷酸多态、插入/缺失多态和拷贝数变异等。

一、单核苷酸多态

单核苷酸多态（single-nucleotide polymorphism，SNP）是指在基因组内某个特定位置上的一个核苷酸在不同个体中不同的现象，且每种核苷酸出现的频率至少大于 1%（图 3-8）。SNP 遍布整个人类基因组，大约平均每 1000 个碱基对就有一个 SNP。SNP 在人类基因组中的分布不均匀，大部分位于非编码区和内含子区，也有一些 SNP 位于编码区和其他功能区。迄今为止，在人类基因组的外显子序列中发现了约 100 000 个 SNP，其中的一半没有改变氨基酸序列。目前已经发现一些 SNP 与疾病易感性有关，但绝大多数 SNP 对人类健康的意义仍然未明。

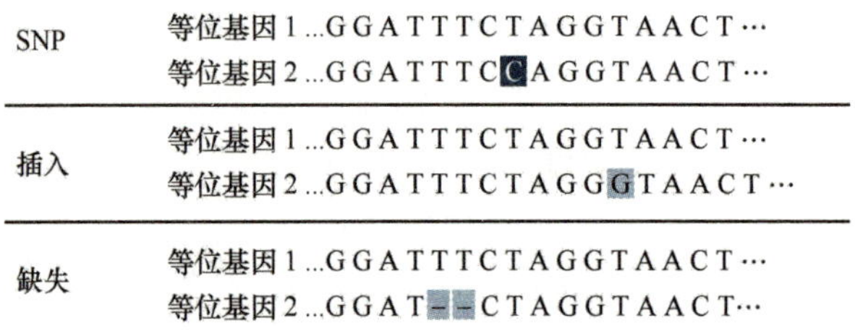

图 3-8 DNA 多态的几种类型

二、插入/缺失多态

插入/缺失多态通常指 1～1000bp 长的片段在基因组的任何部位插入或缺失。迄今为止，在人类基因组中已经发现超过 100 万个插入/缺失多态，其中约一半的插入/缺失多态只有两个等位基因，即 1～1000bp 长的片段插入与否或者缺失与否。其他插入/缺失多态，因为插入了不同拷贝数的片段，有多个等位基因。如短串联重复序列多态（short tandem repeat polymorphism，STRP），又称微卫星多态，常常有很多等位基因，每个等位基因内重复单元（2～6bp）的重复次数不同，因而片段大小也不相同，容易检测。重复单元的重复次数少的等位基因，片段短；反之，片段长（图 3-9）。多个微卫星多态位点可构成个体的 DNA 指纹图谱，用于亲子鉴定、个人身份识别等。图 3-10 描述了一个微卫星多态位点在区分不同个体和推断亲属关系方面的原理。该多态位点有 7 个等位基因，具有不同的重复次数和片段大小。其中，等位基因 1 的重复次数最少，片段最短，电泳时跑得最远（从上至下进行电泳）；而等位基因 7 的重复次数最多，片段最长，电泳时跑得最近。没有血缘关系的 6 个个体之间，等位基因都不相同。而在一个家庭中，子女的等位基因皆来自父母。例如，子 1 的等位基因 5 来自其父，等位基因 6 来自其母。

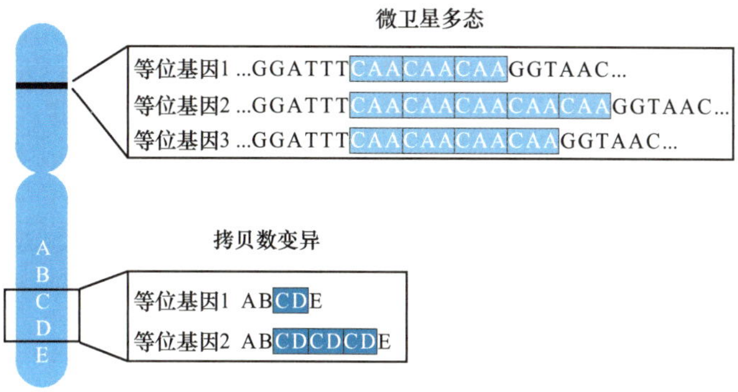

图 3-9　微卫星多态和拷贝数变异

三、拷贝数变异

拷贝数变异（copy number variation，CNV）是指基因组中较大片段（一般 1～$n \times$100kb）的拷贝数在不同等位基因中不同的现象（图 3-9）。一般情况下，人群中 5%～10%的个体携带大于 500bp 的变异，1%～2%的个体携带大于 1Mb 的变异。

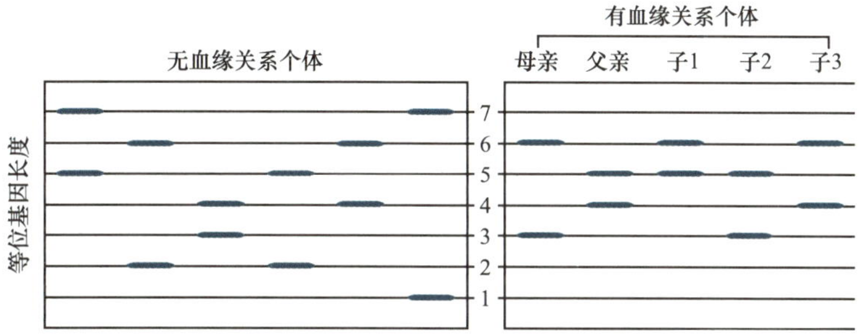

图 3-10　微卫星多态在区分不同个体和推断亲属关系方面的应用原理

DNA 多态与基因突变一样，大部分发生在非编码区，小部分发生在编码区。就其效应来说，也是大部分对表型无影响或影响很小，但是也发现了一些致病的多态。在这两个极端之间，DNA 多态导致个体解剖、生理、感染易感性、食物不耐受、肿瘤易感性、治疗反应以及对医疗处理的各种反应等的差异。但是，目前已发现的很多多态，其功能还不明确。

DNA 多态在医学遗传学研究和临床实践中应用广泛，为医学遗传学研究和临床实践提供了有力的工具。在研究领域，可以将已知 DNA 多态作为标记，通过连锁分析进行基因定位；或者通过关联分析，寻找肿瘤、高血压、糖尿病等复杂疾病的易感基因，或者寻找预测药效和药物不良反应的分子标记等。在这些研究成果的基础上，DNA 多态可用于指导临床用药以及个体化医疗、基因诊断和器官移植时组织的配型、预测复杂疾病的发病风险等临床实践中。另外，DNA 多态可用于亲子鉴定；也可作为身份识别的标签，广泛应用于个体身份识别领域，如受害者辨认、犯罪嫌疑人辨别、大型灾难事故中尸体的身份认定等。

知识拓展 3-1　　基因多态性与肺癌易感性及预后

DNA 损伤的修复需要多种酶和蛋白的参与，目前发现的 DNA 修复酶已经超过 100 种。大量研究表明，编码这些蛋白质的基因具有多态性，导致个体 DNA 修复能力的差异，从而在不同程度上影响不同个体的肺癌易感性。例如，人类 X 射线交叉互补修复基因 1（X-ray repair cross-complementing group 1，*XRCC1*）编码 XRCC1 蛋白，XRCC1 作为脚手架蛋白，与 DNA 聚合酶 β、DNA 连接酶Ⅲ和多聚 ADP 核糖聚合酶形成复合物，参与因电离辐射和氧化损伤引起的碱基切除修复。Sreeja 等发现 *XRCC1* 基因 G28152A 多态（Arg399Gln）与肺癌相关，基因型 AA 比基因型 GG 具有更高的肺癌风险。核苷酸切除修复交叉互补基因 2（excision repair cross-complementing group 2，*ERCC2*）又称为人类着色性干皮病基因 D（xeroderma pigmentosum group D，*XPD*），是核苷酸切除修复中的重要基因。Popanda 等发现，*XPD* 基因 Lys751Gln 多态与肺癌相关，基因型为 751Gln/Gln 的个体具有更高的肺癌风险。

切除修复相关基因的多态不仅影响个体的肺癌易感性，还影响肺癌患者的预后。例如，Yin 等发现，*XRCC1* 基因 G28152A 多态（Arg399Gln）与肺腺癌的生存率相关，在Ⅱ～ⅢA 期临床组和年龄超过 58 岁的非吸烟女性病例中，基因型为 399Gln/Gln 的个体总生存期较差。399Gln 等位基因携带者对化疗的反应较差，治疗的失败率可能更高，因此有较高的死亡风险。

虽然研究表明切除修复相关基因的多态性与肺癌易感性和预后相关，但要将这些多态作为分子标记，筛选肺癌高危人群，并以此对肺癌易感人群进行明确有效的预防，或者用于指导对肺癌患者的治疗，尚需大量充分的证据。

第三节 DNA 损伤的修复

细胞内的 DNA 会受到各种各样的损伤，一部分归因于细胞外部因素，还有不少是细胞内部因素导致的，如碱基的异构互变、碱基上氨基的自发脱落、自发水解使嘌呤和嘧啶从 DNA 上脱落、氧自由基攻击嘌呤和嘧啶环以及复制与重组错误等。当机体内外环境因素对 DNA 造成损伤时，修复系统开始工作，在一定条件下修复部分损伤，降低突变率，维持遗传物质的相对稳定。DNA 损伤的修复有多种方式，主要包括光复活修复、切除修复和重组修复等。

一、光复活修复

细胞内普遍存在光复活酶，除哺乳类生物外，在原生动物、酵母、细菌、真菌、藻类、鸟类和蛙类细胞中，都发现了光复活酶。在可见光的照射下，光复活酶被激活，活化的光复活酶识别并结合嘧啶二聚体，形成酶-DNA 复合物。然后，活化的光复活酶利用可见光的能量解开嘧啶二聚体，完成修复。这种修复称为光复活修复（photore activation repair）。

二、切除修复

切除修复（excision repair）又分为两类：即核苷酸切除修复和碱基切除修复。

（一）核苷酸切除修复

核苷酸切除修复（nucleotide excision repair）是通过“切—补—切—封”四个步骤实现修复：①核酸内切酶识别双螺旋结构上大的扭曲，如胸腺嘧啶二聚体等嘧啶二聚体造成的扭曲，并在损伤片段的 5'端切开一个缺口；②DNA 聚合酶以正常单链为模板，合成新的无损伤的互补序列，填补缺口；③核酸外切酶在受损片段的 3'端切割，从而将受损片段从 DNA 上完全切下来；④DNA 连接酶将新合成的片段与原有 DNA 分子连接，封闭缺口。这样就恢复了正确的核苷酸序列，完成了修复（图 3-11）。

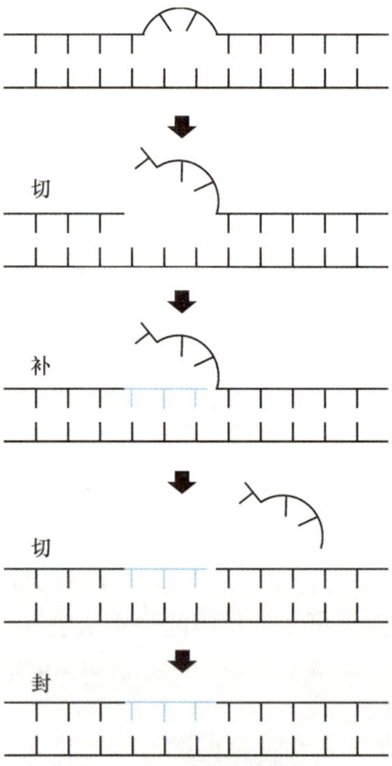

图 3-11 核苷酸切除修复

（二）碱基切除修复

碱基切除修复（base excision repair）是通过糖苷水解酶识别受损碱基，然后将其切除，并替换为正确的碱基。在核苷酸中，碱基通过糖苷键与脱氧核糖相连。每一种 DNA 糖苷水解酶能识别特定种类的碱基损伤，例如，尿嘧啶糖苷水解酶能特异识别 DNA 中胞嘧啶自发脱氨基后形成的尿嘧啶，并水解其糖苷键将受损碱基切除，但是它不会将 RNA 分子中正常的尿嘧啶切除。随后核酸内切酶将已经脱去碱基的脱氧核糖从 DNA 链上去除，这样受损核苷酸就从 DNA 链上完全去除。除了受损核苷酸外，核酸内切酶通常将附近的几个核苷酸一起切除。然后，DNA 聚合酶和 DNA 连接酶以未受损的 DNA 单链为模板，将缺口补齐，完成受损链的修复（图 3-12）。

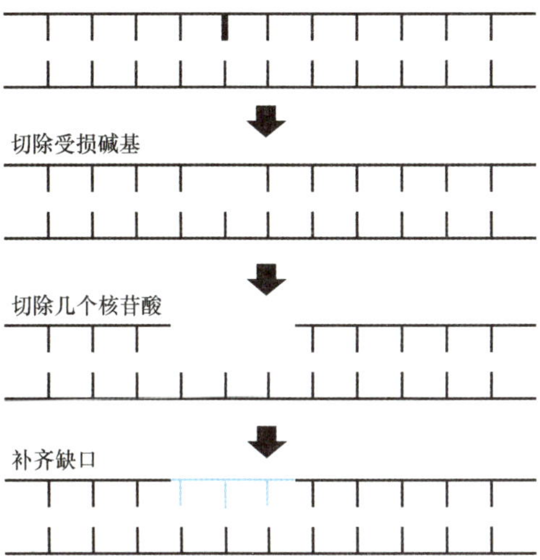

图 3-12　碱基切除修复

三、重组修复

重组修复（recombination repair）发生在复制之后，所以又称复制后修复（post-replication repair）。含有嘧啶二聚体或其他结构损伤的 DNA 仍能进行复制，只是复制到损伤部位时，与损伤部位对应的片段无法复制，在子链上形成缺口。复制结束后，重组修复启动，完整的母链与有缺口的子链重组，将缺口转移到母链上。然后，DNA 聚合酶以对侧子链为模板，合成互补片段；最后连接酶将新互补链片段与旧链连接，填补母链缺口（图 3-13）。重组修复并没有将损伤从 DNA 分子上去除，但通过它能复制出正常的 DNA 分子，满足细胞分裂的需要。经过多次复制后，受损 DNA 在细胞群体中的比例大大降低，其效应也被逐渐“稀释”。

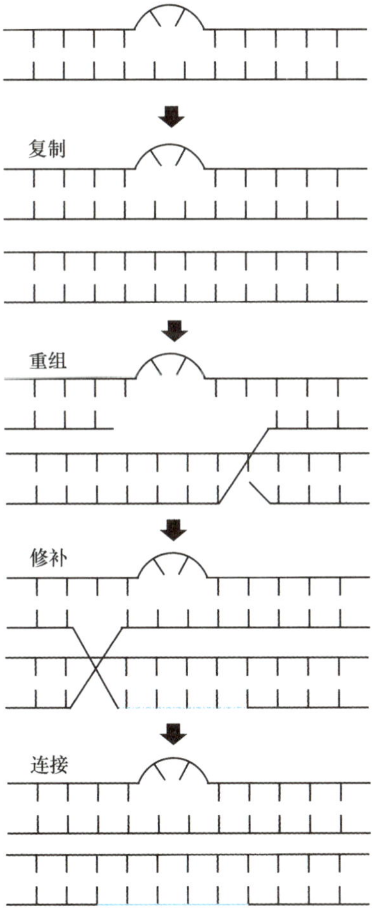

图 3-13　重组修复

知识拓展 3-2　　DNA 修复：为生命提供了化学稳定性

DNA 的双螺旋结构被发现后，科学家们一度认为 DNA 作为生命的基础，本身应该十分稳定。20 世纪 70 年代早期，瑞典的托马斯·林达尔（Tomas Lindahl）发现，DNA 并不像人们想象的那样稳定。他证实，DNA 在正常的生理条件下，会发生水解脱氨、氧化等化学反应。而这些化学反应改变了碱基对，使 DNA 发生衰变（decay）和损伤。后来大量的研究证实，每天 DNA 都被紫外线、自由基和其他致癌物质损伤。即使没有这些外来因素影响，DNA 也是不稳定的。在正常生理条件下，DNA 每天都发生一些自发改变，如复制错误。虽然DNA分子并不稳定，但是它却能在一次次的复制中保持结构的稳定与完整。这个事实是否提示，细胞内存在修复系统，能及时将DNA的损伤修复呢？

托马斯·林达尔在发现了DNA损伤现象后，开始在细菌中寻找参与DNA修复的酶。1974年，他发现了第一个具有碱基切除修复功能的酶——尿嘧啶糖苷水解酶，这个酶能识别并切除胞嘧啶脱氨基后形成的尿嘧啶。之后的数十年间，托马斯·林达尔陆续发现了许多参与DNA修复的工具蛋白，并从分子层面上阐明了碱基切除修复的作用机制。1996年，托马斯·林达尔还在体外重现了人类的碱基切除修复过程。土耳其裔美国科学家阿齐兹·桑贾尔（Aziz Sancar）则发现了核苷酸切除修复的机制，揭示了细胞如何运用这一机制来修复紫外线对DNA造成的损伤。美国科学家保罗·莫德里（Paul Modrich）阐明了细胞如何通过错配修复来纠正DNA复制时发生的错配。上述三位科学家分别发现了三种DNA损伤的修复路径：碱基切除修复、核苷酸切除修复和碱基错配修复，并且最先发现了参与各种损伤修复的酶。这三种路径的发现，奠定了当今DNA修复领域研究的基础。因为在DNA损伤修复研究领域的杰出贡献，三位科学家分享了2015年的诺贝尔化学奖。

尽管修复系统能修复DNA损伤，但修复系统本身也受遗传控制。如果遗传物质缺陷导致修复系统发生缺陷，使修复不能正常进行或错误修复，将导致疾病发生，尤其是易患各种肿瘤。如着色性干皮病（xeroderma pigmentosum，XP）（详见第十二章第一节）、布卢姆综合征（详见第十二章第一节）、Cockayne综合征（A型OMIM #216400；B型OMIM #133540）和共济失调毛细血管扩张症（详见第十二章第一节），都是修复系统缺陷导致的疾病。

小　　结

基因突变是指DNA序列的改变。突变是生物固有的属性，每种生物的DNA总按一定的频率发生突变。突变可以发生在生殖细胞，也可以发生在体细胞。基因突变主要有碱基替换、插入/缺失和动态突变三种类型。基因突变后，可能对蛋白质无影响或影响不大，也可能改变蛋白质的结构和功能等，进而影响个体的表型。引起基因突变的因素有DNA复制错误、物理因素、化学因素和生物因素等。基因突变具有多向性、可逆性、可重复性和稀有性的特征。基因突变后，如果突变基因经过世代繁衍、积累，使它在群体保持大于1%的频率，突变就演变成DNA多态。人类基因组多态主要包括单核苷酸多态、插入/缺失多态和拷贝数变异等。生物体内存在多种DNA修复系统，能对DNA损伤进行修复。DNA损伤的修复有多种方式，主要包括光复活修复、切除修复和重组修复等。

复习思考题

1. 基因突变是怎样产生的？它有哪些主要类型？会引起什么后果？
2. 请比较基因突变和多态的异同。
3. 细胞内修复DNA损伤的方式主要有哪些？

（梁伟波　屈胜秋）

第四章

染色体和配子发生

学习要点

掌握：①染色体的结构单位和组装；②莱昂假说；③非显带核型、显带染色体命名原则。
熟悉：①人类性别决定；②减数分裂。
了解：配子发生的基本过程。

染色体是遗传信息的载体，由许多基因和非基因片段组成，与遗传病的发生有关。配子发生是高等生物有性生殖中，亲本生殖细胞的形成过程，与其所繁衍的后代生存质量密切相关。只有正确认识了人类染色体的遗传特征和规律，认识了配子发生过程中染色体的变化规律，才能理解相关遗传病的发病机制，服务于医学。

第一节 染色质与染色体

染色质（chromatin）和染色体（chromosome）是同一物质在细胞周期的不同阶段、执行不同生理功能时不同的存在形式。间期细胞核内以伸展形式存在的是染色质，细胞分裂过程中呈高度螺旋化的是染色体。间期存在的染色质形式有利于遗传信息的复制、转录和表达，分裂期存在的染色体形式则有利于遗传物质的均等分配。

一、染色质的化学组成

染色质的主要化学成分是 DNA 和组蛋白，两者含量比近似于 1∶1，此外还含有非组蛋白和少量的 RNA。其中 DNA 与组蛋白含量极其稳定，非组蛋白与 RNA 的含量随细胞生理状态不同而变化。

二、染色质的基本结构单位

染色质的基本结构单位是核小体（nucleosome）。核小体由核心颗粒（core particle）和连接区（linker）两部分组成（图 4-1）。核心颗粒由 4 种组蛋白（H_2A、H_2B、H_3 和 H_4）各两分子组成的八聚体和 146bp 的 DNA 组成，这段 DNA 称为核心 DNA，核心 DNA 在组蛋白八聚体上缠绕 1.75 圈。两个核心颗粒之间的 DNA 链称为连接区，典型长度约 60bp。组蛋白 H_1 位于连接区 DNA 表面，稳定核小体结构。不同物种，连接区 DNA 的长度差异较大，短的只有 8bp，长的可达 114bp。无数个重复的亚单位——核小体逐一串联起来形成一条串珠状的纤维，这就是染色质的一级结构。

三、染色体的组装

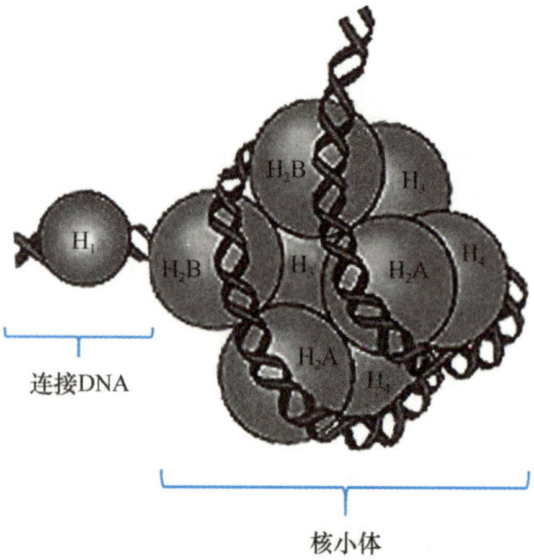

图 4-1 核小体结构模型

人的体细胞平均含有约60亿个碱基对，分布在46条染色体上，平均每条染色体上的DNA分子长约5cm，而有丝分裂中期高度凝缩的染色体平均长约5μm，这就意味着从DNA到染色体，长度要压缩近万倍，才能装在直径只有5～8μm的细胞核中。

首先，许多的核小体彼此连接形成直径约10nm的核小体串珠结构，即染色体的一级结构。其次，10nm的纤维螺旋盘绕，每6个核小体一圈，形成直径约为30nm、内径10nm、螺距11nm的螺线管（solenoid），螺线管是染色体的二级结构。从螺线管如何进一步包装成染色单体，有不同的观点。

1. *多级螺旋模型* 多级螺旋模型（multiple coiling model）（图4-2 A）认为由螺线管进一步螺旋化形成直径为0.4μm的圆筒状结构，称为超螺线管（super solenoid），是染色体的三级结构。超螺线管进一步螺旋折叠，形成长2～10μm的染色单体（chromatid），即染色体的四级结构。经过四级螺旋包装形成的染色体共压缩了8400倍：

$$\text{DNA} \xrightarrow{\text{压缩 7 倍}} \text{核小体} \xrightarrow{\text{压缩 6 倍}} \text{螺线管} \xrightarrow{\text{压缩 40 倍}} \text{超螺线管} \xrightarrow{\text{压缩 5 倍}} \text{染色单体}$$

2. *支架-放射环结构模型* 实验发现，无论是原核细胞（*E. coli*）的染色体、两栖类卵母细胞的灯刷染色体或昆虫的多线染色体，几乎都含有一系列的环状结构域（loop domain），从而提示环状结构可能是染色体高级结构的普遍特征。1984年，Painta和Coffey在前人研究的基础上发展了支架-放射环结构模型（scaffold radial loop structure model）（图4-2 B），认为由螺线管形成DNA袢环，锚定在染色体支架上。每18个袢环以染色体支架为轴心呈放射状平面排列，形成微带（miniband），微带是染色体的高级结构单位。大约106个微带沿轴心支架纵向排列，构建成染色单体。

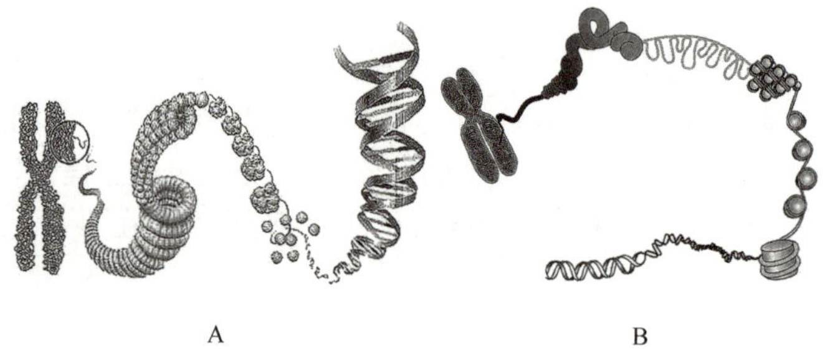

图 4-2 染色体的组装模型

A. 多级螺旋模型；B.支架-放射环结构模型

以上两种染色体高级结构模型，前者强调螺旋化，后者强调环化与折叠。虽然都有一些实验证据，但都不完善，也许在不同的包装阶段这些机制共同起作用。

四、染色体的形态结构和分类

有丝分裂中期的染色体形态最典型，利于在显微镜下观察。每一条中期染色体都具有两条染色单体，互称为姐妹染色单体，它们各含一个DNA分子。两条单体由着丝粒（centromere）相连，该处为染色体凹陷狭窄处，又称为主缢痕（primary constriction）。着丝粒将染色体横向分为两个臂（arms），按其长度分为长臂（q）和短臂（p）。除主缢痕外，染色体上其他狭窄和浅染区域称为次缢痕（secondary constriction），是部分染色体特有的形态特征，常见于第1、9、16号染色体，但不是这些染色体必有的结构。此外，某些染色体的末端有一球状结构，通过次缢痕的染色质丝与染色体臂相连，称为随体（satellite）。在人类染色体中，随体位于第13、14、15、21和22号染色体上。在染色体长臂和短臂的末端分别有一特化结构，称为端粒（telomere），是染色体末端的标志，保持染色体的完整性和控制细胞分裂周期（图 4-3）。

根据着丝粒在染色体上所处的位置差异，中期染色体分为四种类型：①中央着丝粒染色体（metacentric chromosome）：着丝粒位于染色体纵轴的 1/2～5/8 之间，长短臂长度大致相等；②亚中着丝粒染色体（submetacentric chromosome）：着丝粒位于染色体纵轴的 5/8～7/8 处，长臂与短臂的差异明显；③近端着丝粒染色体（acrocentric chromosome）：着丝粒位于染色体纵轴的 7/8 处至末端之间，具有微小短臂，在短臂末端通常有随体；④端着丝粒染色体（telocentric chromosome）：着丝粒位于染色体纵轴的末端，染色体没有短臂（图 4-3）。人类染色体只有前三种类型，没有端着丝粒染色体。

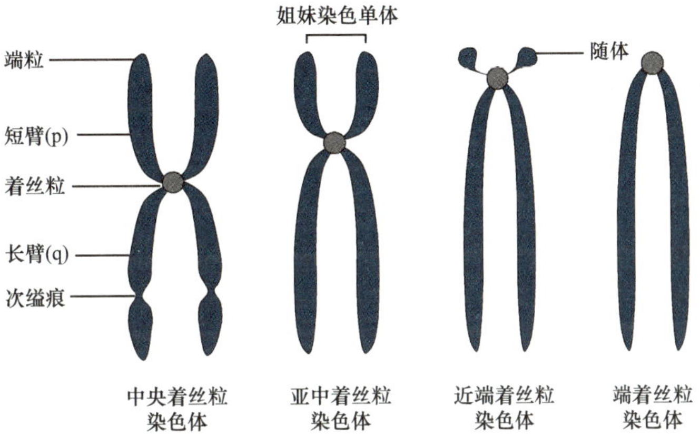

图 4-3 中期染色体类型和结构模式图

五、染色质的类型

间期细胞核中的染色质根据其螺旋化程度以及功能状态的不同，分为常染色质（euchromatin）和异染色质（heterochromatin）两类。

常染色质螺旋化程度低，呈松散状，染色较浅而均匀，含有单一或重复序列的 DNA，具有转录活性，常位于间期细胞核的中央部位。异染色质螺旋化程度较高，呈凝集状态，而且染色较深，多分布在核膜内层无核孔的部位，其 DNA 复制较晚，含有重复 DNA 序列，转录活性低或无转录活性，为间期核中不活跃的染色质。

异染色质又分为两种：一种称为结构异染色质（constitutive heterochromatin），是异染色质的主要类型，在各种细胞中总是处于凝缩状态，一般为高度重复的 DNA 序列，没有转录活性，常见于染色体的着丝粒区、端粒区、次缢痕，以及 Y 染色体长臂远端 2/3 区段等；另一种叫兼性异染色质（facultative heterochromatin），这类染色质只在一定细胞类型或一定发育阶段凝缩转变而成。当其处于凝缩状态时，基因失去了活性，无转录功能；当其处于松散状态时，又能够转变为常染色质，恢复其转录活性。如雌性哺乳动物一对 X 染色体中的一条，在胚胎发育早期异固缩形成的 X 染色质。

六、性染色质

人类体细胞具有的 23 对染色体中，有一对与性别决定密切相关的性染色体，即 X 染色体和 Y 染色体。在间期细胞核中，性染色体显示出来的特殊结构称为性染色质（sex chromatin），包括 X 染色质（X-chromatin）和 Y 染色质（Y-chromatin）两种。

（一）X 染色质和莱昂假说

1949 年，加拿大科学家 Barr 和他的学生 Bertram 在雌猫神经元的细胞核中发现一团染色很深、边缘清楚、大小约为 1μm 的浓缩小体，但在雄猫的神经元细胞核中却未见到这一结构。1954 年，Moon 和 Barr 在女性口腔黏膜细胞核中找到了相似的染色质块，而男性则无。在正常女性间期细胞中，X 染色质靠近核膜边缘，大小为 1～1.5μm，呈卵圆形、半圆形、椭圆形或三角形的浓染结构。这种显示性别差异的结构被称为巴氏小体（Barr body）或 X 染色质（图 4-4 A）。

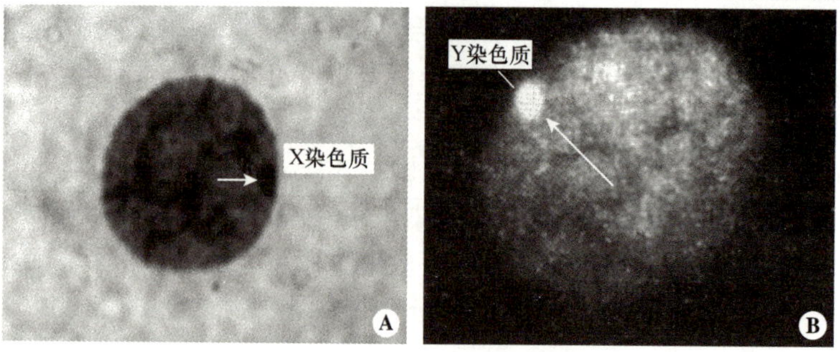

图 4-4 性染色质（箭头指示）

A. X 染色质；B. Y 染色质

关于 X 染色质的出现，1961 年英国生物学家 Mary F. Lyon 在总结前人实验的基础上，首先提出了失活 X 假说（inactive X hypothesis），简称莱昂假说（Lyon hypothesis），其要点如下：①雌性哺乳动物体细胞内的两条 X 染色体中，只有一条有活性，另一条是失活的，不能转录 RNA，染色质高度螺旋化，呈凝缩状态，成为异固缩（heteropycnosis）的 X 染色质；②X 染色体失活发生在胚胎发育早期，人类大约在妊娠第 16 天（晚期囊胚期，5000～6000 个细胞），在此以前细胞中所有的 X 染色体都有活性的；③X 染色体失活是随机的，既可以是来自父亲的 X 染色体失活，也可以是来自母亲的 X 染色体失活。但是一旦特定细胞内的 1 个 X 染色体失活，由此细胞增殖形成的所有子代细胞也总是这条 X 染色体失活，即原来是父源 X 染色体失活，则其子细胞中失活的 X 染色体仍然是父源的，母源 X 染色体失活同理。因此，失活是随机的，也是恒定的，呈克隆式繁殖。

莱昂假说在一些性发育畸形患者的临床资料中得到了支持，但是没有能解释全部性染色体疾病现象。例如，依照莱昂假说，47,XXY 个体应该表现为正常男性；45,X 个体应该表现为正常女性，但是临床上发现这些个体有别于正常个体，出现多种异常症状。实验发现，47,XXX 个体的某些基因产物是正常 46,XX 个体的 120%，两个个体的基因产物量不相等，提示失活 X 染色体上的基因并非完全失活。据估计，人类失活的一条 X 染色体上完全失活的基因约占 X 染色体基因总数的 2/3。所以，45,X 的个体和正常的女性比较，47,XXY 的个体和正常的男性比较，其 X 染色体都有基因产物量的增减，因此表型异常。X 染色体数目越多的个体，临床症状越严重。目前发现，在失活的 X 染色体上，约有 15%的基因逃脱了失活，包括编码细胞表面抗原的 *CD99*（*MIC2*）基因、编码红细胞表面抗原的 *XG* 基因。逃脱失活的基因大多位于 Xp 远端，这种基因上的不平衡对遗传咨询有重要意义。另外有 10%的基因显示了失活的多样化，即在部分女性中失活，但是在部分女性中却逃避了失活，发生了表达，如编码抗肌萎缩蛋白的 *DMD* 基因、编码葡萄糖-6-磷酸脱氢酶的 *G6PD* 基因（图 4-5）。

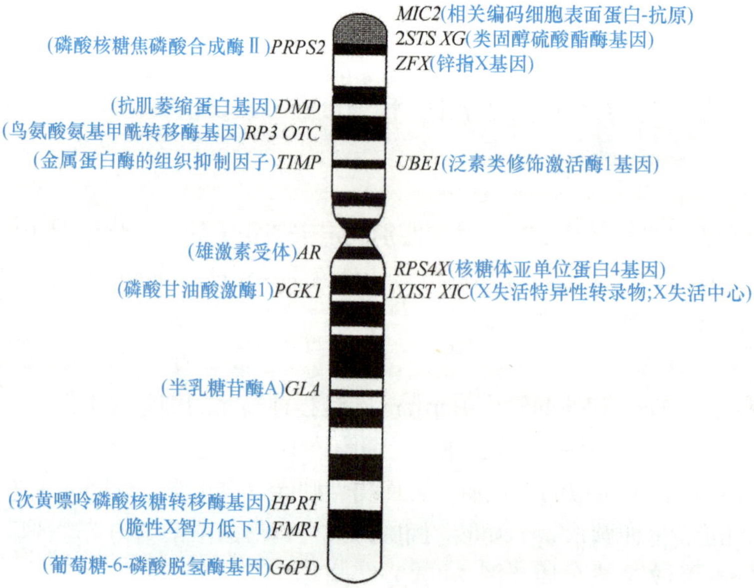

图 4-5 失活的 X 染色体上经历失活的基因（左）和逃避失活的基因（右）

在失活的 X 染色体上，失活基因与逃避失活的基因是穿插排列的，意味着失活基因转录的关闭不是由它们所在的区域决定的，而是与某些位点有关。研究发现 X 染色体有一个 X 失活中心（X-inactivation center，XIC），长约 1Mb，通过启动、选择等一系列复杂的过程顺式控制 X 染色体的失活。在 XIC 的同一个区域存在一个 X 染色体失活特异转录子（X inactive specific transcript，XIST），转录一种顺式作用的核 RNA，长约 17kb，属于 lncRNA。*XIST* 由即将失活的 X 染色体转录，在活性 X 染色体上其转录受到抑制。*XIST* 转录产物是诱导 X 染色体失活的初始信号，覆盖于即将失活 X 染色体的有限关键位点，然后招募沉默复合物并向两端扩展，引起 X 染色体沉默的启动与传播。X 染色体失活一旦建立则保持稳定，其所有子细胞均失活同一条 X 染色体。

X 染色体失活后产生两个结果。第一个结果是保持男性和女性个体 X 染色体上基因产物在数量上的平衡，称为剂量补偿作用（dosage compensation）。细胞学研究发现，失活的 X 染色体在细胞周期中复制较晚。而且在体细胞中，无论有多少条 X 染色体，都只有 1 条具有活性，其余的处于失活状态，各自独立形成一个 X 染色质。因此，X 染色体数目=X 染色质数目+1。X 染色体失活的第二个结果是正常女性是 X 连锁基因的嵌合体，即每个体细胞只表达一条 X 染色体中的基因，但是同一个体不同细胞之间，在遗传上有活性的 X 染色体不同。X 染色体数目异常、血友病 A、汗腺发育不全、自毁容貌综合征的杂合子女性个体间的表型变异都证明了 X 连锁基因的嵌合现象。

（二）Y 染色质

正常男性的间期细胞用荧光染料染色后，在细胞核内出现一个强荧光小体，直径为 0.3μm 左右，它是 Y 染色体长臂远端的异染色质，被荧光染料染色后发出荧光，这就是 Y 染色质（图 4-4 B）。细胞中 Y 染色质的数目与 Y 染色体的数目相等。核型为 47,XYY 的个体，细胞核中有两个 Y 染色质。

通过性染色质的检测，可以推断个体性染色体组成。临床上对疑为性染色体异常、性连锁遗传病胎儿性别的产前诊断上，可采用口腔黏膜细胞、胚胎的绒毛细胞或羊水细胞等，检查 X 染色质、Y 染色质数量，从而快速、简单地作出诊断。

第二节　人类染色体

有丝分裂的中期，是观察染色体形态结构的最佳时期，因为细胞核中的染色质达到最大程度的凝集，形态典型，易于辨认和区别。

1956 年，Albert Levan 和华裔学者蒋有兴（J. H. Tjio）采用秋水仙碱和低渗技术，确定人类细胞的染色体数目是 46 条，这标志着现代细胞遗传学的开始。

随着细胞同步化技术的应用和实验技术的改进，衍生出染色体显带技术和高分辨显带。1986 年，Pinkeil 等建立了荧光原位杂交技术（fluorescence in situ hybridization，FISH），后来发展出全染色体描绘 FISH 技术、姐妹染色单体互换技术、染色体脆性部位检测技术等用于临床相关疾病的诊断。目前应用于产前诊断的染色体微阵列分析（chromosomal microarray analysis，CMA）技术能够检测出小到 1kb 的拷贝数变异和微缺失、微重复，从分子水平上弥补了染色体显带分析和 FISH 的不足。

一、人类正常核型

一个体细胞中的全部染色体，按其数目、形态、大小和结构等特点顺序排列所构成的图像称为核型（karyotype）。将待测细胞的染色体进行数目、形态、带型等特征的分析，确定其是否与正常核型一致的过程称为核型分析（karyotype analysis）。人类体细胞共有 46 条染色体，可配成 23 对。其中第 1～22 对为常染色体（autosome），第 23 对为性染色体（sex chromosome）。男女的性染色体有差别，女性的性染色体为 2 条大小、形状相同的 X 染色体，男性的性染色体包括 1 条 X 染色体和 1 条较小的 Y 染色体。

一个细胞的核型表达式包括染色体总数和性染色体组成两个部分，两者之间用逗号（,）分隔开。正常女性核型表达式为46,XX；正常男性核型表达式为46,XY。

（一）非显带核型

非显带核型是按照常规染色方法所得到的染色体标本，整条染色体均匀着色，没有明暗相间、宽窄不同的带纹（图4-6）。1960年，在美国丹佛市召开的丹佛会议上，统一了人类染色体命名和分类的标准，即丹佛体制（Denver system）（表4-1）。根据染色体的大小和着丝粒的位置，丹佛体制将人类染色体分为A、B、C、D、E、F、G七组，各组染色体组成、大小和形态特征见表4-1和图4-7。染色体大小从第1～22号递减，A组染色体最大，G组最小。X染色体列入C组，大小介于第7～8号染色体之间；Y染色体列入G组。

同为G组的染色体中，第21、22号染色体都有随体，但在同一细胞中不同时显现。Y染色体略大于第21和22号染色体，两条染色单体的长臂往往平行伸展，短臂末端无随体；而第21和22号染色体的两条染色单体长臂常呈分叉状，短臂末端可见随体。

在非显带技术没有建立前，即使最有经验的细胞遗传学家，只能较准确地识别出第1～3号和Y等部分染色体，对B、C、D、F和G组的染色体，只能辨别出归属于哪一组，而对组内相邻号的染色体之间很难区分。这导致临床上对唐氏综合征患者体内多出的整条染色体，非显带技术时期命名为第21号染色体，显带技术发展后证明实际为第22号染色体。为了适应临床上已将唐氏综合征沿用为21-三体综合征的习惯称法，在1971年召开的人类遗传学巴黎会议上，建议把最小的一对染色体改称为第21号，稍大的一对称第22号，形成丹佛体制中的一个特例。

表4-1 人类核型分组与各组染色体形态特征（非显带标本）

组号	染色体号	大小	着丝粒位置	次缢痕	随体
A	1～3	最大	中（1、3号）、亚中（2号）	1号常见	
B	4～5	次大	亚中		
C	6～12，X	中等	亚中	9号常见	
D	13～15	中等	近端		有
E	16～18	小	中（16号）、亚中（17、18号）	16号常见	
F	19～20	次小	中		
G	21～22，Y	最小	近端		21、22号有，Y无

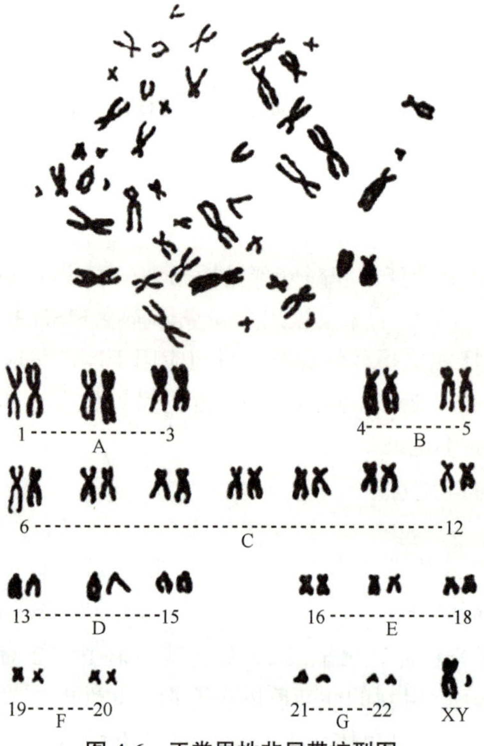

图4-6 正常男性非显带核型图

（二）显带核型

非显带染色体标本不能将每一条染色体本身的特征完全显示出来。因此只能根据各染色体的大小和着丝粒位置对染色体进行识别，不仅不能准确地识别和区分每一条染色体，而且无法检出染色体所发生的微小结构畸变和多态性。在此背景下，染色体显带技术应运而生。显带（banding）是指在非显带染色体制备的基础上，染色体标本经过一定程序的处理，并用特定染料染色，使染色体沿其长轴显现明暗或深浅相间、宽窄不同的横行带纹，称为带。显带技术将人类的24种染色体显示出各自特异的带纹，称为带型（banding pattern）。按照显带技术所得到的染色体核型为显带核型。目前的显带技术主要有G带分析、Q带分析、R带分析、T带分析、C带分析、N带分析。

临床常规应用的染色体病诊断手段为G显带（G-banding）（图4-7），它是将染色体标本用碱、胰蛋白酶或其他盐溶液处理后，再用吉姆萨染液染色，使染色体呈现深浅相间、宽窄不同的带纹。深带表示能被吉姆萨染液着色的带纹，浅带表示不着色或基本不着色的带纹，每条染色体都有特定的带纹，因此可以被识别。Q 显带是用荧光染料氮芥喹吖因（quinacrine mustard）处理染色体标本后，在荧光显微镜下观察到每条染色体沿长轴显示出宽窄和亮度不同的横纹。R 显带显示出与 G 显带相反的带纹，能将染色体两臂末端染成深带，利于研究染色体末端发生的结构畸变。T 显带可用于研究染色体的端粒。C 显带可用于多态性亲源分析或异染色质来源的研究。N 显带专门用于研究核仁组织区。

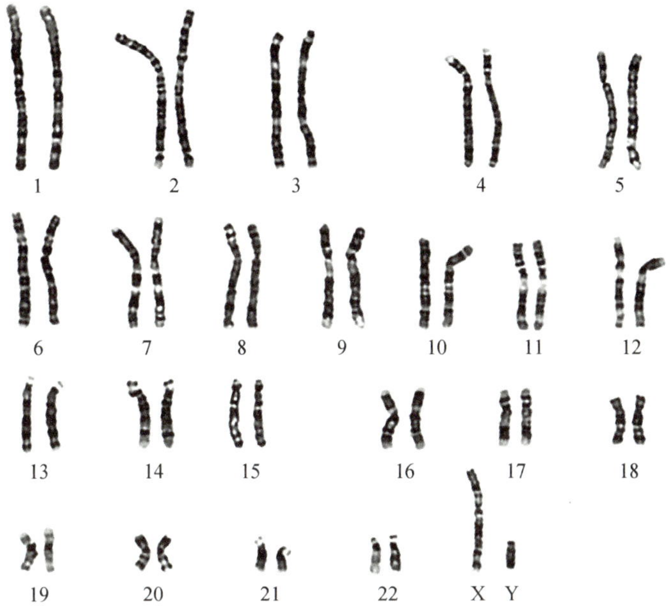

图 4-7　正常男性 G 显带核型图

高分辨显带技术（high resolution banding technique）是先采用甲氨蝶呤同步培养淋巴细胞的方法，制备出有丝分裂早期染色体标本；再结合显带技术，获得带型更丰富、更精细的染色体。例如，一套单倍体染色体可显示 550 条、850 条或更多的带纹。高分辨显带能技术显示染色体的更多细节，有助于发现细微染色体异常，使染色体结构畸变的断点定位更加准确，在临床染色体检查、肿瘤染色体研究及人类基因定位中具有十分重要的意义。

二、染色体多态性

在人群中，一条染色体具有两种以上形态结构的现象称为染色体多态性（chromosomal polymorphism）。常见的有 Y 染色体长度的变异，近端着丝粒染色体短臂、随体大小的变异，第 1、9、16 号染色体次缢痕的有无及长短的变异，Q 带、G 带和 C 带的多态性。由于这些变异主要发生在结构异染色质区，通常没有明显的表型效应和病理学意义，一般不表现不良的临床后果，不属于临床上的异常染色体。

染色体多态现象是一种较稳定的结构变异，能在显微镜下观察到，并以一定的方式遗传给下一代。因此，多态性可以作为一种遗传标志应用于临床和研究工作，在遗传分析、基因定位、亲权鉴定、额外或异常染色体的来源追溯和人类学研究等方面有重要价值。

近年的研究表明染色体多态性在一定内外环境影响下，可产生一定临床病理表现，多见于生殖健康的研究报告中。染色体多态性与临床表型之间的关系还有待于进一步的探讨研究。

三、人类染色体命名国际体制

1978 年、1981 年和 1985 年，由国际人类染色体命名委员会常务委员会发表了《人类细胞遗传学命名的国际体制》（*An International System for Human Cytogenomic Nomenclature*, ISCN），即 ISCN（1978）、ISCN（1981）、ISCN（1985），提供了人类细胞遗传学命名的完整体系，制定了一套显带染色体模式图（图 4-8），并对命名作了详细的规定。该体系自 1991 年至今已修订 7 版，最新版 ISCN 已于 2020 年出版，不断完善和更新人类染色体显带和命名工作。

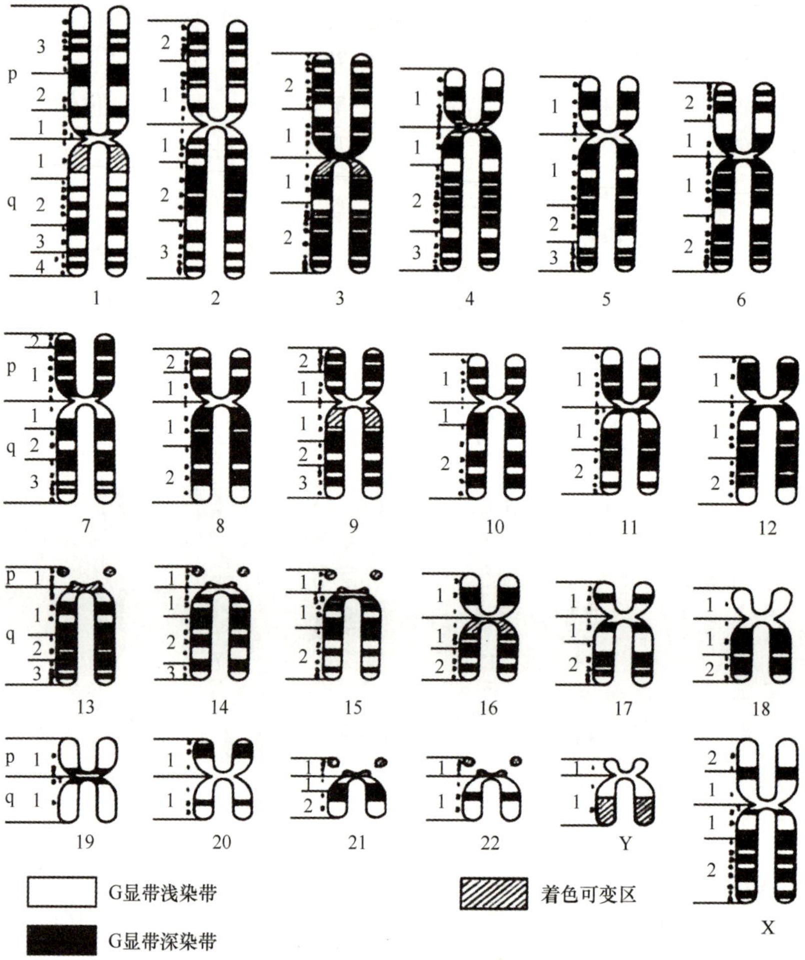

图 4-8 人类中期细胞染色体 G 显带模式图

用显带技术可将每条染色体区分为着色不同的区域。将每一条染色体上稳定而显著的形态特征，包括染色体臂的末端、着丝粒和某些带称为界标（landmark）。位于两个相邻界标之间的区域称为区（region）。带（band）是染色体上着色深浅不同的横纹，每一条染色体都是由一系列连贯的带组成，即没有非带区。借助其明暗的着色强度，可清楚地与相邻带相区别。在带的基础上，再分出若干细小的带纹叫亚带，亚带再细分为次亚带。高分辨显带技术对染色体的分析达到了亚带或次亚带水平。每一条染色体的区和带均从着丝粒这个界标开始，沿染色体臂向末端顺序编号，靠近着丝粒的两个区分别是长、短臂的 1 区，由此向远侧依次编号为 2 区、3 区，依次类推。作为界标的带属于此界标远侧端区的 1 号带，被着丝粒一分为二的带分属于长、短臂的 1 区 1 带。

对染色体上某个带进行描述时，依次写明染色体序号、臂的符号、区的序号和带的序号共 4 个内容。这 4 项内容连续书写，中间不加标点符号。例如 1p36，表示 1 号染色体短臂第 3 区第 6 号带。对于高分辨染色体显带的命名方法，则是在带号后加小数点（.），之后依次罗列亚带、次亚带的序号。例如，原来的 1p36 带被分为三个亚带，应记为 1p36.1、1p36.2、1p36.3。如 1p36.3 被再分为三个次亚带，应写为 1p36.31、1p36.32、1p36.33（图 4-9）。

四、性染色体与性别决定

决定性腺向睾丸或卵巢分化的过程称为性别决定（sex determination）。人类性别是由细胞核中的 X 染色体和 Y 染色体决定的。女性的性染色体组成为同型的 XX，男性则为异型性染色体 XY，这种性别决定方式称为 XX-XY 型性别决定，在生物界较为普遍。在配子发生时，男性可以产生含 X 染色体和含 Y 染色体的两种精子，两种精子的数目相同；而女性只能产生含 X 染色体的卵细胞。受精时，X 型精子与卵子结

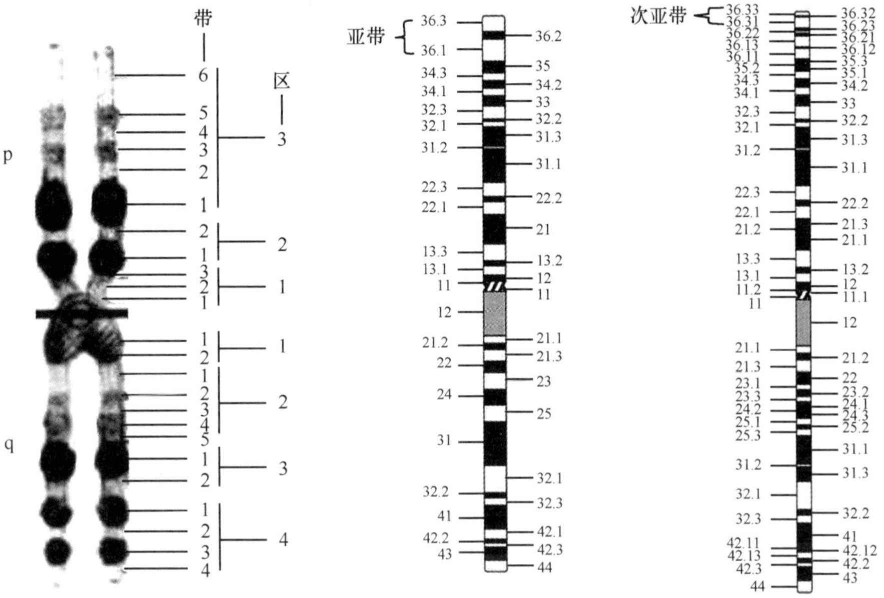

图 4-9 1 号染色体显带命名

合，形成含 XX 染色体的受精卵，发育成为女性；Y 型精子与卵子结合，形成含 XY 染色体的受精卵，发育成为男性（图 4-10）。自然状态下，不同的精子与卵子的结合是随机的，所以人类的男女性别比例约为 1∶1。

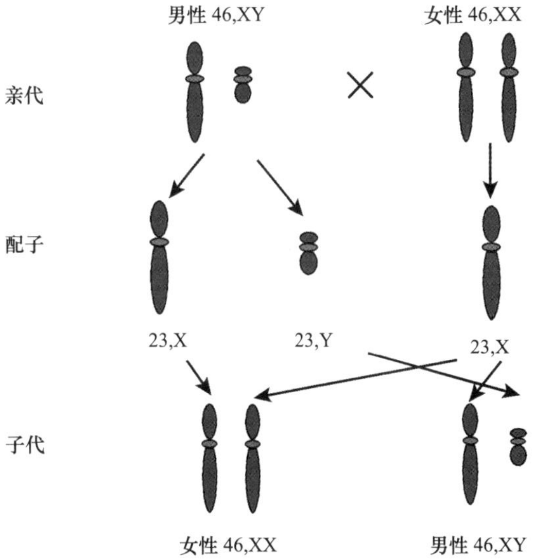

图 4-10 人类性别决定图解

X 染色体和 Y 染色体在人类的性别决定中所起的作用并不相同，其中 Y 染色体是性别决定的关键因素。一般只要有 Y 染色体存在，一个个体无论有几条 X 染色体，都将有睾丸的形成，个体的表型为男性（睾丸女性化除外）。Y 染色体短臂远端 Yp11.2 位置上有 *SRY* 基因，单拷贝，对性别决定至关重要。*SRY* 基因编码一种转录因子蛋白——睾丸决定因子（testis-determining factor，TDF），它通过调节下游基因的表达，诱导未分化的性腺前体（原始性腺）发育为睾丸，指导胚胎向男性表型发育。X 染色体短臂 Xp27 上有 *SOX3* 基因，编码的蛋白质氨基酸序列 60%以上与 *SRY* 产物同源。在男性中，Y 染色体上的 *SRY* 基因抑制 X 染色体上的 *SOX3*，允许位于 17 号染色体长臂 17q24.3 上的 *SOX9* 基因发挥作用，促使睾丸支持细胞的分化；在女性中，由于没有 *SRY* 基因对 *SOX3* 的抑制作用，*SOX3* 发挥对 *SOX9* 的抑制功能，原始性腺发育为卵巢，胚胎向女性表型分化。

性别决定是一个复杂的遗传机制，虽然性染色体控制着决定雌性或雄性发育最初阶段的发育开关，但是发育过程本身还需要常染色体上 *SF-1*、*WT-1*、*WNT-4* 等涉及性别决定因子的多个基因的协同作用，通过级联基因激活过程，控制着参与睾丸发育基因的表达。睾丸开始发育后，位于常染色体上的睾酮（testosterone）合成基因就被激活。睾酮合成后进入血液循环系统，随血流到达其作用的靶细胞，作为一种脂溶性分子可以直接穿过细胞膜进入靶细胞，与靶细胞的雄激素受体（androgen receptor，AR）结合，这种处于结合状态的激素-受体复合物进入细胞核，作为转录因子作用于雄性特异的基因，然后影响第二性征的发育。性器官的分化取决于睾酮的水平，如果位于常染色体上的睾酮合成基因发生突变，导致缺乏适量的睾酮，性器官就向女性方向分化发育。如果雄激素受体缺失或失活，睾酮无法发挥作用，个体也就不会发育为男性性状。

因此，Y 染色体上的 *SRY*、常染色体睾酮合成基因或 X 染色体上的雄激素受体发生突变，就会出现 46,XX 的男性和 46,XY 的女性等性发育异常现象。

知识拓展 4-1　　性发育异常

性发育异常（disorders of sex development，DSD）包括一组疾病，这些疾病的患者在性染色体、性腺、外生殖器或性征方面存在一种或多种先天异常或生物学性别与根据性染色体预期的性别不一致，临床上最常见的表现是外生殖器性特征模糊和青春期后性征发育异常。根据染色体核型，性发育异常分成染色体异常型、46,XX 型和 46,XY 型三大类。特纳综合征、克兰费尔特综合征就属于染色体异常型性发育异常，是由于性染色体结构或数量畸变所致。睾丸退化、5α 还原酶缺陷症、CYP17 缺陷症、雄激素不敏感综合征、米勒管持续存在综合征属于 46,XX 型性发育异常。46,XY 型性发育异常则包括 21-羟化酶缺陷症、17-α 羟化酶缺陷症、先天性低促性腺激素性性腺功能低下、米勒管发育异常等疾病。后两种类型是由于性腺发育、性激素合成或作用异常所致。

21-羟化酶缺陷症（21-hydroxylase deficiency，21-OHD）是最常见的女性假两性畸形，遗传方式为常染色体隐性遗传。21-羟化酶（CYP21）基因位于 6p21.3，由无活性和有活性的 CYP21 组成，基因突变导致 CYP21 缺陷，同时影响皮质醇和醛固酮的合成，患者会出现糖皮质激素和盐皮质激素低下的表现。由于皮质醇对下丘脑-垂体-肾上腺皮质轴的负反馈抑制作用减弱，垂体前叶会分泌大量的肾上腺皮质激素（ACTH），在过多肾上腺皮质激素的作用下，肾上腺皮质增生并分泌大量的 17-羟孕酮和雄激素，导致女性患者出现性分化或性发育异常。

雄激素不敏感综合征（androgen insensitivity syndrome，AIS）又称为雄激素抵抗综合征或睾丸女性化综合征，是最常见的男性假两性畸形。雄激素不敏感综合征为 X 连锁隐性遗传病，患者的核型为 46,XY，性腺为睾丸，血中睾酮水平与正常男性相同。根据临床表现，雄激素不敏感综合征又分为完全性雄激素不敏感综合征和不完全性雄激素不敏感综合征。雄激素不敏感综合征发生的根本原因是雄激素受体基因（Xq11-12）发生了突变，导致激素与受体无法结合，或者激素与受体可以结合，但结合力或转录活性降低，使得雄激素的正常生物学效应全部或部分丧失。

第三节　配子发生和减数分裂

在有性生殖过程中，必须有两个亲本（父本和母本）参加，它们能产生两种特殊类型的生殖细胞，称为配子（gamete）。父本即雄性产生的是精子（sperm），母本即雌性产生的是卵细胞（ovum），均为含有单倍染色体数目的细胞，储存有双亲的遗传信息。两种配子结合形成二倍体的合子（zygote），即受精卵（fertilized ovum），能发育为下一代新个体。有性生殖不仅能使遗传物质得以传递，物种得以延续，而且在生殖细胞形成过程中的遗传重组以及两个亲本遗传物质的组合会产生复杂的遗传现象，增加变异性，更有利于适应多变的外界环境。

一、配子发生

配子发生（gametogenesis）是指有性生殖过程中精子和卵细胞的形成过程。

（一）精子发生

从精原细胞发育为精子的过程称为精子发生，人类需要（64±4.5）天。由精原细胞到精子的形成过程可分为增殖期、生长期、成熟期和变形期四个时期（图 4-11 A）。

1. 增殖期　指精原细胞经过有丝分裂的增殖过程。

2. 生长期　指精原细胞经过多次有丝分裂，体积增大，形成初级精母细胞（primary spermatocyte）的过程。

3. 成熟期　指初级精母细胞经过两次连续的细胞分裂，即减数分裂，形成单倍体精子的过程。初级精母细胞形成后，迅速进行减数第一次分裂，形成体积较小的两个次级精母细胞（secondary spermatocyte），此时细胞的染色体数目由 $2n$ 减为 n，但每条染色体仍由两个姐妹染色单体组成。然后次级精母细胞再经过减数第二次分裂，两个姐妹染色单体分离，形成体积更小、核更致密的单倍体精细胞（spermatid）。经过减数分裂，每个初级精母细胞形成 4 个单倍体的精细胞。

4. 变形期　变形期指圆形的精细胞逐渐变形为蝌蚪形精子的过程。此过程的主要变化是细胞核内与 DNA 结合的组蛋白被移行蛋白、精蛋白替代，染色质凝集，集中于精子头部，多数细胞质汇聚于精子尾部。

人类精原细胞的减数分裂和精子形成要到青春期才开始。

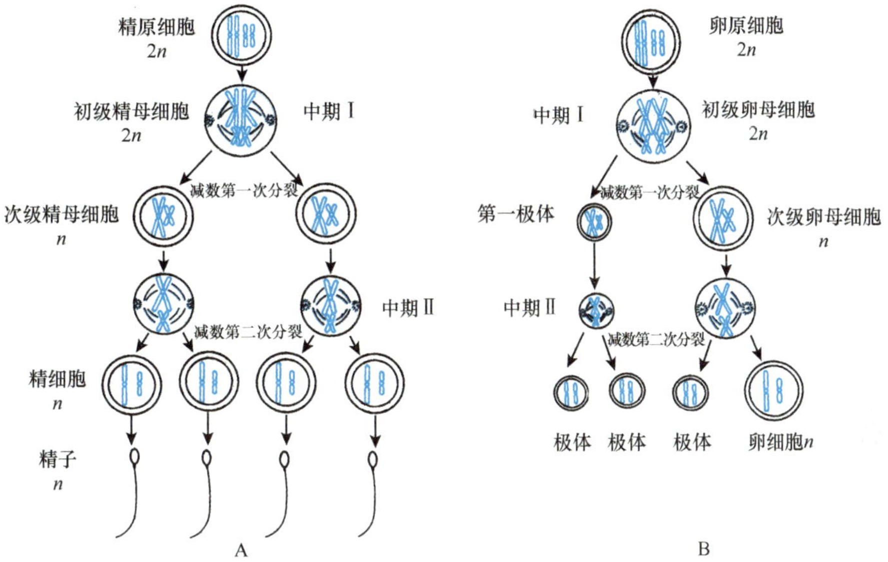

图 4-11　配子发生

A. 精子发生；B. 卵子发生

（二）卵子发生

卵原细胞发育为卵子的过程称为卵子发生。卵细胞的发生分为增殖期、生长期和成熟期三个时期（图 4-11 B）。

1. 增殖期　指雌性卵巢生殖上皮的卵原细胞经过多次有丝分裂形成较多的卵原细胞的过程。

2. 生长期　指卵原细胞经过生长，体积增大，形成初级卵母细胞（primary oocyte）的过程。

3. 成熟期　指初级卵母细胞经过两次连续的细胞分裂，即减数分裂，形成单倍体卵细胞的过程。初级卵母细胞完成减数第一次分裂，并被排出卵巢。与精子发生不同，卵细胞成熟过程中细胞分裂是不对称的，形成了一个较大的次级卵母细胞（secondary oocyte）和一个很小的第一极体（first polar body）。排卵时，次级卵母细胞迅速进行减数第二次分裂，停止于中期Ⅱ。直到受精后，次级卵母细胞才迅速分裂为一个成熟的卵细胞（ovum or egg）和一个第二极体（second polar body）。与此同时，第一极体也经过减数第二次分裂形成两个第二极体。最终，一个初级卵母细胞经过成熟期后形成一个单倍体染色体数目（n）的卵细胞和三个极体，极体以后不能发育而退化消失。对于正常女性来说，从 12 岁左右的青春期开始，到 50 岁左右的绝经期，卵泡中的初级卵母细胞到卵细胞的形成过程需要几十年。

精子和卵子的形成过程中，增殖期、生长期和成熟期是其共有的三个时期，分裂结束产生的配子染色体数目都只有生殖母细胞的一半，两者的区别如表 4-2 所示。

表 4-2　精子发生和卵子发生的区别

项目	精子发生	卵子发生
启动时间	青春期	早期胚胎发育
发生场所	睾丸	卵巢
发生时间	短	长
变形期	有	无
细胞质分裂	均等分裂	不均等分裂
分裂结果	1 个精原细胞形成 4 个精子	1 个卵原细胞形成 1 个卵细胞和 3 个极体

二、减数分裂

减数分裂（meiosis）是在配子发生过程中的成熟期进行的特殊的有丝分裂，又称为成熟分裂。染色体只复制一次，细胞核连续两次分裂，最终产生的子细胞染色体数目只有母细胞的一半，故名减数分裂。两次连续的核分裂分别称为减数第一次分裂（减数分裂Ⅰ，meiosis Ⅰ）和减数第二次分裂（减数分裂Ⅱ，meiosis Ⅱ），每次分裂又分别区分为前期、中期、后期和末期。其中，前期Ⅰ有同源染色体配对及遗传物质交换等复杂现象，导致最终产生的子细胞之间的遗传物质具有较大的差异（图 4-12）。

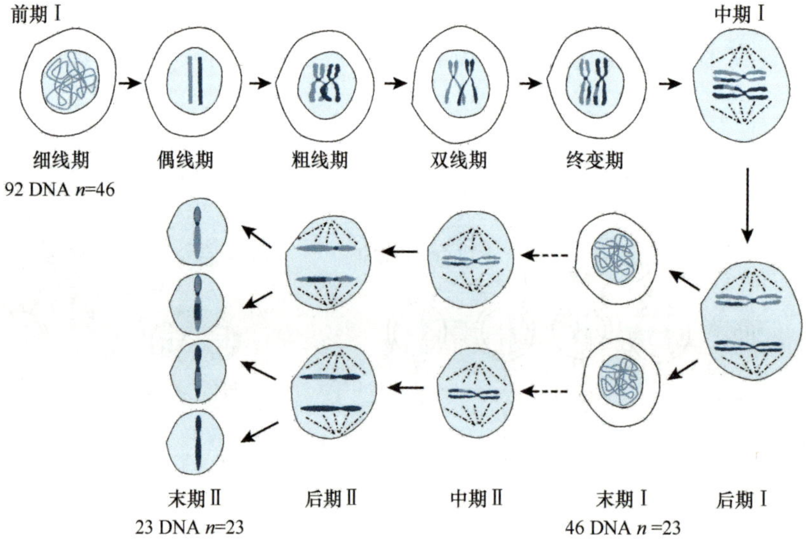

图 4-12　减数分裂中染色体行为示意图

（一）减数分裂过程

1. 减数第一次分裂　分为间期Ⅰ、前期Ⅰ、中期Ⅰ、后期Ⅰ和末期Ⅰ。

（1）间期Ⅰ（interphaseⅠ）：细胞分裂之前，每个 DNA 分子进行半保留复制，数目加倍，即每一条染色体经过自我复制形成两条姐妹染色单体。经过复制后的细胞中有 23 对染色体，92 个 DNA 分子。

（2）前期Ⅰ（prophaseⅠ）：减数分裂过程中延续时间最长、变化最复杂的一个时期。根据核内染色体的变化分为五个时期：

1）细线期（leptotene）：细胞核内染色质凝缩为细而长的线状。

2）偶线期（zygotene）：同源染色体沿着染色体纵轴以拉链样方式彼此靠近配对，这个过程称为联会（synapsis）。同源染色体（homologous chromosome）是细胞中形态、大小、结构相同的两条染色体，其中一条来自父方，一条来自母方。每对同源染色体通过联会形成一个紧密相伴的二价体（bivalent）。在联会过程中，配对的同源染色体之间有 0.1～0.2μm 的间隙，由一种亚显微非永久性的蛋白质复合结构所占据，称为联会复合体（synaptonemal complex，SC），在促进同源染色体准确配对和进行交换中具有重要意义。

图 4-13　非姐妹染色单体交换

3）粗线期（pachytene stage）：染色体进一步螺旋化，变短变粗，在光学显微镜下可以看到每条染色体包含 2 条染色单体，互称姐妹染色单体。每个二价体都由两条同源染色体组成。因此，每个二价体有 4 条染色单体，称为四分体（tetrad）。同源染色体中，不被着丝粒相连的染色单体之间互称为非姐妹染色单体。在此期间，二价体某些区段上非姐妹染色单体之间发生断裂、重接，从而形成交叉（chiasma）（图 4-13），遗传物质发生了局部交换（crossing-over），即遗传物质发生了重组（recombination）。交换的结果是形成了非姐妹染色单体片段混合组成的染色体。人的生殖细胞每个二价体平均有 2.36 个交叉。

4）双线期（diplotene）：二价体进一步缩短变粗，配对的同源染色体互相排斥，趋向分离，着丝粒两侧的交叉点逐渐向染色体臂的端部移动，这种现象称为交叉端化（chiasma terminalization）。在非姐妹染色单体未分离部分交叉仍然存在。

5）终变期（diakinesis）：二价体最大限度地凝集，端化继续进行，交叉数目减少。核仁和核膜消失，纺锤体进入核区，二价体移向细胞中部，核仁消失，核膜解体。

（3）中期Ⅰ（metaphase Ⅰ）：各二价体排列在细胞中央的平面上形成赤道板，纺锤体形成。同源染色体分别与本侧的动粒微管相连。

（4）后期Ⅰ（anaphase Ⅰ）：在动粒微管的牵引下，二价体中的同源染色体彼此分离，分别移向细胞的两极，染色体减数过程由此开始。同源染色体分离的同时，非同源染色体随机组合向两极移动。

（5）末期Ⅰ（telophase Ⅰ）：进入子细胞中的染色体具有两条染色单体，称为二分体（dyad）。各二分体移至两极后去凝集，核仁、核膜重新形成，胞质分裂形成两个子细胞，都含 23 条染色体，46 个 DNA 分子。

2. 减数第二次分裂　分为间期Ⅱ、前期Ⅱ、中期Ⅱ、后期Ⅱ和末期Ⅱ。

（1）间期Ⅱ：持续时间较短，没有 DNA 复制，很快进入下一个时期。

（2）前期Ⅱ：与有丝分裂前期相同，染色质凝集形成染色体，每条染色体具有两条染色单体，核仁消失、核膜解体，标志着前期的结束。

（3）中期Ⅱ：高度凝集的染色体排列在赤道板上，每条染色体两侧的动粒分别与两极的动粒微管相连。

（4）后期Ⅱ：每条染色体的着丝粒纵裂，姐妹染色单体分开，形成两个单分体（monad），在纺锤丝的牵引下分别移向细胞的两极。

（5）末期Ⅱ：到达两极的染色体解旋成染色质，核仁和核膜重现，细胞质完成分裂，形成 4 个子细胞。每个子细胞各具有 23 条染色体，23 个 DNA 分子。

（二）减数分裂的遗传学意义

减数分裂是配子发生中的核心过程，在遗传学上具有重要的意义。首先，生殖细胞经过减数分裂，染色体数目减少了一半，由二倍体的精原细胞或卵原细胞变为单倍体的精子或卵子，再通过受精作用，两个生殖细胞结合又恢复成二倍体细胞，从而保持了生物种类染色体数目的恒定性，保证了生物遗传性。其次，在减数第一次分裂过程中，由于存在同源染色体的联会、非姐妹染色单体之间遗传物质的交换、非同源染色体的随机组合，经减数分裂后形成的子细胞之间各自的 DNA 组成有较大的变异，这是有性生殖中遗传多样性的基础。按理论计算，一个人经过减数分裂后可形成 2^{23}（8 388 608）种染色体组成不同的配子。如果再考虑每个二价体平均有 2.36 个交叉、互换的结果，将会进一步增加生殖细胞中基因组成的差异。这种正常的变异组合是造成子代遗传多样性的细胞学基础。再次，在减数分裂前期Ⅰ出现的同源染色体联会后遗传物质的交换，后期Ⅰ出现的同源染色体彼此分离、非同源染色体自由组合，后期Ⅱ出现的姐妹染色单体分离等现象是连锁互换定律、分离定律和自由组合定律三大遗传定律的细胞学基础。

小　结

染色质和染色体是同一物质在细胞周期不同阶段的存在形式。人类中期染色体有中央着丝粒染色体、亚中着丝粒染色体和近端着丝粒染色体三种类型。性染色质是在间期细胞核中性染色体显示出来的特殊结构。X 染色质是由雌性哺乳动物体细胞中 X 染色体异固缩形成，失活发生在胚胎发育早期，是随机的，也是恒定的，呈克隆式繁殖；失活是部分失活；失活后产生剂量补偿效应和正常女性是 X 连锁基因的嵌合体两种结果。Y 染色质是 Y 染色体长臂远端的异染色质区，它的数目与 Y 染色体的数目相等。

人类正常核型为一个体细胞有 46 条染色体，分成 7 个组，配成 23 对。染色体存在多态性现象。依照 ISCN，染色体显带命名包括染色体序号、臂的符号、区号、带号共 4 个内容。人类性别决定方式为 XX-XY

型，其中Y染色体上的*SRY*基因对性别决定至关重要，但不是唯一因素。

配子发生指的是精子、卵子的形成过程。减数分裂是在配子发生过程中的成熟期进行的特殊的有丝分裂，染色体只复制一次，细胞核连续两次分裂，最终产生的子细胞染色体数目只有母细胞的一半。减数分裂保持了生物种类染色体数目的恒定性，是遗传多样性和三大遗传定律的细胞学基础。

复习思考题

1. 简述莱昂假说要点。
2. 如何获得人类中期染色体?
3. 简述*SRY*基因在人类性别决定中的作用。
4. 如何理解减数分裂的遗传学意义?

（张迎春）

第五章

染色体畸变

学习要点

掌握：①染色体数目畸变和结构畸变的类型及产生机制；②染色体畸变的简式核型描述。
熟悉：①嵌合体的概念及产生原因；②倒位环和四射体的概念及形成配子类型。
了解：①染色体畸变的诱发因素；②染色体畸变的详式核型描述。

染色体畸变（chromosome aberration）是指染色体数目异常或结构改变，分为染色体数目畸变和染色体结构畸变。染色体畸变可以是常染色体改变，也可以是性染色体改变；可能发生在体细胞，也可能发生在生殖细胞；可发生在人体所有细胞，也可仅见于部分组织细胞。染色体是遗传物质——基因的载体，无论是发生数目异常还是结构改变，都将引起染色体上基因群的增减或位置的移动，从而影响生物体的遗传性状，产生畸形或染色体异常综合征，目前已确定的染色体畸变超过 10 000 多种。

染色体畸变的核型描述是根据 1981 年在巴黎国际会议议定的《人类细胞遗传学命名的国际体制》制定的，为避免冗长的描述，规定了染色体畸变中的命名符号和术语（表 5-1）。染色体数目畸变的核型描述依次是染色体总数，性染色体组成，增加或减少的染色体序号用“+”或“–”来表示，相邻两项间以逗号分开。

表 5-1　染色体畸变描述中常用的符号和术语

符号或缩写	意义	符号或缩写	意义
,	分隔染色体编号、性染色体和染色体畸变；分隔基因座名称	ins	插入
;	分隔重排后的染色体序号；分隔断裂点；分隔在不同衍生染色体上的探针	inv	倒位
+	置于染色体序号或衍生染色体符号前，表示多了此条染色体；长度增加；基因座出现在特定染色体上	mos	嵌合体
-	置于染色体序号或衍生染色体符号前，表示少了此条染色体；长度减少；在特定染色体上基因座丢失	p	染色体短臂
/	分隔不同细胞系	Ph	费城染色体
→	从……到……	psu	假-
:	断裂	pter	短臂末端
::	断裂与重接	q	染色体长臂
( )	括号内是畸变的染色体序号或断裂点	qr	四射体
ace	无着丝粒片段	qter	长臂末端
cen	着丝粒	r	环状染色体
del	缺失	rec	重排染色体
der	衍生染色体	rob	罗伯逊易位
dic	双着丝粒染色体	t	易位
dup	重复	ter	染色体末端或端粒
i	等臂染色体	trc	三着丝粒染色体

例如，某女性多了一条第 18 号染色体，核型描述为 47,XX,+18；某男性的第 22 号染色体少了一条，核型描述为 45,XY,–22；若少了一条 X 染色体，核型直接写为 45,X。染色体结构畸变的核型描述有简式和详式两种。简式核型是对染色体的结构改变以其断裂点来表示，核型描述依次是染色体总数，性染色体组成，畸变类型符号，然后在第一个括号内写受累的染色体序号，在第二个括号内写断裂点的臂区带号以表明断裂点位置。畸变类型和两个括号间无须用标点符号分隔。详式核型是用重排的染色体来表示，与简式不同的是，在第二个括号内是描述重排染色体带的组成而不是描述断裂点。例如，5 号染色体短臂缺失引起的 5p-综合征，简式核型是 46,XX,del（5）(p15)，表示 5 号染色体短臂 1 区 5 带处发生断裂，染色体从短臂 1 区 5 带到短臂末端发生了丢失；详式核型是 46,XX,del（5）(p15→qter)，表示缺失后 5 号染色体的组成是从短臂 1 区 5 带到长臂末端。

第一节　染色体畸变发生的原因

染色体畸变可以自发产生，也可以由外界因素诱发产生，还可以由亲代遗传而来。非人为产生的畸变称为自发畸变（spontaneous aberration），经诱变剂处理发生的畸变称为诱发畸变（induced aberration）。引起染色体畸变的因素有物理因素、化学因素、生物因素及母亲年龄。一般认为，导致基因突变的因素均可引起染色体畸变，只是引起染色体畸变的剂量或能量要大大超过引起基因突变的剂量或能量。具有染色体畸变的细胞通常生活力降低，易被自然淘汰而消失。

一、物理因素

电离辐射携带能量，存在于自然界的各种电离辐射称为天然辐射，但其剂量极微，对人体的影响不大。日益增多的人工辐射对人类造成极大的潜在危害，不仅能造成基因突变，也会引起染色体畸变，如断裂。人工辐射源有放射性物质爆炸后散落的放射性尘埃、医疗用的放射线、职业性照射、事故灾害照射及日常生活辐射等。辐射可损伤体细胞，也可损伤生殖细胞。电离辐射的致畸效应与射线的穿透力和剂量相关，长期接受射线治疗或从事放射作业的人员，随着微小剂量射线的不断积累，会引起体细胞或生殖细胞染色体畸变。不同的射线因电离能力和穿透能力的差异及照射方式不同，对机体造成的损伤程度也不同：α 射线的电离能力较强，穿透能力较弱，只有当它进入体内时才容易诱发畸变；γ 射线与 α 射线相反，电离能力较弱，穿透能力较强，体外照射就有可能造成染色体畸变。

二、化学因素

许多化学物质，如一些化学药品、农药、工业毒物以及食品防腐剂、色素添加剂等都可引起染色体畸变。研究证实，抗肿瘤药物环磷酰胺、氮芥、白消安、甲氨蝶呤、阿糖胞苷等可引起染色体畸变；抗痉挛药物苯妥英钠可引起人淋巴细胞多倍体细胞数增多；保胎药及预防妊娠反应的药物可诱发染色体畸变或产生畸胎；有机磷农药如乐果、敌百虫以及农药中的除草剂、杀虫的砷制剂等都是染色体畸变的诱变剂。在化工厂长期接触苯、甲苯、铝、砷、二硫化碳、氯乙烯单体、氯丁二烯等工业毒物的工人，其自身染色体断裂或生育染色体畸变患儿的概率远高于一般人群。过量使用食品防腐剂或色素添加剂也导致染色体畸变率增高。

三、生物因素

生物因素致畸包括两个方面：一方面是由生物体产生的生物毒素所致，霉菌毒素如曲霉素、黄曲霉素、棒曲霉素等既可致癌，也可诱发细胞染色体畸变。另一方面是生物体如病毒本身可引起染色体畸变，尤其是那些致癌病毒，如风疹病毒、乙肝病毒、麻疹病毒、流行性腮腺炎病毒、EB 病毒、乳头瘤病毒、肉瘤病毒等，都有可能引起染色体畸变。例如，伯基特淋巴瘤病毒可引起体细胞染色体畸变导致伯基特淋巴瘤，肝炎病毒可诱发骨髓细胞染色体畸变。

四、母亲年龄

母亲年龄增大，所生子女中体细胞出现三体的概率要高于一般人群。母亲年龄超过 35 岁，生育 21-三体综合征（21-trisomy syndrome）又名唐氏综合征（Down syndrome）患儿的概率将直线上升（图 5-1）。母亲生育年龄对染色体畸变的影响是环境因子在体内累积作用的体现，这与卵子老化及合子早期所处的宫内环境有关。生殖细胞在母体内停留的时间越长，受到各种因素影响的机会就越多，在以后的减数分裂过程中，越容易产生染色体不分离的配子而导致染色体畸变。

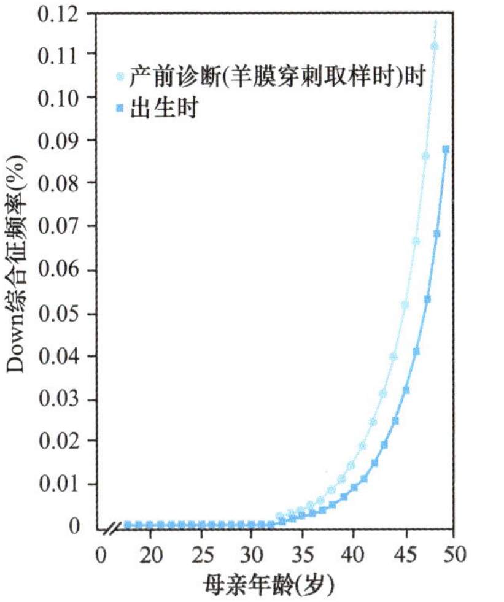

图 5-1　母亲生育年龄与生育 21-三体综合征患儿概率的关系

第二节　染色体数目畸变

每个物种的染色体数目是恒定的，人类体细胞是二倍体（diploid），含有两个染色体组（$2n$）；精子和卵子是单倍体（haploid），含有一个染色体组（n）。人正常体细胞有 46 条染色体，包括 22 对常染色体和 1 对性染色体，可配成 23 对（$2n$=46）。以人二倍体数目为标准，体细胞染色体数目多于或少于 46 条的，就称为染色体数目畸变（chromosome numerical aberration），分为整倍性改变和非整倍性改变。前者指染色体数目整组地增加或减少，后者指染色体数目整条地增减。

一、整倍性改变

在 $2n$ 的基础上，以 n 为基数，染色体数目整倍地增加或减少称为整倍性改变。染色体数目为 n 的倍数的细胞或个体称为整倍体（euploid），在 $2n$ 的基础上减少 1 个染色体组的称为单倍体（n），精子和卵子是正常的单倍体（n=23），临床上尚未见到由单倍体细胞发育而成的胚胎或新生儿。在 $2n$ 的基础上增加 1 个染色体组的为三倍体（$3n$），增加 2 个染色体组的为四倍体（$4n$），有 5 个染色体组的个体为五倍体（$5n$）。三倍体及以上的统称多倍体（polyploid）。

（一）类型

1\. 三倍体　体细胞有 3 个染色体组的个体称为三倍体（triploid）。人类三倍体体细胞的染色体数目为 69 条（$3n$=69），核型有 69,XXX；69,XXY；69,XYY 等。全身性的三倍体是致死的，很难活到临产或出生，在自发流产的胎儿中，三倍体约占 18%，是最常见的类型。三倍体多在胚胎期死亡，能够活到出生的三倍体多为二倍体与三倍体的嵌合体（$2n/3n$），即使艰难活到临产或出生，在临床上也表现为身体发育障碍和多发畸形，难以存活。三倍体胎儿易于流产的原因是在胚胎发育过程中，在细胞有丝分裂的前期会形成三极纺锤体（tripolar spindle），造成染色体在分裂中期、后期的分布和分配紊乱，从而严重干扰了胚胎的正常发育而导致自发流产。

2\. 四倍体　体细胞有 4 个染色体组的个体称为四倍体（tetraploid）。人类四倍体的体细胞的染色体数目为 92 条（$4n$=92）。全身性的四倍体是致死的，在自发流产的胎儿中，四倍体约占 5%。在临床上四倍体比三倍体更为罕见，仅有二倍体与四倍体嵌合体（$2n/4n$）的个例报道。

（二）产生机制

整倍性改变的机制有双雌受精、双雄受精、核内复制和核内有丝分裂。三倍体和四倍体的产生机制不同。

1\. 三倍体发生机制　造成三倍体的原因是双雌受精和双雄受精。

（1）双雌受精：一个异常的二倍体卵子与一个正常的精子受精称为双雌受精（digyny），所形成的三倍体合子（3*n*）有 69,XXX 和 69,XXY 两种核型（图 5-2A）。在卵子发生的减数第二次分裂过程中，次级卵母细胞未形成第二极体，本来应分给第二极体的一个染色体组仍留在卵细胞中，这个卵细胞成为异常的二倍体卵子（2*n*）。当它与一个正常的精子（*n*）结合后，就形成了三倍体的受精卵。

（2）双雄受精：两个正常的精子同时与一个正常卵子受精称为双雄受精（diandry），所形成的三倍体（3*n*）合子有 69,XXX、69,XXY、69,XYY 三种核型（图 5-2B）。核型是 69,XXX/69,XXY 的三倍体难以确定是双雌受精还是双雄受精，只有 69,XYY 三倍体可以明确确定是双雄受精的结果。

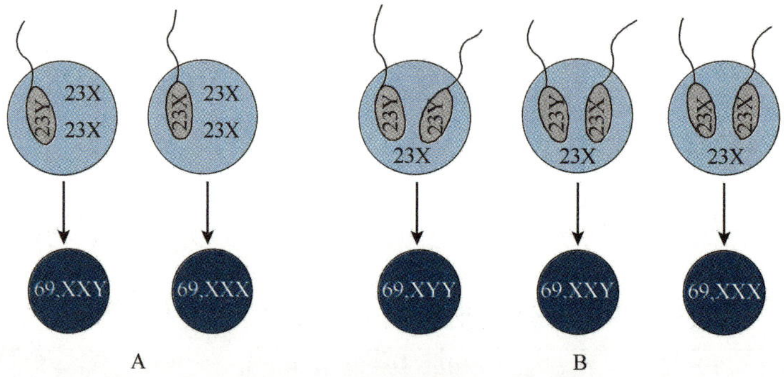

图 5-2 三倍体形成机制

A.双雌受精；B.双雄受精

2. 四倍体发生机制 造成四倍体的原因是核内复制和核内有丝分裂。

（1）核内复制：核内复制（endoreduplication）是指一次细胞分裂时，DNA 复制了两次，而细胞只分裂了一次。由于细胞在有丝分裂前 DNA 连续复制了两次，每条染色体由 4 条染色单体构成，称为双分染色体（diplochromosome），此时可见染色体两两平行排列在一起，经过有丝分裂形成的两个子细胞都是四倍体。核内复制是肿瘤细胞常见的染色体异常特征之一。

（2）核内有丝分裂：核内有丝分裂（endomitosis）是指细胞在有丝分裂前，DNA 只复制了一次，但在有丝分裂的进程中，核膜没有破裂和消失，无纺锤体的形成，也无胞质分裂，故只形成了一个四倍体子细胞，细胞内有四个染色体组。核内有丝分裂也是肿瘤细胞较常见的染色体异常特征之一。

二、非整倍性改变

体细胞染色体数目在二倍体的基础上增加或减少一条或数条，致使细胞中的染色体不再是 *n* 的倍数，这种数目改变称为非整倍性改变，形成的细胞或个体称为非整倍体（aneuploid）。非整倍体是临床上最常见的染色体数目异常类型，也常见于肿瘤细胞或组织。

（一）类型

1. 亚二倍体 亚二倍体（hypodiploid）是指体细胞染色体在 2*n* 的基础上减少了一条或数条。染色体数目少了一条的称为单体型（haplotype），单体型是最常见的亚二倍体，人单体型细胞的染色体数目为 45 条（2*n*–1=45）。缺少一条某序号染色体的就称为该序号染色体的单体，如 21 单体，核型写为 45,XX(XY),–21；22 单体，核型写为 45,XX(XY),–22；X 单体，核型写为 45,X。单体型细胞因缺少一整条染色体，将造成基因组的严重失衡，因此单体型个体很难存活，仅有极少数个体可以存活，如 X 单体（特纳综合征）。亚二倍体还有一种类型叫缺体型，指体细胞中的一对同源染色体同时丢失，体细胞染色体数目为 2*n*–2=44。缺体型在人类尚未见报道，说明这种核型的个体不能存活。

2. 超二倍体 超二倍体（hyperdiploid）是指体细胞中染色体数目增加了一条或数条。染色体数目多了一条的称为三体型（trisomy）。人三体型细胞的染色体数目为 47 条（2*n*+1=47）。增加一条某序号染色体的就称为该序号染色体的三体，如 13-三体，核型写为 47,XX(XY),+13；18-三体，核型写为 47,XX(XY),–18；21-三体，核型写为 47,XX(XY),+21。三体是染色体数目畸变中最常见、种类最多的一类畸变，几乎每一号常染色体的三体型均有病例报道。染色体多了一条，特别是较大染色体的三体型，额外的染色体将造成基因组的严重失衡而破坏或干扰胚胎的正常发育，故绝大多数常染色体三体型只见于早期流产的胚胎，极少数可以存活至出生的寿命也不长，并伴有多种严重畸形。性染色体三体型主要有 47,XXX、47,XXY、47,XYY 三种情况，性染色体三体型与常染色体三体型相比，个体有较强的“耐受性”，但多出的一条 X 或 Y 会造成性器官或性格的异常，如 X 三体、克兰费尔特综合征。三体型以上统称为多体型（polysomy），临床上见到的主要是性染色体多体型，如四体型和五体型，核型依次为 48,XXXX、48,XXXY、48,XXYY、49,XXXXX、49,XXXYY。

3. 嵌合体 当一个个体的细胞存在两种或两种以上不同核型的细胞系时，这个个体就称为嵌合体（mosaic）。嵌合体因细胞系中含有部分正常核型，其临床症状的轻重取决于异常克隆所占的比例。正常二倍体细胞系的比例越高，临床症状越相对较轻。非整倍性改变的嵌合体如核型为 45,X/46,XX 的特纳综合征嵌合体和核型为 47,XXY/46,XY 的克兰费尔特综合征嵌合体。

4. 假二倍体 细胞中染色体总数不变，仍是 46 条，但不是正常的二倍体，而是某一号染色体数目增加，另一号染色体数目减少，增加和减少的染色体数目相等，此为假二倍体（pseudodiploid）。例如，核型为 46,XX(XY),–18,+21 的个体，染色体数目是 46 条，但少了一条第 18 号染色体，多了一条第 21 号染色体。

（二）产生机制

非整倍性改变形成的机制，主要是受精卵在早期卵裂有丝分裂时或在性细胞成熟过程中，发生了染色体不分离（chromosome nondisjunction）或染色体丢失（chromosome loss）所致。

1. 染色体不分离 当细胞分裂进入中、后期时，如果某一对同源染色体或姐妹染色单体彼此没有分离，而是同时进入一个子细胞，所形成的两个子细胞中，一个子细胞成为超二倍体（$2n+1$）；另一个子细胞成为亚二倍体（$2n-1$），这个过程称为染色体不分离。

（1）减数分裂不分离：正常情况下，在减数分裂后期Ⅰ，同源染色体分离；而在减数分裂后期Ⅱ，姐妹染色单体分离（图 5-2A）。如果减数分裂时发生同源染色体的不分离或姐妹染色单体的不分离，结果形成 $n+1$ 或 $n-1$ 的异常配子，与正常配子受精后，将会形成三体型（$2n+1$）或单体型（$2n-1$）的后代。如果不分离发生在减数分裂后期Ⅰ，即某一对同源染色体不分离，同时进入一个子细胞，最终形成的配子中，两个得到一对同源染色体，形成 $n+1$ 的配子，两个未得到这条染色体，形成 $n-1$ 的配子（图 5-3B），与正常配子受精后，50%的受精卵形成 $2n+1$ 的三体，50%的受精卵形成 $2n-1$ 的单体；如果不分离发生在减数分裂的后期Ⅱ，某一条染色体的两条姐妹染色单体不分离，最终形成的配子中，1/2 为 n，1/4 为 $n+1$，1/4 为 $n-1$（图 5-3C），与正常配子受精后，正常的二倍体占 50%，三体和单体各占 25%。由三体或单体受精卵发育来的胚胎，全身所有细胞都具有该异常核型，不会产生嵌合体。发生减数分裂不分离后，一般出生的染色体不分离后代都是三体型，因为单体型胚胎缺少一条染色体，尤其是缺少一条常染色体时多不能存活，早期就流产了；三体型胚胎大多数流产，少数可存活。

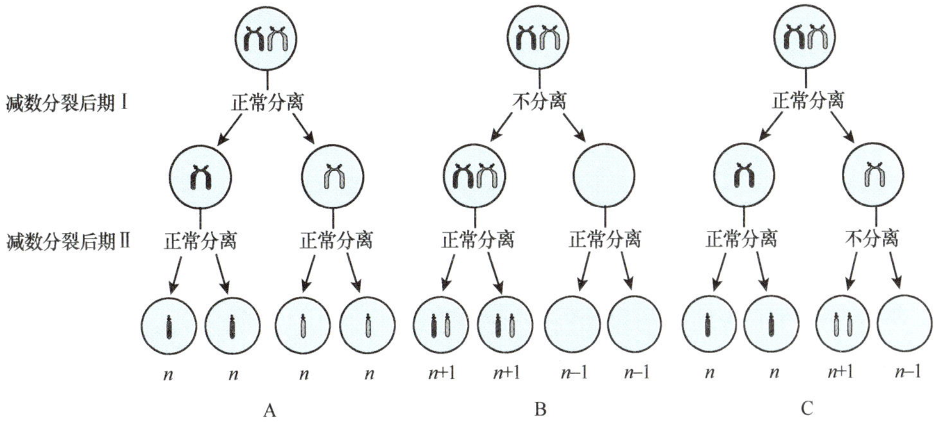

图 5-3 减数分裂示染色体不分离

A. 正常减数分裂；B. 同源染色体不分离；C. 姐妹染色单体不分离

（2）有丝分裂不分离：正常的受精卵在卵裂早期的有丝分裂过程中，如果某一号染色体的两条姐妹染色单体彼此没有分离，则形成由两种或两种以上细胞系组成的嵌合体。如果发生在第一次卵裂，理论上形成具有两种细胞系的嵌合体 45/47，两种细胞系各占 50%（图 5-4A）；如果发生在第二次卵裂，理论上将形成具有三种细胞系的嵌合体 45/47/46，其中染色体数为 45 和 47 的细胞各占 25%，正常二倍体细胞系占 50%（图 5-4B）。嵌合体个体中各种细胞系的类型和所占的比例取决于卵裂时期染色体不分离的早晚。染色体不分离发生得越早，异常细胞系所占的比例越大，临床症状就越重；反之，染色体不分离发生得越晚，正常二倍体细胞系所占的比例越大，临床症状相对较轻。当异常的细胞系比例在 5%以下时，一般不具有临床意义。

2. 染色体丢失　染色体丢失是指受精卵在有丝分裂时，某一条染色体的着丝粒未与纺锤丝相连，不能被牵拉到细胞两极；或者这条染色体因行动迟缓，发生后期延滞（anaphase lag），没有移向细胞两极，而是滞留在细胞质中，最后被降解。子细胞中因这条染色体的丢失而成为亚二倍体。染色体丢失也是形成嵌合体的原因，特别是临床上所见到的只有 45/46 的嵌合体而不存在三体型细胞系的嵌合体时，可以用染色体丢失来解释（图 5-4C）。

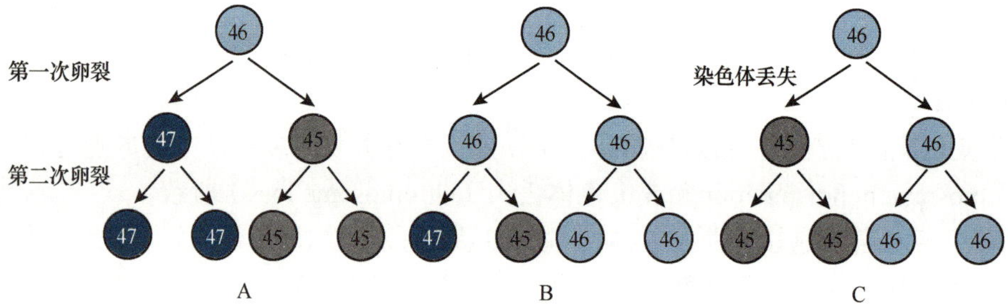

图 5-4　非整倍性嵌合体形成的原因

A. 第一次卵裂染色体不分离；B. 第二次卵裂染色体不分离；C. 第一次卵裂染色体丢失

第三节　染色体结构畸变

染色体结构畸变（chromosome structural aberration）是指染色体发生结构改变，包括缺失、重复、倒位、易位和形成环状染色体、双着丝粒染色体及等臂染色体等。在物理、化学、生物因素作用下，染色体可发生断裂（breakage），如果断片在原来的位置上重接（rejoin），不会引起遗传效应；如果断片未能在原位重接，而是移动位置与其他片段连接或者丢失，就会形成各种染色体结构畸变，又称染色体重排（chromosome rearrangement）。断裂和变位重接是染色体结构畸变的基础。

一、缺失

缺失（deletion，del）是指染色体发生断裂后，其断片未在原位重接而丢失的畸变。染色体丢失，断片上的基因也随之丢失。具有缺失畸变的个体，由于缺少了所含的遗传信息将会出现异常性状。如果同源染色体的一条染色体缺失的是某个显性基因，另一条没有缺失的染色体对应位置上的隐性等位基因就会表现。缺失有末端缺失和中间缺失之分。

（一）末端缺失

末端缺失（terminal deletion）指染色体的短臂或长臂末端发生一次断裂后，断片未与断端重接，无着丝粒的断片因未与纺锤丝相连，故在一次细胞分裂后即丢失。缺失可以是短臂末端缺失，也可以是长臂末端缺失。图 5-5A 是 1 号染色体长臂在 2 区 1 带处断裂，其断点以远的片段（q21→qter）丢失，余下的染色体由短臂末端至长臂 2 区 1 带（pter→q21）组成，这是 1 号染色体长臂末端缺失。

简式核型：46,XX(XY),del(1)(q21)

详式核型：46,XX(XY),del(1)(pter→q21)。

（二）中间缺失

中间缺失（interstitial deletion）指一条染色体在同一臂内同时发生了两次断裂，两个断点之间的片段丢失，而两个断端重接。图 5-5B 是 3 号染色体长臂在 2 区 1 带（q21）和 2 区 5 带（q25）处同时发生断裂，两断点间的片段丢失，两断端（q21::q25）重接后形成中间缺失的染色体，这属于 3 号染色体长臂中间缺失。

简式核型：46,XX(XY),del(3)(q21q25)

详式核型：46,XX(XY),del(3)(pter→q21::q25→qter)

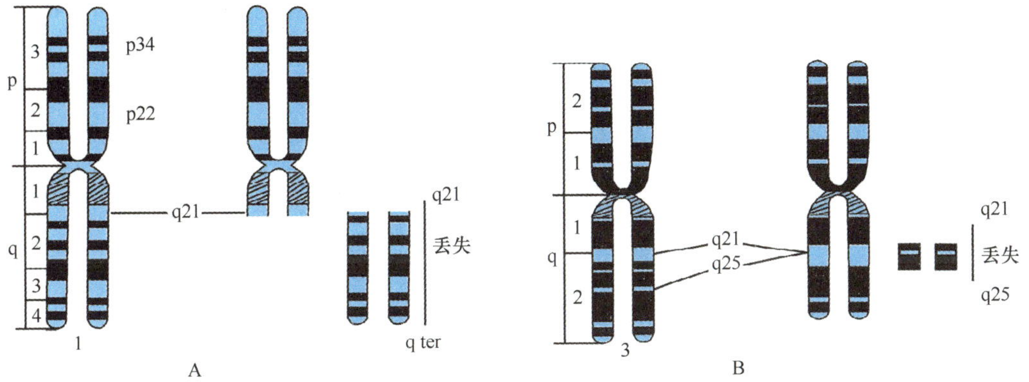

图 5-5　缺失

A. 末端缺失；B. 中间缺失

二、重复

重复（duplication，dup）是指一条染色体的某一区段多了一份或几份，使得这一区段的基因拷贝数增加的现象。重复的产生一般是在配子发生时的减数分裂前期 I 同源染色体之间的不等交换（unequal crossover），有丝分裂时期的姐妹染色单体之间的不等交换以及染色体片段的插入造成的。重复的表型效应比缺失缓和，曾有 18 号染色体在长臂 1 区 2 带（q12）到 2 区 2 带（q22）重复的幸存者能够活到成年的报道，重复片段较大也会影响个体的生存力，甚至死亡。重复包括正向重复和反向重复。

1. 正向重复　重复区段方向与原片段一致的称为正向重复。例如，18 号染色体重复的 q12→q22 片段正向接在 q22 之后，然后连接长臂末端，共有两个断裂点。

简式核型：46,XX(XY),dup(18)(q12q22)

详式核型：46,XX(XY),dup(18)(pter→q22::q12→q22::q22→qter)

2. 反向重复核型　重复区段方向与原片段相反的称为反向重复。例如，18 号染色体重复的 q12→q22 片段反向接在 q22 之后，然后连接长臂末端，共有两个断裂点。

简式核型：46,XX(XY),dup(18)(q22q12)

详式核型：46,XX(XY),dup(18)(pter→q22::q22→q12::q22→qter)

三、倒位

倒位（inversion，inv）是由于同一条染色体发生了两次断裂，产生的断片翻转 180°后重接而形成。倒位分臂内倒位和臂间倒位。

（一）臂内倒位

臂内倒位（paracentric inversion）是指染色体倒位发生在同一臂内。如图 5-6A 所示，1 号染色体在短臂 2 区 2 带（p22）和短臂 3 区 4 带（p34）处同时发生断裂，两断点间的断片倒转 180°后重接，p34 处的染色体断片与 p22 断点连接，而断片的 p34 断点则与染色体的 p22 处连接，形成这部分顺序颠倒的臂内倒位染色体。

简式核型：46,XX(XY),inv(1)(p34p22)

详式核型：46,XX(XY),inv(1)(pter→p34::p22→p34::p22→qter)

（二）臂间倒位

臂间倒位（pericentric inversion）是指一条染色体的短臂和长臂各发生一次断裂，倒位的片段包含了着丝粒区的一种结构畸变。如图 5-6B 所示，2 号染色体的 p15 和 q23 发生了臂间倒位后，造成了 p15 和 q23 间的顺序颠倒，使断片的 q23 断点连接于染色体的 p15 处，而断片的 p15 断点则连接于染色体的 q23 处。由于这种倒位涉及着丝粒，重接后的染色体类型可能会改变。

简式核型：46,XX(XY),inv(2)(p15q23)

详式核型：46,XX(XY),inv(2)(pter→p15::q23→p15::q23→qter)

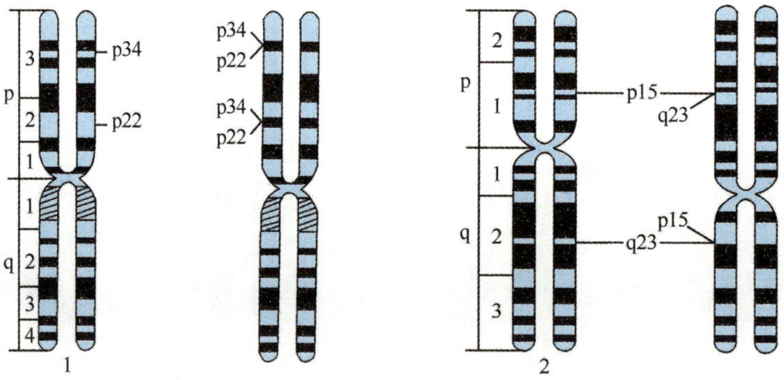

图 5-6　倒位

A. 臂内倒位；B. 臂间倒位

倒位并没有基因的丢失，具有倒位染色体的个体一般无表型效应，称为倒位携带者（inversion carrier）。倒位造成了染色体上基因顺序的重排，倒位携带者在形成配子时，在减数分裂前期 I 的偶线期为满足同源染色体联会的需要，将形成特有的倒位环（inversion loop），如果在倒位环内发生两条非姐妹染色单体间的交叉互换，将产生染色体不平衡的配子。如图 5-7 所示，无论是臂内倒位或臂间倒位，理论上都形成 4 种

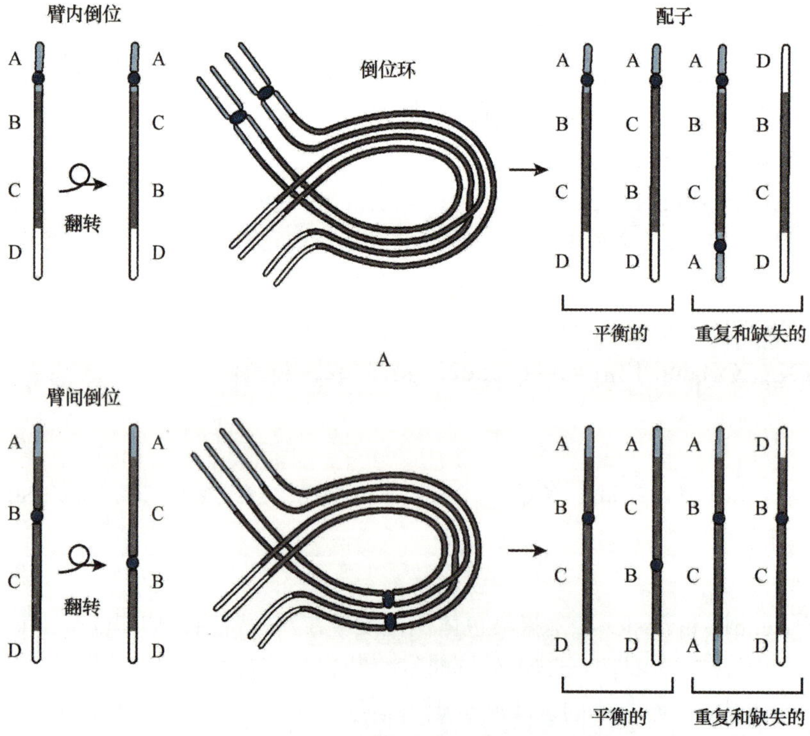

图 5-7　倒位环的形成及产生的配子

A. 臂内倒位；B. 臂间倒位

不同的配子：两种是非交换的配子，其一为正常配子（ABCD），其二为倒位的配子（ACBD）；另 2 种配子是交换的产物，有些片段重复，有些片段缺失（ABCA 型配子重复 A 缺失 D，DBCD 型配子重复 D 缺失 A）。倒位携带者生成的配子与正常配子受精后将有 1/2 左右的胚胎流产。一般来说，倒位携带者的遗传效应主要决定于重复和缺失片段的长短及其所含基因的致死效应。倒位片段越长，则重复和缺失的部分越短，其配子和合子能够发育的可能性越大，分娩出畸形胎儿的危险率越高。除了倒位片段的长短以外，遗传效应还要考虑重复和缺失片段上所包含基因的致死效应。

四、易位

易位（translocation）发生在非同源染色体之间，指一条染色体的断片移接到非同源染色体的臂上。常见的易位有相互易位、罗伯逊易位和插入易位等。

（一）相互易位

相互易位（reciprocal translocation）是两条非同源染色体同时发生断裂，断片互换位置后重接，形成两条新的染色体，称为衍生染色体（derivation chromosome，der）。如图 5-8A 所示，2 号染色体的 q21 和 5 号染色体的 q31 发生了相互易位。2q21 的远侧部易位到了 5 号染色体的 q31 处；5q31 的远侧部易位到了 2 号染色体的 q21 处，形成两条衍生染色体。按照 ISCN 规定，描述重排染色体时，常染色体要先写序号排在前面的那条染色体，如果发生相互易位的是性染色体和常染色体，则首先描述性染色体。

简式核型：46,XX(XY),t(2;5)(q21;q31)

详式核型：46,XX(XY),t(2;5)(2pter→2q21::5q31→5qter;5pter→5q31::2q21→2qter)

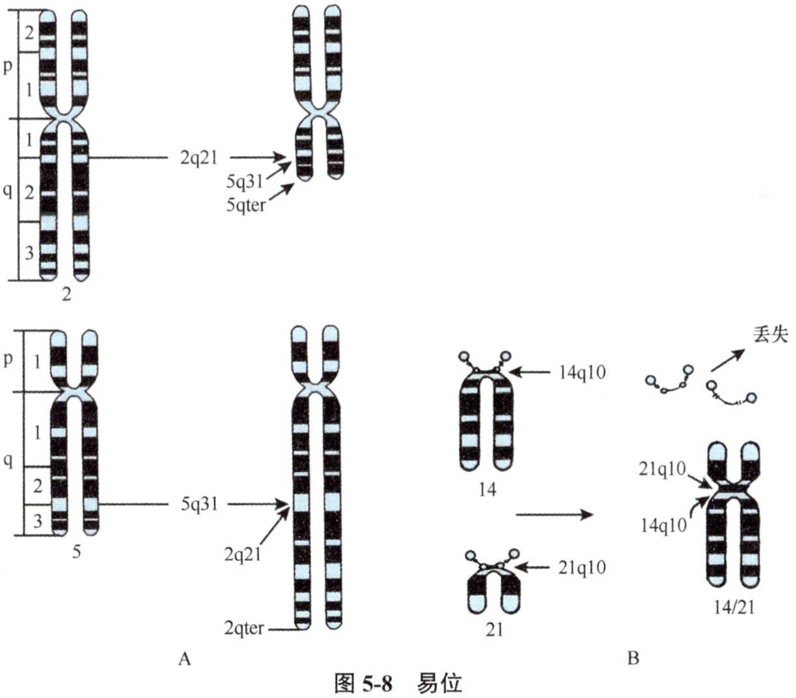

图 5-8 易位

A. 相互易位；B. 罗伯逊易位

相互易位一般仅涉及位置的改变而不造成染色体片段的增减，这称为平衡易位。携带相互易位染色体的个体，因没有染色体片段的增减，一般不产生表型效应，称为平衡易位携带者。平衡易位纯合子，在减数分裂时配对正常，可以从上一代传到下一代，子代也是平衡易位携带者。根据个体在减数分裂形成配子时同源染色体配对的原则，平衡易位的杂合子在减数第一次分裂的前期Ⅰ为满足联会的需要将形成四射体。如图 5-9 所示，由于后期Ⅰ染色体移向两极时表现了不同的分离方式，经过分离与交换，理论上形成 18 种配子：对位分离（AB CD 和 AD CB）、邻位分离-1（AB CB 和 AD CD）、邻位分离-2（AB AD 和 CB CD）、3∶1 分离（AB CB CD 和 AD；CB CD AD 和 AB；CD AD AB 和 CB；AD AB CB 和 CD）以及着丝粒与互换点之间发生交换后形成的配子（AB AB 和 CD CD；CB CB 和 AD AD）。在形成的 18 种配子中，仅一种配子是正常的（AB CD），一种是平衡易位的（AD CB），其余 16 种都是不平衡的。与正常配子受精后，所形成的合子中，仅一种正常，一种为表型正常的易位携带者，其余 16 种将形成单体或部分单体，三体或部分三体，导致流产、死胎或畸形儿。

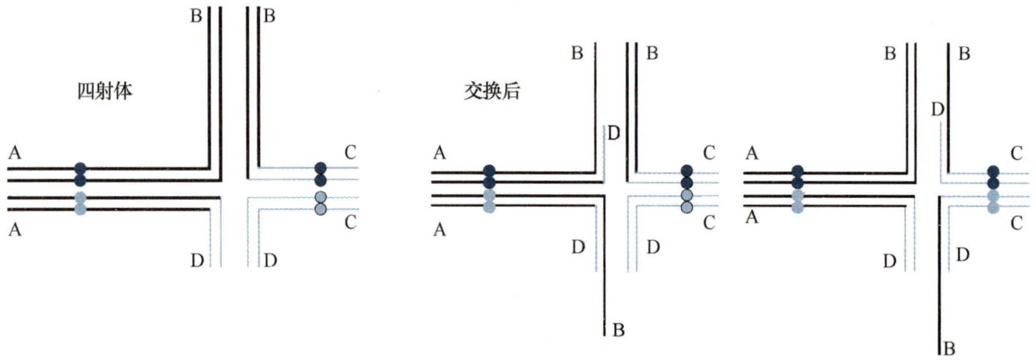

图 5-9 易位杂合体在减数分裂中形成四射体

（二）罗伯逊易位

罗伯逊易位（Robertsonian translocation，rob）特指发生于两个近端着丝粒染色体之间的一种易位，又称着丝粒融合（centric fusion）。当两条近端着丝粒染色体在着丝粒部位或附近发生断裂后，两者的长臂在着丝粒处接合，形成一条由两个长臂构成的衍生染色体，而两个短臂融合成一条小染色体。两短臂融合的小染色体因缺乏着丝粒会在再次分裂时丢失，由于丢失的小染色体遗传物质很少且多为异染色质，由两条长臂构成的衍生染色体几乎包含了两条染色体上的全部基因，不会产生表型效应，因此罗伯逊易位携带者虽然只有 45 条染色体，表型却正常，但这种易位携带者在形成配子的时候会出现异常，会造成胚胎死亡而流产或生出先天畸形患儿。如图 5-8B 所示，14 号染色体和 21 号染色体同时在着丝粒处断裂，然后两条长臂在着丝粒部位融合，两短臂丢失，形成的衍生染色体包含了 21 号染色体的 21q10→21qter 节段和 14 号染色体的 14q10→14qter 节段。以往罗伯逊易位核型一直用“rob”符号描述，现今在临床上是用衍生染色体的形式并以“der”符号描述其核型。

简式核型：45,XX(XY),der(14;21)(q10;q10)

详式核型：45,XX(XY),der(14;21)(21qter→21q10::14q10→14qter)

（三）插入易位

插入易位（insertional translocation）指两条非同源染色体同时发生断裂，但仅一条染色体的片段插入到另一条染色体的非末端部位。插入易位是一种单向易位，只有发生了三次断裂时，插入才有可能发生。可以是正向插入，也可以是断片倒转 180°后反向插入。

五、环状染色体

当一条染色体的长、短臂同时发生断裂，断点以远的片段丢失，含有着丝粒的片段两断端相接，即形成环状染色体（ring chromosome，r）。如图 5-10 所示，2 号染色体的 p21 和 q34 分别发生了断裂，含着丝粒的中间片段两断端 p21 与 q34 断裂点相接形成环状染色体。环状染色体常见于受辐射损伤的细胞和肿瘤细胞中。

简式核型：46,XX(XY),r(2)(p21q34)

详式核型：46,XX(XY),r(2)(::p21→q34::)

六、双着丝粒染色体

两条染色体同时发生断裂后，无着丝粒的片段丢失，具有着丝粒片段的两个断端相接，形成了一条双着丝粒染色体（dicentric chromosome，dic）。双着丝粒染色体是一种不稳定结构，在细胞分裂时，如果两

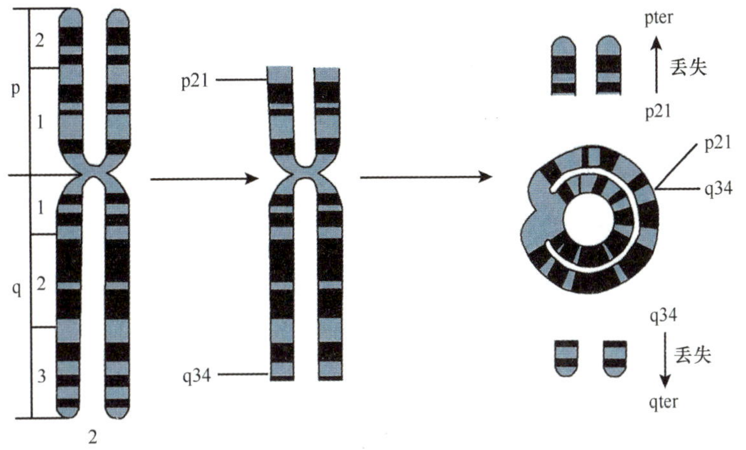

图 5-10　环状染色体

个着丝粒分别被纺锤丝向相反方向牵引，将会形成染色体桥而断裂，形成各种“缺失或重复”片段。如图 5-11 所示，6 号染色体的 q22 和 11 号染色体的 p15 分别发生了断裂后，两个具有着丝粒的染色体片段断端相互连接，形成了一条双着丝粒的衍生染色体。

简式核型：45,XX(XY),dic(6;11)(q22;p15)

详式核型：45,XX(XY),dic(6;11)(6pter→6q22::11p15→11qter)

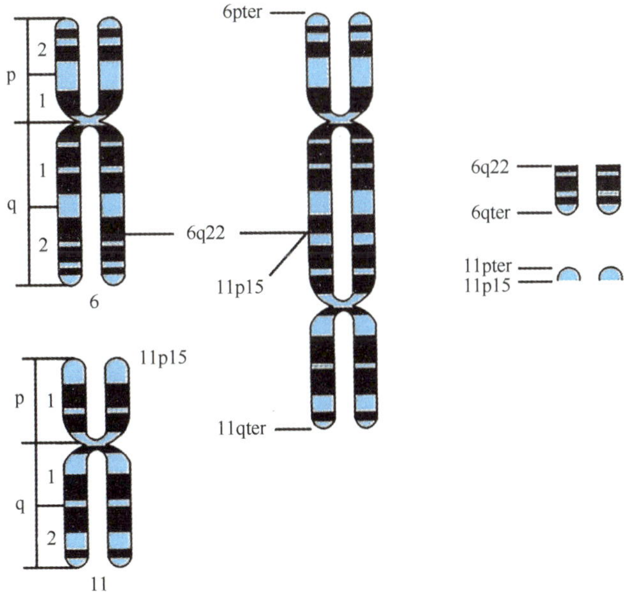

图 5-11　双着丝粒染色体

七、等臂染色体

等臂染色体（isochromosome，i）指一条染色体的两个臂在形态和遗传结构上完全相同。等臂染色体一般由着丝粒分裂异常造成。在正常细胞分裂中，着丝粒纵裂，姐妹染色单体分离，形成两条具有长、短臂的染色体。如果着丝粒在水平方向上发生横裂，长臂、短臂各自形成一条具有两个长臂和一条具有两个短臂的等臂染色体。人类染色体中最常见的等臂染色体是由 X 染色体着丝粒异常分裂产生的，如图 5-12。

X 短臂等臂染色体的简式核型：46,X,i(X)(p10)

详式核型：46,X,i(X)(pter→p10::p10→pter)

X 长臂等臂染色体的简式核型：46,X,i(X)(q10)

详式核型：46,X,i(X)(qter→q10::q10→qter)

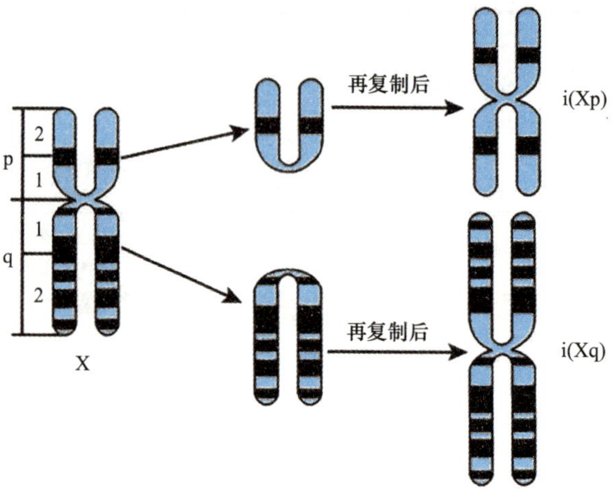

图 5-12 等臂染色体

小 结

染色体畸变指细胞内染色体数目或结构发生改变，分为数目畸变和结构畸变。数目畸变指细胞内染色体数偏离正常数，包括整倍性改变和非整倍性改变。整倍性改变指在 $2n$ 的基础上，染色体数目以 n 为单位增加或减少，常见于三倍体和四倍体。三倍体形成的原因有双雄受精和双雌受精，四倍体形成的原因是核内复制和核内有丝分裂。非整倍性改变指一个体细胞的染色体数目增加或减少一条或数条，致使细胞中的染色体不再是整倍数，包括单体型、三体型和多体型。非整倍性改变的原因是染色体不分离或染色体丢失。染色体结构畸变是指染色体发生结构改变，包括缺失、重复、倒位、易位或形成环状染色体、双着丝粒染色体及等臂染色体，染色体断裂和变位重接是结构畸变的基础。染色体是基因的载体，染色体上基因间的毗邻关系是较恒定的，染色体数目改变或结构异常，将涉及染色体上基因群的增减或位置的移动，从而产生异常遗传学效应。

复习思考题

1. 为什么母亲的生育年龄越大，所生子女染色体异常的概率就越大？
2. 携带倒位染色体和平衡易位染色体的个体婚育，对后代将产生怎样的影响？

（方 玲）

第六章

染 色 体 病

学习要点

掌握：①染色体病的概念；②常见染色体病的核型及发病机制。

熟悉：①常见染色体病的主要临床表现；②染色体异常携带者的遗传学效应。

了解：染色体病的预防及常用检测手段和诊断技术。

染色体数目或结构异常导致的疾病，称为染色体病（chromosomal disorder）。其实质是染色体上的基因或基因群发生数量或位置的改变，破坏了基因的遗传平衡，进而造成机体形态和功能的异常。染色体病是一大类遗传病，对人类危害很大，严重者在胚胎期即死亡引起自发流产，少数能存活者出生后往往带有多种先天异常。一般来说，常染色体异常引起的疾病，患者常出现先天性多发畸形、智力障碍、生长发育迟缓及皮肤纹理改变等。性染色体异常引起的疾病，临床表现常常包括性发育不全或两性畸形、原发或继发闭经、不育等，大多数患者在婴儿期没有明显的临床表现，直到青春期因第二性征发育障碍或异常才就诊。目前染色体病尚无治疗良策，主要通过遗传咨询和产前诊断予以预防。

染色体异常较常见于自发流产的胎儿，其次为先天畸形或发育异常患者、高龄孕妇的胎儿、不育或流产夫妇。据统计，新生儿中，染色体畸变总发生率为1/154，包括非整倍性改变（发生率约为1/263）和结构畸变（发生率约为1/375），两者的比例约为1.4∶1；染色体非整倍性改变包括性染色体的非整倍性改变和常染色体的三体型（前者发生率相对较高），导致较常见且临床症状显著的染色体病；而染色体结构畸变引发的染色体病中，平衡重排比不平衡重排更常见。染色体畸变的发生情况见表6-1，此统计结果仅包括在自发流产和新生儿中观察到的染色体畸变。由于很多畸变胎儿在临床发现前就已流产，实际发生的染色体畸变频率应高于此统计结果。

表6-1　10 000例妊娠中观察到的染色体畸变发生率

分类	怀孕例数	自发流产例数（占比%）	新生儿例数
染色体正常	9 200	750（8）	8 450
染色体异常	800	750（94）	50
三倍体或四倍体	170	170（100）	0
45，X	140	139（99）	1
16 三体	112	112（100）	0
18-三体	20	19（95）	1
21-三体	45	35（78）	10
其他三体	209	208（99.5）	1
47，XXY；47，XXX；47，XYY	19	4（21）	15
不平衡重排	27	23（85）	4
平衡重排	19	3（16）	16
其他	39	37（95）	2
总计	10 000	1 500（15）	8 500

第一节 染色体数目异常疾病

染色体整倍性改变严重影响遗传平衡，致使胚胎无法正常发育而流产。临床上活产儿中几乎看不到三倍体或四倍体，极罕见出生的三倍体婴儿，存活时间非常短暂，通常在出生后几小时内死亡。非整倍体是人类染色体病中最常见的类型。临床上的非整倍体患者以三体型最为多见，单体型个体几乎都在胚胎期流产，唯一例外是 X 染色体单体型，其存活机制主要与 X 染色体失活有关。

一、21-三体综合征

21-三体综合征（trisomy 21 syndrome，OMIM #190685）又名唐氏综合征（Down syndrome），是迄今最常见、研究最多的一种染色体病。本病是由于患者多了一条或部分 21 号染色体而导致的遗传病。21-三体综合征于 1866 年由英国医生 John Langdon Down 首次报道，故命名为 Down syndrome。1959 年，法国细胞遗传学家 Jérôme Lejeune 揭示本病患者体细胞内多出一条 G 组染色体，随后证实是 21 号染色体。

21-三体综合征在活婴中的发生率为 1/800～1/600，发生率在各种族和民族间无明显差异。据估计，我国目前大约有 60 万以上的患者。流行病学研究表明，发病率与母亲生育年龄密切相关，35 岁以上孕妇生育患儿的风险显著升高。

1. *临床表现* 21-三体综合征患儿的主要临床表现为不同程度的智力障碍、生长发育迟缓和一系列异常体征。

智力障碍在婴儿早期并不明显，到周岁后才显现。患者智商（IQ）值通常在 20～60，成年患者平均 IQ 值为 50。本病智力障碍程度不等，许多患儿能够逐渐具备一定的沟通能力，甚至可以上学读书。患儿出生时身高、体重较正常新生儿偏低，可呈现特殊面容：头小、枕骨扁平、眼距增宽、外眼角上斜、内眦赘皮、鼻根低平、外耳小、耳郭常低位或畸形、舌大、张口吐舌、流涎多等。除了以上典型特征，患儿其他症状或体征还包括：全身肌张力低下、颈短、颈部皮肤松弛、手短而宽、皮肤纹理异常（通贯掌、atd 角增大等）、第 5 指内弯（先天性桡侧弯曲）和第 1、2 趾间距宽等（图 6-1A-C）。

21-三体综合征患者的表型变异很大。一般患者都具有典型特征而易于辨识，其余异常仅在部分患者中呈现。

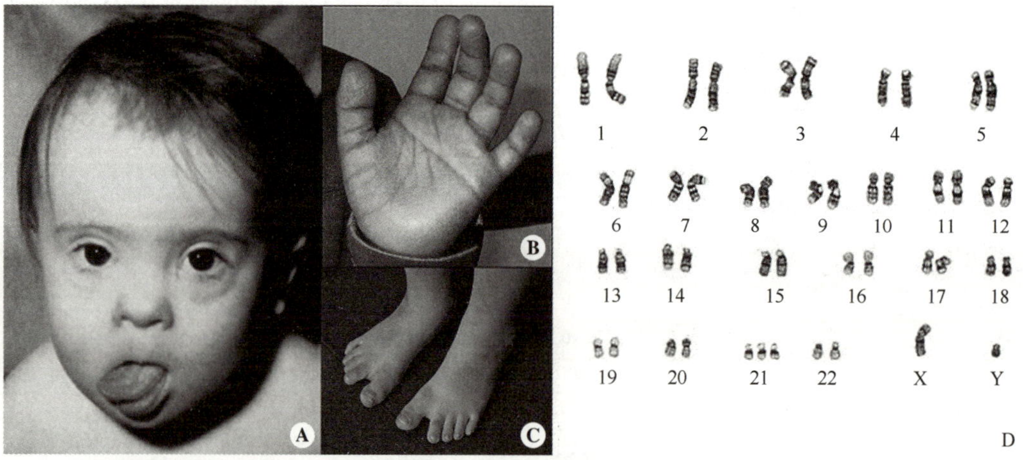

图 6-1 21-三体综合征

A. 特征性面容；B. 通贯掌；C. 第 1、2 趾间距宽；D. 21-三体型患者核型

2. *核型与遗传机制* 虽然 21-三体综合征的临床诊断并不难，但必须进行核型分析以确诊，并为遗传咨询（判断再发风险）提供重要依据。根据患者核型组成不同，21-三体综合征分为三种遗传学类型。

（1）21-三体型：也称游离型或标准型。约占全部患者的 92.5%，核型为 47,XX(XY),+21（图 6-1D）。此型发生源于父母生殖细胞的形成过程中，21 号染色体在减数分裂时不分离。90%的不分离发生于母方减数分裂（尤其是减数分裂Ⅰ），仅约 10%的不分离发生在父方的减数分裂Ⅱ。此型的发生率随母亲生育年龄增高而升高。

（2）易位型：约占全部患者的 5%。此类患者多余的不是一条完整的 21 号染色体，而是 21 号染色体长臂与另一条 D 组或 G 组近端着丝粒染色体发生罗伯逊易位形成的衍生染色体。虽然患者体内染色体总数为 46，但其中一条是易位染色体，21 号染色体长臂是三体型，属于假二倍体。最常见的是 D/G 易位，如 14/21 易位，核型为 46,XX(XY),der(14;21)(q10;q10),+21。少数是 G/G 易位，如 21/21 易位，核型为 46,XX(XY),+21，der(21;21)(q10;q10)。易位型患者产生的原因可能是双亲之一形成配子时发生了新生突变，也可能是由平衡易位携带者亲代遗传而来（详见本章第三节）。

（3）嵌合型：约 2.5%的 21-三体综合征患者是嵌合体，核型为 47,XX(XY),+21/46,XX(XY)。其产生的主要原因是胚胎发育早期卵裂过程中，21 号染色体发生不分离，结果产生 45/47/46 细胞系的嵌合体。但由于 45,XX(XY),–21 的细胞不易存活，患者常表现为 47/46 嵌合体。因为患者体内含有正常细胞系，故临床症状多较 21-三体型轻；由于表型与发育过程中 21-三体型细胞在胚胎中所占比例有关，不同患者间表型变异很大。不分离发生得越早，三体型细胞所占比例越高，症状越严重。

3. 预后 只有 20%～25%的 21-三体型胚胎能存活至出生，其余自然流产。存活的患儿中，至少 1/3 患有先天性心脏病，近 1/4 在 1 周岁前死于先天性心脏病；约 1/2 的患儿可活到 50 岁以上。患者患白血病的风险比正常个体高 15 倍。几乎所有患者比一般个体提前几十年出现阿尔茨海默病（Alzheimer disease）的症状。男性患者往往不育，女性患者偶有生育能力。

知识拓展 6-1　　21 号染色体与 21-三体综合征

21 号染色体是人类染色体中最小的一条，长约 46Mb，其中可能包含 756 个基因，占人类基因组的 1.5%。21-三体综合征中多出的遗传物质导致 21 号染色体上某些基因的过表达。对 21 部分三体的研究揭示，21-三体综合征相关基因位于 21q21-q22.3，该区域与患者临床表现密切相关，被称为唐氏综合征关键区（Down syndrome critical region，DSCR）。

DSCR 内已报道的相关基因主要包括：

DSCR1，在大脑和心脏中高度表达，可能与智力发育迟缓和心脏缺陷有关。

SOD1，过度表达可能与早老性痴呆和免疫系统功能下降有关。

COL6A1，过度表达可能与心脏缺陷有关。

DYRK，过度表达可能引起智力发育迟缓。

CRYA1，过度表达与白内障有关。

IFNAR，过度表达可干扰免疫系统及其他器官系统的功能。

APP，可能与认知困难有关。

ETS2，过度表达引起骨骼发育异常，还可能与白血病的发生有关。

这些基因与 21-三体综合征的确切关系仍有待进一步明确。

二、18-三体综合征

18-三体综合征（trisomy 18 syndrome）是由于患者多了一条或部分 18 号染色体而导致的遗传病。1960 年 John Hilton Edwards 等首先报道本病，故又称为 Edwards 综合征（Edwards syndrome）。本病在新生儿中发生率为 1/8000～1/6000。男女性别比约为 1∶4，可能与男性患儿胚胎不易发育至出生有关。

1. 临床表现 患儿往往出生时体重低（平均小于 2300g）并伴有心脏病。生命力严重低下，多发畸形，运动、生长和智力发育迟缓。主要特征包括：宫内发育迟缓，眼裂小，眼球小，内眦赘皮，耳畸形伴低位，枕骨突出，小颌，唇裂和（或）腭裂，胸骨短，特殊握拳姿势（第 2、5 指压在第 3、4 指之上），摇椅样足，婴儿期肌张力低下、其后肌张力亢进，严重心脏病（95%患有先天性心脏病，是患儿死亡的主要原因）（图 6-2）。

2. 核型与遗传机制 80%患者为三体型，发病可能与母亲年龄增大有关，由卵母细胞减数分裂时 18

号染色体不分离导致，核型为 47,XX(XY),+18。10%为嵌合型，症状较轻，发病与母亲生育年龄无关，核型为 47,XX(XY),+18/46,XX(XY)。其余为易位型，主要为 18 号染色体与 D 组染色体易位。

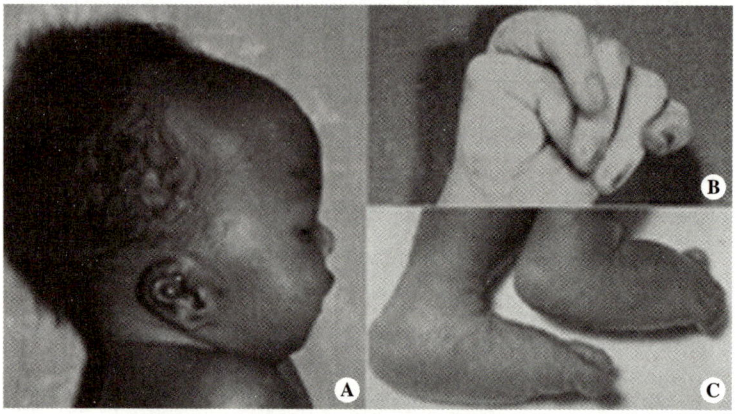

图 6-2 18-三体综合征
A. 耳位低；B. 特殊握拳姿势；C. 摇椅样足

3. *预后* 出生后发育如早产儿，吸吮差，反应弱，喂养困难。由于严重畸形，1/3 患儿在出生后 1 个月内死亡，1/2 患儿在出生后两个月内死亡，极少数患儿寿命超过 1 岁，且往往带有严重智力障碍。

三、13-三体综合征

13-三体综合征（trisomy 13 syndrome）是由于患者多了一条或部分 13 号染色体而导致的遗传病。1657 年，Thomas Bartholin 等首先描述了本病的临床特征。1960 年，Klaus Patau 确定了本病是由于患者体细胞多了一条 13 号染色体，故又名 Patau 综合征（Patau syndrome）。本病在新生儿中的发生率约为 1/25 000。女性多于男性。

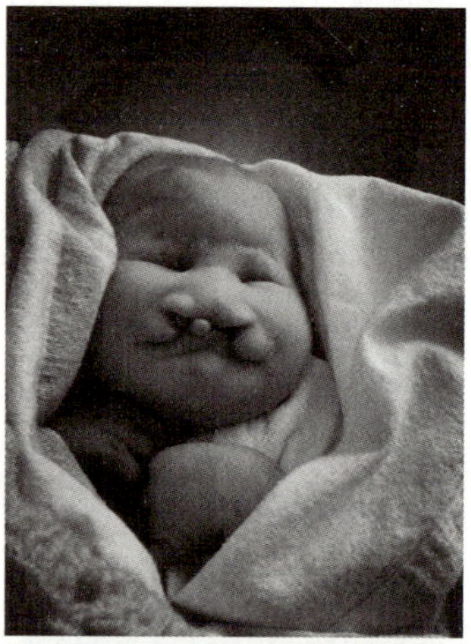
图 6-3 13-三体综合征
示小头畸形，无眼球，唇腭裂

1. *临床表现* 患者畸形比前述两种三体综合征更严重。中枢神经系统发育严重缺陷、前脑无裂畸形、严重智力障碍、小头畸形、小眼球或无眼球、小颌、多数有唇裂或伴腭裂（图 6-3）、耳郭畸形低位、常耳聋、常多指、有与 18-三体综合征患者类似的特殊握拳姿势和摇椅样足。患者中 80%罹患先天性心脏病，常有肾畸形、脐膨出，男性患者常有隐睾，女性患者常有双角子宫及卵巢发育不全。

2. *核型与遗传机制* 80%的患者核型为 47，XX（XY），+13。额外的 13 号染色体常来自卵母细胞减数分裂不分离。其余为易位型和嵌合型。易位型多为 13/14 易位，罕见 13/13 易位。嵌合型患者一般症状较轻。

3. *预后* 50%患儿在出生后 1 个月内死亡，90%以上患儿在出生后 1 年内死亡。

四、克兰费尔特综合征

克兰费尔特综合征（Klinefelter syndrome），又称为先天性睾丸发育不全综合征，是由于男性体内有两条或多条 X 染色体引起的疾病。本病由美国医生 Harry Klinefelter 等于 1942 年首次描述，也称原发性小睾丸症。1959 年 1 月证实患者的核型为 47,XXY，故又称为 XXY 综合征。在男性活婴中发生率约为 1/1 000，男性不育患者中占 4%，少精症或无精症患者中占 10%。

1. *临床表现* 本病最主要的临床表现为身材高、睾丸小、第二性征发育不良、不育。患者通常四肢修长、身材高、胡须阴毛稀少、成年后体表脂肪堆积似女性；音调较高，喉结不明显；患者中 25%有乳房发育，皮肤细嫩；外阴多数正常无畸形，一些患者还出现尿道下裂或隐睾（图 6-4A）。典型病例的血浆睾酮仅为正常人的一半；个别患者睾酮正常，血中雌激素增多。部分患者伴有先天性心脏病，智力正常或轻度低下，表现为学习障碍和语言能力低下。一些患者还有精神异常和精神分裂症倾向。

2. 核型和遗传机制 约85%的患者核型为47,XXY；约15%为嵌合型，其中常见的是47,XXY/46, XY；此外还有48,XXXY、49,XXXXY等核型。通常，核型中X染色体越多，症状越严重。嵌合型患者表型各异，正常细胞比例大时临床表现轻，甚至可能有正常的睾丸发育。额外的X染色体源于父亲或母亲生殖细胞减数分裂Ⅰ时X染色体不分离。在由母方因素导致的患者中，发病与母亲年龄增加有关；少数患者与母亲生殖细胞减数分裂Ⅱ不分离或合子有丝分裂不分离有关，此时与母亲年龄无关。

3. 预后 患者一般寿命正常，成年后糖尿病、心血管疾病、呼吸系统和消化系统疾病的发病率略有增加。

五、特纳综合征

特纳综合征（Turner syndrome，TS），又称为女性先天性性腺发育不全综合征或先天性卵巢发育不全综合征，是女性体细胞的一条X染色体全部或部分缺失导致的疾病。本病于1938年由Henry Turner首先描述，故名Turner syndrome。1959年4月Charles Ford等证实本病患者核型为45,X。本病发生率在女性活婴中约为1/5 000，但在自发流产胎儿中发生率高达15%。患病胎儿在子宫内不易存活，99%流产。

1. 临床表现 特纳综合征最典型的特征是身材矮小（成年一般为120～140cm）和性发育幼稚。90%以上患者卵巢发育不全，索状性腺、无滤泡、子宫发育不全，导致成年外阴幼稚、阴毛稀少、乳房不发育、原发闭经而不育。许多患者还出现身体发育异常，如蹼颈，后发际低，乳距宽，肘外翻等（图6-4B）。详见案例19-3。患者多因身材矮小或原发闭经就诊。

2. 核型和遗传机制 约50%患者核型为45,X；25%为X染色体结构异常，常为46,X,i(X)(q10)；25%为嵌合型，常见45,X/46,XX。一般说来，嵌合型临床表现较轻。X短臂单体性决定身材矮小和其他Turner体征，X长臂单体性决定卵巢发育不全和不育。

本病的发病机制是由于双亲配子形成中X染色体不分离，或合子后早期卵裂时染色体丢失。核型为45,X的患者中，70%～80%是由于父亲生殖细胞发生X、Y染色体不分离，形成XY型和0型染色体异常精子，后者与正常卵子受精后形成45,X后代，患者的X染色体来源于母亲。核型为46,XX的受精卵在早期卵裂时丢失X染色体将导致嵌合型患者。

3. 预后 除少数患者由于严重畸形死于新生儿期外，一般均能存活。少数有自发月经患者能怀孕，所生后代中1/3患有先天异常。

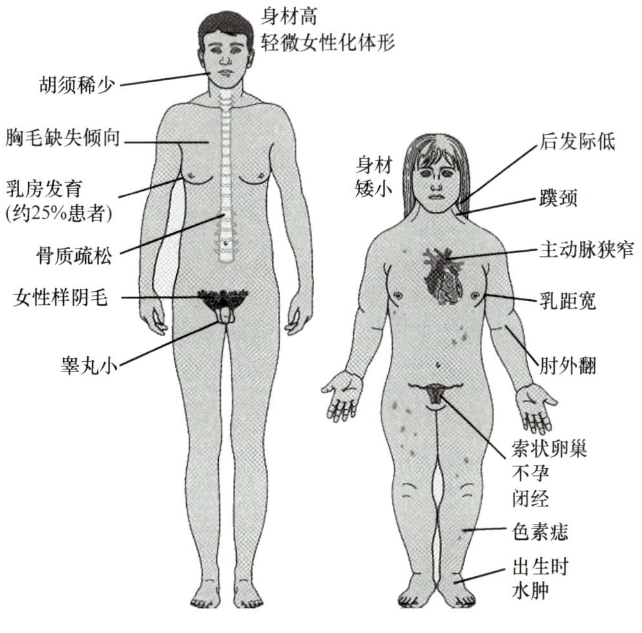

图6-4 克兰费尔特综合征（A）和特纳综合征（B）

六、XYY 综合征

XYY 综合征（XYY syndrome）是由于男性体内多出一条 Y 染色体所导致的疾病。1961 年由 Avery Sandberg 等首次报道。本病在男性中发病率为 1/1000～1/900。患者男性表型正常，身材高大，常超过 180cm。大部分患者性发育正常可以生育，偶尔可见尿道下裂、隐睾、睾丸发育不全、生精过程障碍和生育力下降。患者言语智商（verbal IQ）偏低，表现为语言发展迟缓、阅读障碍等。

绝大多数患者核型为 47,XYY，额外的 Y 染色体来源于父亲减数分裂Ⅱ中 Y 染色体不分离。少数患者为 47,XYY/46,XY 嵌合型，源于受精卵早期卵裂时，有丝分裂中 Y 染色体不分离。本病通常不遗传给下代。

七、XXX 综合征

XXX 综合征（XXX syndrome），又称 X 三体综合征，是由于女性体内多出一条 X 染色体引起的疾病。本病在女性中的发病率为 1/1000。1959 年由 Patricia Ann Jacobs 等首先报道。根据莱昂假说，患者细胞内仅有一条 X 染色体有活性，故大部分患者无明显异常，仅身材偏高，常可生育。少数患者呈现不同的临床表现，包括卵巢功能低下、原发或继发闭经、过早绝经、乳房发育不良、先天性心脏病、髋脱位、精神缺陷、智力稍低、语言及学习障碍等。

患者核型通常为 47,XXX，少数为嵌合型 47,XXX/46,XX。47,XXX 中额外的 X 染色体来自父亲或母亲生殖细胞减数分裂中 X 染色体不分离。受精卵早期卵裂时有丝分裂 X 染色体不分离则形成嵌合型。本病通常不遗传给下一代。罕见情况下本病还会出现变异核型 48,XXXX 和 49,XXXXX。患者的 X 染色体数目越多，临床表现相应地愈加严重。

第二节　染色体结构异常疾病

染色体结构畸变又称染色体重排，分为平衡重排和不平衡重排。在多数情况下，染色体重排是否会产生表型效应取决于重排是否会导致基因组失衡。不平衡重排导致表型异常的原因可能是多个基因的缺失和（或）重复。染色体的部分重复会导致该区段内原来拷贝数为 2 的基因其拷贝数大于 2，而缺失会导致这些基因拷贝数小于 2。一般来说，任何扰乱正常基因剂量平衡的变化都可导致发育异常。在某些特殊情况下，平衡重排中染色体的断裂可能导致基因结构破坏，而引发疾病。其中最经典的例子就是 9 号染色体与 22 号染色体长臂之间相互易位，形成一个新的融合基因 *BCR-ABL*，引发慢性髓性白血病（chronic myelogenous leukemia，CML； OMIM #608232）。

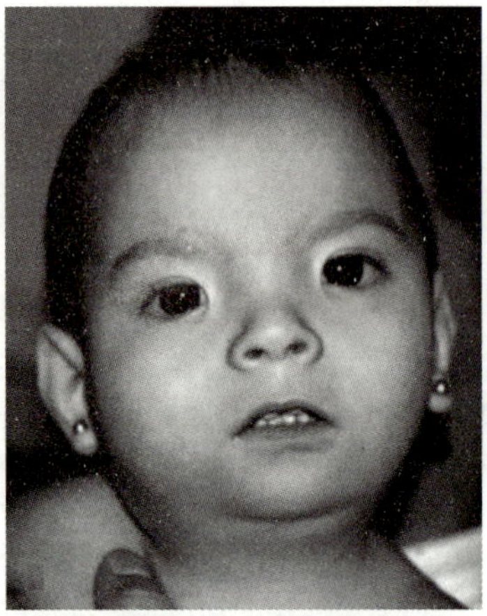

图 6-5　猫叫综合征
示满月脸，眼距宽，内眦赘皮

一、猫叫综合征

猫叫综合征（cri-du-chat syndrome，OMIM #123450）又名 5p-综合征，是由于 5 号染色体短臂缺失引起的一类遗传病。1963 年由 Jérôme Lejeune 等首先报道，因患儿在婴幼儿期的哭声像小猫的叫声而得名。本病在新生儿中发生率约为 1/37 000，是常染色体结构异常疾病中较常见的一种。患儿中女性多于男性。

1. *临床表现*　本病最主要的临床表现为患儿在婴幼儿期的哭声高调、尖锐，像小猫叫声。猫叫样哭声可随年龄增大而逐渐消失。其他症状包括智力障碍、发育迟缓、小头、出生体重低、婴幼儿期肌张力低下等。患儿具有特征性面容：眼距宽、内眦赘皮、低耳位、小颌、满月脸等（图 6-5）。多数患者可活至儿童期，少数活至成年，均伴有严重智力障碍。

2. 核型与遗传机制　常见核型为46,XX(XY),del(5)(p13)、46,XX(XY),del(5)(p14)、46,XX(XY),del(5)(p15)等。大多数患儿为散发病例，仅10%～15%是由于父母一方为易位携带者所致。1964年证实本病是由于患者第5号染色体短臂末端或中间缺失所致。虽然在不同患儿中，5号染色体断裂点和缺失片段存在很大差异，但与表型相关的关键缺失区域被定位于5p15。研究显示，5p15.3缺失与典型猫叫样哭声相关，5p14-5p15缺失可能与严重智力障碍有关。

3. 预后　患儿生存概率较高，大部分可以活到儿童期，但伴有智力障碍、语言障碍。

二、微缺失和微重复综合征

微缺失和微重复综合征（microdeletion and microduplication syndrome）是由染色体上微小的缺失和（或）重复造成的非平衡核型而引起的一系列复杂临床症状。涉及的染色体畸变区一般小于5Mb，传统细胞遗传学分析难以发现，仅覆盖几个或几十个邻接基因座，因而也称为邻接基因综合征（contiguous gene syndrome）。其临床表现通常为生长发育迟缓，智力障碍，特殊面容，以及内脏器官畸形、内分泌异常、精神行为改变等。此类疾病常表现为常染色体显性遗传方式，是基因组病（genomic disorder）中最常见的类型。

染色体微缺失和微重复的发生机制主要是由于基因组内发生了互补重组（reciprocal recombination），而引起DNA片段的缺失和重复。理论上，微缺失综合征应该与微重复综合征相对应出现，然而目前，微缺失综合征的报道多于微重复综合征。这主要是因为，遗传物质过量对机体的损害通常小于不足，与微缺失相比，微重复患者可能有不同且较轻的临床表型，甚至临床表现不那么清晰和明确，致使部分微重复综合征患者被漏诊；另外，在特殊情况下，当重组出现在同一条染色单体内，则只能导致缺失。随着检测技术的变革以及对疾病更加深入的认识，将有越来越多的微缺失和微重复综合征为人们所知晓。

知识拓展6-2　**基因组病**

基因组病（genomic disorder）指由于人类基因组DNA结构重排而非DNA碱基序列改变引起的一类疾病。涉及以序列为基础的邻接基因重排引起的基因组不稳定性，导致基因的缺失、重复或基因结构的彻底破坏。通常经传统细胞遗传学分析难以发现该类疾病。其分子基础是基因组重排，这种重排是由于基因组自身的结构特征，如基因组中存在大量低拷贝重复序列（low copy repeats，LCRs）可介导非等位同源重组（non-allelic homologous recombination，NAHR），引起基因组不稳定性而发生的。

染色体核型分析作为产前诊断的“金标准”被广泛应用于临床，但其一般只能检出染色体片段>5Mb的异常，无法发现微小片段（小于3～5Mb）的改变。目前，染色体微阵列分析（chromosomal microarray analysis，CMA）是诊断基因组病中微缺失和微重复使用最广泛的技术。染色体微阵列分析也称染色体芯片，以微阵列比较基因组杂交（array-based comparative genomic hybridization，aCGH）和单核苷酸多态性微阵列（single nucleotide polymorphism array，SNP-array）技术为基础，能够同时检测基因组中几乎所有的显微和亚显微水平的基因组拷贝数变异（copy number variation，CNV），即能检出大于1kb的片段改变。与染色体核型分析相比，染色体微阵列分析具有更好的分辨率、更高的自动化程度和更快的检测周期。但染色体微阵列分析也有其局限，如不能检测平衡重排（如易位、倒位）。高通量测序技术的发展很可能在适当的时候取代染色体微阵列分析。

（一）22q11.2缺失综合征

22q11.2缺失综合征（22q11.2 deletion syndrome）指由人类染色体22q11.2片段杂合性缺失引起的一类综合征，是人类最常见的微缺失综合征。由于22q11.2缺失综合征临床表现高度多样化，具有相同遗传学基础的不同临床特征被描述为不同的疾病，包括DiGeorge综合征（DiGeorge syndrome，OMIM #188400）、腭心面综合征（velo-cardiofacial syndrome，OMIM #192430）和圆锥动脉干异常面容综合征（conotruncal anomaly face syndrome）等。当这些疾病的遗传基础明确后，为避免混淆，统称为22q11.2缺失综合征。本病发病率接近1/4 000，男女没有明显差异。大部分患者可检测到22q11.2区段约3Mb片段的缺失。

1. 临床表现　本病临床表现复杂多样，几乎累及全身各个组织和器官，同一个家庭中不同患者也可能有不同表型。最常见的临床表现被概况为“CATCH22”，分别表示 cardiac defect（心脏畸形）、abnormal facies（异常面容）、thymic aplasia（胸腺发育不良）、cleft palate（腭裂）和 hypocalcemia（低钙血症），22 表示第 22 号染色体。患者通常还有免疫缺陷引起的复发性感染、呼吸困难、肾脏异常、血小板减少、显著的喂养困难、胃肠道问题、听力损伤，还可能出现体格智力发育迟缓、学习认知困难和精神异常等症状。

2. 遗传机制　患者体内可检出染色体 22q11.2 片段杂合性缺失。目前已知 22q11.2 区域包含 30 多个基因，其中 *TBX1* 基因缺失可能与部分先天性心脏病的发生有关，并常导致左心室流出道缺陷。

3. 发病风险及预后　本病 90%～95%患者为新发病例，仅 5%～10%患者由父母遗传，患者子女临床表现较父母严重。目前采用多科室联合治疗，预后取决于临床表现的严重程度。

（二）普拉德-威利综合征和快乐木偶综合征

精子和卵子成熟过程中由于染色体某些区域或基因受到了不同的表观修饰（如甲基化），当不同性别亲本将其传递给子代时引起不同表型的现象称为遗传印记（genetic imprinting）。这种被打上记号的基因即为印记基因（imprinted gene），以表明该基因是父源还是母源。印记发生于生殖细胞形成期，在胚胎和成体细胞中维持，在成体再形成生殖细胞时可以消除并按成体性别重新设定。

目前已知普拉德-威利综合征（Prader-Willi syndrome，PWS；OMIM #176270）和快乐木偶综合征（Angelman syndrome，AS；OMIM #105830）的关键区域都位于 15q11.2-q13 内（图 6-6）。正常个体中，这一区域内，由于遗传印记，父源 PWS 关键基因（如 *SNRPN* 基因）表达，母源相应基因被抑制；相反，AS 关键基因（如 *UBE3A* 基因）仅母源拷贝表达，父源拷贝被抑制。患者体内的细胞遗传学异常均为 15q11.2-q13 微缺失。普拉德-威利综合征源于父源缺失（患者 PWS 基因产物缺失），快乐木偶综合征源于母源缺失（患者 AS 基因产物缺失），进而导致两者临床表现上产生明显差异。它们是由亲本相关印记基因缺失导致的最典型的印记疾病。

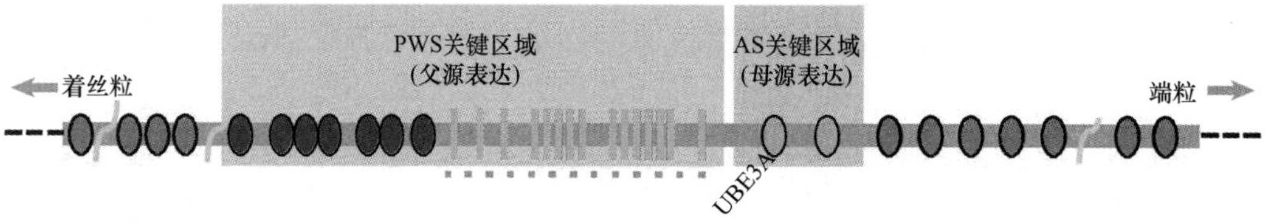

图 6-6　15q11.2-q13 内 PWS/AS 关键基因

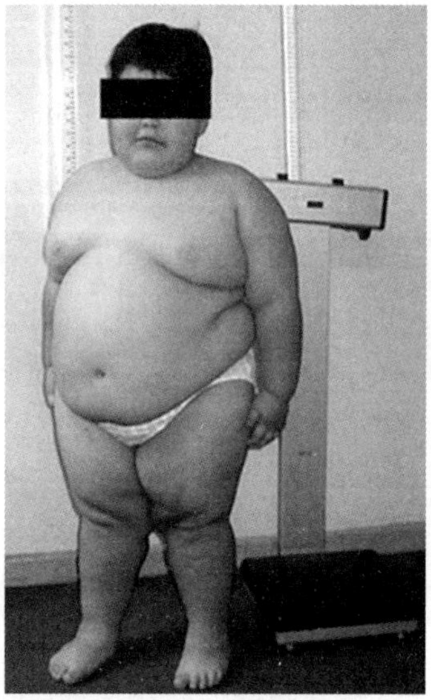

图 6-7　普拉德-威利综合征
8 岁患儿示典型肥胖

1. 普拉德-威利综合征　普拉德-威利综合征在 1956 年首先由瑞士医生 Andrea Prader、Alexi Labhart 和 Heinrich Willi 描述并命名，故又名 Prader-Labhart-Willi 综合征。发病率为 1/30 000～1/10 000，男女发病率无明显差异，与致命性儿童肥胖（life-threatening childhood obesity）有关。

（1）临床表现：新生儿期肌张力低下、肥胖、过度滥食、手足短小、身材矮小、性腺发育不良、智力障碍等。其他临床表现：新生儿期反射减弱、吸吮反应弱、吞咽困难；1 岁到 1 岁半后出现无法控制的过量饮食、向心性肥胖（图 6-7），伴有生长发育迟缓和智力发育迟缓、特征性面容（窄长脸、杏仁眼、斜视、大下颏）；青春期后因摄入过多糖引发饮食性糖尿病，青春期发育差，大多数患者 25～30 岁以后死于糖尿病和心力衰竭。

（2）遗传机制：本病大多为散发，70%的患者可检出 15q11.2-q13 微缺失，极少数为易位、倒位和重复。研究显示，普拉德-威利综合征的发生主要由于父源的 15q11.2-q13 微缺失；部分由于母源 15q11.2-q13 单亲二体（uniparental disomy，体细胞中同源染色体均来自一个亲本的个体）所致；少数由于印记缺陷导致父源 PWS 基因失活。患者的基因组中仅有母源 15q11.2-q13 遗传信息。详见案例 19-2。

2. 快乐木偶综合征 由英国儿科医师 Harry Angelman 于 1965 年发现，是一种神经发育性疾病。此病在白种人中发病率为 1/20 000～1/12 000，男女发病率无明显差异。

（1）临床表现：快乐木偶综合征的典型临床表现为发育迟缓、智力障碍、严重言语障碍、共济失调、癫痫和小头畸形。本病还伴有特殊行为改变，如频繁出现的、易激惹的、不合时宜的大笑，伴有明显的兴奋动作和手扑翼样运动，多动、注意力仅能短暂集中，睡眠困难等。并非所有患者均表现出以上典型特征。随着年龄增长，激动和睡眠困难等逐渐减轻，成年时呈现特殊的“粗糙面容”，寿命一般接近正常人。

（2）遗传机制：大约 70%的患者可检出 15q11.2-q13 微缺失。大多数快乐木偶综合征为新发生的母源性 15q11.2-q13 缺失，部分为父源 15q11.2-q13 单亲二体所致，少数由于 AS 关键基因 *UBE3A* 发生突变或印记缺陷导致母源 AS 基因失活。患者的基因组中仅有父源 15q11.2-q13 遗传信息。

（三）22q11.2 重复综合征

22q11.2 重复综合征（22q11.2 duplication syndrome，OMIM #608363）患者的临床表现较 22q11.2 缺失综合征轻，一般采用染色体微阵列分析（CMA）或测序技术等检查确诊。

1. 临床表现 本病的临床表现个体差异很大，即使是同一家族的成员也不尽相同。患者可能会出现：畸形面容、认知缺陷、行为异常、心脏缺陷、伴或不伴腭裂的咽发育不全、发育迟缓、肌张力低下、听力丧失等症状。由于许多携带重复基因的个体没有明显的临床表现而漏诊，22q11.2 重复在人群中的发生率很难确定。

2. 遗传机制 本病由 22q11.2 区域所含 DNA 片段（约 3Mb）重复所致，关键基因为 *TBX1* 基因。患者的重复片段可能遗传自父母，也可能为新生突变。

值得注意的是，与 22q11.2 缺失综合征相比，22q11.2 重复综合征的关键基因同为 *TBX1* 基因，主要临床表现也都涉及心血管系统发育异常，可见 *TBX1* 基因拷贝数的增加或减少会产生相似的效应。这说明同一个 DNA 片段异常引起的微缺失综合征与微重复综合征在某些临床表现上会呈现一致性。

其他常见的微缺失和微重复综合征还有 Wolf-Hirschhorn 综合征（OMIM #194190）、Williams 综合征（OMIM #194050）、16p11.2 缺失综合征（OMIM #611913）、Smith-Magenis 综合征（OMIM #182290）、15q11-q13 重复综合征（OMIM #608636）等。

知识拓展 6-3 **染色体缺失与微缺失**

猫叫综合征这类由于染色体部分缺失而引发的疾病，往往导致严重的先天性畸形及智力障碍，属于经典的染色体缺失综合征。经典的染色体缺失综合征与染色体微缺失综合征相比，两者在染色体畸变上的主要区别点为：第一，缺失涉及的片段相对较大（通常大于 5Mb），一般可在核型图上看到；而微缺失的异常往往涉及较小的片段（通常为 1～3Mb），无法通过传统核型分析检测，只能通过染色体微阵列分析等技术才能发现。第二，两者更本质的区别在于发生机制上，微缺失大多是由于染色体上低拷贝重复序列（LCRs）间发生非等位同源重组，具有相同的染色体断裂点，在遗传学上属于复发性重排（recurrent rearrangement）；而缺失的断裂点在染色体一定区域内是高度可变的，属于非复发性重排（nonrecurrent rearrangement）。同理，染色体重复和微重复也有类似的区别。

第三节 染色体异常携带者的遗传学效应

有的个体携带结构异常染色体，但遗传物质的总量与二倍体基本相同，且表型正常，称为染色体异常携带者。这样的结构畸变属于平衡重排，主要为倒位和平衡易位，几乎涉及每号染色体。相应的，染色体异常携带者分为倒位携带者和易位携带者。这类个体在生育时，可表现为不孕、流产、死产、新生儿死亡或生出染色体异常的后代。在不育与流产夫妇中，染色体异常携带者占3%～6%。根据群体调查，我国的染色体携带者发生率为0.47%，欧美的发生率为0.25%。因此，为了防止染色体病患儿的出生，检出染色体异常携带者、进行产前诊断具有重要意义（详见第十八章第二节）。

一、倒位携带者

由于倒位没有染色体物质的增减，具有倒位染色体的个体一般表型正常，这类个体称为倒位携带者（inversion carrier）。倒位携带者的配子形成过程中，减数分裂前期Ⅰ同源染色体联会配对时，如果倒位片段很小，该片段可能不发生配对，其余片段正常配对；如果倒位片段较大，为满足同源染色体联会配对的需要，将形成倒位环（inversion loop）。如果在倒位环内发生两条非姐妹染色单体间的互换，将产生遗传不平衡配子，导致异常妊娠的风险增高，最终的遗传学效应取决于重复和缺失片段的长短及其所含基因的致死效应。

（一）臂内倒位携带者

对臂内倒位携带者而言，在倒位环内发生两条非姐妹染色单体间的互换，理论上可以形成四种不同类型的配子：两种含非交换型染色体，其中一种含正常染色体，一种含倒位染色体；两种含部分重复和缺失的交换型染色体或片段，其中一种含双着丝粒染色体，另一种含无着丝粒片段。由于后两种都有着丝粒异常，在有丝分裂中属于不稳定性畸变，将导致受精卵在早期卵裂时无法存活。因流产发生的时期过早，临床上臂内倒位携带者大多仅可观察到月经期延长、多年不孕，而无明显的停经史。

（二）臂间倒位携带者

对臂间倒位携带者而言，在倒位环内发生两条非姐妹染色单体间的互换，理论上可以形成四种不同类型的配子：两种含非交换型染色体，其中一种含正常染色体，一种含倒位染色体；两种含部分重复和缺失的交换型染色体。一般说来，倒位片段越长，则重复和缺失的部分越短，其配子和合子能够发育的可能性越大，分娩出畸形儿的概率则越高。

二、易位携带者

当易位仅涉及位置的改变而不造成染色体片段增减时，称为平衡易位（balanced translocation）。携带平衡易位染色体的个体，若不产生表型效应，属于平衡易位携带者（balanced translocation carrier）。平衡易位主要包括相互易位和罗伯逊易位两种类型。需要特别说明的是，罗伯逊易位虽然丢失了两条染色体的短臂，但是短臂上遗传物质很少且多为异染色质，而长臂几乎包含了该染色体的全部基因，总体而言遗传物质几乎没有增减，因此无临床表现，在功能上仍视为平衡易位。

（一）相互易位携带者

相互易位携带者在减数分裂形成配子时，为满足联会的需要，于前期Ⅰ形成四射体。在后期Ⅰ染色体以多种方式进行分离，包括相间分离（alternate segregation，又名对位分离）、邻位分离-1（adjacent-1 segregation）、邻位分离-2（adjacent-2 segregation）和3∶1分离等。相间分离时两条正常染色体移向一极，两条易位染色体移向另一极，产生的配子中一个为正常配子，另一个为含两条相互易位染色体的平衡配子；邻位分离则产生含部分缺失和重复的不平衡配子。经过分离与交换，理论上相互易位携带者共可产生18种配子，其中只有1种含正常染色体，1种含平衡易位染色体，其余16种均含遗传不平衡染色体。与正常配子受精后，理论上所形成的合子中，仅一种正常，一种为平衡易位携带者，其余16种将形成单体或部分单体、三体或部分三体，常导致流产、死胎或畸形儿。由此可见，与倒位类似，相互易位产生不平衡配子和异常妊娠的风险均较高。

（二）罗伯逊易位携带者

罗伯逊易位携带者虽然本人表型正常，但在形成配子时常常会出现异常，造成胚胎死亡而流产，或出生先天畸形患儿。

1. 非同源染色体罗伯逊易位携带者 此类个体携带的罗伯逊易位染色体是由两条非同源的近端着丝粒染色体易位形成，如 14/21 平衡易位携带者。该携带者只有 45 条染色体，丢失了一条 14 号染色体和一条 21 号染色体，取而代之的是一条 14q21q 易位染色体，核型为 45,XX(XY),der(14;21)(q10;q10)。如图 6-8 所示，14/21 平衡易位携带者在生殖细胞形成时，为满足染色体的同源节段相互配对，一条易位的染色体与两条未易位的染色体配对形成三价体。三价体的不同分离形式可产生 6 种类型的配子，但仅左边三种能产生可存活的后代。理论上，产生左边三种类型的生殖细胞比例相等，易位型 21-三体综合征患儿的发生率为 1/3。然而已有研究显示，母方携带者生育患儿的风险为 10%～15%，父方携带者生育患儿的风险更低，经验值为 1%～2%。

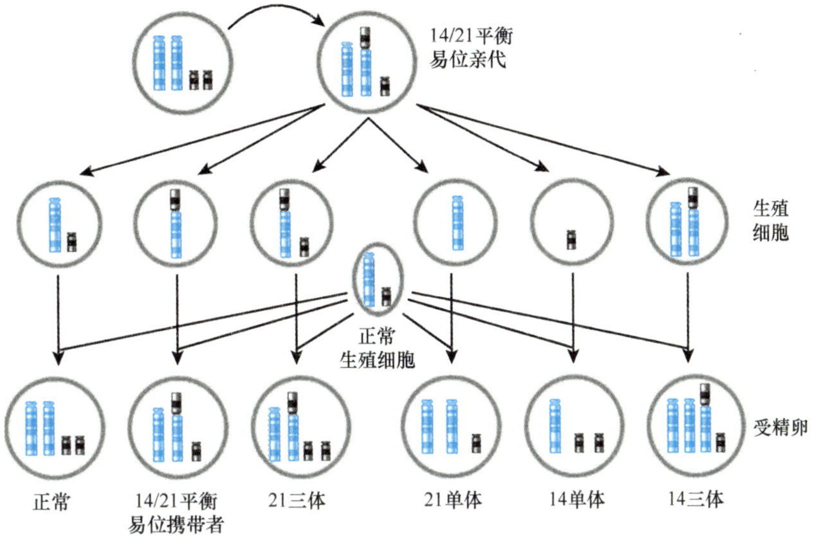

图 6-8 14/21 平衡易位携带者与正常人婚配产生的后代

2. 同源染色体罗伯逊易位携带者 此类个体携带的罗伯逊易位染色体是由两条同源的近端着丝粒染色体易位形成，如 21/21 平衡易位携带者，核型为 45,XX(XY),der(21;21)(q10;q10)。这类平衡易位携带者产生的配子中，理论上，一半缺少 21 号染色体，一半有一条 21/21 易位染色体。与正常配子受精所生子女中，一半为 21 单体型（暂无活产报道），一半为易位型 21-三体综合征患者，活婴 100%受累（图 6-9）。由此可见，及时检出携带者、开展遗传咨询，有利于降低易位型 21-三体综合征的发生率。

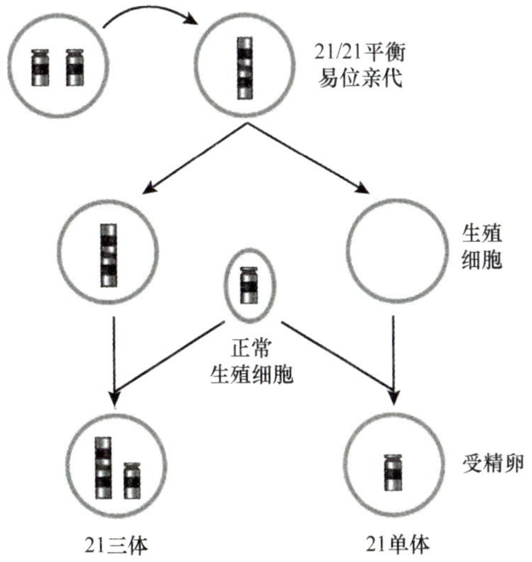

图 6-9 21/21 平衡易位携带者与正常人婚配产生的后代

小　结

染色体数目或结构异常导致的疾病称为染色体病，常表现为具有多种临床症状的综合征。染色体病是一大类遗传病，严重者在胚胎期即死亡引起自发流产，少数能存活者出生往往带有多种先天异常，包括生长发育迟缓、智力障碍、性发育异常和先天性多发畸形等。根据染色体畸变的类型，染色体病可分为两类：染色体数目异常疾病和染色体结构异常疾病。染色体数目异常疾病中，临床上能出生的患者基本上是非整倍体，其中多数为三体型患者，常见的有21-三体综合征、18-三体综合征、13-三体综合征、克兰费尔特综合征、XYY综合征和XXX综合征等；单体型个体几乎都在胚胎期流产，唯一例外是特纳综合征。染色体结构异常疾病中，常见的有猫叫综合征、染色体微缺失和微重复综合征等。染色体异常携带者与染色体病的发生密切相关，主要包括倒位携带者和易位携带者两类。这些个体表型正常但因其本身染色体结构异常而可能产生不平衡配子，在生育时常表现为不孕、流产、死产、新生儿死亡或生出染色体异常的后代。

复习思考题

1. 21-三体综合征有哪些类型？它们的遗传机制分别是什么？
2. 46,XX,del(13)(p11.1)和 46,XX,del(5)(p15)是两种染色体缺失核型，它们的预期临床表现分别是什么？为什么两者的临床严重程度会有很大差异？
3. 根据所学知识谈谈平衡易位对于携带者在生育方面的影响。

（杨榆玲）

第七章

单基因遗传病

学习要点

掌握： ①单基因遗传病的概念；②单基因遗传病的遗传方式和系谱特征。
熟悉： ①系谱常用符号和系谱分析方法；②常见单基因遗传病的临床特征和发病机制。
了解： 影响单基因遗传病分析的因素。

单基因遗传病（monogenic disease；single gene disorder）是指一对等位基因异常导致的遗传病，其遗传方式符合孟德尔遗传定律。在单基因遗传病中，根据导致该疾病的基因所在染色体是常染色体还是性染色体，以及该基因是显性还是隐性基因，可将单基因遗传病分为五类：常染色体显性遗传病、常染色体隐性遗传病、X 连锁显性遗传病、X 连锁隐性遗传病和 Y 连锁遗传病。

第一节　系谱与系谱分析

研究人类性状或疾病的遗传规律，常用系谱分析（pedigree analysis）法。家族中第一个就诊或被发现的患病（或具有某种性状的）成员，称为先证者（proband）。系谱（pedigree）是指从先证者入手，调查某患者家族成员（直系亲属和旁系亲属）所得到的该病或性状发生情况的资料，再按一定格式绘制成的图解，常用的系谱绘制符号见图 7-1。系谱中不仅要包括患病或具有某种性状的个体，还必须包括所有健康的家族成员。通过系谱分析，既可以确定某一疾病或性状在该家族中是否有遗传因素的作用及其可能的遗传方式，还可以做前瞻性遗传咨询，评估家族成员的患病风险或再发风险。在对某一种遗传性状或遗传病做系谱分析时，仅依据一个家系的系谱资料有时无法明确该疾病或性状的遗传方式，需要将多个具有相同遗传性状或遗传病的家族的系谱做综合分析，才能比较准确而可靠地做出判断。

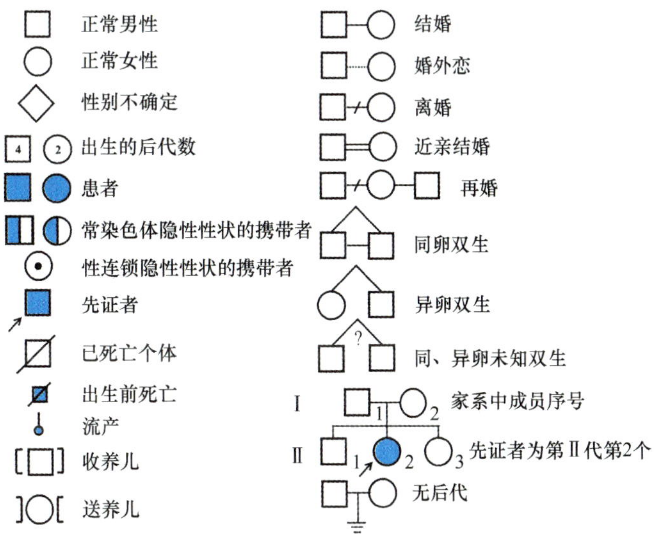

图 7-1　常用的系谱绘制符号

第二节 常染色体显性遗传病

如果一种遗传病的致病基因位于第1～22号常染色体上，其致病基因是显性基因，杂合时即可发病，这种遗传病称为常染色体显性（autosomal dominant，AD）遗传病。目前已认识的常染色体显性遗传病有4000多种，常见的有多指（趾）症、短指/趾畸形、并指（趾）症、家族性腺瘤性息肉病、亨廷顿病、马方综合征、牙本质发育不全、软骨发育不全等。

设常染色体显性遗传病的致病基因为*A*，因为*A*是显性基因，个体只要带有*A*基因即患病，不携带*A*基因才表现正常，因此基因型为*AA*和*Aa*的个体都是患者，只有基因型为*aa*的个体才是正常人。

一、典型疾病

（一）短指/趾畸形

短指/趾畸形（brachydactyly，BD）是由于指（趾）骨、掌（跖）骨发育异常而导致指（趾）缩短畸形。短指/趾畸形常分为A～E五型，每型又分为若干亚型，其中A型（BDA）主要表现为中节指（趾）骨缩短、缺失或远节指（趾）骨融合，有时还会累及掌（跖）骨。A型又被分为BDA1～BDA6共6个亚型。B型（BDB，OMIM #113000）为BD中最严重的一类，主要表现为远节指（趾）骨缩短，常伴有指（趾）甲发育不良，中节指（趾）骨缩短和指（趾）间关节粘连，患者多有并指（趾），以第2～3并指（趾）常见。BDA1（OMIM 112500）、BDB、BDC（OMIM #113100）的致病基因分别为*IHH*、*ROR2*、*GDF5*；BDD（OMIM#113200）和BDE（OMIM #113300）的致病基因都是*HOXD13*；BDA2（OMIM#112600）具有遗传异质性，其致病基因为*BMPR1B*、*BMP2*和*GDF5*。

（二）亨廷顿病

亨廷顿病（Huntington disease，HD；OMIM #143100）是呈常染色体显性遗传的神经系统变性疾病。1872年美国医生George Huntington对其进行了系统的描述，该病因此而得名。临床主要表现是特征性的舞蹈样动作、精神障碍和进行性痴呆三联征，故又名亨廷顿舞蹈病或慢性进行性舞蹈病。通常中年期起病，发病年龄多在30～50岁，但从婴儿到老年人均可发病。患者有大脑基底神经节变性，可引起广泛的脑萎缩。病情呈进行性加重，发病后生存期为15～20年。图7-2是一例亨廷顿病家系的系谱图，当父亲为患者时，所生子女的发病年龄提前，临床症状加重，表现为遗传早现（anticipation）。

该病的致病基因*IT15*定位于4p16.3。在疾病状态下，*IT15*基因第一外显子（CAG）$_n$发生动态突变，异常扩增产生一段长度不等的多聚谷氨酰胺（Poly Q），导致疾病发生（案例19-4）。

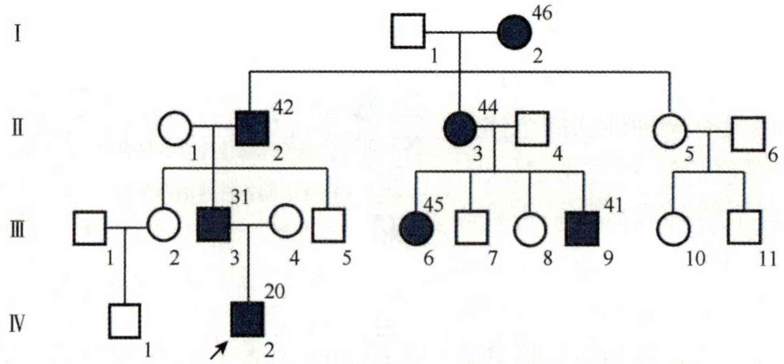

图7-2 一例亨廷顿病家系的系谱图（右上方数字表示发病年龄）

（三）马方综合征

马方综合征（Marfan syndrome，MFS；OMIM #154700）是一种累及全身结缔组织的常染色体显性遗传病，又称为蜘蛛指（趾）综合征。该病最早是由法国儿科医生Antoine Marfan于1896年诊治发现。其临床表现多样化，最常累及骨骼、眼与心血管系统。患者身材高大、体瘦，两臂伸长的长度大于身高，常有鸡胸或漏斗胸，脊柱侧凸，手指细长如蜘蛛样；也可出现高度近视、白内障等；心血管系统病变发生率大概为 60%，包括二尖瓣病变、大动脉炎等，最常见的是二尖瓣功能障碍，二尖瓣腱索破裂和主动脉瘤破裂可引起过早死亡。患者中脊柱侧凸发生率大概为 60%；晶状体脱位发生率大概为 80%，多为双侧发病。图 7-3 是一例马方综合征家系的系谱图。

该病的致病基因 *FBN1* 定位于 15q21.1，编码微纤维蛋白。微纤维蛋白是大分子糖蛋白，是微原纤维的重要组成部分，而微原纤维是眼晶状体韧带、骨关节韧带、软骨、骨膜、血管及其瓣膜、筋膜、气管等一系列组织器官结缔组织的组成成分。

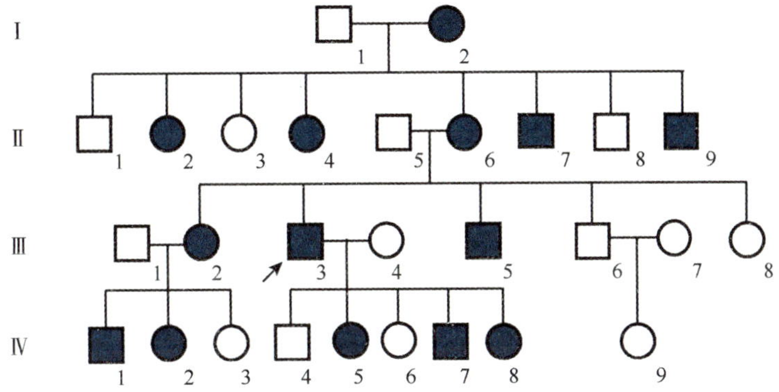

图 7-3　一例马方综合征家系的系谱图

其他一些常见的常染色体显性遗传病见表 7-1。

表 7-1　一些常染色体显性遗传病举例

疾病中文名称	疾病英文名称	OMIM	致病基因定位
软骨发育不全	achondroplasia	#100800	4p16.3
脊髓小脑共济失调 I 型	spinocerebellar ataxia I	#164400	6p22.3
急性间歇性卟啉病	acute intermittent porphyria	#176000	11q23.3
视网膜母细胞瘤	retinoblastoma	#180200	13q14.2
成骨发育不全 I 型	osteogenesis imperfecta type I	#166200	17q21.33
成人型多囊肾病	polycystic kidneys disease	#173900	16p13.3
神经纤维瘤 I 型	Neurofibromatosis type I	#162200	17q11.2
家族性高胆固醇血症	familial hypercholesterolemia	#143890	19p13.2
肌强直性营养不良 I 型	myotonic dystrophy I	#160900	19q13.32

二、常见的婚配类型和子代的患病风险

因为大多数常染色体显性遗传病患者为杂合子，所以最常见的婚配类型为杂合子患者（*Aa*）与正常人（*aa*）婚配，其所生子女中，大约有 1/2 是患者（图 7-4）。

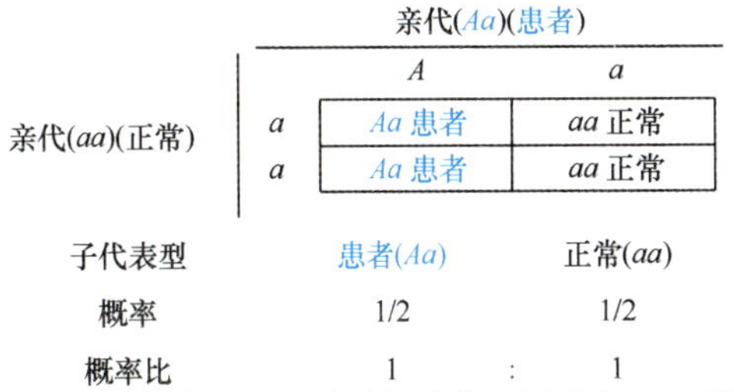

图 7-4　常染色体显性遗传病杂合子患者与正常人婚配图解

三、常染色体显性遗传病的系谱特征

常染色体显性遗传病的系谱有以下特点：①因致病基因位于常染色体上，致病基因的遗传与性别无关，即男女患病的机会均等；②患者的双亲中通常有一个为患者，但绝大多数为杂合子，患者的同胞中约有 1/2 的可能性也为患者；③系谱中可见本病的连续传递，即通常连续几代都可以看到患者；④双亲无病时，子女一般不会患病，除非发生新的基因突变。

第三节 常染色体隐性遗传病

如果一种遗传病的致病基因位于第 1～22 号常染色体上，其致病基因为隐性基因，只有致病基因纯合子或复合杂合子才会发病，称为常染色体隐性（autosomal recessive，AR）遗传病。带有隐性致病基因的杂合子本身不发病，但可将隐性致病基因遗传给后代，成为携带者（carrier）。目前已认识的 AR 病有 2000 多种，常见的有白化病、先天性聋哑、苯丙酮尿症、尿黑酸尿症、半乳糖血症、肝豆状核变性、布卢姆综合征、着色性干皮病、泰-萨克斯（Tay-Sachs）病等。

一、典型疾病

（一）眼皮肤白化病ⅠA 型

眼皮肤白化病ⅠA 型（oculocutaneous albinism typeⅠA，OCAⅠA；OMIM #203100）是一种以皮肤、毛发、眼睛缺乏黑色素为特征的常染色体隐性遗传病。患者皮肤呈白色或淡红色，毛发很白或淡黄色，虹膜及瞳孔呈浅红色，且畏光。部分患者有屈光不正、斜视和眼球震颤等症状。患者皮肤不耐日晒，可因日晒灼伤，暴露的皮肤可发生黑色素瘤。图 7-5 是一例眼皮肤白化病ⅠA 型家系的系谱图。该病是编码酪氨酸酶的基因（*TYR*）突变所致。该基因位于 11q14.3，由 5 个外显子组成。在正常人的皮肤、毛发、眼睛等组织的黑色素细胞内有酪氨酸酶，能将 *L*-酪氨酸羟化为多巴醌，多巴醌再氧化成多巴，后者聚合并与蛋白质结合形成黑色素蛋白，使组织具有相应的颜色。而患者组织内黑色素细胞缺乏酪氨酸酶，因而不能形成黑色素。

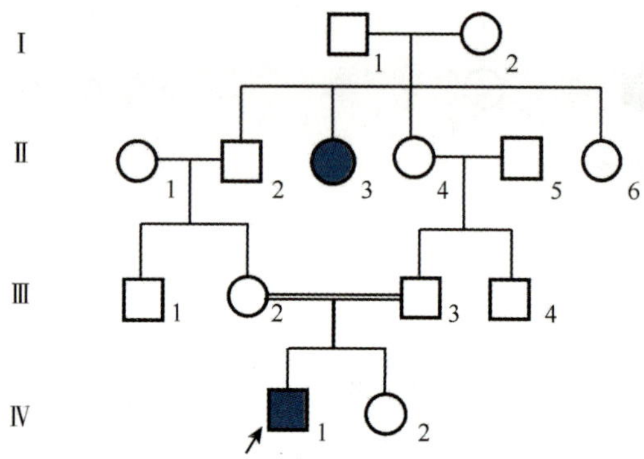

图 7-5 一例眼皮肤白化病ⅠA 型系谱

（二）肝豆状核变性

肝豆状核变性（hepatolenticular degeneration，OMIM #277900）由 Wilson 在 1912 年首先描述，故又称为威尔逊病（Wilson disease，WD）。此病是一种铜代谢障碍性疾病，以肝硬化、基底节损害为主的脑变性疾病为特点，患病率约为 1/33 000。本病通常于儿童和青少年期发病，少数成年期发病，男性稍多于女性。病情缓慢发展，可有阶段性缓解或加重，亦有进展迅速者。本病若早发现、早诊断、早治疗，一般较少影响生活质量和生存期。晚期治疗基本无效，会致残甚至死亡。

肝豆状核变性为常染色体隐性遗传病，绝大多数限于同胞一代发病，罕见连续两代发病。致病基因 *ATP7B* 定位于染色体 13q14.3，编码一种 1411 个氨基酸残基组成的铜转运 P 型 ATP 酶。*ATP7B* 基因突变使铜转运 P 型 ATP 酶功能减弱或消失，导致血清铜蓝蛋白（ceruloplasmin，CP）合成减少及胆道排铜障碍，蓄积在体内的铜离子在肝、脑、肾和角膜等处沉积，引起进行性加重的肝硬化、锥体外系症状、精神症状、肾损害及角膜色素环（Kayser-Fleischer ring）等。*ATP7B* 基因的突变位点繁多，中国大陆常见的致病突变有 5 种，即 8 号外显子 Arg778Leu 突变（最常见）、12 号外显子 Thr935Met 突变、13 号外显子 Pro992Leu 突变、16 号外显子 Ile1148Thr 突变、18 号外显子 Ala1295Val 突变。近年来有研究发现除 *ATP7B* 以外其他基因如 *COMMD1*、*XIAP*、*Atox1* 等也与该病相关。

（三）泰-萨克斯病

泰-萨克斯（Tay-Sachs）病（Tay-Sachs disease；OMIM #272800）也称为黑矇性痴呆。此病由 Tay 和 Sachs 于 1881 年和 1896 年先后报道，在德系犹太人中很常见。患者出生后 3～6 个月发病，表现为神经系统退行性变性，眼底检查可见视网膜黄斑变性，出现樱桃红斑（图 7-6），随即致盲，智力和体能不断退化，最后在儿童期死亡。

致病基因 *HEXA* 定位于 15q23，编码含有 529 个氨基酸残基的氨基己糖苷酶 A（hexosaminidase A，hexA） α 亚单位。由于患者 *HEXA* 基因突变，酶活性缺失，使神经节苷脂不能被降解而堆积所致。此病是神经节苷脂贮积症 GM_2 中的一种类型。

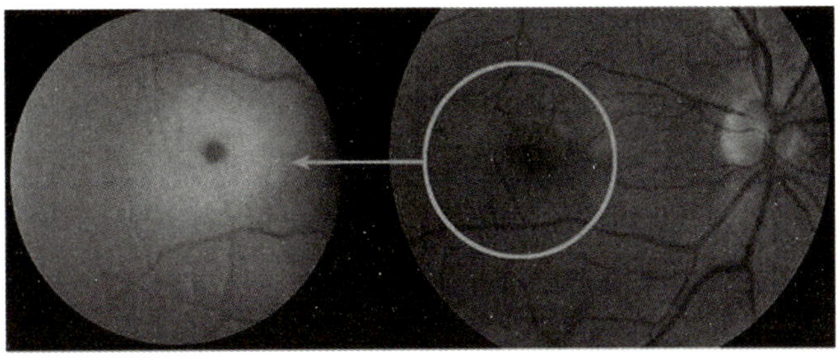

图 7-6　眼黄斑区典型樱桃红斑

其他一些常见的常染色体隐性遗传病见表 7-2。

表 7-2　一些常染色体隐性遗传病举例

疾病中文名称	疾病英文名称	OMIM	致病基因定位
苯丙酮尿症	phenylketonuria	#261600	12q23.2
半乳糖血症	galactosemia	#230400	9p13.3
尿黑酸尿症	alkaptonuria	#203500	3q13.33
肝豆状核变性	Wilson disease	#277900	13q14.3
布卢姆综合征	Bloom syndrome	#210900	15q26.1
囊性纤维化病	cystic fibrosis	#219700	7q31.2
共济失调毛细血管扩张症	ataxia-telangiectasia	#208900	11q22.3
同型胱氨酸尿症	homocystinuria	#236200	21q22.3

二、常见的婚配类型和子代的患病风险

在常染色体隐性遗传病家系中最常见的是两个杂合子的婚配，其子女中将有 1/4 纯合隐性患者（即子代每一胎得病的概率是 1/4），表型正常个体占 3/4，但表型正常个体有 2/3 是携带者（图 7-7）。

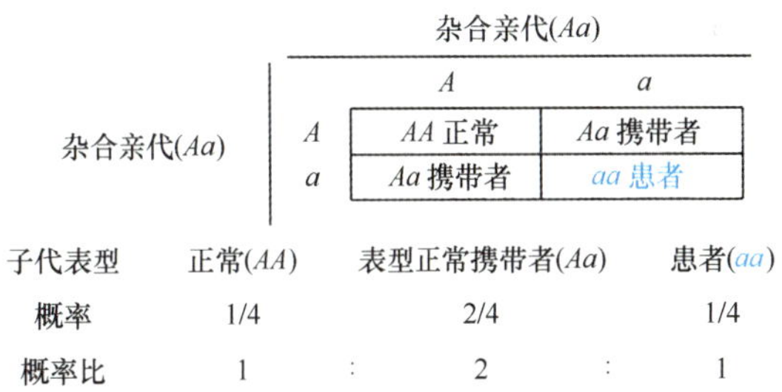

图 7-7　常染色体隐性遗传病杂合子之间婚配图解

三、常染色体隐性遗传病的系谱特征

常染色体隐性遗传病的系谱有以下特点：①由于基因位于常染色体上，所以疾病的发生与性别无关，男女发病机会相等；②系谱中患者的分布往往是散发的，通常看不到连续传递现象，在整个系谱中甚至只有先证者一个患者；③患者的双亲表型往往正常，但都是致病基因的携带者，再次生出患儿的可能性约占 1/4，患儿的正常同胞中有 2/3 的可能性为携带者；④近亲婚配时，子女中隐性遗传病的发病率要比非近亲婚配者高得多。这是由于他们来自共同的祖先，往往具有某种共同的基因。

四、分析常染色体隐性遗传病时应注意的问题

理论上 AR 病患者同胞的患病风险为 1/4，但实际上调查结果往往大于 1/4，这是由于选样偏倚造成的。在 AD 病家系中，父母一方患病时，子女有一人以上患病的人或无患病的人均被确认所得数据完整，称为完全确认（complete ascertainment），这个数据会接近于 1∶1 的比例。在 AR 病中，父母均为携带者，子女中有患者的家庭才能被确认，而无患者的家庭将被漏检，称为不完全确认（incomplete ascertainment）或截短确认（truncate ascertainment）。在只生 1 个孩子的家庭中，不发病（3/4）的孩子被漏检，发病（1/4）的孩子被统计，因此 1/4 的发病率误计为 100%。在生育 2 个孩子的家庭中，2 个孩子都患病的可能性为 $(1/4)^2=1/16$，被统计；1 个患病、1 个正常的可能性为 $2\times(1/4\times3/4)=6/16$，被统计；2 个孩子都正常的可能

性为（3/4）^{2}=9/16，被漏计。计算可得，子女的发病率为 4/7。同理，生 n 个孩子的家庭中将有（3/4）^{n} 被漏计。所以，在实际调查中，患者比例往往超过 1/4。因此，在计算 AR 病家系中患者同胞的发病风险时需要校正统计结果。常用的校正方法是 Weinberg 先证者法。校正公式为

$$c=\frac{\sum a(r-1)}{\sum a(s-1)}$$

公式中，c 为校正值，即患者同胞的实际发病风险；a 为先证者数；r 为同胞中的患者数；s 为同胞人数。

例如，表 7-3 是一项对苯丙酮尿症家庭的调查结果，在 11 个家庭的 23 名同胞中，有患者 14 人，患者同胞患病风险为 14/23=0.609。应用校正公式，c=3/12=1/4，符合 AR 病同胞发病风险的理论比例。

表 7-3 苯丙酮尿症患者同胞的发病比例校正值

s	r	a	a（r–1）	a（s–1）
1	1	1	0	0
1	1	1	0	0
1	1	1	0	0
1	1	1	0	0
2	1	1	0	1（2–1）
2	1	1	0	1（2–1）
2	2	1	1（2–1）	1（2–1）
3	1	1	0	1（3–1）
3	1	1	0	1（3–1）
3	2	1	1（2–1）	1（3–1）
4	2	1	1（2–1）	1（4–1）

五、近亲婚配与亲缘系数

近亲（consanguinity）是指 3～4 代之内有共同祖先的个体，近亲个体之间的婚配称为近亲婚配（consanguineous marriage）。由于近亲之间具有共同的祖先，故带有同一基因的可能性相对较大。近亲婚配中的一个是某种致病基因携带者时，另一个带有同种致病基因的可能性远高于群体携带者频率，因此，他们所生子女成为隐性纯合子的机会比随机婚配时高。

亲缘系数（coefficient of relationship）是指有共同祖先的两个个体在某一基因座上有相同祖先基因的概率。根据亲缘系数的大小，可将血亲分成不同的亲属级别。

设一对夫妻某一基因座的等位基因分别为 A_1A_2、A_3A_4，他们遗传给子女可能的基因型有四种，即 A_1A_3、A_1A_4、A_2A_3、A_2A_4。父亲或母亲都将自己一半的基因传给子女，即亲子之间具有相同祖先基因的概率为 1/2。在子代的四种基因型中，有 A_1 基因（A_1A_3、A_1A_4）的占 1/2，有 A_2、A_3、A_4 基因的也各占 1/2。因此，同胞之间具有相同祖先基因的概率为 1/2。值得注意的是，同胞之间亲缘系数为 1/2 仅仅是概率估计，即某一基因座上基因相同的可能性为 1/2，而实际上，也存在同胞之间某一基因座上完全相同或完全不同的情况。

亲缘系数为 1/2 的亲属为一级亲属（first degree relatives）。同理，某人与其祖父母、外祖父母之间的亲缘系数为 1/4，称为二级亲属（second degree relatives）；与曾祖辈、表兄妹等之间的亲缘系数为 1/8，称为三级亲属（third degree relatives）（表 7-4）。

表 7-4 亲属级别与亲缘系数

亲属级别	亲缘系数	与先证者的亲属关系
一级亲属	1/2	父母、同胞、子女
二级亲属	1/4	祖/外祖父母、叔姑/舅姨、半同胞、侄/甥、孙/外孙子女
三级亲属	1/8	曾祖/曾外祖父母、曾孙/曾外孙子女、一级表亲

第四节 X 连锁显性遗传病

由性染色体上基因所决定的性状在群体分布上存在明显的性别差异，这是性连锁遗传的主要特征。如果一种遗传病的致病基因位于 X 染色体上，伴随 X 染色体的传递而遗传，且致病基因为显性基因，这种遗传病称为 X 连锁显性遗传病。常见的 X 连锁显性遗传病包括抗维生素 D 佝偻病、葡萄糖-6-磷酸脱氢酶（G6PD）缺乏症、遗传性慢性肾病、色素失调症、口面指（趾）综合征等。

男性只有 1 条 X 染色体，其 X 染色体上的基因在 Y 染色体上缺少对应的等位基因，故称为半合子（hemizygote），其 X 染色体上的基因都可表现出相应的性状或疾病。男性的 X 染色体及其连锁的基因只能从母亲传来，且只能传递给女儿，不存在男性到男性的传递，这种传递方式称为交叉遗传（criss-cross inheritance）。

女性有两条 X 染色体，显性纯合子（X^AX^A）和杂合子（X^AX^a）都患病，但群体中致病基因的频率很低，显性纯合子（X^AX^A）远远比杂合子（X^AX^a）少，人群中患者一般为杂合子。因此，女性两条 X 染色体中的任何一条存在致病基因就发病，所以 X 连锁显性遗传病的发病率女性约为男性的 2 倍，但病情男性重于女性。

一、典型疾病

（一）抗维生素 D 佝偻病

抗维生素 D 佝偻病（vitamin D resistant rickets；OMIM #307800）又称为低磷酸盐血症（hypophosphatemia），是一种由低磷酸盐血症导致的以骨发育障碍为特征的 X 连锁显性遗传病。由于患者肾小管对磷酸盐再吸收障碍，导致血磷下降，尿磷增多，肠道对磷、钙的吸收不良而影响骨质钙化，形成佝偻病。患儿多数于 1 周岁左右发病，最先出现的症状为膝内翻，严重者有进行性骨骼发育畸形、多发性骨折、骨痛、不能行走、生长发育缓慢等。女性杂合子患者病情轻于男性患者，少数只有低磷酸盐血症，而无佝偻病的骨骼变化。致病基因 *PHEX* 定位于 Xp22.11，是与内肽酶同源的磷酸盐调节基因，该基因编码 749 个氨基酸。*PHEX* 缺失和单碱基置换是导致疾病发生的主要原因。图 7-8 是一例抗维生素 D 佝偻病家系的系谱图。

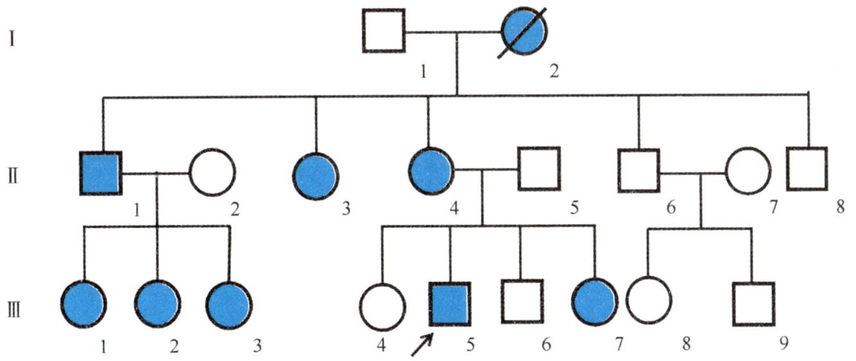

图 7-8 一例抗维生素 D 佝偻病家系的系谱图

（二）色素失调症

色素失调症（incontinentia pigmenti，IP；OMIM #308300）也称 Bloch-Sulzberger 综合征，是一种临床少见的 X 连锁显性遗传的皮肤病，致病基因定位于 Xq28。以皮肤出现水疱、色素沉着，并伴发眼、牙齿、心脏、骨骼和中枢神经系统发育缺陷为主要特征。发病率约为 1/40 000。男性患儿通常在宫内死亡；女性患儿在出生时或出生后不久发生皮肤损害，其损害程度和范围随个体变化很大。故男女患者的比例不是 1∶2，而是约为 1∶20，发病率无种族差异。

其他一些常见的 X 连锁显性遗传病见表 7-5。

表 7-5 一些 X 连锁显性遗传病举例

疾病中文名称	疾病英文名称	OMIM	致病基因定位
口面指综合征 I 型	oro-facial-digital syndrome I	#311200	Xp22.2
鸟氨酸氨甲酰基转移酶缺乏症	ornithine transcarbamylase deficiency	#311250	Xp11.4
X 连锁遗传的 Alport 综合征	X-linked alport syndrome	#301050	Xq22.3
雷特综合征	Rett syndrome	#312750	Xq28
葡萄糖-6-磷酸脱氢酶缺乏症	glucose-6-phosphate dehydrogenase deficiency	#300908	Xq28

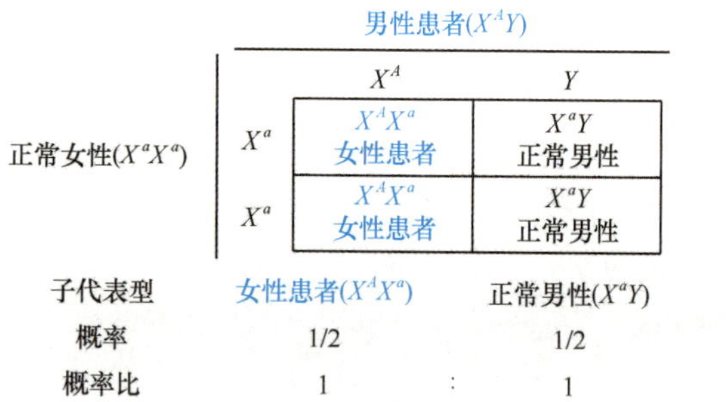

图 7-9 X 连锁显性遗传病男性患者与正常女性婚配图解

二、婚配类型和子代发病风险

X 连锁显性遗传病的显性致病基因在 X 染色体上，只要一条 X 染色体上存在突变基因（即女性杂合子或男性半合子）即可致病。男性患者（X^AY）与正常女性（X^aX^a）婚配，由于交叉遗传，男性患者的致病基因一定传给女儿，而不会传给儿子，故女儿都是患者，儿子都正常（图 7-9）。女性杂合子患者（X^AX^a）与正常男性（X^aY）婚配，女儿和儿子均有 1/2 的可能性患病（图 7-10）。

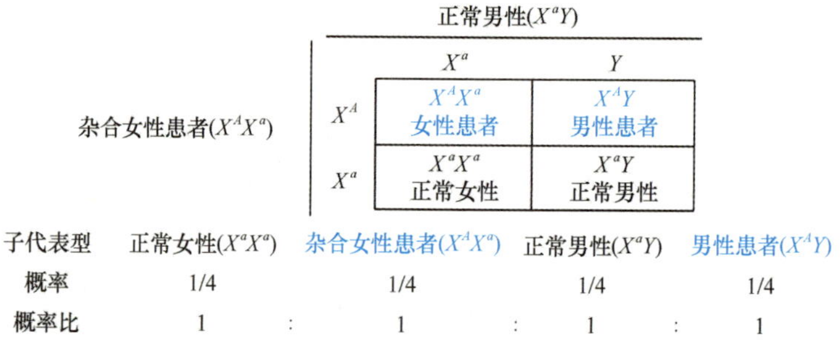

图 7-10 X 连锁显性遗传病女性杂合患者与正常男性婚配图解

三、X 连锁显性遗传病的系谱特征

X 连锁显性遗传病的系谱有以下特点：①交叉遗传；②人群中女性患者比男性患者约多 1 倍，前者病情常较轻。③患者的双亲中必有一方是该病患者；④男性患者的女儿全部都为患者，儿子全部正常；⑤女性杂合子患者的子女中各有 50%的可能性是该病的患者；⑥系谱中常可看到连续传递现象，这点与常染色体显性遗传病一致。

第五节 X 连锁隐性遗传病

如果一种遗传病的致病基因位于 X 染色体上，伴随 X 染色体的传递而遗传，且致病基因为隐性基因，这种遗传病称为 X 连锁隐性遗传（X-linked recessive inheritance，XR）病。X 连锁隐性遗传病有 400 多种，常见的有红绿色盲、血友病 A、血友病 B、进行性假肥大性肌营养不良、橡皮病、先天性无免疫球蛋白血症、先天性眼球震颤及遗传性肾性尿崩症等。

对于 X 连锁隐性遗传病来说，男性只有一条 X 染色体，只要其 X 染色体上带有致病基因就将患病；女性有两条 X 染色体，一条 X 染色体有致病基因不患病，但为 X 连锁隐性致病基因携带者，只有两条 X

染色体都有致病基因才患病。所以，人群中男性患者远多于女性。

一、典型疾病

（一）进行性假肥大性肌营养不良

进行性假肥大性肌营养不良（Duchenne muscular dystrophy，DMD；OMIM #310200）又称迪谢内肌营养不良，由法国人迪谢内（Duchenne）于1861年命名。患者多于4～5岁发病，初期表现为行走笨拙，易于跌倒，不能奔跑及登楼，站立时脊椎前凸，腹部挺出，两足撇开，步行缓慢摇摆，呈特殊“鸭步”步态，仰卧起立十分困难，必先翻身俯卧，再双手攀附两膝，逐渐向上支撑起立（Gower 征）。后期患者双侧腓肠肌假性肥大，病变肌纤维肿胀，粗细不等，散布于正常纤维之间，肌核增大增多且排列成链。残存的肌纤维间有结缔组织增生及脂肪沉淀。图7-11是一例进行性假肥大性肌营养不良家系的系谱图。

致病基因 *DMD* 定位于 Xp21.2-p21.1，编码抗肌萎缩蛋白（dystrophin），基因突变导致抗肌萎缩蛋白不能在肌细胞膜上正常表达。因此患者表现为肌肉变性、萎缩及进行性肌无力等。

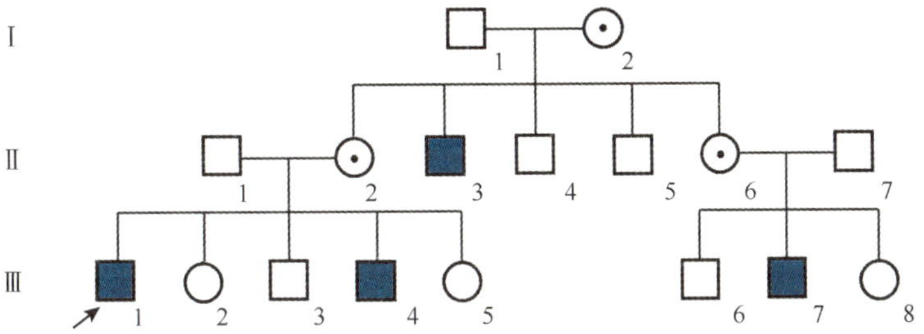

图 7-11　一例进行性假肥大性肌营养不良家系的系谱图

（二）血友病 A

血友病A（hemophilia A，HA；OMIM #306700）又称为甲型血友病、经典血友病或第Ⅷ因子缺乏症，是血友病中最常见的一种，约占80%。患者频发出血，常为自发性或微创伤引起。皮肤出血可形成皮下血肿，关节、肌肉出血常累及膝关节，可导致跛行，不经治疗可造成关节永久性畸形；严重者可因颅内出血而死亡。历史上有一著名的血友病A家系，其第一代血友病基因携带者为英国的维多利亚女王，涉及欧洲多个国家的王室成员（图7-12）。

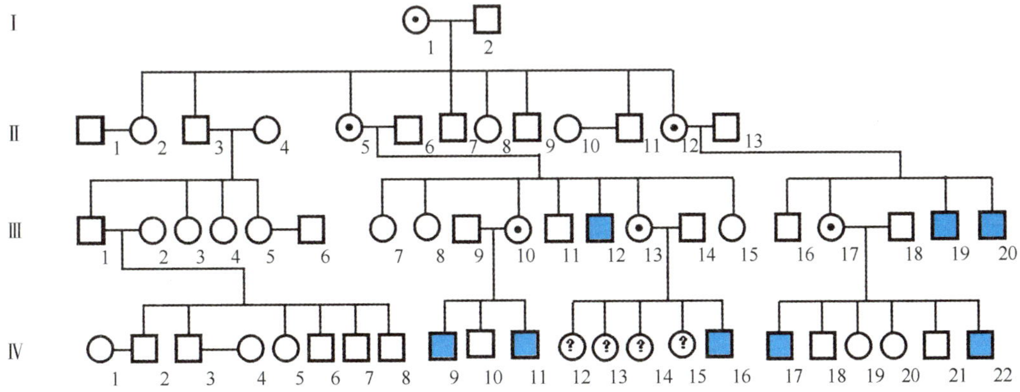

图 7-12　一个经典血友病 A 系谱图

致病基因定位于Xq28，全长186kb，编码第Ⅷ凝血因子即抗血友病球蛋白。当第Ⅷ凝血因子活性缺乏时，不能与凝血因子Ⅸa、Ca^{2+}及磷脂组成复合物，以致血液凝血酶原酶的形成发生障碍，凝血酶原不能转变为凝血酶，纤维蛋白原也不能转变为纤维蛋白，从而导致凝血缺陷性出血。突变包括点突变、缺失、插入和倒位等。

其他一些常见的X连锁隐性遗传病见表7-6。

表 7-6 一些 X 连锁隐性遗传病举例

疾病中文名称	疾病英文名称	OMIM	致病基因定位
红绿色盲	red-green blindness	#303800	Xq28
鱼鳞病	ichthyosis	#308100	Xp22.31
莱施-奈恩综合征	Lesch-Nyhan syndrome	#300322	Xq26.2-q26.3
无丙种球蛋白血症 I 型	immunodeficiency with hyper-IgM type 1	#308230	Xq26.3
法布里病（糖鞘脂累积症）	Fabry disease	#301500	Xq22.1
血友病 B	hemophilia B	#306900	Xq27.1
Ⅱ型黏多糖贮积症	mucopolysaccharidosis type Ⅱ	#309900	Xq28
遗传性肾性尿崩症	nephrogenic diabetes insipidus	#304800	Xq28

二、婚配类型和子代发病风险

在 X 连锁隐性遗传病家系中，最常见的是表型正常的女性携带者（X^AX^a）与正常男性（X^AY）婚配，子代中儿子 1/2 得病，女儿 1/2 为携带者（图 7-13）。男性患者（X^aY）与正常女性婚配，所有儿子和女儿的表型都正常，但父亲的致病基因一定给了女儿，因此所有女儿均为杂合子携带者（图 7-14）。

女性携带者(X^AX^a) \ 正常男性(X^AY)	X^A	Y
X^A	X^AX^A 正常女性	X^AY 正常男性
X^a	X^AX^a 女性携带者	X^aY 男性患者

子代表型	正常女性(X^AX^A)	女性携带者(X^AX^a)	正常男性(X^AY)	男性患者(X^aY)
概率	1/4	1/4	1/4	1/4
概率比	1 :	1 :	1 :	1

图 7-13 X 连锁隐性遗传病女性携带者与正常男性婚配图解

正常女性(X^AX^A) \ 男性患者(X^aY)	X^a	Y
X^A	X^AX^a 女性携带者	X^AY 正常男性
X^A	X^AX^a 女性携带者	X^AY 正常男性

子代表型	女性携带者(X^AX^a)	正常男性(X^AY)
概率	1/2	1/2
概率比	1 :	1

图 7-14 X 连锁隐性遗传病男性患者与正常女性婚配图解

三、X 连锁隐性遗传病的系谱特征

X 连锁隐性遗传病的系谱有以下特点：①交叉遗传；②人群中男性患者远远多于女性患者，系谱中往往只看到男性患者；③双亲无病时，儿子可能发病，女儿则不会发病；儿子如果发病，母亲肯定是一名携带者，女儿也有 1/2 的可能性为携带者；④由于交叉遗传，理论上男性患者的兄弟、外祖父、舅父、姨表兄弟、外甥、外孙等也有可能是患者；⑤女性患者的父亲一定也是患者，母亲一定是携带者。

第六节 Y 连锁遗传病

位于 Y 染色体上的基因控制的性状的遗传称为 Y 连锁遗传（Y-linked inheritance）。由于 Y 染色体只能由父亲传给儿子，再由儿子传给孙子，所以这种遗传方式称为全男性连锁遗传或限雄遗传（holandric inheritance）。截至 2024 年 2 月 11 日，OMIM 中收录 Y 染色体上与人类性状相关的基因条目有 63 个。

Y 染色体上具有重要的性别决定基因——Y 染色体性别决定区（sex determination region of Y，SRY），它位于 Yp11.2，长约 35kb，只有一个外显子，该基因突变、缺失、易位可导致两性畸形或性逆转综合征。由于带有 *SRY* 突变基因的个体不能生育，故该病不会传给后代。

无精子症（azoospermia；　OMIM #415000）致病基因位于 Yq11.221，该基因异常时导致无精症或少精症。

外耳道多毛症受 Y 染色体长臂的外耳道多毛基因控制，受累男性青春期后在外耳道长出 2～3cm 长、成丛的黑色硬毛。图 7-15 是一外耳道多毛家系的系谱图，该家系男性均有此性状。

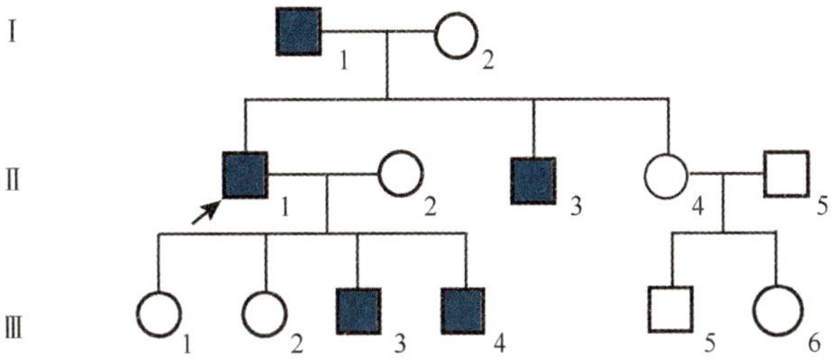

图 7-15　外耳道多毛症家系的系谱图

第七节　影响单基因遗传病分析的因素

理论上，各种单基因遗传的性状在群体中呈现出各自不同的传递规律。但这只是模型化的描述，在真实世界中，因为受到遗传背景或环境因素的影响，以及人类家系比较小的特点，很难见到典型的遗传方式，遗传方式存在各种各样的表现形式。

一、不完全显性

不完全显性（incomplete dominance）也称为半显性（semi-dominance），是杂合子（*Aa*）的表现型介于显性纯合子（*AA*）和隐性纯合子（*aa*）之间，即杂合子（*Aa*）中的显性基因 *A* 和隐性基因 *a* 的作用都得到一定程度的表达。例如，人类对苯硫脲（PTC）的尝味能力就是不完全显性遗传的典型性状。苯硫脲是一种白色结晶状物质，因含 N—C═S 故有苦涩味。PTC 尝味能力是一种遗传性状，尝味性状决定于显性基因 *T* 的存在。显性纯合子 *TT* 能尝出浓度在 1/3 000 000～1/750 000 的 PTC 溶液的苦味；隐性纯合子 *tt* 则只能尝出浓度大于 1/24 000 的 PTC 溶液的苦味，有的甚至不能尝出 PTC 结晶的苦味，称为 PTC 味盲；杂合子 *Tt* 尝味能力介于 *TT* 和 *tt* 之间。

二、共显性

共显性（codominance）是指一对等位基因之间没有显性和隐性的区别，在杂合状态时，两种基因的作用都能完全表现出来。例如，人类的 ABO 血型、MN 血型和组织相容性抗原等的遗传属于这种方式。

ABO 血型由一组复等位基因（I^A、I^B 和 *i*）所控制，位于 9q34。复等位基因（multiple alleles）是指在一个群体中，一个特定基因座上的基因不是两种（如 *A* 和 *a*），而是三种或三种以上。但是，对每一个个体来说只能具有其中的任何两个等位基因。复等位基因来源于一个基因座所发生的多次独立的突变，是基因突变多向性的表现。I^A 编码 A 抗原，I^B 编码 B 抗原，*i* 为无效基因。I^A、I^B 对 *i* 是显性，I^A 和 I^B 之间是共显性关系。基因型 I^AI^B 的个体，既表达 A 抗原，也表达 B 抗原，血型为 AB 型（ABO 血型的遗传详见第十四章第一节）。

MN 血型是由 *M* 和 *N* 这对等位基因（定位于 4q28.2-q31.1）所决定，两者呈共显性，其中 *M* 基因决定 M 型血，*N* 基因决定 N 型血。所以，基因型为 *MM* 的个体表现为 M 型血，基因型为 *NN* 的个体表现为 N 型血，杂合子 *MN* 则为 MN 型血。人类组织相容性抗原 HLA 是一个高度复杂的等位基因系统，许多位点的复等位基因之间具有共显性关系。

三、不规则显性

不规则显性（irregular dominance）是杂合子的显性基因，由于某种原因不表现出相应的性状，因而在系谱中可以出现隔代遗传的现象。换言之，一些具有某一显性基因的个体，并不是每个个体都能表现出该

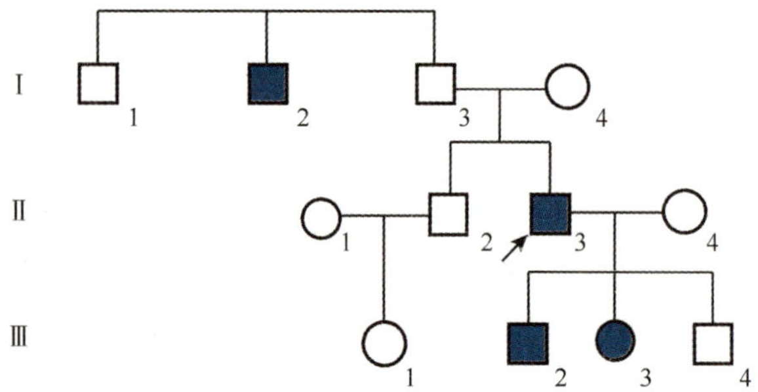

图 7-16 一个多指/趾家系的系谱图

显性基因所控制的性状。带有显性基因的某些个体，本身虽然不表现出显性性状，但他们可以生出表现该性状的后代。这些显性基因不能表达的原因还不清楚，目前认为生物体的内外环境对基因表达所产生的影响以及不同个体所具有的不同遗传背景可能是引起不规则显性的重要因素。多指/趾是不规则显性的典型例子（图 7-16）。

（一）外显率

外显率（penetrance）是在一定条件下，群体中某一基因型（通常杂合状态下）个体表现出相应表型的百分率。如果外显率等于 100%，就称为完全外显（complete penetrance）。如果外显率低于 100%称为外显不全或不完全外显（incomplete penetrance）。在不完全外显中，外显率高的可达 70%～80%，外显率低的仅为 20%～30%。那些未外显的个体称为顿挫型（abortive fruste）。

（二）表现度

表现度（expressivity）是在不同遗传背景和环境因素的影响下，相同基因型的个体在性状或疾病的表现程度上产生的差异。例如，马方综合征的不同患者可能有不同器官、不同程度的损害，重型患者可有骨骼、眼和心血管系统的严重损害；轻型则只有各器官不同程度的损伤，或只有骨骼和眼的异常，或只有骨骼和心血管系统的异常，表现为不规则显性。多指/趾 AⅠ型（postaxial polydactyly，type AⅠ； OMIM #174200），又称轴前多指/趾，患者可以表现出不同的指/趾数、不同的手多指与脚多趾、不同的多余指/趾长短程度、不同的软组织及掌骨增加程度等差异。

外显率说明杂合时显性基因表达与否，是个“质”的问题；表现度说明的是显性基因在表达前提下的表达程度如何，是个“量”的问题。

四、延迟显性

延迟显性（delayed dominance）是指一些显性遗传病杂合子（*Aa*）在生命的早期，因致病基因并不表达或虽然表达但不足以引起明显的临床表现，只有到一定的年龄后才表现出疾病。例如，亨廷顿病常于 30～40 岁发病；原发性血色病，3/4 病例在 40 岁以后发病，都属于延迟显性。

五、基因多效性

基因多效性（pleiotropy）是指一个基因决定或影响多个性状的形成。在个体的发育过程中，许多生理生化过程都是相互联系、相互依赖的。单个基因异常会在不同组织或个体发育的不同阶段引起一系列的生化代谢或组织结构的异常，从而呈现出疾病的多种表现。例如，Ⅰ型半乳糖血症是一种糖代谢病，虽然只是一个基因异常，但却导致多种异常表现。患者既有智力发育障碍等神经系统异常，还有黄疸、腹水、肝硬化等消化系统症状，也可出现白内障。

六、遗传异质性

与基因多效性相反，遗传异质性（genetic heterogeneity）是指一种遗传性状可以由不同的遗传改变所引起。可分为基因座异质性和等位基因异质性。

基因座异质性是指同一遗传病是由不同基因座的突变引起的。如先天性聋哑有常染色体隐性遗传、常染色体显性遗传和 X 连锁显性遗传 3 种遗传方式。属于常染色体隐性遗传的有 35 个基因座，占病例总数的 68%。因此，常可看到 2 个先天聋哑患者婚配后生出不聋哑的孩子，就是父母的聋哑基因不在同一基因座所致，比如，双亲的基因型分别为 *AAbb* 和 *aaBB*，他们都因为某一基因的纯合而聋哑，但他们的子女基因型都为 *AaBb*，在两个基因座上均为杂合子，故表型正常。

等位基因异质性是某一遗传病是由同一基因座上的不同突变引起的。如囊性纤维化可由 1400 多种

CFTR 基因突变引起。

七、遗传早现

有些遗传病在世代的传递过程中有发病年龄逐代提前和症状逐代加重的现象，被称为遗传早现（anticipation）。研究表明，遗传早现来自不稳定、可扩增的三核苷酸重复序列（动态突变）。

常染色体显性遗传的肌强直性营养不良是最先被注意到有遗传早现的病种，其临床症状有肌强直和肌肉虚弱与消瘦，患者面容显示上睑下垂、面肌虚弱及颌肌和胸锁乳突肌消瘦。此病大多于青少年期或成年后发病，也可于新生儿和幼童期发病，但儿童症状更为严重，包括两侧面瘫和颌肌虚弱、肌张力减退、新生儿呼吸窘迫、喂养困难、畸形足、智力障碍等。本症家系常见祖父一代患者轻微受累，如仅有白内障；父母这一代患者呈现中度肌病；子女一代患者严重受累且智力障碍。发病年龄也是逐代提前。研究发现，肌强直性营养不良基因 *DM-1* 含有一个不稳定的 $(CTG)_n$ 重复序列，在传递过程中 CTG 拷贝数的增加与肌强直性营养不良的病情加重程度和发病年龄提前密切相关。此外，表现为遗传早现的疾病还有亨廷顿病（由父亲传递的患者发病年龄提前）和脊髓小脑性共济失调（由父亲传递的患者发病年龄提前）、多发性神经纤维瘤（由母源传递者发病年龄提前）等。

八、遗传印记

遗传印记（genetic imprinting）又称基因组印记（genomic imprinting），是指精子和卵子成熟过程中由于染色体某些区域或基因受到了不同的表观修饰（如甲基化），当不同性别亲本将其传递给子代时引起不同表型的现象。这类基因称作印记基因（imprinted gene）。

研究最为透彻的人类基因组印记疾病为普拉德-威利（Prader-Willi）综合征和快乐木偶（Angelman）综合征（详见第六章第二节）。这个例子说明，遗传物质（如第 15 号染色体）的亲代来源对疾病的临床表现产生深刻的影响。印记发生于生殖细胞形成期，在胚胎和成体细胞中维持，在成体再形成生殖细胞时可以消除并重新设定。

九、X 染色体失活

莱昂假说认为，女性的两条 X 染色体在胚胎发育的早期随机失活其中的一条，即为 X 染色体失活（X inactivation），或称为莱昂化（Lyonization），因此女性体细胞的两条 X 染色体只有一条在遗传上是有活性的。

对于 X 连锁遗传病来说，男性为半合子，其全身体细胞都为突变型，因此病情很重。而对于女性杂合子，随机莱昂化会导致女性体内部分体细胞中带有显性基因的 X 染色体失活，另一部分是带有隐性基因的 X 染色体失活，这样在 X 连锁显性遗传病中，女性杂合子患者的病情往往较男性患者轻，且表现程度不一；在 X 连锁隐性遗传病中，可能有女性杂合子会表现出某些较轻的临床症状，这种现象称为显示杂合子（manifesting heterozygote），如部分女性血友病 A 携带者会出现凝血时间延长的现象。

十、从性遗传

从性遗传（sex-influenced inheritance）指位于常染色体上的基因，由于性别的差异而显示出男女性分布比例上的差异或基因表达程度上的差异。例如，雄激素性秃发 I 型属于常染色体显性遗传病，男性秃顶明显多于女性。男性杂合子（*Aa*）即会出现秃顶，而女性杂合子（*Aa*）仅表现为头发稀疏而不会表现秃顶症状，是因为雄激素性秃发（*AGA1*）基因的表达会受到体内雄激素的影响。如果带有 *AGA1* 基因的女性，体内雄性激素水平升高也可出现秃顶的症状。再如血色素沉积症为常染色体隐性遗传病，是血液中铁过多所致。该病的男性患病率高于女性，因为女性由于月经、流产或妊娠等生理失血导致体内铁质减少，不易表现出症状，故该病多见于男性。

十一、限性遗传

限性遗传（sex-limited inheritance）是指常染色体上的基因，由于基因表达的性别限制，只在一种性别得以表现，而在另一性别完全不能表现，但这些基因可传给下一代。这主要是解剖学结构上的性别差异造成的，也可能受性激素分泌方面的差异限制。如女性的子宫阴道积水症，男性的前列腺癌和尿道下裂等。

十二、生殖腺嵌合

生殖腺嵌合（gonad mosaicism）是指一个个体的生殖腺细胞不是纯合的而是嵌合的。生殖腺嵌合产生的一个常见原因是异源嵌合体，即两个精子分别与两个卵子受精后发生了融合，结果导致该个体的生殖腺成为两种不同基因型的细胞群组成的嵌合体。另外，生殖腺细胞突变也可以导致生殖腺嵌合的产生，即在胚胎发育过程中，某个未来的生殖腺细胞发生突变，结果导致该个体的生殖腺细胞为嵌合体。

由于胚胎发育的初级阶段生殖腺细胞与其他体细胞隔离开了，隔离的生殖腺细胞发生突变，可能会影响生殖细胞，但不会影响体细胞。因此，如果患儿的双亲或之一存在生殖腺嵌合，但表型正常，用体细胞进行遗传检测也查不到DNA缺陷，却有可能再生出患相同遗传病的患儿。

十三、拟表型

由于环境因素的作用使个体的表型恰好与某一特定基因的表型相同或相似，这种由环境因素引起的表型称为拟表型（phenocopy），或表型模拟。例如，致病基因导致的常染色体隐性遗传病先天聋哑，与氨基糖苷类药物引起的聋哑表型相同，这种因药物引起的聋哑即为拟表型。显然，拟表型是由于环境因素的影响，并非生殖细胞中基因本身的改变所致，因此，这种聋哑并不遗传给后代。

十四、同一基因可产生显性或隐性突变

目前的研究发现同一基因的不同突变可引起显性或隐性遗传病。如β珠蛋白基因第127位密码子突变，使β链的第127位氨基酸从正常的谷氨酰胺变成了脯氨酸，从而形成Hb Houston，导致β^+-Houston地中海贫血，其遗传方式为常染色体显性遗传。而β珠蛋白基因第26位密码子突变，则使β链的第26位氨基酸从正常的谷氨酸变成了赖氨酸，形成HbE，导致了β^+-E地中海贫血，其遗传方式为常染色体隐性遗传。

小　结

单基因遗传病是某种疾病的发生主要受一对等位基因控制的遗传病，按疾病的遗传方式划分，包括常染色体显性遗传（AD）病、常染色体隐性遗传（AR）病、X连锁显性遗传病、X连锁隐性遗传病、Y连锁遗传病。

AD病男女患病机会均等，具有连续传递现象，患者一般为杂合子，患者双亲之一发病，患者同胞或子女有1/2可能发病。AR病男女患病机会均等，一般见不到连续传递，患者的双亲都是携带者，患者同胞或子女有1/4可能发病，表型正常的同胞中有2/3可能性为携带者，近亲婚配使子女发病风险增高。人群中XD病女性发病率约为男性的2倍，有连续传递和交叉遗传的现象；XR病男性患者远远多于女性，也有交叉遗传的现象。Y连锁遗传病只在男性个体中垂直传递。

影响单基因遗传病分析的因素包括不完全显性、共显性、不规则显性、延迟显性、基因多效性、遗传异质性、遗传早现、遗传印记、X染色体失活、从性遗传、限性遗传、生殖腺嵌合、拟表型、同一基因可产生显性或隐性突变等。

复习思考题

1. 如何根据遗传病系谱的特点来判断某一疾病的遗传方式？
2. 每一类单基因遗传病的常见疾病有哪些？
3. 影响单基因遗传病分析的因素有哪些？

（马　萍）

第八章

分子病与先天性代谢缺陷病

学习要点

掌握： ①分子病与先天性代谢缺陷病的概念；②主要分子病的分子机制。
熟悉： 先天性代谢缺陷病的分子机制。
了解： 主要的分子病与先天性代谢缺陷病的临床症状。

基因突变可改变多肽链中氨基酸的组成和顺序，使蛋白质结构和功能发生变化。如果基因突变导致蛋白质发生缺陷，则会引起遗传病。其中，基因突变致使蛋白质的分子结构或合成量出现异常，从而引起机体功能障碍的疾病称为分子病（molecular disease）；而由于基因突变造成的酶蛋白质分子结构或数量异常引起的疾病称为先天性代谢缺陷病（inborn errors of metabolism）。

第一节 分 子 病

分子病的概念由美国化学家、两次诺贝尔奖得主 Linus Pauling 于 1949 年提出。根据受累蛋白质的功能差异，可将分子病分为血红蛋白病、血浆蛋白病、结构蛋白缺陷病、受体蛋白病和膜转运蛋白病等。

一、血红蛋白病

由于血红蛋白分子结构异常或珠蛋白肽链合成速率异常所引起的一类遗传病称血红蛋白病（hemoglobinopathy）。血红蛋白病是研究最深入、最透彻的人类遗传病之一。目前，临床上将血红蛋白病分为异常血红蛋白病和地中海贫血两大类，前者表现为构成血红蛋白分子的珠蛋白肽链结构异常，后者表现为珠蛋白肽链合成速率降低。

（一）人类血红蛋白的遗传控制

1. 血红蛋白的分子结构　血红蛋白（hemoglobin，Hb）是人类红细胞携带、运输 O_2 和 CO_2 的载体。血红蛋白分子是球形四聚体，每个亚基都由一条珠蛋白（globin）链和一个血红素（heme）辅基组成。四条珠蛋白链中包括两条类 α 链和两条类 β 链。血红素是一种含铁的结合氧的色素，赋予血红蛋白分子转运氧的能力，正常血红蛋白中的铁原子与珠蛋白链上特定的组氨酸残基（如 β His92）连接和作用，保证血红素中 Fe^{2+} 的稳定，以便与氧结合（图 8-1）

2. 珠蛋白基因及其表达　人类珠蛋白基因以基因簇形式编码表达，珠蛋白基因簇分为两类：

（1）类 α 珠蛋白基因簇：定位于 16p13.33-pter，总长 30kb，包括 2 个 *α* 基因（α_1 和 α_2，正式名称为 *HBA1* 和 *HBA2*）、1 个 *ζ* 基因、2 个假基因（$\Psi\alpha_1$、$\Psi\zeta$）以及 1 个功能未明基因（*θ*）。从 5'到 3'排列顺序依次为：5'-ζ-$\Psi\zeta$-$\Psi\alpha_1$-α_2-α_1-θ-3'。每个类 α 珠蛋白基因含有 3 个外显子和 2 个内含子，编码 141 个氨基酸（图 8-2A）。每条 16 号染色体上有两个 *α* 基因，因而正常的二倍体细胞中有 4 个 *α* 基因。

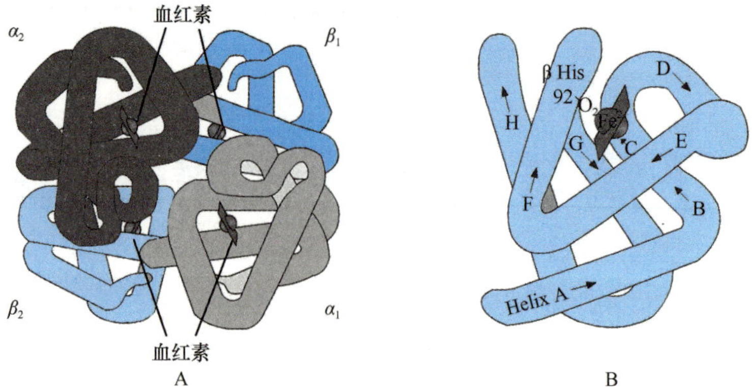

图 8-1 血红蛋白的分子结构

A. 血红蛋白的亚基排列；B. 血红蛋白的单体结构

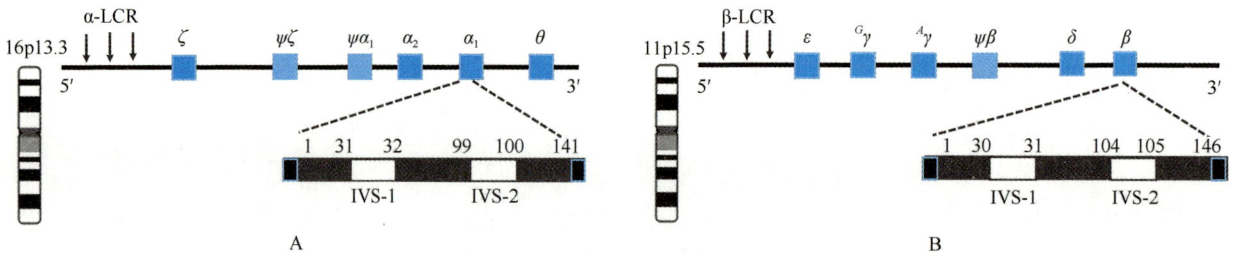

图 8-2 珠蛋白基因簇的结构

A. 类 α 珠蛋白基因簇；B. 类 β 珠蛋白基因簇

（2）类 β 珠蛋白基因簇：定位于 11p15.5-pter，总长 60kb，包括 1 个 *β* 基因（正式名称为 *HBB*）、1 个 *δ* 基因、1 个 *ε* 基因、2 个 *γ* 基因（$^{A}\gamma$ 和 $^{G}\gamma$）以及 1 个假基因 *Ψβ*。从 5'到 3'排列顺序依次为：5'-*ε*-$^{G}\gamma$-$^{A}\gamma$-*Ψβ*-*δ*-*β*-3'。类 β 珠蛋白基因也含有 3 个外显子和 2 个内含子，编码 146 个氨基酸（图 8-2B）。每条 11 号染色体上只有 1 个 *β* 基因，正常的二倍体细胞中有 2 个 *β* 基因。

由类 α 与类 β 两类珠蛋白基因簇的组成可知，每个二倍体的体细胞内 *α* 基因和 *β* 基因数量之比是 2∶1，但通过调控机制，正常人体中 α 珠蛋白和 β 珠蛋白分子数量相等，正好构成 HbA（$\alpha_2\beta_2$）。说明 *β* 基因的表达效率是 *α* 基因的 2 倍，类 α 与类 β 两类珠蛋白的平衡是行使人体正常功能的需要。

类 α 珠蛋白和类 β 珠蛋白基因簇的排列顺序与发育过程中的表达顺序相一致，即类 α 珠蛋白基因簇胚胎期和胎儿期是 5'端的 *ζ* 基因表达，成人期主要是 3'端的 α_2 和 α_1 基因表达，类 β 珠蛋白基因簇发育早期是 5'端的 *ε*、*γ* 基因表达，成人期主要是 3'端的 *β* 基因表达。在类 α 与类 β 两类珠蛋白基因簇上游均有基因座控制区（locus control regions，LCR），是基因转录的超级增强子，对类 α 与类 β 珠蛋白基因簇基因的表达起到十分重要的调控作用（图 8-2）。

3. *血红蛋白的发育变化* 珠蛋白基因的表达受到精确的调控，表现出发育阶段特异性和组织特异性。类α和类 β 链的不同组合，构成了人体常见的 6 种血红蛋白，这些血红蛋白在发育的不同阶段先后交替出现（表 8-1）。

表 8-1 不同发育阶段的正常人类血红蛋白组成

发育阶段	主要造血器官	珠蛋白类型	肽链组成
胚胎	卵黄囊	Hb Gower I	$\zeta_2\varepsilon_2$
	肝	Hb Gower II	$\alpha_2\varepsilon_2$
	脾	Hb Portland	$\zeta_2{}^{G}\gamma_2$、$\zeta_2{}^{A}\gamma_2$
胎儿	肝、脾	HbF	$\alpha_2{}^{G}\gamma_2$、$\alpha_2{}^{A}\gamma_2$
成人	骨髓	HbF（少于 1.5%）	$\alpha_2{}^{G}\gamma_2$、$\alpha_2{}^{A}\gamma_2$
		HbA（95%以上）	$\alpha_2\beta_2$
		HbA_2（2%～3.5%）	$\alpha_2\delta_2$

如图 8-3 所示，胚胎发育早期（妊娠后 3～8 周），胎儿卵黄囊中类 α 珠蛋白基因簇中的 ζ、α 基因和类 β 珠蛋白基因簇的 ε、γ 基因表达，形成胚胎期血红蛋白 Hb GowerⅠ（$\zeta_2\varepsilon_2$）、Hb GowerⅡ（$\alpha_2\varepsilon_2$）和 Hb Portland（$\zeta_2\gamma_2$）。胎儿期（妊娠后 8 周至出生），血红蛋白合成场所由卵黄囊移至胎儿肝、脾中，ζ 链和 ε 链合成停止，逐渐消失，主要表达 γ 基因和 α 基因，因而 HbF（$\alpha_2\gamma_2$）是胎儿期最主要的血红蛋白；β 链也已开始合成。妊娠 36 周之后，β 链合成速率迅速增高，γ 链合成速率降低，所以形成的 HbA（$\alpha_2\beta_2$）增多，HbF 逐渐下降。成人期（出生后），血红蛋白主要在骨髓红细胞发育过程中合成，以α基因和 β 基因表达为主，并有少量的 δ 链合成。成人血中，HbA（$\alpha_2\beta_2$）占 95%以上，此外还有少数 HbA_2（$\alpha_2\delta_2$），约占总量的 2.0%～3.5%。

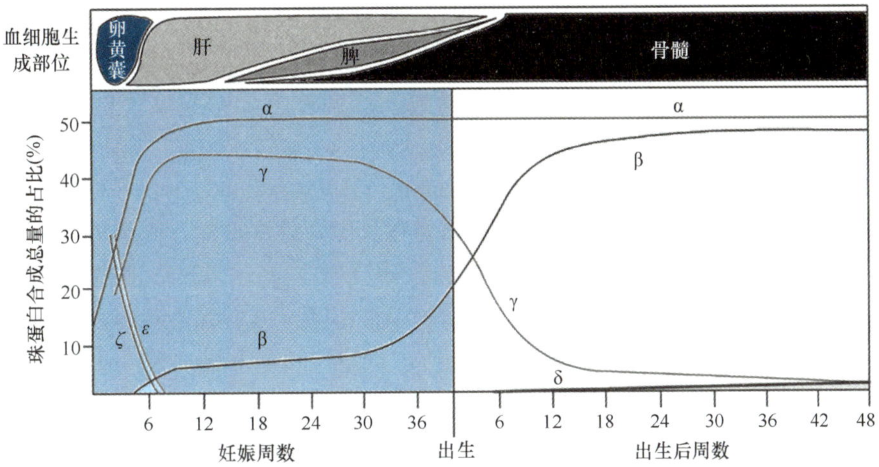

图 8-3　正常人体发育过程中珠蛋白肽链合成的演变

（二）珠蛋白基因突变的类型

珠蛋白基因突变是血红蛋白病发生的分子基础。珠蛋白的基因突变包括碱基替换、移码突变、整码突变、融合基因等多种类型。

1. 碱基替换　大多数异常血红蛋白和 β 地中海贫血是由于珠蛋白基因发生碱基替换所致，其中以错义突变最为常见。例如，中国人较常见的异常血红蛋白 HbE 是由于 β 基因第 26 位密码子由谷氨酸密码子 GAG 突变为赖氨酸密码子 AAG 所致。除了错义突变，还有无义突变和终止密码突变。例如，异常血红蛋白 Hb McKees Rock 的 β 链缩短为 144 个氨基酸，原因是 β 基因第 145 位酪氨酸密码子 UAU 改变为终止密码子 UAA，使肽链合成提前终止，C 端少了 2 个氨基酸。而异常血红蛋白 Hb Constant Spring α 链延长为 172 个氨基酸，是由于 α_2 基因第 142 位终止密码子 UAA 突变为谷氨酰胺密码子 CAA，导致肽链继续合成至第 173 位的终止密码子 UAA 之前。

2. 移码突变　例如，异常血红蛋白 Hb Wayne 的 α 链延长为 146 个氨基酸，是由于 α 基因（α_2或 α_1）第 139 位赖氨酸密码子 AAA 中第三个 A 丢失，致使从 139 位密码子开始重新编码，结果第 142 位终止密码子 UAA 变为赖氨酸密码子 AAG，翻译至下一终止密码第 147 位才终止。

3. 整码突变　例如，异常血红蛋白 Hb Gun Hill 是由于 β 链缺失第 91～95 位共 5 个氨基酸（亮氨酸-组氨酸-半胱氨酸-天冬氨酸-赖氨酸），但第 91 位以前与第 95 位以后的氨基酸序列均无改变。整码突变对肽链长度影响是次要的，主要影响的是肽链的结构。其发生原因可能是在减数分裂过程中，同源染色体发生错配和不等交换，导致编码密码子的 DNA 三联密码缺失或插入。

4. 融合基因　由两种非同源基因的局部片段拼接而成的 DNA 片段，称为融合基因（fusion gene）。产生此类融合基因的原因可能是减数分裂时同源染色体之间错配联会所引发的不等交换。融合基因编码的异常血红蛋白由两种不同肽链连接而成。例如，δ 珠蛋白基因和 β 珠蛋白基因发生不等交换形成 β 和 βδ 融合基因，称为 Hb Lepore，其 N 端与 δ 链相同，C 端与 β 链相同，称为 δβ 链。βδ 基因编码的异常血红蛋白刚好与之相反，称为 Hb anti-Lepore，其 N 端与 β 链相同，C 端与 δ 链相同（图 8-4）。

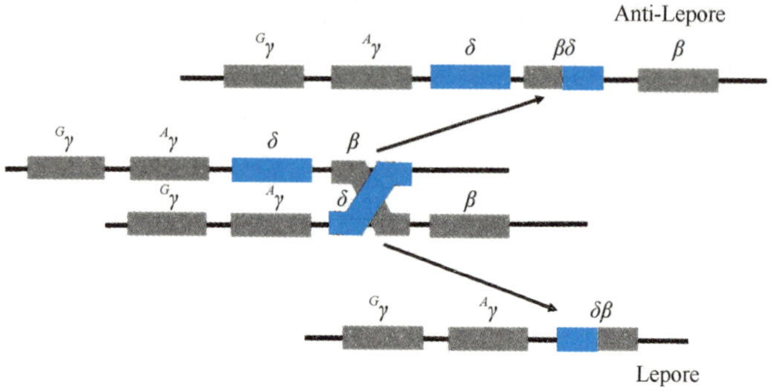

图 8-4 β 和 δ 基因发生不等交换形成融合基因

（三）异常血红蛋白

珠蛋白基因突变导致的珠蛋白肽链结构异常所致的疾病称为异常血红蛋白（abnormal hemoglobin diseases），大多数由珠蛋白基因发生单碱基替换引起。

1. 镰状细胞贫血 镰状细胞贫血（sickle cell anemia，OMIM #603903）是一种常染色体隐性遗传病，因患者红细胞形状异常似镰刀状而得名。镰状细胞贫血在我国发病率很低，而黑种人为高发群体。非洲和北美黑种人中发病率可达 1/500，在东非某些地区致病基因频率可高达 40%。镰状红细胞容易引起毛细血管堵塞，造成组织局部缺血缺氧，甚至产生坏死。堵塞位置不同，可引起不同部位异常反应，如肌肉骨骼痛、腹痛等，严重时可引起脑血栓、心肌梗死等。同时，镰状红细胞变形能力降低，经过狭窄的毛细血管时不易通过，挤压时易破裂，还可引起溶血性贫血及脾大。

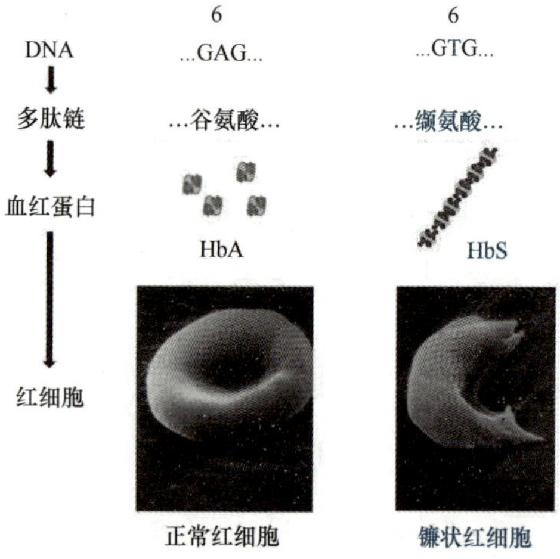

图 8-5 镰状细胞贫血

镰状细胞贫血是第一个成功在分子水平上得以解释的人类遗传病。1949 年 Pauling 发现该病患者血红蛋白电泳迁移速率与正常人存在明显差异，1956 年 Ingram 发现镰状红细胞 β 珠蛋白链第 6 位密码子由 GAG 突变为 GTG，使其编码的极性谷氨酸被非极性缬氨酸所取代，从而产生 HbS 血红蛋白。HbS 分子表面电荷改变，出现疏水区域，导致去氧血红蛋白溶解度显著下降（但氧合血红蛋白溶解度未受影响）。这样，HbS 具备基本携氧能力，但在氧分压低的毛细血管中，聚合形成凝胶状棒状结构，使红细胞发生镰变（图 8-5）。

HbS 纯合子（$\beta^S\beta^S$）血中的 HbS 含量可达 90%，表现为镰状细胞贫血。杂合子（$\beta^A\beta^S$）血中的 HbS 含量占 20%～40%，大部分不表现临床症状，但在氧分压降低时可引起部分细胞镰变，也可有轻度慢性贫血。

知识拓展 8-1　　镰状细胞贫血的基因治疗

镰状细胞贫血首先发现于 1910 年。近百年来，除了常规输血治疗法外，羟基脲是唯一批准用于临床治疗该病的药物。然而，羟基脲仅是一种 DNA 合成抑制剂，只能用来缓解症状，并不能治愈该疾病，且疗效并不长久。

2011 年，美国萨克生物研究所的研究人员从镰状细胞贫血患者身上获取成体皮肤细胞，并将这些细胞成功重编程为能够分化为血细胞的多功能诱导干细胞（iPSC），然后用含有正常 β 珠蛋白链基因的 DNA 序列去替换含有突变基因的 DNA 序列。

2016 年，美国斯坦福大学医学院 Matthew Porteus 团队利用 CRISPR/Cas9 基因编辑技术，在人体造血干细胞中直接修复了镰状细胞贫血的致病基因。该研究证明了直接修复后的干细胞能生成正常功能的血红蛋白分子，并可以正常移植回小鼠体内，该临床前研究在研发针对该疾病的基因治疗道路上迈出了关键的一步。

2017 年 3 月，法国内克尔儿童医院和美国 Bluebird Bio 公司为一名 13 岁镰状细胞贫血患者进行了基因治疗。首先，将患者的造血干细胞分离出来，在体外将表达健康 β 珠蛋白的基因导入这些造血干细胞中。然后，再将改良的造血干细胞移植回患者体内。对患者跟踪显示，血液中正常 β 珠蛋白的比例在移植手术后逐渐增加，术后 15 个月增至 β 珠蛋白总量的 48%。由于健康 β 珠蛋白比例的增加，该患者在术后 88 天停止接受输血，术后 15 个月里没有再发病。

2023 年 8 月，圣裘德儿童研究医院等机构研究人员发表的临床试验结果表明，CRISPR-Cas9 基因编辑疗法 OTQ923，在治疗重度镰状细胞贫血患者中表现出了安全性和有效性。研究团队首先使用 CRISPR-Cas9 编辑来自健康供者的 $CD34^+$造血干细胞和祖细胞的 HBG1 与 HBG2 启动子，筛选出效率最高的向导 RNA-gRNA-68。临床前研究显示，CRISPR-Cas9 和 gRNA-68 编辑的 $CD34^+$ HSPC 没有产生脱靶突变，并且在体外分化或异种移植到免疫缺陷小鼠后产生了高水平的胎儿血红蛋白。在临床试验中，3 名重度镰状细胞贫血患者在清髓预处理后接受了自体 OTQ923 疗法，并接受了 6～18 个月随访。随访期结束时，所有参与者均实现了细胞植入，并稳定诱导了胎儿血红蛋白，胎儿血红蛋白广泛分布在红细胞中。在随访期间，患者的镰状细胞贫血表现显著减轻，血管闭塞事件显著减少。

2. 血红蛋白 M 病　血红蛋白 M 病（methemoglobinemia，HbM，OMIM #250800）是由于编码 α 珠蛋白或 β 珠蛋白的基因变异，引起珠蛋白功能异常形成 HbM。HbM 患者的珠蛋白肽链中与血红素铁原子连接的组氨酸或邻近的氨基酸发生了替代，导致血红素中部分亚铁离子变成高价铁离子（Fe^{3+}），形成高铁血红蛋白，丧失了与氧结合的能力，导致组织供氧不足，出现发绀和继发性红细胞增多，但无贫血表现。本病呈常染色体显性遗传，杂合子的 HbM 含量一般在 30%以内，可引起发绀症状。

（四）地中海贫血

地中海贫血（thalassemia）是由于珠蛋白基因缺失或突变导致某种珠蛋白链的合成量降低或完全缺失，造成 α 链和 β 链失去平衡而导致的溶血性贫血。因为这类疾病首先发现于地中海地区，且在该地区的发病率最高，所以被称为地中海贫血。根据合成障碍的肽链不同，可把地中海贫血分为 α 地中海贫血和 β 地中海贫血两大类。

1. α 地中海贫血　α 地中海贫血（α-thalassemia，OMIM #604131）简称 α 地贫，是由于 α 珠蛋白基因的缺失或缺陷使 α 珠蛋白链的合成受到抑制而引起的溶血性贫血。α 地贫主要分布在热带和亚热带地区，我国南方较为常见，发病率为 2.64%，广西壮族自治区携带者频率可达 14.95%，因此 α 地贫是我国面临的较为严重的公共健康问题。

α 地贫的突变类型有明显种族和地域差异，以 α 珠蛋白基因大片段缺失为主，碱基置换次之，故将 α 地贫分为缺失型和非缺失型两类。例如，$-\alpha^{3.7}$，是缺失了 α_2 基因的 3'端和 α_1 基因的 5'端，缺失片段大小为 3.7 kb。Hb Constant Spring 变异，是由于 α_2 基因第 142 位终止密码子 TAA 突变为谷氨酰胺密码子 CAA，结果 α 链延长为 172 个氨基酸，使 α 链合成减少，导致 α 地贫。

α 地贫属于常染色体隐性遗传病，杂合子亦可出现轻中度临床表现。一条 16 号染色体若同时缺失 2 个 α 基因者称为 α^0 地贫（亦称 α_1 地贫），若同一条 16 号染色体缺失 1 个 α 基因者称 α^+地贫（亦称 α_2 地贫）。α^0 地贫的单倍型可写作--，α^+地贫的单倍型则写成 α-。根据 α 基因缺失的数目，可将缺失型 α 地贫分为四种临床类型。

（1）Hb Bart's 胎儿水肿综合征（Hb Bart's hydrops fetalis syndrome）：是 α 地贫中病情最为严重的一类。该综合征基因型为 α^0 地贫纯合子（--/--），4 个 α 基因全部缺失或缺陷，机体完全不能合成 α 链，仅发病于胎儿期，不能形成胎儿 HbF。过剩的 γ 链自身聚合成 γ 四聚体（γ_4），即 Hb Bart's。Hb Bart's 对氧亲和力非常高，在氧分压低的组织中，不易释放出氧，造成组织严重缺氧。胎儿因缺氧出现严重水肿，导致胎儿宫内死亡或出生后不久死亡。患儿父母均为 α^0 地贫杂合子，基因型为 $\alpha\alpha$/--，他们若再生育，则胎儿有 1/4 的概率为 Hb Bart's 水肿胎儿，1/4 的概率为正常人，1/2 的概率为 α^0 地贫杂合子（$\alpha\alpha$/--）。

（2）血红蛋白 H 病（HbH 病）：又称中间型 α 地贫，是 α^0 地贫和 α^+地贫的双重杂合子，即有 3 个 α 基因缺失或缺陷，基因型为 α-/--。因缺失 3 个 α 基因，只能合成少量 α 链，相对过剩的 β 链自身聚合形成

HbH（β_4）。HbH 对氧的亲和力很强，生理条件下不易释放氧气，且易被氧化解体形成游离的单链，游离单链沉淀聚积形成包涵体，附着于红细胞膜上，使红细胞膜受损，失去柔韧性，易被脾脏破坏，导致慢性溶血性贫血。HbH 患儿出生时几乎无明显症状，只有轻度贫血，但 Hb Bart's 的相对含量可高达 25%。在发育过程中，Hb Bart's 逐渐被 HbH 取代，1 周岁左右即出现 HbH 病临床症状。HbH 的临床表现变异范围广泛，从轻度贫血到需要依赖输血的严重贫血均有发生。患者双亲的基因型多数为 α^0 地贫杂合子（$\alpha\alpha$/--）和 α^+地贫杂合子（α-/$\alpha\alpha$），再次生育其子女有 1/4 的概率为正常人，1/4 的概率为 α^+地贫杂合子，1/4 的概率为 α^0 地贫杂合子，1/4 的概率为 HbH 病。

（3）标准型 α 地中海贫血：又称轻型 α 地贫，基因型为 α^0 地贫杂合子（--/αα）或 α^+地贫纯合子（α-/α-），前一种类型在我国较多见，后一种类型多见于黑种人。本型缺失两个 α 基因，由于能合成相当量的 α 链，故无症状或仅表现出轻度贫血。标准型 α 地贫患者（--/$\alpha\alpha$）之间婚配，生育时有 1/4 的概率为 Hb Bart's 胎儿水肿综合征。

（4）静止型携带者：仅缺失一个 α 基因，基因型为 α^+地贫杂合子（α-/$\alpha\alpha$）。一般无临床症状，仅在出生时血液中含 1%～2% Hb Bart's。静止型 α 地贫与轻型 α^0 地贫杂合子婚配，可有 1/4 的概率生育 HbH 病患儿。

2. β 地中海贫血　β 地中海贫血（β-thalassemia，OMIM #613985）简称 β 地贫，是由于 β 珠蛋白基因的缺失或缺陷使 β 珠蛋白链的合成缺失（β^0）或减少（β^+）而引起的溶血性贫血。该病好发于地中海沿岸国家，如意大利、希腊、马耳他、塞浦路斯等，以及东南亚各国。该病在我国发生率为 0.66%，广东省携带者频率为 3.5%，广西壮族自治区携带者频率可达 6.78%。绝大多数 β 地贫是 β 珠蛋白基因调控区发生点突变，使 β 珠蛋白合成减少甚至缺如，导致 α 珠蛋白和 β 珠蛋白之间不平衡所致。完全不能合成 β 链者称 β^0 地贫；能部分合成 β 链者称 β^+地贫，二者不同的组合形成 β^0 地贫纯合子（β^0/β^0）、双重杂合子（β^0/β^+）、β^0 地贫杂合子（β^A/β^0）、β^+地贫纯合子（β^+/β^+）和 β^+地贫杂合子（β^A/β^+）。本病根据患者溶血性贫血的表现程度，可以分为四种类型。

（1）重型 β 地中海贫血：患者是 β^+地贫、β^0 地贫或 $\delta\beta^0$ 地贫的纯合子（β^+/β^+、β^0/β^0 和 $\delta\beta^0/\delta\beta^0$），或是 β^+和 β^0 地贫的双重杂合子（β^0/β^+）。这些患者几乎不能合成 β 链，或合成量很少，以致没有或者只有少量 HbA。过剩的游离 α 链则形成包涵体，沉降在红细胞膜上，发生严重溶血反应。同时过剩 α 链可与代偿增加的 γ 链组成 HbF。由于 HbF 较 HbA 的氧亲和力高，在组织中不易释放出氧，组织缺氧促使红细胞生成素大量分泌，刺激骨髓的造血功能，使骨髓大量增生，骨质受损致骨质疏松，可出现典型“地中海贫血面容”：头颅大，额顶及枕部隆起，鼻梁塌陷，上颌及牙齿前突，眼距宽，眼睑浮肿等。

（2）轻型 β 地中海贫血：患者是 β^+地贫、β^0 地贫或 $\delta\beta^0$ 地贫的杂合子（β^A/β^+、β^A/β^0 和 $\beta^A/\delta\beta^0$）。这类患者由于还能合成相当量的 β 链，所以症状较轻，贫血不明显或轻度贫血。本病患者的 HbA_2 和 HbF 可代偿性升高。

（3）中间型 β 地中海贫血：患者通常是某些 β 地贫变异型的纯合子，如 β^+地贫（高 F）/β^+地贫（高 F）或两种不同变异型地贫的双重杂合子，如 $\beta^+/\delta\beta^+$。其症状介于重型和轻型之间，故称为中间型 β 地中海贫血。

（4）遗传性胎儿血红蛋白持续存在症（hereditary persistence of fetal hemoglobin，HPFH）：由于 β 基因簇中某些 DNA 片段的缺失或者点突变，使 δ 和 β 链的合成受抑制，而 γ 链的合成明显增加，使成人患者红细胞内 HbF 仍保持较高水平。由于 HbF 代偿了 HbA 的缺陷，所以患者一般无明显的临床症状和血液学改变。

3. β 地中海贫血合并 α 地中海贫血　当两者合并发生时，症状往往会减轻。可能是由于多余的 α 珠蛋白减少使类 α 链和类 β 链之间趋于平衡，体内无效造血情况减轻，临床症状也随之减轻。

二、血浆蛋白病

血浆蛋白病（plasma protein disease）是指由于血浆蛋白相关基因发生突变，导致血浆蛋白结构、含量、功能异常而引起的一类疾病，其中以血友病最为常见。血友病（hemophilia）是一组遗传性凝血功能障碍的出血性疾病，共同特征为缺乏凝血因子，导致凝血时间延长，终身具有轻微创伤后出血倾向。现主要介绍血友病的三种亚型以及与其相似的血管性假性血友病。

（一）血友病 A

血友病 A（hemophilia A，OMIM #306700）于 18 世纪末发现，是由于编码凝血因子Ⅷ的基因 *F8* 突变，使血浆中缺乏凝血因子Ⅷ，因而又称第Ⅷ因子缺乏症。血友病 A 是血友病中最为常见的一型，约占总数的 80%～85%，该病主要临床表现为反复自发性或在轻微损伤后出血不止，出血部位广泛，以大血管、关节及深部组织出血为主，因而在皮肤、肌肉、关节等处常可见瘀斑、青紫及血肿。该病呈 X 连锁隐性遗传，约有 40%患者无家族史，绝大多数患者为男性（男性发病率为 1/5000），女性患者极为少见，女性携带者一般无出血表现。*F8* 基因定位于 Xq28，长 186kb，由 26 个外显子组成，编码 2351 个氨基酸。已发现该基因的突变 2635 种，涉及分子重排、缺失、点突变、插入和移码等。

目前，分子诊断已能准确鉴定血友病 A 携带者，因而可进行产前诊断，预防患儿出生。原则上采取替代疗法，补充凝血因子Ⅷ，使患者血浆中凝血因子Ⅷ恢复到正常水平，但长期持续替代治疗会产生抗体，影响治疗效果。

（二）血友病 B

血友病 B（hemophilia B，OMIM #306900）是由于编码凝血因子Ⅸ的基因 *F9* 突变，使血浆中凝血因子Ⅸ缺乏，也称血浆凝血活酶成分缺乏症或第Ⅸ因子缺乏症。该病占血友病患者总数的 15%～20%，临床表现与血友病 A 相似，但发病率较低，临床症状相对较轻。遗传方式亦为 X 连锁隐性遗传，多为男性患者。女性杂合子凝血因子Ⅸ的含量波动范围甚广。人类 *F9* 基因定位于 Xq27.1，全长 33.5kb，由 8 个外显子组成，编码 461 个氨基酸。目前已报道的 *F9* 基因突变有 1155 种。

本病治疗亦多采用替代疗法，即定期给患者输注凝血因子Ⅸ或浓缩血浆制剂，将第Ⅸ因子活性提高到 25%以上即有疗效，也可采用基因疗法。产前诊断同样是防止本病患儿出生的有效方法。

（三）血友病 C

血友病 C（hemophilia C，OMIM #612416）又名第Ⅺ凝血因子缺乏症，症状较 A、B 型轻，关节腔积血较少见。遗传方式属常染色体隐性遗传，致病基因定位于 4q35.2，基因长度为 23kb，由 15 个外显子组成，编码 625 个氨基酸。本病纯合子的第Ⅺ因子浓度在 10%以下，杂合子为 10%～65%。目前已发现数十种突变，以点突变为主。

（四）血管性假性血友病

血管性假性血友病，也称 von Willebrand 病（von Willebrand disease，OMIM #193400），是一种与凝血因子Ⅷ有关的遗传性凝血障碍，是血浆中 von Willebrand 因子（vWF）缺乏所致。von Willebrand 因子是大分子量的糖蛋白，基因定位于 12p13.31，长 180kb，编码 2813 个氨基酸。von Willebrand 因子由血管内皮细胞分泌，在血中不仅作为凝血因子Ⅷ的载体，而且可增强凝血因子Ⅷ稳定性。故 vWF 因子缺乏会降低凝血因子Ⅷ活性，影响血小板的凝血功能。本病有明显的出血倾向，但症状较轻。本病分为Ⅰ、Ⅱ、Ⅲ、Ⅳ型，除Ⅲ型为常染色体隐性遗传，其余类型均为常染色体显性遗传。

三、结构蛋白缺陷病

构成细胞的基本结构和骨架的蛋白的遗传性缺陷导致的疾病称为结构蛋白缺陷病。这类分子病包括肌营养不良症和胶原蛋白病等。

胶原约占人体蛋白质总量的 20%以上，维持着组织和器官的结构完整。编码胶原蛋白的基因突变或缺失会导致胶原蛋白合成异常，引起胶原蛋白病，也称结缔组织遗传病。临床上常见的胶原蛋白病有成骨不全和埃勒斯-当洛综合征。

（一）成骨不全

成骨不全（osteogenesis imperfecta）俗称“脆骨病”。患者表现为骨质薄脆，轻微的碰撞也会造成严重的骨折，无法正常运动，全身肌肉萎缩，成人仅有幼儿般的身高。该病发病率约为 1/15 000，是最常见的常染色体显性遗传病之一。成骨不全症是一组因Ⅰ型胶原异常而引起的遗传性疾病，一般分为四种类型，都是常染色体显性遗传病，最常见的是Ⅰ型和Ⅱ型（表 8-2）。

表 8-2 成骨不全各亚型的遗传和临床特征

类型	OMIM	临床特征	分子变化	遗传缺陷
Ⅰ型	#166200	蓝色巩膜，骨质疏松致脆性增加而易反复骨折	Ⅰ型胶原结构正常但量减少 50%	突变致 Proα1（Ⅰ） mRNA 合成量下降，致病基因定位于 17q21.33
Ⅱ型	#166210	死胎或出生后早期死亡。长骨短宽，多发性骨折，蓝色巩膜	Ⅰ型胶原结构变异（特别是羟基端）	编码甘氨酸的密码子突变，致病基因定位于 7q21.3 和 17q21.33
Ⅲ型	#259420	进行性畸变：进行性骨畸变、蓝色巩膜、听觉丧失	Ⅰ型胶原结构变异（特别是氨基端）	同Ⅱ型，致病基因定位于 7q21.3 和 17q21.33
Ⅳ型	#166220	正常巩膜性畸变：轻度畸形、矮小、听觉丧失	同Ⅲ型	①同Ⅱ型；②α_2 基因外显子跳跃突变，致病基因定位于 7q21.3 和 17q21.33

Ⅰ型成骨不全又称蓝色巩膜综合征，主要症状为骨质疏松致脆性增加而易反复骨折，巩膜呈蓝色，关节可过度活动而易于受伤并导致肢体畸形，牙齿生长不齐，畸形，伴传导性耳聋，多在青春期后发病。致病基因定位于 17q21.3-q22 及 7q22.1，病因为Ⅰ型胶原基因各种点突变导致的胶原成熟缺陷，因而使正常的胶原蛋白数量下降。最典型例子是胶原蛋白 α_1 链基因 *COL1A1* 突变，致使 α_1 链第 178 位甘氨酸突变为半胱氨酸，患者只能合成 50%的胶原蛋白。

Ⅱ型成骨不全又称先天性致死性成骨不全。胎儿在宫内即可因骨质疏松、发脆而引起四肢、肋骨多发性骨折；临床表现为巩膜呈蓝色，耳硬化性聋，身体矮小；患者一般为死胎或者出生后早期死亡，即使存活，多伴有进行性脑积水，长骨短宽和囊性变化。Ⅱ型成骨不全的病因更复杂，主要涉及胶原蛋白 α_1 链基因 *COL1A1* 和 α_2 链基因 *COL1A2* 编码甘氨酸的密码子点突变或重排，突变的胶原链参与螺旋结构形成，导致Ⅰ型胶原结构改变，因而其临床症状远比Ⅰ型成骨不全严重。

（二）埃勒斯-当洛综合征

埃勒斯-当洛综合征（Ehlers-Danlos Syndrome，EDS）又称先天性结缔组织发育不全综合征，是由丹麦皮肤科医师 Ehlers 及法国皮肤科医师 Danlos 分别于 1901 年和 1908 年报道，指有皮肤和血管脆弱，皮肤弹性过强，关节活动度过大三大主征的一组遗传性疾病。本病的临床亚型包括 EDS Ⅰ～EDS Ⅺ等 11 种亚型，遗传方式并不相同，发病多符合常染色体显性遗传或常染色体隐性遗传，部分符合 X 连锁隐性遗传。主要临床表现：皮肤脆弱、易损伤，皮肤外伤后可以形成较大的伤口，愈合过程缓慢，愈后留下萎缩性瘢痕；皮肤延展性过度和关节活动过度。研究表明Ⅰ型埃勒斯-当洛综合征（OMIM #130000）的病因可能是编码Ⅴ型胶原纤维的 α_1 链基因 *COL1A1* 和 *COL1A2* 发生了突变，致病基因定位于 9q34.3。

四、受体蛋白病

受体是一类存在于细胞膜或细胞内，能与胞外专一信号分子结合进而激活细胞内一系列生化反应，使细胞对外界刺激产生相应效应的特殊蛋白质。由于基因突变导致受体的结构、功能或数量异常所引起的一类疾病，称为受体蛋白病（receptor disease）。

家族性高胆固醇血症（familial hypercholesterolemia，FH；OMIM #143890）是由于细胞膜上低密度脂蛋白受体（low density lipoprotein receptor，LDLR）基因突变导致脂类代谢失调的遗传性疾病。临床上表现为血液中胆固醇水平增高，出现胆固醇沉淀的肌腱黄色瘤和角膜弓、早发性动脉粥样硬化、冠心病和心肌梗死症状。

正常情况下，血浆中的低密度脂蛋白（low density lipoprotein，LDL）颗粒与胞膜上的 LDLR 结合后，经胞吞作用进入细胞内，被溶酶体吞噬。在溶酶体中 LDL 与 LDLR 分离，LDL 被酸性水解酶水解，释出游离胆固醇。游离胆固醇可以激活脂酰辅酶 A:胆固醇酯酰转移酶（Acyl coenzyme A : cholesterol acyltransferase，ACAT），胆固醇酯酰转移酶可使游离胆固醇酯化为胆固醇酯而储存。同时，游离胆固醇还可抑制细胞内的β-羟基-β-甲基戊二酰辅酶A（3-hydroxy-3-methylglutaryl coenzyme A，HMG-CoA）还原酶活性，从而减少细胞内胆固醇的合成（图8-6）。这样，游离胆固醇反馈抑制细胞内胆固醇的合成，从而维持胆固醇平衡。

本病患者由于LDLR遗传性缺乏，血浆中LDL不能进入细胞，使胆固醇在血中堆积；并且LDLR缺乏使细胞内游离胆固醇水平降低，其反馈抑制作用解除，细胞内胆固醇合成加速，大量胆固醇进入血浆，最终导致胞内外均出现胆固醇堆积而致病。本病为常染色体显性遗传病，外显率为90%～100%。在人群中，杂合子发生率为1/500，杂合子临床表现较轻。

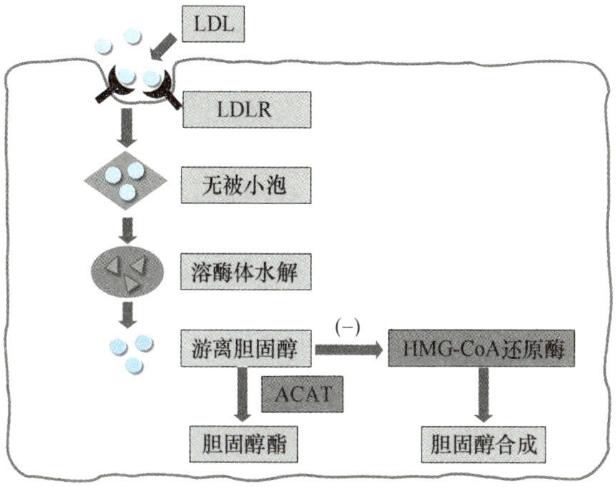

图8-6 细胞内胆固醇的代谢

*LDLR*基因位于19p13.2，长45kb，含19个外显子。目前已发现的*LDLR*突变超过1100多种。*LDLR*基因突变类型包括碱基置换、插入、缺失等，其中以碱基缺失较多见。*LDLR*基因突变可导致LDLR发生以下缺陷：①受体生成后滞留于内质网中，不能被正常转运到高尔基体，这属于转运缺陷，原因是基因突变影响了蛋白质的空间构型；②形成受体虽然位于细胞表面，但不能与LDL正常结合，这是因为受体的LDL结合域发生了异常改变；③受体羧基末端的细胞质功能域遭到破坏或去除，结果受体不能正常定位在有被小窝，即使受体与LDL结合也不能被内吞进细胞；④受体不能与配体正常解离，致使受体不能重回细胞膜表面被重新利用。

五、膜转运蛋白病

由于膜转运蛋白的遗传缺陷，影响某些物质正常通过细胞膜所引起的疾病称为膜转运蛋白病，如囊状纤维化和胱氨酸尿症。

（一）囊性纤维化

囊性纤维化（cystic fibrosis，CF）（OMIM #219700）是白种人儿童中最常见的致死性常染色体隐性遗传病，新生儿发病率约为1/2500。囊性纤维化的致病基因*CFTR*定位于7q31.2，长约190kb，包含27个外显子，编码一种膜整合蛋白——囊性纤维跨膜转导调节子，该蛋白为一种ABC转运体，分布于气道、肠道、胰腺、汗腺导管等多种上皮细胞的顶部，参与氯离子的出胞转运。*CFTR*基因突变类型包括缺失、插入、错义突变、无义突变、剪接突变等。*CFTR*基因突变导致细胞向外转运的氯离子减少，氯离子和水不能进入呼吸道分泌的黏液中，致使分泌黏液水化不足、黏度增大，造成纤毛摆动困难，不能向外排出分泌物而引发细菌感染。该病主要累及肺、胰腺等器官，临床表现为慢性咳嗽、大量黏痰和反复发作的难治性肺部感染、长期慢性腹泻、生长发育迟缓等，10%～20%新生儿出现胎粪性肠梗阻，95%以上男性患者由于黏稠分泌液导致渐进性输精管阻塞，引起梗阻性无精症而不育，患者最后多因肺衰竭、感染和营养不良而死亡。

（二）胱氨酸尿症

胱氨酸尿症（Cystinuria，OMIM #220100）是由于肾近曲小管和小肠黏膜上皮细胞的载体rBAT和BAT1缺陷，造成肾小管对肾小球滤出液中胱氨酸、精氨酸、赖氨酸和鸟氨酸的重吸收障碍，引起患者血浆中四种氨基酸含量降低，而尿液中四种氨基酸含量升高。由于赖氨酸、精氨酸和鸟氨酸易溶于水，不易造成损害，而胱氨酸相对难溶，当患者每天排出胱氨酸的量达到或超过0.5～1.0g时，胱氨酸就会从尿液中析出形成结晶，导致尿路或肾脏结石，引起尿路感染症状。

胱氨酸尿症可分为3种亚型，都为常染色体显性遗传。Ⅰ型由定位于2p21上的*SLC3A1*基因致病，Ⅱ型由定位于19q13.11上的*SLC7A9*基因致病，Ⅲ型则需要*SLC3A1*和*SLC7A9*同时突变才能致病。

第二节 先天性代谢缺陷病

在一定条件下，酶能够决定体内代谢反应的类型和反应的途径与去向。如图 8-7 所示，作为某代谢反应的初始底物 A，在酶 AB（E_{AB}）的催化下，转变为初级代谢产物 B；B 又在酶 BC（E_{BC}）、酶 CD（E_{CD}）的催化下依次转化为其代谢的次级中间产物 C 和终产物 D。A 物质的代谢除沿 A→B→C→D 这一主要途径进行外，某种条件下还可在其他酶类作用下沿 A→F→G 的代谢旁路进行。可见，每一个代谢反应途径，以及各种中间代谢产物的去向，均和参与催化该代谢反应的酶密切相关。

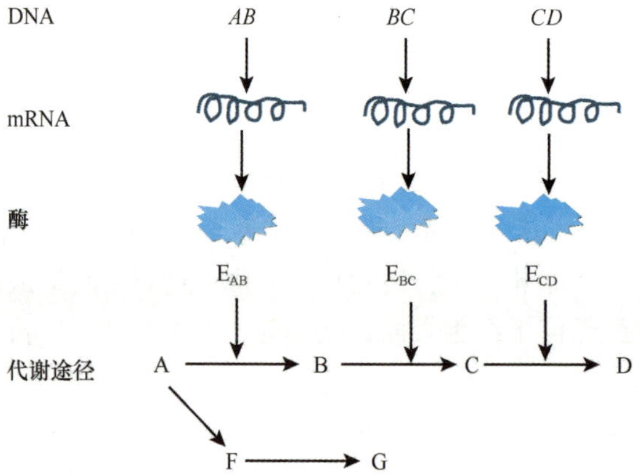

图 8-7 酶与代谢反应的关系

英国内科医生 Archibald Garrod 系统研究了尿黑酸尿症、白化病和戊糖尿症等遗传代谢病，于 1909 年首次提出了先天性代谢缺陷病的概念，因而被称为先天性代谢缺陷研究之父。先天性代谢缺陷可能有两种原因：一是编码酶蛋白的结构基因发生突变，引起酶蛋白的结构异常或缺失；二是基因的调控系统发生异常，使之合成过多或过少的酶，引起代谢紊乱。

几乎所有酶缺陷所引起的病理改变都直接或间接地与底物的积累或产物的缺乏或兼而有之有关。例如，体内半乳糖-1-磷酸尿苷酰转移酶的缺乏，会导致代谢中间产物半乳糖与半乳糖-1-磷酸的积累，引发半乳血糖症；如黑色素细胞内酪氨酸酶的缺乏，会导致正常代谢产物黑色素的缺乏，引发白化病；如体内缺乏苯丙氨酸羟化酶，导致苯丙氨酸代谢旁路开放形成苯丙酮酸，引发苯丙酮尿症。

根据酶蛋白缺陷对机体代谢的影响不同，可将先天性代谢缺陷病分为糖代谢病、氨基酸代谢病、核苷酸代谢病和脂类代谢病等。

一、糖代谢病

糖代谢病是由于参与糖代谢的酶的遗传性缺陷，使体内的糖代谢异常而发生的疾病。包括葡萄糖-6-磷酸脱氢酶缺乏症（详见第十五章第一节）、半乳糖血症、糖原贮积症、黏多糖贮积症等。

（一）半乳糖血症

半乳糖血症（galactosemia，OMIM #230400）是由于遗传性酶缺乏导致半乳糖在体内堆积而导致的代谢综合征。该病多在新生儿期起病，主要表现为对乳糖不耐受。

乳类含有乳糖，乳糖经消化道乳糖酶分解产生葡萄糖、半乳糖（galactose）。半乳糖被吸收后首先在半乳糖激酶（galactokinase，GALK）的催化下经磷酸化生成半乳糖-1-磷酸；然后半乳糖-1-磷酸在半乳糖-1-磷酸尿苷酰转移酶（galactose-1-phosphate uridyltransferase，GALT）的作用下与尿苷二磷酸葡萄糖交换生成尿苷二磷酸半乳糖和葡萄糖-1-磷酸；接着，尿苷二磷酸半乳糖经尿苷二磷酸半乳糖-4-表异构酶（uridine diphosphate galactose-4-epimerase，GALE）催化重新生成尿苷二磷酸葡萄糖，而葡萄糖-1-磷酸则进入葡萄糖代谢途径供组织细胞所利用（图 8-8）。如果半乳糖代谢过程中酶发生遗传性缺陷将导致半乳糖血症。

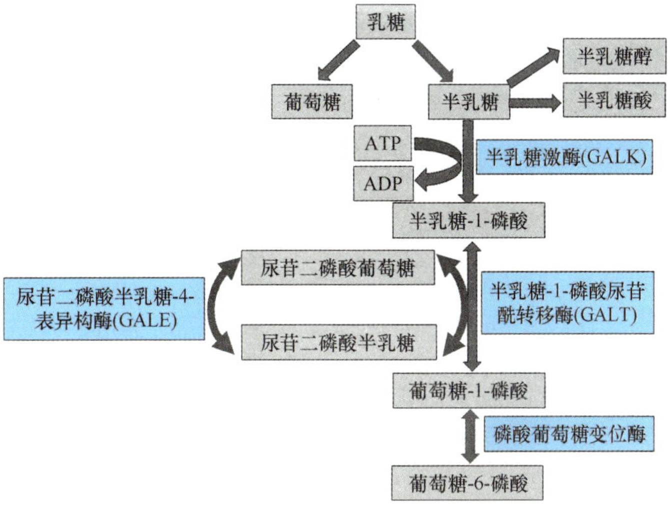

图 8-8　半乳糖代谢途径

根据缺乏的酶不同，目前将半乳糖血症分为 3 种类型，遗传方式均为常染色体隐性遗传。Ⅰ型半乳糖血症也称为经典半乳糖血症，是最常见且病情最严重的一类半乳糖血症。患儿一般出生 3～4 天后即因喂奶（母乳、牛奶、羊奶等）出现拒奶、呕吐、腹泻、嗜睡等，约 1 周后可出现黄疸、肝脾大、腹水、消瘦、低血糖等症状，1～2 个月内可出现白内障。如不控制乳汁摄入，婴儿期表现为严重的肝脏损伤、智力障碍、语言及运动发育迟缓。患儿血和尿中半乳糖含量增高，血糖低下，多因肝衰竭致死。Ⅰ型半乳糖血症在全球发病率约为 1/80 000～1/40 000。

Ⅰ型半乳糖血症是由于半乳糖-1-磷酸尿苷酰转移酶缺乏，致使半乳糖-1-磷酸及半乳糖在血中累积，部分随尿排出。半乳糖-1-磷酸在肝的积聚可引起肝功能损害甚至肝硬化；在脑的积聚引起智力障碍；在肾的累积可致肾功能损害，引起蛋白尿。血中半乳糖升高可抑制糖原分解为葡萄糖，出现低血糖症；半乳糖在醛糖还原酶作用下产生半乳糖醇，提高晶状体的渗透压，使水分进入晶状体，影响晶状体代谢而致白内障。编码半乳糖-1-磷酸尿苷酰转移酶的基因 *GPUT* 定位于 9p13.3，目前该基因已报道的基因突变约 300 种，以错义和无义突变为主。

Ⅱ型半乳糖血症为半乳糖激酶缺陷所致，由于没有半乳糖-1-磷酸积累，故无肝功能损伤。该型患儿较少见。新生儿期基本无症状，多因发生白内障后才确诊。本型除半乳糖尿和白内障与Ⅰ型相同外，本型有假性脑瘤，黄疸、肝大和智力障碍不常见，无蛋白尿表现。半乳糖激酶基因 *GALK1* 定位于 17q25.1。本病较为罕见，已报道有 30 多个突变位点，以错义突变为主。

Ⅲ型半乳糖血症为尿苷二磷酸半乳糖-4-表异构酶缺陷所致。本型患儿罕见，轻重程度不一，临床表现多变或无临床表现。致病基因 *GALE* 定位于 1p36.11，已报道有 20 多个突变位点，以错义突变为主。

本病可通过新生儿筛查发现，若确诊后应立即停乳。严重者应逐日监测尿内半乳糖水平。如果产前怀疑胎儿可能患有半乳糖血症，可通过羊膜穿刺术进行产前诊断或出生时取脐带血检查红细胞内的酶活性。

（二）糖原贮积症

糖原贮积症（glycogen storage disease，GSD）是一组由糖原分解代谢过程中酶缺陷所引起的遗传性疾病，发病率为 1/200 000。糖原贮积症主要累及肝脏，其次是心脏或肌肉，也可伴有肾和神经系统的损害。根据所缺的酶不同，本病分为多数类型，各型患者临床表现、治疗、预后都不完全相同。本症大多数为常染色体隐性遗传，以Ⅰ型最为常见。主要糖原贮积症分型见表 8-3。

表 8-3　常见糖原贮积症分型

病名	OMIM	缺陷的酶	遗传方式及基因定位	典型症状
GSDⅠ	#232200	葡萄糖-6-磷酸酶	AR，17q21.31	肝肾大，低血糖
GSDⅡ	#232300	溶酶体 α-1, 4-葡糖苷酶	AR，17q25.3	心力衰竭，肌无力,巨舌
GSDⅢ	#232400	淀粉-1, 6-葡糖苷酶	AR，1p21.2	肝肾大，中等低血糖

续表

病名	OMIM	缺陷的酶	遗传方式及基因定位	典型症状
GSDⅣ	#232500	淀粉-（1,4；1,6）葡萄糖转移酶	AR，3p12.2	肝脾大，肝硬化
GSDⅤ	#232600	肌肉磷酸化酶	AR，11q13.1	肌无力，肌痉挛
GSDⅥ	#232700	肝磷酸化酶	AR，14q22.1	低血糖症,生长迟缓
GSDⅦ	#232800	肌肉磷酸果糖激酶	AR，12q13.11	肌痉挛，肌无力，肌痛
GSDⅨa	#306000	肝磷酸化酶激酶	XR，Xp22.13	轻型低血糖症，肝大
GSDⅨb	#261750	肝、肌肉磷酸化酶激酶	AR，16p12.1	肝大，肌无力
GSDⅨc	#613027	肝磷酸化酶激酶	AR，16p11.2	肝大，低血糖
GSDⅩ	#261670	肌肉磷酸甘油酸变位酶	AR，7p13	肌痉挛，肌痛
GSD0	#240600	肝糖原合酶-2	AR，12p12.1	肝糖原合成缺乏

Ⅰ型糖原贮积症（OMIM #232200）是最常见的糖原贮积症，由肝内葡萄糖-6-磷酸酶（glucose-6-phosphatase，G6Pase）缺乏引起，患者葡萄糖-6-磷酸不能转变为葡萄糖供组织利用，引起患儿肝大。当不进食时极易发生低血糖，葡萄糖-6-磷酸通过无氧酵解可以生成大量乳酸，导致酸中毒。葡萄糖-6-磷酸酶的基因定位于17q21。

Ⅱ型糖原贮积症（OMIM #232300）是由于溶酶体α-1,4-葡糖苷酶缺乏导致糖原不能正常分解，造成溶酶体内糖原堆积，病变累及全身肌肉。本病一般在儿童期即发病，患者多因心肌无力、心脏扩大而最终死于心力衰竭。致病基因 *GAA* 定位于17q25.2。

（三）黏多糖贮积症

黏多糖是由蛋白质和氨基多糖构成的糖蛋白，有硫酸皮肤素、硫酸乙酰肝素、硫酸角质素等，是结缔组织的成分。黏多糖贮积症（mucopolysaccharidosis，MPS）是由于糖苷酶或硫酸酯酶的遗传性缺乏，造成酸性黏多糖不完全分解，部分分解产物蓄积在溶酶体中，在各种组织中累积所致。本病患儿主要表现为面容粗犷，骨骼畸形，皮肤粗糙，可伴不同程度智力障碍和肝、脾、心等器官损害。本病根据酶的缺乏种类不同可分为七型，大多数为常染色体隐性遗传病。

二、氨基酸代谢病

氨基酸代谢病是由于氨基酸代谢过程中关键酶的遗传性缺陷，使体内的氨基酸代谢异常而发生的疾病。苯丙氨酸是人类的必需氨基酸，其分解产物用于生成黑色素、甲状腺素和肾上腺素等。苯丙氨酸代谢中一些酶的异常会导致相应疾病，如苯丙酮尿症、白化病和尿黑酸尿症。

（一）苯丙酮尿症

临床上常见的苯丙酮尿症（phenylketonuria，PKU；OMIM #261600）是典型苯丙酮尿症，其次为恶性苯丙酮尿症。

1. 典型苯丙酮尿症　典型苯丙酮尿症是一种严重的常染色体隐性遗传病。本病于1934年首次发现，因患者尿中排泄大量苯丙酮酸而得名。临床表现为尿液和汗液有特殊“鼠臭味”，头发、皮肤、虹膜色度减退，颜色浅淡（黄种人呈黄色，白种人呈蓝色），智力障碍，伴有肌张力增高，易激动甚至惊厥。

本病是由肝中苯丙氨酸羟化酶（phenylalanine hydroxylase，PAH）遗传性缺乏引起。正常人苯丙氨酸在体内主要通过苯丙氨酸羟化酶的作用羟化成为酪氨酸（图8-9）。典型苯丙酮尿症患者由于肝内苯丙氨酸羟化酶几乎完全缺失，导致血清中苯丙氨酸浓度增高，正常人为1～3mg/dL，而患者可达50～100mg/dL。过量的苯丙氨酸使旁路代谢活跃，产生苯丙酮酸、苯乳酸、苯乙酸等异常产物，并从尿和汗液中大量排出，致患儿的尿和汗液呈特殊的腐臭味道。同时，旁路产物抑制了脑组织 *L*-谷氨酸脱羧酶活性，使脱羧产物 γ-氨基丁酸减少，后者对脑细胞的发育及功能起重要作用，因而导致智能障碍，出现小头畸形等神经系统损伤。另外，苯丙氨酸正常产物酪氨酸是黑色素的前体，高浓度苯丙氨酸及其旁路代谢产物抑制酪氨酸酶（tyrosinase），使患者黑色素合成减少，因而临床表现为明显的皮肤、毛发色浅。

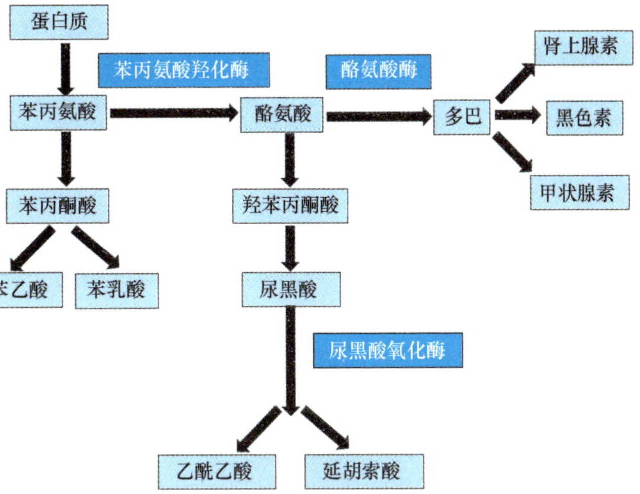

图 8-9 苯丙氨酸、酪氨酸、尿黑酸的代谢途径

现已知 *PAH* 基因定位于 12q23.2，全长约 90kb，含 15 个外显子，在中国人中已发现 10 余种点突变，大部分涉及核苷酸缺失和替换。本病发病率有显著种族差异，美国约为 1/14 000，德国约为 1/5700，中国约为 1/11 000。

本病早期确诊后，应给予低苯丙氨酸饮食，将血苯丙氨酸控制在 2～6mg/dL，可使患儿智力保持正常。值得注意的是，所有不接受治疗的苯丙酮尿症女性患者子代都有异常，大多数孩子出现延缓发育、小头畸形、生长障碍。这是由于这些孩子都是杂合子，他们的临床症状并非因为自身遗传因素，而是母体循环中高苯丙氨酸的致畸效应。故苯丙酮尿症女性患者若打算生育，妊娠前就必须开始低苯丙氨酸饮食。

2. 恶性或非典型苯丙酮尿症 属四氢生物蝶呤（tetrahydrobiopterin，BH4）缺乏型，四氢生物蝶呤是苯丙氨酸、酪氨酸等在羟化过程中所必需的辅酶，缺乏时不仅苯丙氨酸不能羟化成酪氨酸，而且造成多巴胺、5-羟色胺等重要神经递质缺乏，会加重神经系统的功能损害。本症可能是由于 6-丙酮酰四氢蝶呤合成酶（6-pyruvoyl-tetrahydropterin synthase，6-PTS）、二氢蝶啶还原酶（dihydropteridine reductase，DHPR）、鸟苷三磷酸环化水解酶（GTP cyclohydrolase，GTP-C）缺乏所致，这些酶类均是合成或再生四氢生物蝶呤所必需的酶。恶性苯丙酮尿症的临床表现与典型苯丙酮尿症相比，神经系统表现较为突出，如躯干肌张力下降，四肢肌张力增高，不自主运动，震颤，阵发性角弓反张，顽固性惊厥发作等，即使给予低苯丙氨酸饮食也不能改善神经系统症状。

（二）白化病

白化病（albinism）是一种由于酪氨酸酶缺乏或者功能减退导致皮肤及附属器官黑色素合成障碍的先天性疾病。临床主要表现为全身皮肤、毛发以及虹膜和眼底黑色素缺乏或减少，因而皮肤及其毛发呈黄白色或白色，虹膜和瞳孔呈淡粉色，畏光。眼部色素缺乏会导致视力低下和眼球震颤；眼底色素沉着减少则导致视网膜中央凹发育不全，进而致使斜视和立体视觉缺失。本病发病率为 1/20 000～1/10 000，主要呈常染色体隐性遗传，多发生于近亲结婚人群；极个别呈 X 连锁隐性遗传。

正常人黑色素由黑素细胞合成，这些细胞中有特殊的细胞器黑素小体（melanosome），其中有含铜的酚氧化酶，即酪氨酸酶，它可将酪氨酸转变成黑色素（图 8-9）。白化病人有黑素细胞，但酪氨酸酶缺乏，使黑色素不能形成而白化。根据临床特征可将白化病分为非综合性白化病和综合性白化病，非综合性白化病包括眼皮肤白化病及眼白化病。眼皮肤白化病存在遗传异质性，是各种基因突变所导致的症状群，根据致病突变基因不同可分为 4 型（表 8-4）。

表 8-4 眼皮肤白化病的分型和遗传特征

类型	OMIM	致病基因和定位	临床症状
Ⅰ型	#203100	*TYR*，11q14.3	全身白化，终身不变，视网膜无色素；畏光、怕光，常伴有视力异常；对阳光敏感，暴晒引起皮肤角化增厚，并诱发皮肤癌

续表

类型	OMIM	致病基因和定位	临床症状
Ⅱ型	#203200	*OCA2*，15q12-q13.1	真黑色素合成减少，患者出现皮肤白，毛发黑白或黄棕色，虹膜灰色或棕色；毛发和虹膜出生时伴少量色素沉着，常伴有视力异常；临床症状较Ⅰ型为轻
Ⅲ型	#203290	*TYRP1*，9p23	可表现为淡棕色皮肤和头发，部分患者有眼球震颤或斜视
Ⅳ型	#606574	*SLC45A2*，5p13.2	症状与Ⅱ型类似

（三）尿黑酸尿症

尿黑酸尿症（alkaptonuria，OMIM #203500）是一种罕见的遗传病，发病率为1/250 000。本病是酪氨酸代谢中缺乏尿黑酸氧化酶（homogentisic acid oxidase）引起的先天性代谢遗传缺陷病（图8-9），患者尿中含有尿黑酸，在碱性条件下暴露于氧气中，氧化并聚合为类似于黑色素的物质，从而使尿呈黑色。本病患者在新生儿期即可由尿排出大量尿黑酸。新鲜尿的颜色正常，放置于空气中则会变为棕色或黑色，其他并无异常。成年以后可出现褐黄病，因被氧化的尿黑酸长期沉积于结缔组织中，致使巩膜、鼻、颊等变为褐色或蓝黑色。晚期可伴有骨关节炎。本病为常染色体隐性遗传，致病基因 *HGD* 定位于3q13.33。突变携带者可通过尿黑酸负荷试验检出。

三、核苷酸代谢病

核苷酸代谢病是由于参与核苷酸代谢过程中关键酶的遗传性缺陷，体内的核苷酸代谢异常而发生的疾病。较为典型的核苷酸代谢病有着色性干皮病（详见第十二章第一节）和莱施-奈恩综合征等。

莱施-奈恩综合征（Lesch-Nyhan syndrome，LNS； OMIM #300322）也称自毁容貌综合征。本病的特征是智力障碍、舞蹈样动作和强迫性自残（自咬嘴唇、手指）行为，并伴有高尿酸血症、尿酸尿、血尿、尿道结石和痛风。患者可活至20余岁，多死于感染和肾衰竭。

本病是由于次黄嘌呤鸟嘌呤磷酸核糖转移酶（hypoxanthine guanine phosphoribosyltransferase，HGPRT）遗传性缺乏所引起。正常情况下，次黄嘌呤鸟嘌呤磷酸核糖转移酶的功能是将次黄嘌呤转变为次黄苷酸（即IMP，肌苷酸），将鸟嘌呤转为鸟苷酸（GMP），鸟苷酸及腺苷酸可以反馈抑制5-磷酸核糖-1-焦磷酸盐（PRPP）合成5-磷酸核糖胺，从而控制IMP的自发合成速度（图8-10）。

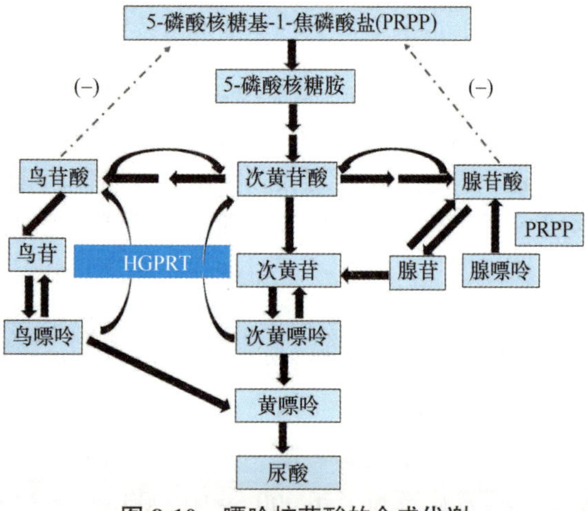

图8-10 嘌呤核苷酸的合成代谢

代谢过程中，次黄嘌呤鸟嘌呤磷酸核糖转移酶的催化起到反馈抑制作用。当次黄嘌呤鸟嘌呤磷酸核糖转移酶缺乏时，底物在神经系统中堆积，反馈抑制作用减弱或消失，次黄苷酸和鸟苷酸生成量大为减少，嘌呤合成速度大为增快，致使患者体液内的尿酸浓度增高，出现高尿酸血症和尿酸尿，代谢紊乱而致病。

莱施-奈恩综合征呈X连锁隐性遗传，发病率约为1/380 000，患者均为男性。致病基因 *HPRT1* 定位于Xq26.2-q26.3。经典型患者无次黄嘌呤鸟嘌呤磷酸核糖转移酶活性。酶仅部分缺乏时，患者往往出现痛风而无莱施-奈恩综合征症状。

四、脂类代谢病

脂类代谢病是由于脂类分解代谢中某种酶的缺乏，导致其作用的脂类底物不能分解，中间产物在患者体内贮积而发生的疾病，如Tay-Sachs病（详见第七章第三节）、戈谢病。

戈谢病（Gaucher disease）属于神经鞘脂累积症。该病由于葡萄糖脑苷脂酶基因突变导致葡萄糖脑苷脂酶（glucocerebrosidase，GBA）活性缺乏，造成其底物葡萄糖脑苷脂在肝、脾、骨骼、肺，甚至脑的巨噬细胞溶酶体中贮积，形成典型的贮积细胞即“戈谢细胞”，这些细胞在组织、器官的浸润，导致受累组织器官出现病变，临床表现为多脏器受累并呈进行性加重。根据临床表现，可分为Ⅰ型（OMIM #230800）、Ⅱ型（OMIM #230900）和Ⅲ型（OMIM #231000）。各型均由于*GBA1*基因突变所致，致病基因定位于1q22。本病Ⅰ型无原发性中枢神经系统症状，多在幼儿期表现为生长发育迟缓，肝脾大；Ⅱ型为急性中枢神经系统受累型，患儿多在2岁前死亡，临床表现为急性肝、脾、肺等重要器官受累及脑神经异常；Ⅲ型为亚急性-中枢神经系统受累型，病程进展较Ⅱ型为慢，最初出现肝脾大，随后出现共济失调、惊厥等症状。

小　结

分子病和先天性代谢缺陷病是由于单个基因突变所致的蛋白质结构异常或生化代谢缺陷而导致的疾病，主要呈常染色体隐性遗传。

基因突变致使蛋白质的分子结构或合成量出现异常，从而引起机体功能障碍的疾病称为分子病。根据受累蛋白质的功能差异，分子病可以分为血红蛋白病、血浆蛋白病、结构蛋白缺陷病、受体蛋白病、膜转运蛋白病等。血红蛋白病分为异常血红蛋白病和地中海贫血两大类，前者表现为构成血红蛋白分子的珠蛋白肽链结构异常，后者表现为珠蛋白肽链合成速率降低。血浆蛋白病是指由于血浆蛋白相关基因发生突变，导致血浆蛋白结构、含量、功能异常而引起的一类疾病，其中以血友病最为常见。构成细胞的基本结构蛋白的遗传性缺陷可导致结构蛋白缺陷病，这类分子病主要包括胶原蛋白病等。由于受体蛋白遗传性缺陷引起的一类疾病称为受体蛋白病。由于基因突变导致细胞膜上转运蛋白发生质或量的改变，影响某些物质正常通过细胞膜所引起的一类遗传性缺陷疾病称为膜转运蛋白病。

由于基因突变而造成的酶蛋白质分子结构或数量异常引起的疾病称为先天性代谢缺陷病。根据酶蛋白缺陷对机体代谢的影响不同，先天性代谢缺陷病分为糖代谢病（如半乳糖血症、糖原贮积症、黏多糖贮积症等）、氨基酸代谢病（如苯丙酮尿症、白化病、尿黑酸尿症等）、核苷酸代谢病（如莱施-奈恩综合征）、脂类代谢病（戈谢病）等。

复习思考题

1. 简述镰状细胞贫血的发病机制。
2. 什么是地中海贫血？有哪些类型？发病的分子机制有哪些？
3. 苯丙酮尿症的发病机制是什么？主要的临床症状有哪些？

（武　阳）

第九章

多基因遗传病

学习要点

掌握：①多基因遗传病、遗传率、易患性和阈值概念；②质量性状与数量性状的区别；③多基因假说要点；④多基因遗传病的遗传特点；⑤影响多基因遗传病再发风险因素。

熟悉：①遗传率的计算；②多基因遗传病再发风险估计。

了解：多基因遗传病的研究策略。

多基因遗传病（polygenic disorder）是由多个基因和环境因素通过复杂的相互作用形成的遗传病，又称作多因子病（multifactorial disorder）或复杂疾病（complex disease）。在新生儿中，多基因遗传病的发病率（incidence）约为5%，主要为常见的出生缺陷，如先天性心脏病、多指（趾）、唇腭裂和神经管畸形等；在一般群体中，多基因遗传病的患病率（prevalence）约为60%，主要为成年期发病的常见病，如2型糖尿病、原发性高血压、哮喘、冠心病和精神分裂症等。

第一节 多基因遗传的特点

一、质量性状与数量性状

前面介绍的单基因遗传由单一基因座上的基因控制，在群体中性状变异的分布为不连续分布，这类性状为质量性状（qualitative character）。例如，人类ABO血型由位于9q34的一个基因座控制，在群体中，该基因座上存在3个常见的等位基因，即I^A、I^B和i，可组合成6种基因型，形成4种血型（表型）：A型、B型、AB型和O型。四种血型即为4种相对性状，每种相对性状可以截然分开，中间没有过渡类型。

还有一类性状，其变异在群体中的分布为连续分布，不能区分出截然不同的相对性状，不同个体的性状只有量上的差异，而无质的不同，这类性状称为数量性状（quantitative character）。人类正常身高为数量性状，在群体中身高变异由矮到高逐渐过渡，变异的分布是连续的。对一个群体进行随机抽样，可见大部分人的身高接近平均值，很矮和很高的个体只占少数，变异呈正态分布。

二、多基因假说

1906年Yule指出数量性状可能是许多独立的遗传因子（基因）相互作用的结果，其中每个因子所起的作用都是微小的。瑞典植物育种学家Nilsson-Ehle接受了这一思想，通过对小麦种皮颜色遗传研究的总结，于1909年提出数量性状遗传机制的理论假说——多基因假说（polygene hypothesis），又称为Nilsson-Ehle假说，其要点包括：①数量性状的表达涉及两个或两个以上的基因。在生殖细胞产生的过程中，这些基因遵循孟德尔的分离定律和自由组合定律。但与控制单基因性状的基因相比，它们的作用方式有自己的特点，被称为多基因（polygene）。②等位基因之间没有显隐性关系，表现为共显性。③每个基因对性状的贡献是微小的，称为微效基因（minor gene）。④不同基因座上的基因，以累加方式协同作用，形成明显的表型效应，称为累加效应（additive effect）。⑤环境因素与基因型相互作用，产生最终的表型。

以人类身高的遗传为例来说明数量性状的遗传机制。假设身高涉及3个基因座（实际上与人类身高有关的基因座要多得多，现在已发现超过400个基因座与成人身高有关），每个基因座上只有两种等位基因：*A*、*a*；*B*、*b* 和 *D*、*d*。假设大写字母基因对身高的影响相同，每个大写字母基因对身高的贡献是5cm；小写字母基因对身高没有贡献。每个人具有0～6个大写字母基因，假设基因型为 *aabbdd* 的人身高为155cm。不考虑环境的影响，根据多基因假说可以推测，一个基因型为 *AABBDD* 的人身高为185cm（比155cm的人多了6个大写字母基因，身高在155cm基础上增加了30cm）。*AABBDD* 和 *aabbdd* 婚配，子女基因型为 *AaBbDd*，身高是170cm（具有3个大写字母基因）。基因型为 *AaBbDd* 的人在产生精子或卵细胞过程中可产生 *ABD*、*ABd*、*AbD*、*Abd*、*aBD*、*aBd*、*abD* 和 *abd* 共8种精子或卵细胞。如果两个基因型均为 *AaBbDd* 的人婚配，理论上可产生27种基因型的子女（表9-1），身高从155cm到185cm共7种，各种身高的子女所占的比例为1∶6∶15∶20∶15∶6∶1，可见中间类型（中等身高）占大多数，极端类型（很矮或很高）的个体较少。根据各种身高的子女所占的比例绘制柱形图（图9-1），可看到后代身高变异的分布接近于正态分布。在真实世界中，身高的变化除了基因型外，还受其他多种环境因素的影响，如营养、运动等因素，从而使得身高有一定范围的变异。在群体中，由环境因素所导致的变异分布更加广泛，从而使身高变异表现出连续分布的特点。

从上面的例子可看出，数量性状的遗传具有几个特点：①两个不同极端类型的个体杂交后，子一代（F_1）为中间类型；在环境因素的作用下，F_1 的表型具有一定范围的变异。②两个中间类型的个体杂交，F_1 大部分为中间类型，但可能会出现极端变异类型。③在随机交配的群体中，后代表型变异的范围广泛，但大部分为中间类型，极端变异类型所占的比例很少，变异在群体中的分布符合正态分布。

表9-1　*AaBbDd*×*AaBbDd* 子一代可能的基因型

	ABD	*ABd*	*AbD*	*Abd*	*aBD*	*aBd*	*abD*	*abd*
ABD	*AABBDD*	*AABBDd*	*AABbDD*	*AABbDd*	*AaBBDD*	*AaBBDd*	*AaBbDD*	*AaBbDd*
ABd	*AABBdD*	*AABBdd*	*AABbdD*	*AABbdd*	*AaBBdD*	*AaBBdd*	*AaBbdD*	*AaBbdd*
AbD	*AAbBDD*	*AAbBDd*	*AAbbDD*	*AAbbDd*	*AabBDD*	*AabBDd*	*AabbDD*	*AabbDd*
Abd	*AAbBdD*	*AAbBdd*	*AAbbdD*	*AAbbdd*	*AabBdD*	*AabBdd*	*AabbdD*	*Aabbdd*
aBD	*aABBDD*	*aABBDd*	*aABbDD*	*aABbDd*	*aaBBDD*	*aaBBDd*	*aaBbDD*	*aaBbDd*
aBd	*aABBdD*	*aABBdd*	*aABbdD*	*aABbdd*	*aaBBdD*	*aaBBdd*	*aaBbdD*	*aaBbdd*
abD	*aAbBDD*	*aAbBDd*	*aAbbDD*	*aAbbDd*	*aabBDD*	*aabBDd*	*aabbDD*	*aabbDd*
abd	*aAbBdD*	*aAbBdd*	*aAbbdD*	*aAbbdd*	*aabBdD*	*aabBdd*	*aabbdD*	*aabbdd*

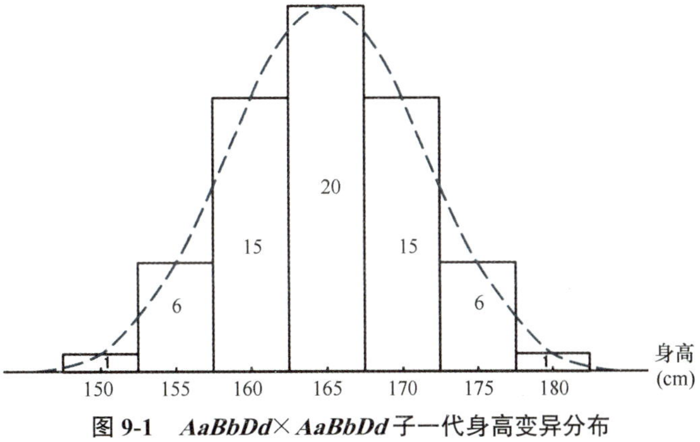

图9-1　*AaBbDd*×*AaBbDd* 子一代身高变异分布

第二节 多基因遗传病的特征

多基因遗传病的发生除了涉及多个基因，还存在基因与环境因素之间的复杂相互作用，因而具有与单基因遗传方式明显不同的特征。

一、易患性和阈值

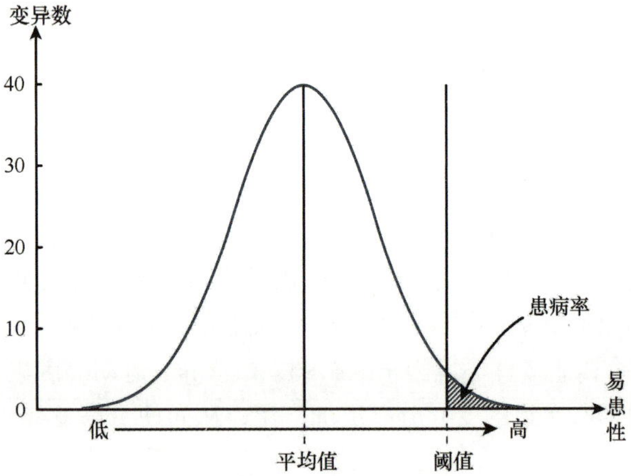

图 9-2 群体中易患性变异与阈值

由遗传因素和环境因素共同作用，决定一个个体患某种多基因遗传病的可能性，称为易患性（liability）。群体中，易患性的变异服从正态分布（图 9-2），大多数个体的易患性接近群体的平均值，易患性很高或很低的个体都很少。当一个个体的易患性达到一定限度时，个体就发病，这是使个体发病的易患性的最低限度，称为阈值（threshold）。

在易患性中，由遗传因素所决定的患病风险称为易感性（susceptibility），所涉及的基因称为易感基因。在一定条件下，阈值代表了个体患病所必需的最少的易感基因数量。

个体的易患性高低难以测量，只能根据婚后子女的患病情况作出粗略估计。但群体的易患性平均值（μ）可以通过群体患病率作出估计。已知群体患病率时，利用正态分布的性质，可计算阈值与群体易患性平均值之间的距离，该距离以标准差（σ）为单位。以易患性分布曲线下的面积为 1，代表整个群体，易患性高于阈值的那部分面积为患者所占的比例，即群体患病率。例如，已知某多基因遗传病的患病率为 4%，通过计算（根据正态分布的概率密度函数）或查表，可知阈值与群体易患性平均值之间的距离为 1.751 个标准差。这里提及的表格为标准正态分布表，一般提供从 0.01%到 50%区间的患病率（q 值）、易患性（x 值）和概率密度（a 值）三者的对应值。由于该表非常占版面，且现在可以方便地利用 Excel 的公式来计算该表中的所有数字（更加精确），本书略去该表。例如，当患病率为 4%时，我们可以用 Excel 公式 NORM.INV（1–4%,0,1）计算得 x=1.751。

一个群体的易患性平均值与阈值距离越近，则患病率越高；易患性平均值与阈值距离越远，患病率越低。

二、遗传率

在决定多基因遗传性状的遗传因素和环境因素中，遗传因素对性状变异的相对贡献称为遗传率（heritability）。常见的多基因遗传病，遗传率高的可达 70%～80%，低的只有 30%～40%。遗传率高则表明遗传因素在决定这些疾病的发病上作用大，而环境因素的作用较小；遗传率低表明环境因素在决定这些疾病的发病上起主要作用，遗传因素的作用较小。一些常见多基因遗传病和先天畸形的遗传率及群体患病率（发病率）见表 9-2。

表 9-2 常见多基因遗传病和先天畸形的遗传率和群体患病率（发病率）

疾病名称	患病率			遗传率（%）
	群体患病率（%）	患者一级亲属患病率（%）	男：女	
原发性高血压	15～32	20～30	1	62
2 型糖尿病	6.1	10～15		35
消化性溃疡	4.0	8	1	37
哮喘	3.6	20	0.8	80

续表

疾病名称	患病率			遗传率（%）
	群体患病率（%）	患者一级亲属患病率（%）	男∶女	
冠心病	1.6	7	1.5	65
精神分裂症	0.7	10	1	80
1 型糖尿病	0.2	2～5		75
强直性脊柱炎	0.2	男先证者 7 女先证者 2	0.2	70
无脑儿	0.5*	2	0.4	60
先天性畸形足	0.1～0.4*	3	2	68
先天性幽门狭窄	0.1～0.2*	男先证者 2 女先证者 10	5	75
先天性髋关节脱位	0.07*	4	0.2	70
唇裂±腭裂	0.04～0.17*	4	1.6	76
腭裂	0.04*	2	0.7	76
先天性巨结肠	0.02*	男先证者 2 女先证者 8	4	80
脊柱裂	0.01～0.5*	4	0.8	60

*新生儿发病率。

在特定群体中，性状变异的离散程度可以用方差来表示，这个方差称为总方差，它包括了遗传因素的贡献（遗传方差）和环境因素的贡献（环境方差），遗传方差占总方差的比例即为遗传率。遗传率通常以符号 H^2 或 h^2 表示，这里的平方号是一个习惯用法，表示的就是遗传率本身，而不是遗传率的平方。h^2 为狭义遗传率，仅考虑了等位基因的共显性和非等位基因的加性效应；H^2 为广义遗传率，考虑了全部遗传因素所起的作用。应用 Falconer 公式或 Holzinger 公式可计算遗传率。遗传率是在特定环境中根据特定人群的患病率得到的估计值，不宜外推到其他人群和其他环境。

（一）Falconer 公式

Falconer 公式的依据是患者亲属的患病率与遗传率相关，患者亲属的患病率越高，遗传率越大，所以可通过调查患者亲属患病率和一般人群患病率，对遗传率（h^2）进行计算。

$$h^2 = \frac{b}{r} \tag{9-1}$$

$$b = \frac{X_g - X_r}{a_g} \tag{9-2}$$

$$b = \frac{p(X_c - X_r)}{a_c} \tag{9-3}$$

式（9-1）中，h^2 为遗传率，b 为亲属对患者的回归系数，r 为亲缘系数。式（9-2）中，X_g 为一般群体易患性平均值与阈值的差，X_r 为患者亲属易患性平均值与阈值的差，α_g 为一般群体中患者易患性平均值与群体易患性平均值的差（图 9-3）。式（9-3）中 $p=1-q$，q 为对照组亲属发病率，X_c 为对照组亲属易患性平均值与阈值的差；a_c 为对照组亲属中患者易患性平均值与亲属易患性平均值的差。X_g、X_r 和 X_c、α_g、α_r 可根据已知一般群体患病率、对照亲属患病率和患者亲属患病率等计算得到，也可查编制好的 X 和 a 值表得到。

已知一般群体的患病率时，可用式（9-2）计算 b 值。缺乏一般群体患病率资料时，通过设立对照组，调查对照组亲属的患病率，用式（9-3）来计算 b 值。

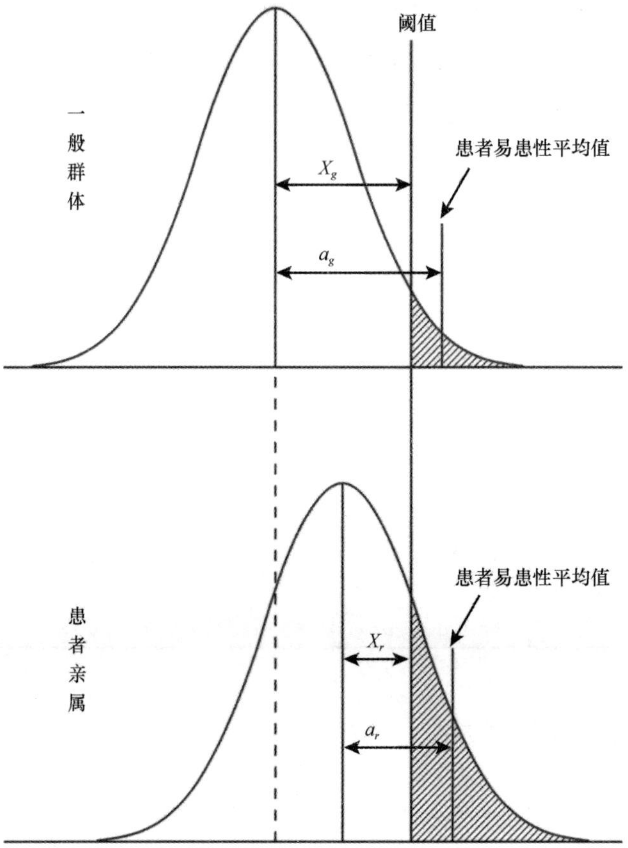

图 9-3 一般群体和患者亲属易患性平均值

所求遗传率的标准误（SEh^2）按下列公式计算：

$$V_b=(\frac{1}{a_g})^2\cdot\frac{p}{a_r^2A} \tag{9-4}$$

$$V_b=(\frac{p}{a_c})^2\cdot\frac{p}{a_r^2A} \tag{9-5}$$

$$SEh^2=\frac{1}{r}\cdot\sqrt{V_b} \tag{9-6}$$

A 为患者亲属中的发病人数，q 为患病率，p=1–q。

例如，有人调查先天性房间隔缺损在一般群体中的患病率为 1/1000，在 100 个患者家系中，先证者的一级亲属共有 669 人（双亲 200 人、同胞 279 人、子女 190 人），其中有 22 人发病。

一般群体的患病率为 0.1%（1/1000），用 Excel 公式 NORM.INV（1–0.1%, 0, 1）计算得 X_g=3.090，α_g=3.367［计算 α_g 稍微复杂一点，α_g =NORM.DIST（X_g, 0, 1, FALSE）/q =NORM.DIST（3.090, 0, 1, FALSE）/0.1%=3.367］。先证者一级亲属的患病率为 3.3%（22/669），则 X_r=NORM.INV（1–3.3%, 0, 1）=1.838。调查对象为先证者的一级亲属，r=1/2。则

$$b=\frac{X_g-X_r}{a_g}=\frac{3.090-1.838}{3.367}=0.37$$

$$h^2=\frac{b}{r}=\frac{0.37}{1/2}=0.74=74\%$$

$$V_b=(\frac{1}{a_g})^2\cdot(\frac{P}{a_r^2A})=(\frac{1}{3.367})^2\cdot\frac{0.967}{2.231^2\times 22}=0.000\,776$$

$$SEh^2 = \frac{1}{r} \cdot \sqrt{V_b} = \frac{1}{1/2} \times \sqrt{0.000776} = 0.0557$$

以上计算结果表明，先天性房间隔缺损的遗传率为 74%±5.57%。

（二）Holzinger 公式

Holzinger 公式的原理是：遗传率越高的疾病，同卵双生子发病一致率与异卵双生子发病一致率相差越大。

$$h^2 = \frac{C_{MZ} - C_{DZ}}{100 - C_{DZ}}$$

其中，C_{MZ}为同卵双生子发病一致率；C_{DZ}为异卵双生子发病一致率。

例如，在对哮喘进行的一项调查中，统计到 224 对双生子，其中同卵双生 175 对，异卵双生 49 对，分别有 143 对和 4 对共同发病。则 C_{MZ}=143/175=81.7%，C_{DZ}=4/49=8.2%，用 Holzinger 公式计算得遗传率 h^2=（81.7–8.2）/（100–8.2）=80.1%。

三、多基因遗传病的遗传特点

多基因遗传病与单基因遗传病比较具有以下特点：①多基因遗传病的患病率一般高于 0.1%；②发病具有家族聚集倾向，患者同胞的患病率为 1%～10%；③多基因遗传病的患病率具有种族差异，表 9-3 显示了不同种族遗传背景上的差异对新生儿发病率的影响；④随着亲属级别的降低，再发风险迅速下降（表 9-4，图 9-4）；⑤近亲婚配使子女再发风险增高，但不如常染色体隐性遗传病明显。

表 9-3　一些多基因遗传病新生儿发病率的种族差异

疾病名称	发病率（%）	
	日本	美国
脊柱裂	0.3	0.2
无脑儿	0.6	0.5
唇裂±腭裂	0.3	0.2
先天性畸形足	1.4	5.5
先天性髋关节脱位	1.0	0.7

表 9-4　一些多基因遗传病不同级别亲属的患病风险

类型	患病风险（%）		
	唇裂	先天性髋关节脱位	先天性幽门狭窄
一般群体	0.1	0.2	0.5
同卵双生子	40.0（400）*	40.0（200）	15.0（30）
一级亲属	4.0（40）	5.0（25）	5.0（10）
二级亲属	0.7（7）	0.6（3）	2.5（5）

*括号内的数值表示患病风险为一般群体患病率的倍数。

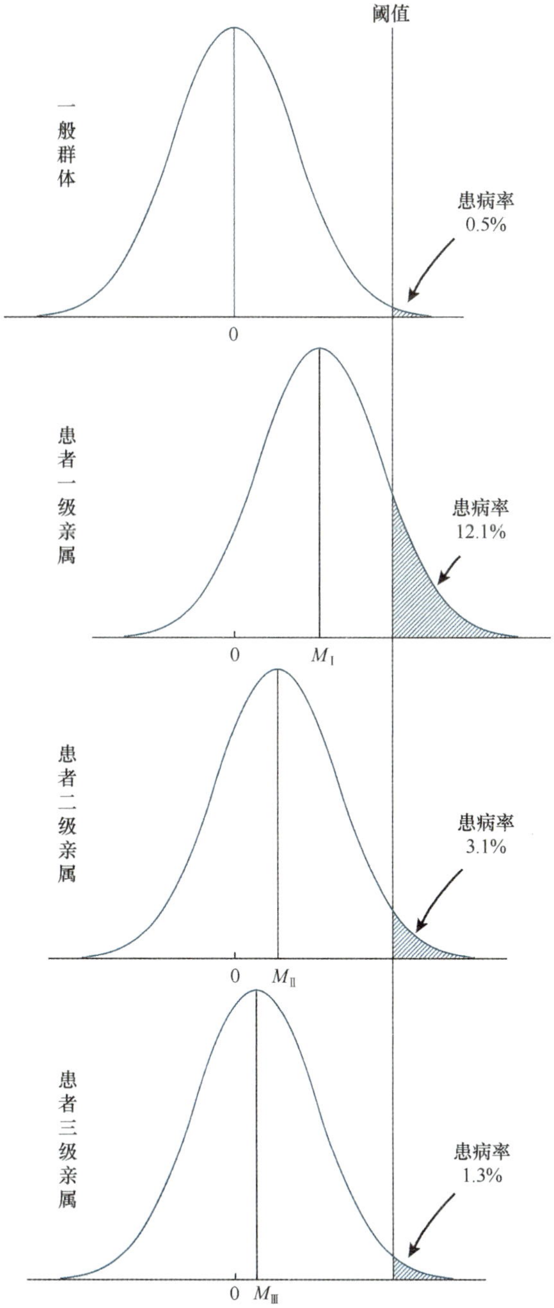

图 9-4　一般群体和患者各级亲属患病率比较

$M_Ⅰ$、$M_Ⅱ$、$M_Ⅲ$分别为患者一、二、三级亲属的易患性平均值

四、多基因遗传病再发风险的估计

多基因遗传病的发病原因很复杂，目前尚不能精确估计患者亲属的再发风险。多基因遗传病再发风险的估计，一般采用经验风险，但应综合考虑以下因素。

（一）再发风险与遗传率及一般群体患病率有关

已知一般群体患病率和遗传率时，可利用式（9-1）和式（9-2）计算出 X_r 值，进一步用 X_r 值和正态分布函数计算出患者亲属的再发风险，但这一计算过程比较烦琐。遗传学家已绘制了一般群体患病率、遗传率和患者一级亲属患病率的关系图解（图 9-5），可用来直接查找患者一级亲属的再发风险。

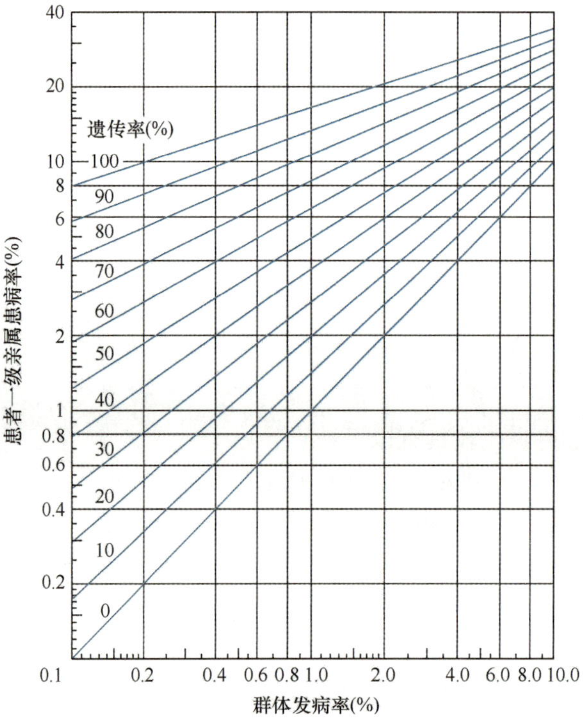

图 9-5 一般群体患病率、遗传率和患者一级亲属患病率的关系

从图 9-5 中可以直观地看出，一级亲属的再发风险随着一般群体患病率和遗传率的增高而增高。

当某种多基因遗传病的一般群体患病率为 0.1%～1%，遗传率为 70%～80%时，可根据 Edwards 公式直接计算出患者一级亲属的再发风险，即 $f=\sqrt{p}$，f 为患者一级亲属的再发风险，p 为一般群体患病率。Edwards 公式仅当一般群体患病率和遗传率均在上述范围时适用。

如果一般群体患病率高于 1%和（或）遗传率高于 80%时，一级亲属的再发风险大于 Edwards 公式的计算值；当一般群体患病率低于 0.1%和（或）遗传率低于 70%时，一级亲属的再发风险小于 Edwards 公式的计算值。

（二）再发风险与亲属中患病人数有关

家系中患病人数越多，患者亲属的再发风险越高。家系中患病人数越多，表明该家系易患性平均值越高，则患者亲属的再发风险就越高。例如，一对夫妇表型正常，头胎生出唇裂患儿的概率与一般群体新生儿发病率相同，为 0.17%。但如果头胎为唇裂患儿，第二胎生出唇裂患儿的风险为 4%。如果他们的第一、二胎都是唇裂患儿，则第三胎为唇裂的风险上升到 10%。1971 年 Smith 所编制的表格（表 9-5），可根据双亲和同胞中的患病人数来估计一级亲属的再发风险。

表 9-5 根据亲属患病人数和遗传率估计一级亲属的再发风险（%）

一般群体患病率（%）	遗传率（%）	双亲患病数								
		患病同胞数			患病同胞数			患病同胞数		
		0	1	2	0	1	2	0	1	2
1.0	100	1	7	14	11	24	34	63	65	67
	80	1	6	14	8	18	28	41	47	52
	50	1	4	8	4	9	15	15	21	26

续表

一般群体患病率（%）	遗传率（%）	双亲患病数								
		患病同胞数			患病同胞数			患病同胞数		
		0	1	2	0	1	2	0	1	2
0.1	100	0.1	4	11	5	16	26	62	63	64
	80	0.1	3	10	4	14	23	60	61	62
	50	0.1	1	3	1	3	9	7	11	15

（三）再发风险与病情严重程度有关

患者病情越严重，其亲属的再发风险越高。患者病情越严重，其易患性就越高，或者说携带的易感基因就越多，亲属获得易感基因的可能性就越大。例如，单侧唇裂患者，其同胞的再发风险为2.46%；单侧唇裂并发腭裂的患者，其同胞的再发风险为4.21%；双侧唇裂并发腭裂的患者，其同胞的再发风险为5.74%。

（四）再发风险与患病率的性别差异有关

患病率具有性别差异时，患病率低的性别，患者亲属的再发风险高；患病率高的性别，患者亲属的再发风险低，这称为Carter效应（Carter effect）。男女的患病率不同，说明不同性别的发病阈值不同。如哮喘在群体中女性患病率为4.4%，女性发病阈值距群体易患性平均值1.706个标准差；男性患病率为3.6%，男性发病阈值距群体易患性平均值1.799个标准差（图9-6）。患病率低的性别，其发病阈值高，即需要较高的易患性才会致病，所以患者具有较多的易感基因，患者亲属获得易感基因的可能性大，再发风险就高。相反，患病率高的性别，其发病阈值低，只需较少的易感基因就可发病，所以患者亲属获得易感基因的可能性较小，再发风险就低。例如，先天性幽门狭窄，男性患病率是女性的5倍，男性患病率为0.5%，女性患病率为0.1%。男性患者的后代中，儿子的发病风险为5.5%，女儿的发病风险为2.4%；女性患者的后代中，儿子和女儿的发病风险分别为19.4%和7.3%。

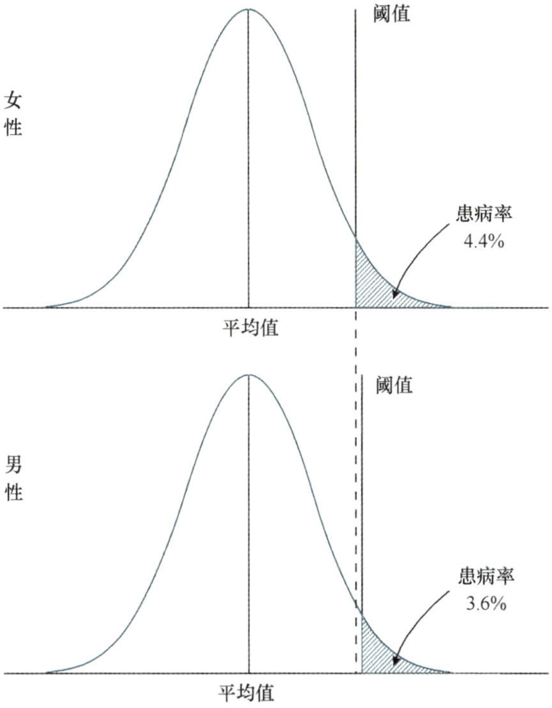

图9-6　不同性别中哮喘患病率差异与阈值的关系

第三节　多基因遗传病的研究策略及现状

多基因遗传病的发病是由于多个微效基因加上环境因素的作用，这类疾病的遗传方式与单基因遗传病不同，通常成功应用于单基因遗传病分析和研究的方法，往往难以应用于多基因遗传病的研究中。近年的研究表明，一些复杂疾病受控于一种多基因背景上起作用的易感主基因（major susceptibility gene），因此，现在力求从发现易感基因入手，进而探明易感基因之间以及易感基因与环境之间相互作用的方式。但基因之间以及基因与环境之间相互作用的复杂性，致使多基因遗传病的研究发展缓慢，成为医学和遗传学研究的一个难点，目前仍处于探明易感基因的阶段。

一、多基因遗传病易感基因研究常用的方法和策略

多基因遗传病易感基因的研究主要从两方面进行探索，一方面是收集家系资料，用统计学方法进行分

类分析、优势对数计分法连锁分析、受累同胞对分析、群体关联分析、动物模型等来证实主基因的存在；另一方面，用候选基因检测法或用遗传标记来定位易感主基因并用定位克隆法来鉴定这些易感主基因。目前，多基因遗传病易感基因定位的常用策略有候选基因策略和全基因组扫描策略。

（一）候选基因策略

候选基因策略（candidate gene approach）基本步骤：

1. *确定待研究的候选基因* 候选基因的选择可以采用关联分析、动物模型研究中发现的有关基因等。例如，选择原发性高血压候选基因可从如下几方面考虑：参与血压调节机制基因编码的蛋白，如血管舒缩（如肾素-血管紧张素系统、内皮素等）、交感神经功能（如儿茶酚胺代谢有关的酶及其受体等）、糖脂代谢（如胰岛素及其受体等）、水盐代谢（如醛固酮、心钠素等）、离子转运（如上皮钠通道、α-内收蛋白）等；动物研究中发现的有关基因，如 *SA* 基因等。

2. 将候选基因座的 DNA 遗传标记与疾病进行连锁分析，确定该候选基因座是否与疾病连锁。

3. 筛查该候选基因的各种突变体。

4. *基因多态性与疾病的关联研究* 比较突变体基因型在患病人群与正常人群之间的频率分布。若频率分布差别具有统计学意义，那么该基因突变体就可能是疾病相关基因。

候选基因法针对性强、方法较简单，但存在以下缺点：①假如某一相关基因的功能尚未被认识，它就不可能被选为候选基因；②即使某一候选基因与疾病间有连锁关系，也不能排除其他相关基因在该候选基因座附近的可能性；③候选基因法带有盲目性。因此，目前国内外学者正采用全基因组扫描策略进行多基因遗传病相关基因定位研究。

（二）全基因组扫描策略

全基因组扫描策略（genome-wide scan approach）对多基因疾病进行遗传分析，关键是抓住了表型与基因之间存在的实质性的必然联系，即①有表型（性状或疾病）就肯定在基因组中有它的基因；②有基因则在基因组中必有其基因座；③该基因座与基因组中的另一基因座（如多态性标志）之间必有某种联系，相距远则重组率高，近则重组率低或不重组。进而可用遗传连锁分析的方法得到二者之间的遗传距离并将其定位。全基因组扫描策略的应用，为多基因遗传病基因定位带来了希望。

多基因遗传病的遗传分析和易感基因的定位克隆是个复杂的系统工程。随着人类基因组计划的快速发展、各种信息资源的高度共享及新技术的不断出现，多基因遗传病的基因定位及克隆体系日趋成熟和完善。此外，随着一些高通量检测技术如基因芯片和蛋白质芯片的应用，易感基因的功能及作用方式将被逐渐阐明，可望将多基因疾病的基因诊断用于临床。另外，多基因疾病的风险人群的监测也是一个重要环节，避免该类人群暴露于危险因素下可有效降低患病率。

二、几种多基因遗传病的研究现状

近年来，对多基因遗传病的研究，如糖尿病、哮喘、精神分裂症和原发性高血压等疾病易感基因的研究上取得了很大进展。

（一）2 型糖尿病

糖尿病（diabetes mellitus）在我国成年人（＞18 岁）中的患病率达 11.2%（2017 年），在过去 40 年里，随着城市化进程加快、老龄化加剧、超重和肥胖患病率增加，糖尿病的患病率显著增加。糖尿病主要包括两种类型：1 型糖尿病（type 1 diabetes mellitus，T1DM）和 2 型糖尿病（type 2 diabetes mellitus，T2DM），其中，T2DM 占 90%以上。

通过连锁研究和全基因组关联研究（genome-wide association studies，GWAS）已鉴定了 240 多个 T2DM 的易感基因座。部分 T2DM 易感基因及其染色体定位见表 9-6，其中，*TCF7L2* 与 T2DM 的关联最强。

表 9-6 部分 T2DM 易感基因

染色体定位	易感基因	产物/功能
2q24.1	*GPD2*	线粒体甘油磷酸脱氢酶/使糖酵解过程中形成的 NADH 被再氧化

续表

染色体定位	易感基因	产物/功能
2q31.3	*NEUROD1*	转录因子/调节胰岛素基因表达
2q36.3	*IRS1*	胰岛素受体底物/被胰岛素受体激酶磷酸化，可能参与胰岛素信号转导
3p25.2	*PPARG*	核受体/调节脂肪细胞分化
3q26.2	*SLC2A2*	膜整合糖蛋白/介导多种细胞的葡萄糖转运
3q27.2	*IGF2BP2*	RNA 结合蛋白/与胰岛素样生长因子 2 的 mRNA 结合并调节其翻译
4p16.1	*WFS1*	跨膜蛋白/可能与 β 细胞的慢性内质网应激有关
6p21.31	*HMGA1*	染色质相关蛋白/参与基因转录调节
6q23.2	*ENPP1*	跨膜糖蛋白，外核苷酸焦磷酸酶、磷酸二酯酶/水解磷酸二酯键及焦磷酸键
7p15.3	*IL6*	细胞因子/调节炎症反应和使 β 细胞成熟
7p13	*GCK*	葡萄糖激酶/在胰腺 β 细胞和肝脏中特异表达，参与葡萄糖代谢
7q31.1	*PPP1R3A*	调节蛋白/作为蛋白磷酸酶 1（PP1）的亚单位，与肌糖原结合，增强 PP1 的去磷酸化活性
7q32.1	*PAX4*	转录因子/参与 β 细胞分化
8q24.11	*SLC30A8*	锌外流转运蛋白/在胰腺中特异性高表达，调节胞内囊泡的锌水平
10q25.2-q25.3	*TCF7L2*	转录因子/在 Wnt 信号通路中发挥关键作用，调节血糖稳态
11p15.1	*KCNJ11*	钾通道蛋白
11p15.1	*ABCC8*	跨膜转运蛋白/调节 ATP 敏感钾通道和胰岛素的释放
11p11.2	*MAPK8IP1*	β 细胞功能的调节因子
11q14.3	*MTNR1B*	褪黑激素受体蛋白
12q24.31	*HNF1A*	转录因子/调节若干肝脏特异性基因的表达
13q12.2	*PDX1*	转录因子/参与胰腺的早期发育，激活胰岛素、生长抑素、葡萄糖激酶、胰岛淀粉样多肽和 2 型葡萄糖转运蛋白等基因的表达
13q34	*IRS2*	胰岛素受体底物/作为受体酪氨酸激酶和下游效应器之间的分子适配器，介导胰岛素、胰岛素样生长因子 1 和其他细胞因子的作用
15q21.3	*LIPC*	脂酶/参与脂质稳态、血浆脂蛋白颗粒重塑、甘油三酯分解代谢
17q12	*HNF1B*	转录因子/调节胚胎胰腺发育
19p13.2	*RETN*	抵抗素，属于肽激素/可能与肥胖有关
19q13.2	*AKT2*	蛋白激酶/参与胰岛素信号转导
20q13.12	*HNF4A*	转录因子/调控包括肝细胞核因子 1α 在内的多个基因表达
20q13.13	*PTPN1*	蛋白质酪氨酸磷酸酶/通过使胰岛素受体激酶去磷酸化而充当胰岛素信号转导的负调节剂

（二）哮喘

哮喘（asthma）是一类常见的肺部疾病，其特征为气道炎症、气道高反应性和可逆性气流阻塞。哮喘发生是环境因素与遗传因素相互作用的结果。环境因素包括尘螨、蟑螂、动物毛皮、真菌和空气污染等。遗传因素导致哮喘的易感性。通过候选基因关联研究、连锁分析和全基因组关联研究等方法，现已发现众多与哮喘相关的候选基因。其中，在全基因组水平上具有显著性的就有约 40 个基因，绝大部分基因编码膜蛋白和分泌型炎症分子，半数以上的基因与炎症和免疫调节相关。部分哮喘基因及其染色体定位见表 9-7。

表 9-7　部分哮喘相关基因

染色体定位	哮喘相关基因	染色体定位	哮喘相关基因
1q	*IL-10*	12q	*IgE*
2q	*IL-1RN*	13q	*IgE*
3p	过氧化物酶增生物激活受体	14q	α1 抗胰蛋白酶、肥大细胞糜蛋白酶、TCR-α
5q	*IL-4*、*IL-5*、*IL-9*、*IL-12*、*IL-13*	16q	IgE、TCR-α、趋化因子样因子
6p	*α-TNF*	16p	*IL-4R*、*IL-13*
7q	*TCR-α*	17q	*RANTES*
8p	防卫素	20p	*ADAM33*
11q	Fc_{ε}R Ⅰ β 亚单位	22q	巨噬细胞迁移抑制因子

（三）精神分裂症

精神分裂症（schizophrenia）的特征是思维过程障碍及情感障碍，常见幻听、妄想和偏执等症状。精神分裂症与哮喘一样，通过双生子研究显示其遗传率为 80%，说明遗传因素起重要作用，但要建立遗传背景与该病之间的确切关系却十分困难。现有证据提示，基因与环境互作（gene-by-environment interaction）及表观遗传机制可能在精神分裂症中起重要作用。

有较强证据支持以下基因为精神分裂症易感基因：*COMT*（22q11）；*DTNBP1*（6p22）；*NRG1*（8p12-21）；*RGS4*（1q21-22）；*GRM3*（7q21-22）；*DISC1*（1q42）；*G72*（13q32-34）；*DAAO*（12q24）；*PPP3CC*（8p21）；*CHRNA7*（15q13-14）；*PRODH2*（22q11）；*Akt1*（14q22-32）。这些易感基因的确定主要来自连锁分析和关联研究，有的具有动物模型证据，如 *NRG1*。近来发现，在第 1、16 和 22 号染色体上的一些拷贝数变异（copy number variations，CNVs）与精神分裂症密切相关。

（四）原发性高血压

原发性高血压（essential hypertension，EH）是遗传易感性和环境因素共同决定的复杂疾病。识别和克隆原发性高血压易感基因将从根本上阐明原发性高血压的遗传本质和发病机制，进而对该病的临床个体化治疗、预后判断、患者的早期检出及预防产生重大影响。目前已知的 EH 候选基因涉及肾素-血管紧张素系统（renin angiotensin system，RAS）、交感神经系统、水盐代谢、内皮细胞功能和信号转导等至少 150 种基因（表 9-8）。近来的研究发现，越来越多的证据表明，表观遗传修饰在 EH 发生过程中也起到重要作用。

表 9-8　原发性高血压的部分候选基因

相关血压调节机制	候选基因编码蛋白	染色体定位	基因多态性
RAS	肾素	1q21-32	*G1051A*、*G2646A*、*VNTR*、*Hind Ⅲ*
	血管紧张素原（AGT）	1q42-43	*M235T*、*T174M*、*G（-6）A*、*A（-20）C*、*A（-18）T*
	血管紧张素转化酶（ACE）	17q23	*I/D*、*T5941C*、*A240T*、*193C*、*T1237C*
	血管紧张素Ⅱ受体（ATR）	3q21-25	*A1166C*、*T573C*、*A1062G*、*G1517T*、*A（-810）T*
交感神经系统	β_1-肾上腺能受体（β_1-AR）	10q24-26	*Ser49Gly*、*Gly389Arg*
	β_2-肾上腺能受体（β_2-AR）	5q31-32	*Arg16Gly*、*Gln27Glu*、*Arg19Cys*
	β_3-肾上腺能受体（β_3-AR）	8p11-12	*Trp64Arg*
水盐代谢	α-内收蛋白	4P16.3	*Gly460Trp*
	醛固酮合成酶	8q22	*-344C/T*
内皮细胞功能	内皮型一氧化氮合酶	7p35-36	*T-786C*、*27bpVNTR*、*Gln298Asp*
G蛋白信号转导	G-蛋白 β_3-亚单位	12p13	*C825T*

小　结

多基因遗传病是由多个基因和环境因素通过复杂的相互作用而形成的遗传病，其患病率一般高于 0.1%，常表现出家族聚集现象和患病率的种族差异。

多基因遗传性状为数量性状，在群体中的变异为正态分布。其遗传基础涉及多个基因：等位基因之间表现为共显性；每个基因对性状形成的作用微小；不同基因座上的基因对性状的影响呈累加性。最终性状的形成，还取决于环境因素和基因型之间的相互作用。

由遗传因素和环境因素共同作用而决定的易患性在群体中呈正态分布。阈值是使个体发病的易患性的最低限度。可以用遗传率来衡量多基因遗传病中遗传因素所起作用的大小。根据患者亲属患病率与一般人群患病率的关系，或同卵双生患病率与异卵双生患病率的关系，可对遗传率进行计算。

估计多基因遗传病再发风险，应综合考虑群体患病率、遗传率、家系中患病人数、病情严重程度及患病率的性别差异等因素。

复习思考题

1. 简述质量性状和数量性状的区别。
2. 简述数量性状的遗传特点。
3. 简述多基因假说的要点。
4. 在进行多基因遗传病再发风险估计时，应综合考虑哪些因素？每种因素如何影响再发风险？
5. 支气管哮喘是一种多基因病，该病在我国华南地区的患病率为 0.69%，在北京地区的患病率为 5.29%。试以本章所学知识分析两地区在患病率上为何存在差异？

（杨　明）

第十章

线粒体遗传病

学习要点

掌握：①线粒体遗传病的概念；②线粒体基因组的遗传特征。

熟悉：常见的线粒体遗传病。

了解：①线粒体基因组的结构特征；②线粒体基因组突变类型。

线粒体是真核细胞的能量代谢中心，被称为细胞内的“动力工厂”。1963 年，Nass 首次发现线粒体中存在 DNA，后来研究者发现，在真核细胞的线粒体中广泛存在线粒体 DNA（mitochondrial DNA，mtDNA），并具有相应的遗传学效应。早期有一些学者曾提出某些人类疾病可能属细胞质遗传，直到 1988 年，Wallace 等通过对莱伯遗传性视神经病变和 mtDNA 突变关系的研究，发现该病是由 mtDNA 突变引起的，从而明确提出 mtDNA 的异常可引起人类的疾病。

线粒体遗传病指遗传物质 DNA 异常导致线粒体功能异常而引起的疾病，包括 mtDNA 异常、核 DNA（nuclear DNA，nDNA）异常以及 mtDNA 异常和 nDNA 异常共同作用导致的疾病。线粒体遗传病的基因型与表型的关系较为复杂，涉及的疾病种类较多，临床表现多样，发生病变的器官或组织往往是消耗 ATP 最多的器官或组织，如脑、骨骼肌及心脏等。

第一节　线粒体基因组

人类细胞核基因组包括 24 条染色体，细胞质基因组则是指线粒体基因组。线粒体基因组又称为人类的第 25 号染色体或 M 染色体。人类每个体细胞中，通常有数百个线粒体，每个线粒体有 2～10 个 mtDNA 分子，因此，每个细胞中的 mtDNA 分子可达数千个。从 DNA 含量来看，mtDNA 约占细胞 DNA 总量的 1%。

一、线粒体基因组的结构特征

人类的 mtDNA 序列于 1981 年由英国剑桥大学的 Anderson 等测定，全长 16 569bp，为双链闭环 DNA。由于在氯化铯密度梯度离心中浮力密度不同，双链有重链（H）和轻链（L）之分，重链富含 G 而轻链富含 C，重链 G∶C 为 2.377，而轻链 G∶C 为 0.4207。在图 10-1 的 mtDNA 结构示意图中，重链位于外环，轻链位于内环，从 1 到 16 569 是以逆时针方向计数。

mtDNA 的 D-loop 区域（D 环），长 1122bp，富含 A═T 碱基对，容易解链。D-loop 区域附着在线粒体内膜上，并以此作为重链的复制起始点。轻链的复制是在重链复制完成约 2/3 时才开始复制，其复制起始点位于 mtDNA 约 1/3 处。mtDNA 复制的时间不同于 nDNA 复制，不仅仅在 S 期，而是贯穿于整个细胞周期。D-loop 区域除了含有重链的复制起始点，还含有轻链和重链的转录启动子（P_L 和 P_H）以及四个进化上高度保守的序列（213～235bp、299～315bp、346～363bp 及 16 147～16 172bp）。转录是由位于 D-loop 区域的两个启动子 P_H 和 P_L 分别启动，轻链和重链的转录方向相反（图 10-1）。

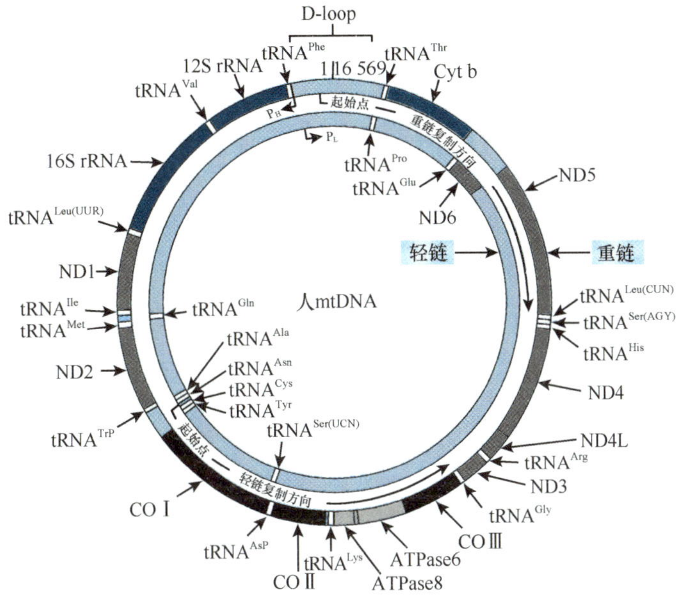

图 10-1　线粒体基因组的结构

mtDNA 编码 13 种蛋白质亚基、22 种 tRNA 和 2 种 rRNA。H 链编码 12 种多肽链（ND1、ND2、ND3、ND4、ND4L、ND5、CO Ⅰ、CO Ⅱ、CO Ⅲ、ATPase6、ATPase8、Cyt b）、2 种 rRNA（12S rRNA、16S rRNA）及 14 种 tRNA（$tRNA^{Phe}$、$tRNA^{Val}$、$tRNA^{Leu(UUR)}$、$tRNA^{Ile}$、$tRNA^{Met}$、$tRNA^{Trp}$、$tRNA^{Asp}$、$tRNA^{Lys}$、$tRNA^{Gly}$、$tRNA^{Arg}$、$tRNA^{His}$、$tRNA^{Ser(AGY)}$、$tRNA^{Leu(CUN)}$、$tRNA^{Thr}$）。L 链编码 1 种多肽链（ND6）和 8 种 tRNA（$tRNA^{Gln}$、$tRNA^{Ala}$、$tRNA^{Asn}$、$tRNA^{Cys}$、$tRNA^{Tyr}$、$tRNA^{Ser(UCN)}$、$tRNA^{Glu}$、$tRNA^{Pro}$）（Y=嘧啶，R=嘌呤，N=嘧啶或嘌呤，图 10-1）。mtDNA 基因排列极为紧凑，除 D-loop 区域之外，仅有 89bp 的基因间隔区（分布在其他 11 处）。mtDNA 基因没有内含子。mtDNA 部分基因有相互重叠现象，表现在 $tRNA^{Ile}$（4263～4331bp）和 $tRNA^{Gln}$（4329～4400bp）、$tRNA^{Cys}$（5761～5826bp）和 $tRNA^{Tyr}$（5826～5891bp）、ATPase8（8366～8572bp）和 ATPase6（8527～9207bp）、ATPase6（8527～9207bp）和 CO Ⅲ（9207～990bp）、ND4L（10 470～10 766bp）和 ND4（10 760～12 137bp）（http://www.mitomap.org/bin/view.pl/MITOMAP/HumanMitoSeq）。mtDNA 信息结构表现出高度的“经济性”。

以往认为线粒体内没有 DNA 损伤修复系统，但近年的研究表明，线粒体内也有类似于细胞核的 DNA 损伤修复系统，可对突变的 mtDNA 进行修复。但 mtDNA 与 nDNA 不同，没有组蛋白和非组蛋白与之结合，而组蛋白和非组蛋白可以对结合的 DNA 起到保护作用，所以 mtDNA 缺少相应蛋白质的保护。最关键的因素是，mtDNA 暴露在相对高的活性氧（reactive oxygen species，ROS）环境下，活性氧容易对 mtDNA 造成损伤。综合上述三个因素，导致 mtDNA 容易发生突变。

二、线粒体基因组的遗传特征

（一）半自主性

线粒体能够独立地复制和转录 mtDNA 并翻译出 13 种线粒体蛋白质亚基，因而表现出一定的自主性，但维持线粒体结构和功能所需的大部分蛋白质，特别是氧化磷酸化复合物的大多数蛋白质亚基，是由细胞核基因组编码的。参与人类线粒体功能的蛋白质亚基数为 1441 种。因此，线粒体内的所有蛋白质亚基，仅约 1%由线粒体基因组编码，约 99%由细胞核基因组编码。所以，线粒体基因组在遗传控制上表现为半自主性。

（二）突变率高

mtDNA 突变率比 nDNA 突变率高 10～20 倍。mtDNA 高突变率是造成个体及群体中其序列差异较大的原因。任何两个人的 mtDNA，平均每 1000 个碱基对中就有 4 个不同，最高可达 3%，而 nDNA 的这一数值仅为 0.1%。人群中含有多种中性至中度有害的突变，而且有害的 mtDNA 突变在不断增加，但有害的 mtDNA 突变容易通过细胞溶酶体的选择性自噬（autophagy）被清除，因此，尽管 mtDNA 的突变很普遍，但线粒体遗传病并不常见。

（三）遗传密码特殊

细胞核基因的遗传密码几乎是通用的，线粒体的遗传密码与核基因遗传密码不完全一致，哺乳动物线粒体遗传密码与“通用”遗传密码的差异见表 10-1。例如：UGA 在核基因是终止密码子，但在哺乳动物线粒体中编码色氨酸（Trp）；AUA 在核基因编码异亮氨酸（Ile），而在哺乳动物线粒体中则编码甲硫氨酸（Met）；AGA 和 AGG 不仅在线粒体的遗传密码与核基因遗传密码不一致，并且表现出物种的特异性：在核基因编码都是精氨酸（Arg），在哺乳动物的线粒体中都为终止密码子，而在果蝇的线粒体中都编码丝氨酸（Ser）。

因此，哺乳动物线粒体遗传密码中有 4 个终止密码子（UAA、UAG、AGA 和 AGG），而果蝇线粒体遗传密码中只有 2 个终止密码子（UAA 和 UAG）。

表 10-1　哺乳动物线粒体遗传密码与“通用”遗传密码的差异

密码子	“通用”遗传密码编码	线粒体遗传密码编码
UGA	终止密码子	色氨酸（Trp，W）
AUA	异亮氨酸（Ile，I）	甲硫氨酸（Met，M）
AGA，AGG	精氨酸（Arg，R）	终止密码子

此外，线粒体 tRNA 简并性较强，仅用 22 个 tRNA 来识别多达 60 个密码子。

（四）母系遗传

在高等动物中，合子的细胞质通常来自卵子，决定了线粒体遗传是母系遗传（maternal inheritance）。母系遗传指由母本性状决定子代性状的遗传现象，即母亲将她的 mtDNA 传递给她的子女，她的女儿又将 mtDNA 传给下一代，而她的儿子则不能将 mtDNA 传递给下一代（图 10-2）。

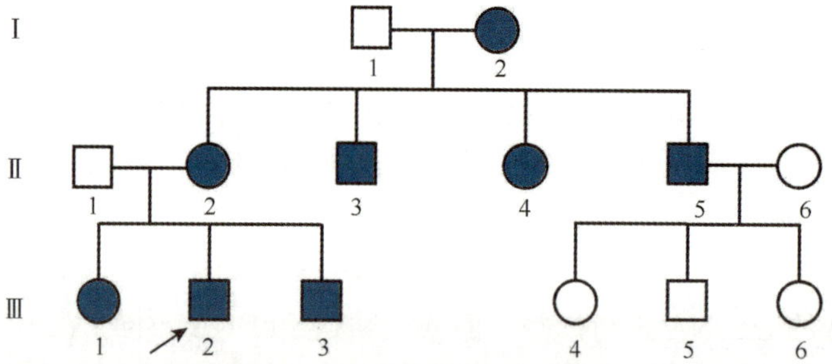

图 10-2　母系遗传的典型系谱图

分析子代 mtDNA 序列，发现 1/10 000 的 mtDNA 来自父亲，其余的均来自母亲。因此，99.99%的 mtDNA 属母亲传递。精子的结构分为头和尾两部分，尾又分为中段、主段和末段三部分。线粒体一般位于精子的尾中段，在受精过程中不能进入卵细胞，精卵结合时，精子提供的几乎只是细胞核，受精卵中的细胞质几乎全部来自卵子。这就导致了线粒体遗传病的家系模式与经典孟德尔性状的家系模式不同。因此，如果家族中发现一些成员具有相同的临床症状，而且都是从发病的女性传递下来，就可以考虑是 mtDNA 异常造成的，通过 mtDNA 的序列分析从而确诊。

母系遗传的 mtDNA 由于突变率高、多态性丰富，可用于研究生物的起源和进化。科学家通过人 mtDNA 多态性研究揭示了现代人类的起源地和迁徙路线。

知识拓展 10-1　　mtDNA 的多态性揭示人类的起源和迁徙之路

人类的起源一直是困扰科学家的重大难题，最新观点的成就来源于 mtDNA 的研究。母系遗传的 mtDNA 由于突变率高，在人群中积累了丰富的多态性。根据代表全世界各地区人群的 mtDNA 单倍型数据构建的系统树，结合 mtDNA 分子钟，证实现代人的祖先生活在非洲，距今仅 13 万～20 万年，现代人走出非洲，仅仅是近 5 万～10 万年的事件。科学家还惊奇地发现，在人类的迁徙之路上，mtDNA 多态性变异表现为巧妙的环境适应性进化，例如，单倍群 M 从亚洲南部低海拔地区迁徙到喜马拉雅山脉的高海拔地区伴随 mtDNA *ND1* nt 3394T>C 点突变，以适应喜马拉雅山脉的高海拔环境；单倍群 H 和单倍群 Uk 的细胞株比较研究提示：单倍群 H 的氧化磷酸化偶联的效率较低，提示单倍群 H 的人可更多地产热，因此单倍群 H 比单倍群 Uk 更适应北极的极寒气候。

（五）遗传瓶颈

女性卵母细胞中大约有 10 万个线粒体，但是在卵细胞成熟时，绝大多数线粒体会消失，留下来的线粒体数目最多不会超过 100 个，有时可能会少于 10 个。此后，经过早期胚胎的细胞分裂，线粒体数目会达到每个细胞 1 万个或更多。这种线粒体数量在卵的发育过程中从 10 万个锐减到少于 100 个的过程，称为遗传瓶颈（genetic bottleneck）。遗传瓶颈现象虽然已被公认，但发生的时间尚存争议。有些学者认为，遗传瓶颈发生于女性胚胎期卵原细胞的发育阶段，即最初的卵原细胞含有 10 万个线粒体，然后减少到不足 100 个，后来又恢复到 10 万个。而 2008 年 Wai 通过小鼠的实验观察，表明遗传瓶颈发生于雌性出生后的卵细胞成熟期，而不是雌性胚胎期的卵原细胞阶段。

（六）阈值效应

突变 mtDNA 的比例需达到一定程度才足以引起某种组织或器官功能异常，这称为阈值效应（见图 10-5）。不同组织对氧化磷酸化代谢的依赖程度不同，其阈值效应也表现出相应的差异。如肝脏若有 80% 的突变 mtDNA 分子还不会表现出症状，但同样的比例，在骨骼肌或脑组织中就会出现病理症状。此外，同一组织在不同时间内由于功能的差异，对线粒体功能损伤的反应也不一样。例如，在刚出生时，骨骼肌细胞中 mtDNA 突变导致线粒体氧化磷酸化功能降低，但不表现什么症状；但是，随着个体生长，骨骼肌能量需求增加，而线粒体因突变导致功能降低，产生 ATP 减少不能满足组织的需要时，就会表现出肌病。一般说来，线粒体产生 ATP 越少，症状涉及的器官越多，症状越严重；最先受损的是脑，其后为骨骼肌、心脏、胰腺、肾脏和肝脏。

（七）同质性与异质性

由于细胞内通常有数千个 mtDNA，在细胞分裂时它们被随机分配到子细胞中，这样，线粒体遗传病就不同于细胞核基因的孟德尔遗传。如果同一组织或细胞中的 mtDNA 分子都是一致的，称为同质性（homoplasmy）。如果 mtDNA 发生突变，这将影响部分线粒体基因组，造成同一细胞或同一组织中两种或两种以上 mtDNA 共存（一种为野生型，其他为突变型），称为异质性（heteroplasmy）（见图 10-4）。线粒体遗传病的症状在突变 mtDNA 同质性个体较为严重，突变 mtDNA 的异质性个体是否表现出症状或症状轻重往往取决于突变 mtDNA 所占的比例。

在遗传瓶颈、阈值效应和异质性共同作用下的母系遗传与典型的母系遗传不同，表现为不典型的母系遗传（图 10-3）。图 10-3 中 $Ⅱ_7$ 表型正常，但携带致病的 mtDNA，由于阈值效应而未致病，所携带的致病 mtDNA 在其后代 $Ⅲ_8$ 中表现出来；$Ⅲ_2$、$Ⅲ_4$、$Ⅲ_9$ 表型正常，但可能携带致病的 mtDNA，由于阈值效应而未致病；$Ⅲ_5$、$Ⅲ_6$、$Ⅲ_7$ 表型也正常，但一般不会携带致病的 mtDNA，因为其父亲 $Ⅱ_5$ 致病的 mtDNA 一般不会遗传给后代。

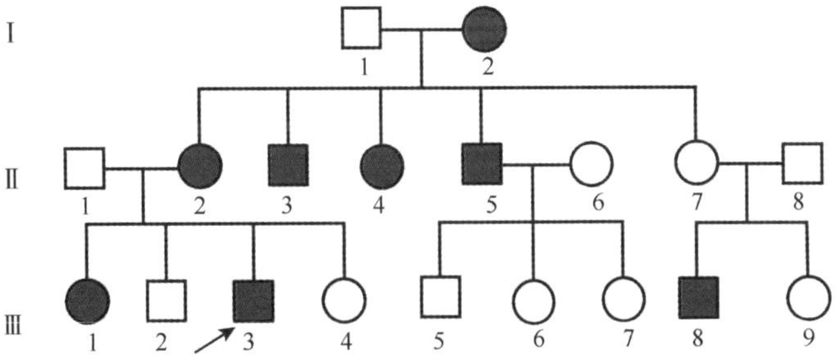

图 10-3　遗传瓶颈、阈值效应和异质性共同作用下的母系遗传

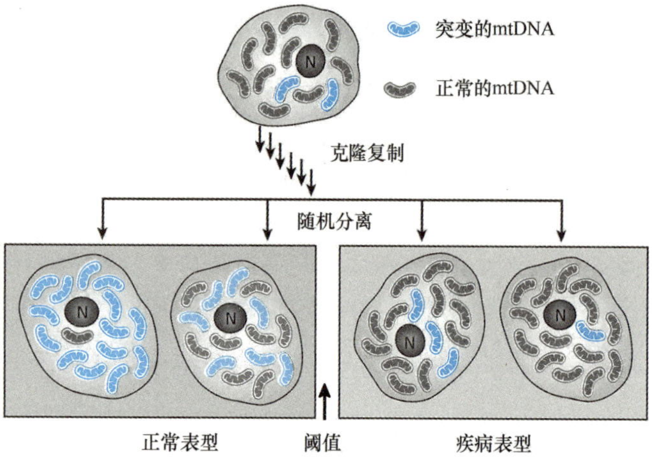

图 10-4 异质性 mtDNA 的复制分离和阈值效应

图中“N”表示细胞核

（八）复制分离

在有丝分裂和减数分裂时，每个 mtDNA 分子按照碱基配对原则、半保留复制（又称克隆复制）后随机分配到子代线粒体，子代线粒体随机分布到子细胞中，使子细胞拥有不同比例的突变型 mtDNA 分子，这个过程称为复制分离（replicative segregation）。对于异质性的 mtDNA 个体，突变的 mtDNA 比例和组织学分布与其外显率、表达和表型均密切相关。在细胞分裂中，一个异质性细胞将以一种随机的方式将突变的 mtDNA 以不同比例传给子细胞（图 10-4）。mtDNA 虽然存在复制分离现象，但母亲的突变 mtDNA 比例越高，其后代携带突变 mtDNA 的可能性越大。

（九）累加效应

可观察到两个或更多个 mtDNA 突变对表型的累加效应。如莱伯遗传性视神经病变即表现出此现象，突变种类越多，病情越严重。

第二节 线粒体基因组突变

自从 1988 年发现第一个 mtDNA 突变以来，现已确认 mtDNA 有 1037 种碱基替换和 181 种缺失、插入、倒位和重排与线粒体遗传病有关，其中 555 种碱基替换影响呼吸链的蛋白质亚单位，371 种碱基替换影响线粒体 tRNA，88 种碱基替换影响线粒体 rRNA，23 种碱基替换影响位于 D-loop 区域的调控序列（表 10-2）。在细胞核基因中，很少见到在 tRNA 或 rRNA 基因发生碱基替换而导致遗传病的例子。

一、碱基替换

（一）mRNA 基因的碱基替换

mtDNA 的 mRNA 基因的碱基替换，绝大多数是错义突变，即某一密码突变前编码一种氨基酸，突变后编码另一种氨基酸。故错义突变又称氨基酸替换突变。如莱伯遗传性视神经病变通常是由于 mtDNA 的 11 778G>A 突变，导致了原来编码的精氨酸变为组氨酸。

表 10-2 mtDNA 突变的类型及常见的线粒体遗传病

疾病名称	疾病简称	突变/异常
mRNA 基因的碱基替换（555 种）		
莱伯遗传性视神经病变	LHON	11778G>A，14484T>C，3460G>A
伴有肌张力障碍的莱伯遗传性视神经病变	LDYT	14 459G>A
线粒体肌病	MM	15 059G>A
神经源性肌无力、共济失调和色素性视网膜炎	NARP	8993T>G，8993T>C
母系遗传的 Leigh 综合征	LS	8993T>G，8993T>C
tRNA 基因的碱基替换（371 种）		
线粒体脑肌病伴高乳酸血症和卒中样发作	MELAS	3243A>G，3256C>T，3271T>C
肌阵挛性癫痫伴破碎红纤维综合征	MERRF	8344A>G

续表

疾病名称	疾病简称	突变/异常
线粒体肌病、糖尿病	MM，DM	14709T>C
母系遗传的线粒体心肌病	MMC	3303C>T
母系遗传的糖尿病伴耳聋	MIDD	3243A>G，14709T>C
rRNA 基因的碱基替换（88 种）		
氨基糖苷类抗生素引起的耳聋	AAID	1555A>G
D-loop 区域的碱基替换（23 种）		
2 型糖尿病	T2DM	16 189T>C
缺失、插入、倒位、重排突变（181 种）		
卡恩斯-赛尔（Kearns-Sayre）综合征	KSS	del 8469～13447
母系遗传的糖尿病伴耳聋	MIDD	del 4398～14822

（二）tRNA 基因的碱基替换

tRNA 是蛋白质合成时运输氨基酸的工具，tRNA 碱基替换导致其结构异常，影响线粒体的蛋白质合成，从而导致线粒体遗传病。目前，mtDNA 的 tRNA 基因碱基替换与线粒体遗传病发生的机制尚未明了。同一 tRNA 基因碱基替换可有不同的临床表现，如 $tRNA^{Leu(UUR)}$基因（3230～3304）的 3243A>G 突变，可表现为线粒体脑肌病伴高乳酸血症和卒中样发作、慢性进行性眼外肌麻痹、心肌病或母系遗传的糖尿病伴耳聋；而同一种临床症状，如母系遗传的糖尿病伴耳聋又可由不同的 tRNA 基因碱基替换引起，如 3243A>G、14709T>C 等。

（三）rRNA 基因的碱基替换

mtDNA 有两个 rRNA 基因，分别编码 12S rRNA 和 16S rRNA，它们是线粒体核糖体的重要组成部分。1555A>G 突变是 12S rRNA 基因碱基替换，有这种碱基替换的个体，在使用氨基糖苷类抗生素时可导致耳聋。

（四）调控序列的碱基替换

最近研究发现，位于 mtDNA 的 D-loop 区域的调控序列发生碱基替换，也与线粒体遗传病相关，如 16 189T>C 可导致 2 型糖尿病。

二、缺失、插入、倒位、重排突变

mtDNA 的缺失、插入、倒位、重排突变可导致线粒体遗传病。如 KSS 病可由 8469～13 447 之间 5kb 的 mtDNA 缺失而引起。1992 年 Ballinger 发现一个符合母系遗传的糖尿病伴耳聋家系的患者是由于 4398～14 822 之间 10.4kb 的 mtDNA 片段缺失。

值得关注的是，mtDNA 的缺失所导致的遗传病，主要是体细胞突变所引起，仅少数病例是母系遗传所致。而插入、倒位、重排突变导致的线粒体遗传病，仍主要是由母系遗传所引起。

三、mtDNA 拷贝数目突变

mtDNA 拷贝数目突变指 mtDNA 拷贝数大大低于正常。这种突变较少，仅见于一些致死性婴儿呼吸障碍、乳酸性酸中毒或肝、肾衰竭的病例。

mtDNA 突变的类型及常见的线粒体遗传病见表 10-2。主要线粒体遗传病的碱基替换和缺失突变位置见图 10-5。

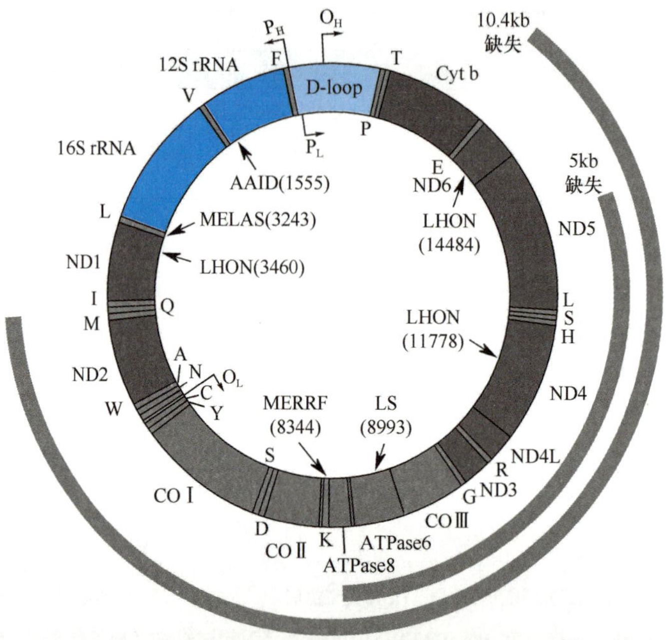

图 10-5 常见线粒体遗传病的碱基替换和缺失突变位置

第三节 线粒体遗传病

线粒体遗传病是由于遗传物质 DNA 异常导致线粒体功能异常而引起的疾病，线粒体的主要功能是提供细胞生命活动所需要的能量，即 ATP，mtDNA 异常、nDNA 异常均可能导致线粒体功能异常，主要表现为线粒体产生 ATP 的数量下降，当线粒体产生的 ATP 不足以保证细胞生命活动的需要时，就会导致线粒体遗传病的发生。

一、mtDNA 异常导致的线粒体遗传病

（一）莱伯遗传性视神经病

莱伯遗传性视神经病（Leber hereditary optic neuropathy，LHON； OMIM #535000）又称莱伯视神经萎缩（Leber optic atrophy），是以德国医生 Theodor Leber（1840～1917）的名字命名，是最早确诊的人类线粒体病。LHON 患者常见于青年人，特征为急性或亚急性发病，无疼痛、中心性视觉丧失导致中心盲点，即患眼看不见视野的中心部分。眼底检查通常发现有外周乳头状的毛细血管扩张，微血管病，视神经盘假性水肿和血管扭曲。发病年龄 1～70 岁，各种报道表明其平均发病年龄为 27～34 岁。每只眼的发病进程可能从突然、完全地视觉丧失到长达两年的进行性视力减退，平均病程为 3.7 个月。通常是两眼同时受累，如果不是同时，那么在一只眼睛失明不久（2 个月内）另一只眼也失明。视神经和视网膜神经元变性、萎缩是 LHON 的主要病理特征，另外还有周围神经的变性、心脏传导阻滞及肌张力降低。

1988 年 Wallace 首先发现患者 mtDNA 第 11 778 位点的 G 转换成了 A（简写为 11778G>A），使 NADH 脱氢酶亚单位 4（ND4）第 340 位高度保守的精氨酸被组氨酸替换，改变了 ND4 的空间构型，使 NADH 脱氢酶活性降低，线粒体合成 ATP 效率下降，引起视神经萎缩。LHON 呈母系遗传，迄今尚未发现男性患者将此病传递给后代的例子。除了上述 11778G>A 突变外，在 11 种编码线粒体蛋白质的基因（*ND1*、*ND2*、*CO Ⅰ*、*ATP6*、*CO Ⅲ*、*ND3*、*ND4*、*ND4L*、*ND5*、*ND6*、*Cyt b*）中还有 35 种错义突变直接或间接地导致 LHON，不同突变类型临床表现的严重程度有明显的差异。约 96%的病例由以下三种错义突变引起，MTND4*LHON 11778A，占 69%；MTND6*LHON 14484C，占 14%；MTND1*LHON 3460A，占 13%（图 10-6）；其余突变类型罕见（http://www.mitomap.org/bin/view.pl/MITOMAP/MutationsLHON）。

线粒体 DNA 突变的名称包括三个部分，以 MTND4*LHON 11778A 为例：第一部分 MTND4，MT 表示线粒体，ND4 表示 NADH 脱氢酶亚单位 4；第二部分，星号之后，使用了描述疾病临床特征的字母缩略词，LHON 表示莱伯遗传性视神经病变；第三部分，11778A 表示 mtDNA 第 11778 位置的碱基替换为 A。

视觉恢复（自愈）的可能性也因突变类型不同而不同，仅 4%的 11778A 病人在发病约 36 个月后能恢复，37%的 14484C 病人 16 个月后能恢复，而 22%的 3460A 病人 68 个月后能恢复。临床上没有有效的治疗药物，自愈的机制也尚未明了。

11778G＞A 突变在亲属中的外显率（penetrance）是 33%～60%，在男性亲属中的外显率为 82%；14484T＞C 突变在亲属中的外显率是 27%～80%，在男性亲属中的外显率为 68%；3460G＞A 突变在亲属中的外显率是 14%～75%，在男性亲属中的外显率为 40%～80%；可见 LHON 的外显率在男性中明显较高。

LHON 多为男性患者，有人认为吸烟是一个可能的诱因，也有人认为是受雄激素的影响。

2007 年 Puomila 等的研究表明，LHON 在芬兰的群体发病率为 1/50 000，芬兰人 LHON 携带者（11778G＞A、14484T＞C、3460G＞A）频率为 1/9000。

（二）线粒体脑肌病伴高乳酸血症和卒中样发作

线粒体脑肌病伴高乳酸血症和卒中样发作（mitochondrial myopathy，encephalopathy，lactic acidosis and stroke-like episodes，MELAS：OMIM #540000），其主要临床特征为 40 岁前开始出现反复休克、肌病、共济失调、肌阵挛、痴呆和耳聋。异常的线粒体不能代谢丙酮酸，导致大量丙酮酸生成乳酸，乳酸在血液和体液中累积，导致血液 pH 下降和缓冲能力降低，造成乳酸性酸中毒。特征性病理解剖变化，是在脑和骨骼肌的小动脉和毛细血管管壁中有大量异常形态的线粒体聚集。

约 80%患者是由于 mtDNA 第 3243 位点由 A 转换为 G（简写为 3243A＞G）所致（图 10-6），该突变发生在 $tRNA^{Leu(UUR)}$基因（3230～3304）中，突变使 $tRNA^{Leu}$ 的结构改变。一般情况下，3243A＞G 突变表现为杂质性，当突变的 mtDNA 达 40%～50%时，出现进行性眼外肌麻痹、肌病和耳聋；当突变的 mtDNA≥90%时，导致复发性休克、痴呆、癫痫，病情随年龄增加而加重。另外有 5 种少见的突变出现在 mtDNA 的 3256、3258、3260、3271、3291 位点上，也位于 $tRNA^{Leu(UUR)}$基因内。

（三）肌阵挛性癫痫伴有破碎红纤维综合征

肌阵挛性癫痫伴有破碎红纤维综合征（myoclonic epilepsy associated with ragged-red fibers，MERRF：OMIM #545000），其临床表现为多系统紊乱，包括肌阵挛性癫痫、共济失调、肌病、轻度痴呆、耳聋等。患者肌细胞中常见大量团块状的异常线粒体，常被描述为破碎红纤维（RRF），用特殊染料可将其染成红色。MERRF 一般在童年发病，病情可持续若干年（案例 19-7）。

80%～90%的 MERRF 患者由 8344A＞G 碱基替换引起（图 10-5）。该突变的正式名称为 MTTK*MERRF 8344G。MTTK 中的 MT 表示线粒体，第二个 T 表示 tRNA 基因，K 表示赖氨酸（Lys）。$tRNA^{Lys}$ 突变会引起线粒体中翻译的严重缺陷，从而使呼吸链酶复合体产生多种缺陷。

（四）氨基糖苷类抗生素引起的耳聋

链霉素、庆大霉素、卡那霉素等氨基糖苷类抗生素引起的耳聋（aminoglycoside antibiotics induced deafness，AAID：OMIM *561000），其分子机制一直不清楚。线粒体 12S rRNA 由 mtDNA 648～1601 编码。由于氨基糖苷类抗生素的“天然靶标”是进化上相关的细菌核糖体，而人类线粒体核糖体与细菌核糖体结构相近。12S rRNA 结构改变可能导致耳蜗细胞的线粒体核糖体受到氨基糖苷类抗生素的攻击，从而导致耳聋。此外，氨基糖苷类抗生素的耳毒性直接与其在内耳淋巴液中药物浓度较高有关。

1993 年 Prezant 等首先通过三个母系遗传的氨基糖苷类抗生素引起的耳聋家系研究，报道了患者 *mtDNA 12S rRNA* 基因内 1555A＞G 突变（图 10-6）。在正常人群中这一位点的突变频率小于 1/200。1993 年 Hutchin 等推测：由于这一突变扩大了氨基糖苷类抗生素与核糖体结合的“口袋”，并使氨基糖苷类抗生素结合更加紧密，从而使耳蜗受到攻击。

（五）Kearns-Sayre 综合征

Kearns-Sayre 综合征（Kearns-Sayre syndrome，KSS：OMIM #530000）患者可表现出一系列症状，从

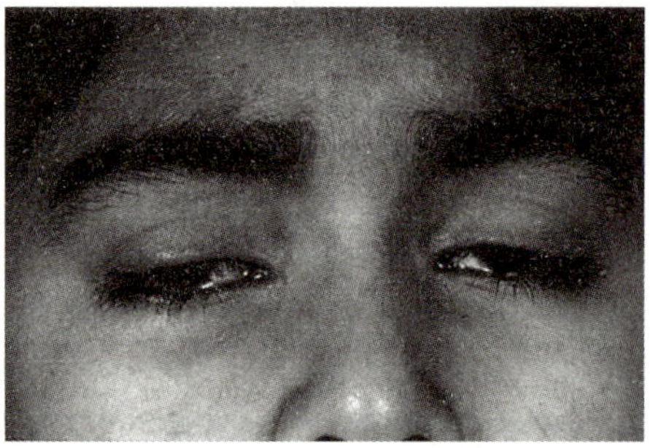

图 10-7 Kearns-Sayre 综合征（示眼外肌麻痹）

仅有眼外肌麻痹，眼睑下垂（图 10-7）及四肢肌病到视网膜色素变性，乳酸性酸中毒，感觉神经损伤及听力丧失，运动失调，心脏传导功能障碍甚至痴呆。通常 20 岁以前发病，病程发展较快，多数病人在确诊后几年内死亡。

已发现 100 多种缺失可导致 Kearns-Sayre 综合征，多数情况下 mtDNA 缺失是由体细胞突变引起，仅 5%由母系遗传所致。最常见的是 8469～13 447 之间的 5kb 片段缺失，约 1/3 病人由该缺失引起，该缺失的断裂点分别位于 *ATPase8* 和 *ND5* 基因内，导致 *ATPase8*、*ATPase6*、*COIII*、*ND3*、*ND4*、*ND4L*、*ND5* 及多个 *tRNA* 基因缺失（图 10-6）。缺失区两端为 13 个碱基的末端反向重复（inverted terminal repeat）序列：5′ACCTCCCTCACCA3′。末端反向重复序列常出现于某些转座子的末端。

（六）母系遗传的糖尿病伴耳聋

母系遗传的糖尿病伴耳聋（maternally inherited diabetes and deafness，MIDD； OMIM #520000）由线粒体基因点突变或缺失引起。

1992 年 Van den Ouweland 等报道的一个糖尿病伴耳聋家系，属母系遗传，检查结果表明患者为 mtDNA 的 3243A>G 突变。1992 年 Reardon 等发现的另一个家系，7 例母系遗传的糖尿病伴耳聋患者都有 3243A>G 突变，这个位点突变导致线粒体的亮氨酸 tRNA 异常。

1992 年 Ballinger 研究的一个家系符合母系遗传，患者为糖尿病伴有耳聋，检查结果是患者 mtDNA 中有 4398～14 822 之间的 10.4kb 大片段缺失。Maassen 和 Kadowaki 发现一个符合母系遗传的糖尿病伴耳聋是由于 mtDNA 的 8469～13 447 之间 5kb 的片段缺失（图 10-6）。

知识拓展 10-2　　线粒体基因突变与衰老

关于衰老（aging，OMIM #502000）的分子机制，有各种不同的学说，如自由基学说、端粒钟学说、遗传程序学说等，是一个尚待解决的具有重大生物学意义的问题。引发原发性衰老的因素包括癌基因信号、遗传毒性损伤、端粒过短、线粒体损伤、病毒或细菌感染、氧化损伤、营养失衡和机械应激等各种不同的说法，现已明确，编码 DNA 解旋酶的细胞核基因 *WRN* 与衰老有直接联系。

1992 年 Corral-Debrinski 等研究了 7 例 24～94 岁个体的大脑，发现 mtDNA 大片段缺失与年龄呈正相关，尤其是 80 岁以上的个体。1992 年 Soong 等研究表明，这种 mtDNA 大片段缺失主要发生在脑的黑质和纹状体。他们指出：大脑灰质区域包含了主要的 mtDNA 缺失，缺失优先发生于神经元，而较少发生于神经胶质细胞。1999 年 Michikawa 等检查了 14 名 65 岁以上老人的成纤维细胞，其中 8 名存在 414T>G 碱基替换，而同时检测的 13 名年轻人中，没有一人有此突变。

线粒体是细胞内活性氧的源泉，机体 95%以上的活性氧来自线粒体的呼吸链。在正常情况下，活性氧可被线粒体中的锰超氧化物歧化酶（Mn^{2+}-SOD）清除掉。当机体衰老或患退行性疾病时，Mn^{2+}-SOD 活性降低，活性氧就在线粒体中积累，从而导致 mtDNA 的损伤；此外，mtDNA 受损使线粒体功能下降，活性氧渗漏增加，酶活性降低，造成恶性循环，进一步加速机体衰老。

有氧运动可以延缓衰老，其机制是：通过有氧运动，增加 ATP 供给，增加通过溶酶体的细胞自体吞噬作用，及时清除受损的 mtDNA。

二、nDNA 异常导致的线粒体遗传病

线粒体内仅约 1%的蛋白质亚基由线粒体基因组编码，约 99%的蛋白质亚基由 nDNA 编码；因此，这些 nDNA 异常，也会导致线粒体蛋白异常，引起相应的线粒体病。随着研究的深入，这方面的例子越来越多，至少有 147 种（http://www.mitomap.org/MITOMAP）。

常染色体显性视神经萎缩（autosomal dominant optic atrophy，ADOA）具有遗传异质性，致病基因 *OPA1*（OMIM #165500）定位于 3q29，致病基因 *OPA3*（OMIM #165300）定位于 19q13.32，致病基因 *OPA8*（OMIM %616648）定位于 16q21-q22，其临床表现均与莱伯遗传性视神经病的临床特征十分相似，*OPA1*、*OPA3* 和 *OPA8* 的基因产物均定位于线粒体中，这些基因点突变均可导致线粒体的 ATP 合成下降。

丙酮酸脱氢酶复合体是线粒体基质中有重要功能的酶，该酶复合体缺乏将导致丙酮酸脱氢酶复合体缺乏症（pyruvate dehydrogenase E1-alpha deficiency，PDHAD，OMIM #312170）。该病的致病基因定位于 Xp22.12，遗传方式为 X 连锁显性遗传，患者临床表现为乳酸性酸中毒，眼部异常和中枢神经系统退变。其临床表现与母系遗传的 Leigh 综合征（maternally-inherited Leigh syndrome，MILS；MTATP6，OMIM *516060）类似。

肉碱棕榈酰转移酶Ⅱ缺乏症（carnitine palmitoyltransferase Ⅱ deficiency，CPT Ⅱ缺乏症，OMIM #255110）致病基因定位于 1p32.3，CPT Ⅱ蛋白结合于线粒体内膜，将长链脂肪酸从细胞质运送到线粒体基质，进行脂肪酸的 β 氧化。CPT Ⅱ蛋白缺乏影响骨骼肌脂肪酸代谢，表现为肌病和肌红蛋白尿。

三、mtDNA 或 nDNA 异常都能导致的线粒体遗传病

（一）Leigh 综合征

Leigh 综合征（Leigh syndrome，LS； OMIM #256000），也被称为亚急性坏死性脑脊髓病，是由线粒体基因突变或核基因突变导致的一种儿童时期最常见的线粒体脑肌病。临床表现为多系统受累，超过一半的患儿至少累及 3 个系统，包括血液和（或）脑脊液乳酸水平升高、全面发育延迟、发育倒退、发育不良以及肌无力，双侧对称基底神经节和（或）脑干病变,患者起病年龄存在差别，常在婴儿期或幼儿期发病，病程进展迅速，一般在发病后数年死亡。

Leigh 综合征发病机制较为复杂，涉及的基因突变包括 mtDNA 突变和 nDNA 突变，目前已报道了相关的约 100 个致病基因，遗传方式为母系遗传或常染色体隐性遗传。线粒体基因组和核基因组中与能量代谢有关的基因突变均可导致 Leigh 综合征，如编码 NADH 脱氢酶、细胞色素 c 氧化酶、ATP6、丙酮酸脱氢酶复合体等的基因突变。

在 mtDNA 突变造成的 Leigh 综合征中，最常见的突变为 mtDNA *ATP6* 基因 8993T>G 或 8993T>C 点突变，突变使 ATP6 第 156 位的亮氨酸替换为精氨酸或脯氨酸，ATP 合酶结构发生改变，大脑及视网膜细胞 ATP 合成活性降低，从而导致细胞死亡。携带 mtDNA 突变的个体临床表型由致病性突变的杂质性水平及其器官组织分布等因素决定，不同家庭成员通常遗传不同比例的突变 mtDNA，可能会有不同的临床症状（图 10-6）。

而 nDNA 突变导致的 Leigh 综合征也有不少报道，如 *SURF-1* 基因（9q34.2）突变引起的 Leigh 综合征呈常染色体隐性遗传，是 *SURF-1* 基因突变使细胞色素氧化酶缺陷导致。

（二）帕金森病

帕金森病（Parkinson disease，PD）又称震颤麻痹，是一种老年发病的运动失调症，有四肢震颤、动作迟缓且常常错误等症状，少数患者有痴呆症状。线粒体遗传的帕金森病（mitochondrial Parkinson disease；OMIM #556500）患者脑组织特别是黑质中存在 mtDNA 缺失。Ozawa 发现患者可检测到 mtDNA 中有 5kb 的缺失，断裂点分别位于 *ATPase 8* 基因和 *ND5* 基因内（图 10-6），导致线粒体呼吸链功能异常，进而引起神经元功能障碍。患者病变细胞中 mtDNA 缺失往往是杂质性的，正常人突变型仅占 0.3%，而患者可达 5%。一般认为，mtDNA 缺失是体细胞突变所致。

有一些青少年发病的帕金森病属常染色体隐性遗传（OMIM #605909），其致病基因是 *PINK1*，该基因定位于 1p36.12，Jeehye Park 等发现该基因的活性局限于线粒体中，对线粒体的功能非常重要。提示帕金森病的发生也可能是 mtDNA 和 nDNA 共同作用的结果。

小 结

人类的mtDNA序列全长16 569bp，为双链闭环DNA分子，含37个基因，编码13种蛋白质、22种tRNA和2种rRNA。每个线粒体中有2～10个mtDNA，每个细胞中mtDNA可达数千个。线粒体基因组遗传特征有半自主性、突变率高、遗传密码特殊、母系遗传、遗传瓶颈、阈值效应、纯质性与杂质性、复制分离及累加效应。

线粒体遗传病指遗传物质DNA异常导致线粒体功能异常而引起的疾病，包括mtDNA异常、nDNA异常以及mtDNA异常和nDNA异常共同作用导致的疾病。线粒体遗传病一般是由母系遗传的异常mtDNA所引起，但也有一些是nDNA异常所导致。常见的线粒体遗传病有莱伯遗传性视神经病（LHON）、线粒体脑肌病伴高乳酸血症和卒中样发作（MELAS）、肌阵挛性癫痫伴破碎红纤维综合征（MERRF）等。

复习思考题

1. 线粒体基因组有哪些遗传特征？
2. 什么是莱伯遗传性视神经病变？其分子基础如何？
3. 举例说明nDNA异常可导致线粒体遗传病。

（崔照琼　陈元晓）

第十一章
群 体 遗 传

学习要点

掌握：①基因频率和基因型频率的概念；②遗传平衡定律及其应用。
熟悉：影响遗传平衡的因素。
了解：遗传负荷。

群体或称种群（population），有广义和狭义之分。广义的群体指同一物种的所有个体；狭义的群体指享有一个共同的基因库，并能相互交配的一群个体。狭义的群体又称孟德尔群体（Mendelian population）。在有性生殖生物的一个群体中，能进行生殖的所有个体所携带的全部遗传基因或遗传信息称为一个基因库（gene pool）。基因库越丰富的物种，越能适应环境的变化，越有生命力；基因库越单一的物种，适应环境变化能力越差，越趋于灭绝。以群体为单位研究群体的遗传结构及其变化规律的遗传学分支学科，称群体遗传学（population genetics）。研究人类致病基因在人类群体中的结构及其变化规律，可以阐明遗传病在群体中的发生及流行规律，为预防疾病、计划生育提供科学依据。

第一节 遗传平衡定律

一、基因频率和基因型频率

（一）基因频率

基因频率（gene frequency）指群体中某特定等位基因（allele）数量占该基因座（locus）全部等位基因总数的比率，反映该等位基因在这一群体中的相对数量。例如，某一基因座有 A、a 一对等位基因，在某一群体中，A 的基因数量为 600，a 的基因数量为 400，群体中该基因座等位基因总数为 600 + 400 = 1000，则：A 基因频率$[A] = 600/1000 = 0.6$，a 基因频率$[a] = 400/1000 = 0.4$（[ ]用于表示频率，下同）。

（二）基因型频率

基因型频率（genotypic frequency）指群体中某特定基因型个体数占全部个体数的比率，反映该基因型个体在这一群体中的相对数量。例如，A、a 这一对等位基因，可以组成 AA、Aa、aa 三种基因型，某一个群体的个体总数为 1000，其中基因型为 AA 的个体数为 300，基因型为 Aa 的个体数为 500，基因型为 aa 的个体数为 200。那么，它们各自的频率为：AA 基因型频率$[AA] = 300/1000 = 0.30$，Aa 基因型频率$[Aa] = 500/1000 = 0.50$，aa 基因型频率$[aa] = 200/1000 = 0.20$。

（三）基因频率和基因型频率的关系

基因频率和基因型频率是两个关系密切又截然不同的概念，我们来研究一下它们之间的关系。

为了表示方便，设群体中：A 基因频率 $[A] = p$，a 基因频率$[a] = q$，AA 基因型频率$[AA] = P$，Aa 基因

型频率$[Aa]=H$，aa 基因型频率$[aa]=Q$。

又设群体个体总数为 n，则：基因型为 AA 的个体数$=nP$，基因型为 Aa 的个体数 $=nH$，基因型为 aa 的个体数$=nQ$。

根据基因频率的定义，可得：

$$A\text{ 基因频率 } p=\frac{2nP+nH}{2n}=P+\frac{1}{2}H$$

$$a\text{ 基因频率 } q=\frac{2nQ+nH}{2n}=Q+\frac{1}{2}H$$

$$\text{即}\begin{cases}p=P+\dfrac{1}{2}H\\ q=Q+\dfrac{1}{2}H\end{cases}$$

这就是群体中基因频率和基因型频率的数学关系。

我们来看一个实际调查的例子：人类 MN 血型系统，由 L^M、L^N一对共显性的等位基因决定。基因型为 L^ML^M的，表型为 M 型血；基因型为 L^ML^N的，表型为 MN 型血；基因型为 L^NL^N的，表型为 N 型血。在某地的 MN 血型调查中，共调查 1000 人，其中 M 型 355 人，MN 型 480 人，N 型 165 人。那么：L^ML^M基因型频率$[L^ML^M]=P=355/1000=0.355$，$L^ML^N$基因型频率$[L^ML^N]=H=480/1000=0.480$，$L^NL^N$基因型频率$[L^NL^N]=Q=165/1000=0.165$。根据基因频率和基因型频率的关系，可得：

$$L^M\text{ 基因频率 } [L^M]=p=P+\frac{1}{2}H=0.355+\frac{1}{2}\times 0.480=0.595$$

$$L^N\text{ 基因频率 } [L^N]=q=Q+\frac{1}{2}H=0.165+\frac{1}{2}\times 0.480=0.405$$

二、遗传平衡定律

为了研究群体遗传结构及其变化规律，英国数学家 G. H. Hardy 和德国内科医生 W. Weinberg 做了大量工作，并于 1908 年各自独立提出关于群体基因频率和基因型频率变化的规律，后来发展成为群体遗传学的基本定律，这就是哈迪-温伯格定律（Hardy-Weinberg law），又称遗传平衡定律（law of genetic equilibrium）。

为了研究方便，Hardy 和 Weinberg 提出了理想群体（idealized population）的概念，即符合下列五个条件的群体：①群体无限大；②随机交配；③没有新的突变产生；④没有自然选择起作用；⑤没有个体迁移。

哈迪-温伯格定律的描述如下：在理想群体中，一对等位基因在常染色体上遗传时，无论群体起始基因频率如何，只要经过一代的随机交配，群体的基因频率和基因型频率即达到平衡状态，并且保持世世代代不变。这种状态称遗传平衡状态。在遗传平衡状态下，群体的基因频率和基因型频率有如下关系：

$$\begin{cases}P=p^2\\ H=2pq\\ Q=q^2\end{cases}$$

哈迪-温伯格定律可用数学方法证明如下：

把最初的群体称为 0 世代群体，0 世代群体随机交配的后代称为 1 世代群体，依此类推。设 0 世代群体中，A 基因频率$[A]=p_0$，a 基因频率$[a]=q_0$，那么，0 世代群体产生 A 型精子的频率为 p_0，a 型精子的频率为 q_0；同样，产生 A 型卵子的频率为 p_0，a 型卵子的频率为 q_0。0 世代的随机婚配，实质上是 0 世代雌、雄配子之间的随机结合。0 世代群体随机婚配所产生的子代，即 1 世代，各种基因型及其频率见表 11-1。

表 11-1　0 世代群体雌、雄配子间随机组合所得 1 世代群体各种基因型及其频率

卵子	精子	
	$A(p_0)$	$a(q_0)$
$A(p_0)$	$AA(p_0^2)$	$Aa(p_0q_0)$
$a(q_0)$	$Aa(p_0q_0)$	$aa(q_0^2)$

即 1 世代中，三种基因型的频率为：$[AA]=P_1=p_0^2$，$[Aa]=H_1=2p_0q_0$，$[aa]=Q_1=q_0^2$。

根据群体中基因频率和基因型频率的关系：

$p=P+\frac{1}{2}H$，$q=Q+\frac{1}{2}H$，可以算出 1 世代的基因频率为：

$$p_1=P_1+\frac{1}{2}H_1=p_0^2+\frac{1}{2}\times 2p_0q_0=p_0(p_0+q_0)=p_0 \qquad (\because p_0+q_0=1)$$

$$q_1=Q_1+\frac{1}{2}H_1=q_0^2+\frac{1}{2}\times 2p_0q_0=q_0(q_0+p_0)=q_0 \qquad (\because p_0+q_0=1)$$

即 $p_1=p_0$，$q_1=q_0$

也就是说，从 0 世代到 1 世代，群体中基因频率没有改变，基因型频率变成了：

$P_1=p_0^2$，$H_1=2p_0q_0$，$Q_1=q_0^2$。

那么 1 世代群体产生 A 型精子的频率仍然为 p_0，a 型精子的频率仍然为 q_0；同样，产生 A 型卵子的频率仍然为 p_0，a 型卵子的频率仍然为 q_0。1 世代的随机婚配，亦可看作是 1 世代雌、雄配子之间的随机结合。由 1 世代群体随机婚配所产生的子代（2 世代）的各种基因型及其频率见表 11-2。

表 11-2　1 世代群体雌、雄配子间随机组合所得 2 世代群体的各种基因型及其频率

卵子	精子	
	$A(p_0)$	$a(q_0)$
$A(p_0)$	$AA(p_0^2)$	$Aa(p_0q_0)$
$a(q_0)$	$Aa(p_0q_0)$	$aa(q_0^2)$

即 2 世代群体中，三种基因型的频率为：$[AA]=P_2=p_0^2$，$[Aa]=H_2=2p_0q_0$，$[aa]=Q_2=q_0^2$。

同样，根据群体中基因频率和基因型频率的关系可得：$p_2=p_0$，$q_2=q_0$

可见 2 世代群体和 1 世代群体的各种基因频率、基因型频率都没有改变。

依此类推，在 n 世代有：

$p_n=p_0$，$q_n=q_0$；

$P_n=p_0^2$，$H_n=2p_0q_0$，$Q_n=q_0^2$；

$$\text{即}\quad \begin{cases} P=p^2 \\ H=2pq \\ Q=q^2 \end{cases}$$

定律得证。

在 Hardy 和 Weinberg 发现遗传平衡定律的年代，要检测一个群体是不是遗传平衡的群体，是不可能完成的科学难题，因为在那个年代，人类的基因是没有办法检测的。人类基因组计划（HGP）的完成，极大地推进了基因测序技术的进步，也极大地降低了基因测序的成本，并丰富和发展了多种基因检测方法（详见第十七章第二节），现在检测人类某个基因位点，变成了一件轻而易举的事。那么，实际研究的群体是不是遗传平衡的群体呢？请看下边的例子。

知识拓展 11-1 **遗传平衡的例证**

昆明医科大学龙莉、杨榆玲团队用 PCR-RFLP 方法检测了云南省晋宁县 231 例彝族原发性高血压患者和 173 例彝族健康个体的 *AGT* 基因（位于 1q42.2）M235T（rs699）多态位点，结果如下（表 11-3）：

表 11-3 彝族 *AGT* 基因 M235T 多态位点检测结果[*n*（%）]

分组	*n*	基因型			等位基因	
		MM	*MT*	*TT*	*M*	*T*
对照组	173	13（7.51）	68（39.31）	92（53.18）	94（27.17）	252（72.83）
患者组	231	13（5.63）	75（32.47）	143（61.90）	101（21.86）	361（78.14）

对照组群体和患者组群体是不是遗传平衡的群体呢？

设群体中 *M* 基因频率为 p，*T* 基因频率 q，群体个体数为 n，根据遗传平衡定律，如果是遗传平衡的群体，那么：*MM* 基因型频率为 p^2，*MT* 基因型频率为 $2pq$，*TT* 基因型频率为 q^2，这三种基因型的个体数分别为 np^2，$2pqn$，nq^2，分别按表 11-3 的等位基因频率（%）计算得出的三种基因型的频率（%）及个体数的结果如下（表 11-4）：

表 11-4 彝族 *AGT* 基因 M235T 多态位点检测值和理论值[*n*（%）]

分组	*n*	基因型			等位基因	
		MM	*MT*	*TT*	*M*	*T*
对照组（检测值）	173	13（7.51）	68（39.31）	92（53.18）	94（27.17）	252（72.83）
对照组（理论值）		12.77（7.38）	68.47（39.58）	91.76（53.04）		
患者组（检测值）	231	13（5.63）	75（32.47）	143（61.90）	101（21.86）	361（78.14）
患者组（理论值）		11.04（4.78）	78.91（34.16）	141.05（61.06）		

从表 11-4 可以看出，对照组和患者组基因型频率及个体数的理论值与检测值均有一些误差，但误差似乎都比较小。理论值与检测值吻合吗？用什么方法判定呢？

判定理论值与检测值是否相吻合，统计学有一个方法叫拟合优度检验（goodness of fit test），也称吻合度检验，常用卡方检验。卡方，一般写成 χ^2，χ^2 的定义是：$\chi^2=\sum\frac{(\text{检测值}-\text{理论值})^2}{\text{理论值}}$。

用这个公式，我们可以计算出对照组个体数的 χ^2 值，计算过程如下：

$$\chi^2=\frac{(13-12.77)^2}{12.77}+\frac{(68-68.47)^2}{68.47}+\frac{(92-91.76)^2}{91.76}=0.0080$$

按同样的方法，可以计算出患者组个体数的 $\chi^2=0.57$。

χ^2 分布的数学原理超出本书的范围。为方便应用，统计学家根据 χ^2 分布的数学原理制作了 χ^2 值表。表 11-5 是一个简化的 χ^2 值表。

表 11-5 χ^2 值表

自由度	*P*							
	0.995	0.99	0.95	0.50	0.10	0.05	0.02	0.01
1	0.000039	0.00016	0.0039	0.5	2.71	3.4	5.41	6.64
2	0.0100	0.0201	0.103	1.39	4.61	5.99	7.82	9.21
3	0.0717	0.115	0.35	2.37	6.25	7.82	9.84	11.35

统计学家规定，当 $P<0.05$ 时，检测值与理论值有显著的差异，即检测值与理论值不吻合；当 $P>0.05$ 时，检测值与理论值没有显著的差异，即检测值与理论值相吻合。

表中的自由度=检测基因型类型数−1，因此，此处的自由度=3−1=2。

对照组的 $\chi^2 = 0.0080$，查 χ^2 值表，得 $\chi^2_{2,\ 0.995} = 0.0100$（注：$\chi^2$ 右下标数字 2 为自由度、右下标逗号后的数字 0.995 为 P 值），$\chi^2_{2,\ 0.95} = 0.0201$，对照组的 χ^2 值对应的 P 值在 0.995 附近，即 $P>0.05$，因此检测值与理论值没有显著的差异，即检测值与理论值相吻合，对照组是遗传平衡的群体。

同样，患者组的 $\chi^2 = 0.57$，查 χ^2 值表，对应的 P 值介于 0.95 与 0.50 之间，即 $P>0.05$，因此，患者组是遗传平衡的群体。

可见，云南省晋宁县 231 例彝族原发性高血压患者和 173 例彝族健康个体，这两个群体在 *AGT* 基因 M235T 多态位点均是遗传平衡的群体。许多类似的研究均表明，科学家所研究的群体一般都是遗传平衡的群体（吻合度检验可用 Excel 软件或统计学软件如 SPSS 完成）。

三、遗传平衡定律的应用

理想群体虽然只是一个理想的假设，但是，一般来说，人们研究的群体是一个近似的理想群体，因而可以运用遗传平衡定律来做基因频率的计算。下面介绍遗传平衡定律在实际工作中的应用。

（一）在常染色体隐性遗传病（AR）中的应用

根据遗传平衡定律，只要调查隐性纯合子的频率 Q，由于 $Q = q^2$，得 $q = \sqrt{Q}$，就可计算出该群体中隐性等位基因的频率；而 $p + q = 1$，进一步可算出显性等位基因频率及其他基因型的频率，获知群体的遗传结构。

例如，某地人口普查中，白化病（AR）的发病率为 1/20 000。由于白化病患者的基因型为 *aa*，根据遗传平衡定律：发病率 $= Q = q^2$

得：致病基因频率 $q = \sqrt{\text{发病率}} = \sqrt{1/20\ 000} = 0.007$

$\because p+q=1$，得 $p = 1 - q = 1 - 0.007 = 0.993$

正常人，显性纯合子频率 $[AA] = P = p^2 = 0.993^2 = 0.986$

正常人，携带者频率 $[Aa] = H = 2pq = 2 \times 0.993 \times 0.007 = 0.014$

（二）在常染色体显性遗传病（AD）中的应用

对于常染色体显性遗传病，患者的基因型为 *AA* 或 *Aa*，故有：

发病率 $= [AA] + [Aa] = 1 - [aa] = 1 - Q = 1 - q^2$

得：正常基因频率 $q = \sqrt{1 - \text{发病率}}$ （11-1）

或者，由于常染色体显性遗传病患者中，*Aa* 的个体远比 *AA* 的个体多，或者说，*AA* 的患者相对于 *Aa* 的患者而言，可以忽略不计，于是：

发病率 $\approx [Aa] \approx 2pq$ 又 $\because p$ 很小，$q \to 1$ 得：发病率 $\approx 2p$

得：致病基因频率 $p \approx \frac{1}{2}$ 发病率 （11-2）

用式（11-1）或式（11-2）均可计算群体的遗传结构，二者的结果在一般情况下无显著差异，式（11-2）更常用。

（三）在复等位基因性状中的应用

以人类 ABO 血型为例，ABO 血型受控于 9q34 的一组复等位基因 I^A、I^B 和 i，设 $[I^A] = p$，$[I^B] = q$，$[i] = r$。在遗传平衡状态时，各种基因型及其频率见表 11-6。

即：$[I^AI^A] = p^2$ $[I^Ai] = 2pr$ ……………………… A 型血

$[I^BI^B] = q^2$ $[I^Bi] = 2qr$ ……………………… B 型血

$[I^AI^B] = 2pq$ ……………………………………… AB 型血

$[ii] = r^2$ ……………………………………… O 型血

各种血型分布符合 $(p + q + r)^2$ 展开式。

表 11-6 I^A、I^B、i 复等位基因遗传平衡时各种基因型及其频率

卵子	精子		
	$I^A(p)$	$I^B(q)$	$i(r)$
$I^A(p)$	$I^AI^A(p^2)$	$I^AI^B(pq)$	$I^Ai(pr)$
$I^B(q)$	$I^AI^B(pq)$	$I^BI^B(q^2)$	$I^Bi(qr)$
$i(r)$	$I^Ai(pr)$	$I^Bi(qr)$	$ii(r^2)$

例如，在某地的 ABO 血型普查中，共调查 190 177 人，其中 A 型血 79 324 人，B 型血 16 276 人，O 型血 88 717 人，AB 型血 5860 人。试分析该群体 ABO 血型的遗传结构。

解：∵ $[O] = r^2 = 88\,717/190\,177 = 0.4665$

得：i 基因的频率 $r = \sqrt{0.4665} = 0.6830$

又∵ $[A] + [O] = p^2 + 2pr + r^2 = (p + r)^2$

$= (79\,324 + 88\,717)/190\,177 = 0.8836$

得：$p + r = \sqrt{0.8836} = 0.9400$

∵ $r = 0.6830$

得：I^A 基因的频率 $p = 0.9400 - r = 0.9400 - 0.6830 = 0.2570$

∵ $q + (p + r) = 1$

得：I^B 基因的频率 $q = 1 - (p + r) = 1 - 0.9400 = 0.0600$

A 型的基因型频率：

$[I^AI^A] = p^2 = 0.2570^2 = 0.0660$，$[I^Ai] = 2pr = 2\times0.2570\times0.6830 = 0.3511$

B 型的基因型频率：

$[I^BI^B] = q^2 = 0.0600^2 = 0.0036$，$[I^Bi] = 2qr = 2\times0.0600\times0.6830 = 0.0820$

AB 型的基因型频率：

$[I^AI^B] = 2pq = 2\times0.257\times0.0600 = 0.0308$，或$[I^AI^B] = 5860/190\,177 = 0.0308$

O 型的基因型频率：

$[ii] = r^2 = 0.6830^2 = 0.4665$

（四）在 X 连锁基因性状中的应用

设群体中 X^A、X^a 基因频率分别为 $[X^A] = p$、$[X^a] = q$，群体中女性性染色体组成为 XX，有三种不同的基因型：X^AX^A、X^AX^a、X^aX^a；男性性染色体组成为 XY，有两种不同的基因型：X^AY、X^aY。女性可生成两种不同类型的配子：X^A、X^a。男性可生成三种不同类型的配子：X^A、X^a、Y，由于生成的 X^A 配子的频率+ X^a 配子的频率= $p+q=1$，且男性生成 X 配子与 Y 配子频率相等，故 Y 配子的频率也为 1。在随机交配下达到遗传平衡时，各种不同基因型及其频率见表 11-7。

表 11-7 遗传平衡时，X 连锁基因的各种基因型及其频率

卵子	X 精子		Y 精子
	$X^A(p)$	$X^a(q)$	$Y(1)$
$X^A(p)$	$X^AX^A(p^2)$	$X^AX^a(pq)$	$X^AY(p)$
$X^a(q)$	$X^AX^a(pq)$	$X^aX^a(q^2)$	$X^aY(q)$

由于男性为半合子，故只需调查男性发病率，即知致病基因的频率。

例如，红绿色盲为 X 连锁隐性遗传病，已知其在男性中的发病率为 7%，试分析群体的遗传结构。

解：∵男性发病率=$[X^aY]$=致病基因频率

得：致病基因频率 $q = 7\% = 0.07$

正常基因频率 $p = 1 - q = 1 - 0.07 = 0.93$

女性表型正常的基因型频率：$[X^AX^A]=p^2=0.93^2=0.8649$，$[X^AX^a]=2pq=2\times0.93\times0.07=0.1302$。女性患者频率：$[X^aX^a]=q^2=0.07^2=0.0049$

男性患者频率：$[X^aY]=7\%=0.07$，男性正常频率$[X^AY]=1-0.07=0.93$

可见红绿色盲在女性的发病率$[X^aX^a]$为0.49%，这与实际调查结果0.5%是一致的（二者无显著差异）。

一对等位基因在性染色体上遗传时，情况比较复杂，在遗传平衡时与常染色体上等位基因的遗传平衡有所不同。

知识拓展 11-2　　性连锁等位基因的遗传平衡

人类的X染色体和Y染色体大小明显不同，二者携带的基因绝大多数也不一样，但在X和Y染色体短臂末端有一个拟常染色质区（pseudoautosomal region），该区域的基因与性别无关（而与常染色体上的基因类似），如细胞表面抗原MIC2（MIC2 surface antigen）基因定位于Xp22.33，又位于Yp11.2。这样的等位基因的遗传平衡与常染色体等位基因的遗传平衡类似。

但绝大多数Y染色体上的基因，X染色体上却没有相应的同源基因，如*SRY*基因，位于Yp11.2。因此该基因在男性的频率为1，而在女性的频率为0。

同样，绝大多数X染色体上的基因，在Y染色体上也没有相应的同源基因，如红绿色盲基因*OPN1MW*，定位于Xq28。由于男性为XY，女性为XX，如果群体中男性个体和女性个体各占1/2，则男性带有群体中所有这些基因的1/3，而女性带有群体中所有这些基因的2/3，设这样的等位基因为X^A、X^a，X^A在男性中的频率为p_m，在女性中的频率为p_f；X^a在男性中的频率为q_m，在女性中的频率为q_f，那么在整个人群中的基因频率为：

$$p=1/3\,p_m+2/3\,p_f$$
$$q=1/3\,q_m+2/3\,q_f$$

这样的X连锁等位基因的频率在男性和女性不相等时，经过1个世代的随机婚配群体将不能达到遗传平衡。因为X染色体具有交叉遗传的特性，某一世代男性的某一等位基因的频率是上一代女性中该等位基因的频率（因为男性的X染色体只能从母亲传来）；某一世代女性的某一等位基因的频率是上一代女性和男性基因的频率的平均数（因为女性从父亲和母亲各获得1条X染色体）。因此男性和女性的等位基因的频率的分布将呈上下摆动，但两性间基因频率的差，每代将减少一半，因而很快会趋于平衡（图11-1）。图11-1所示是可能有的最极端的情况之一，即某个等位基因在男性中的起始频率为1，女性为0，因此群体中该基因的初始频率为0.33；经过7代后，该基因在男性和女性的基因频率都趋于0.33。

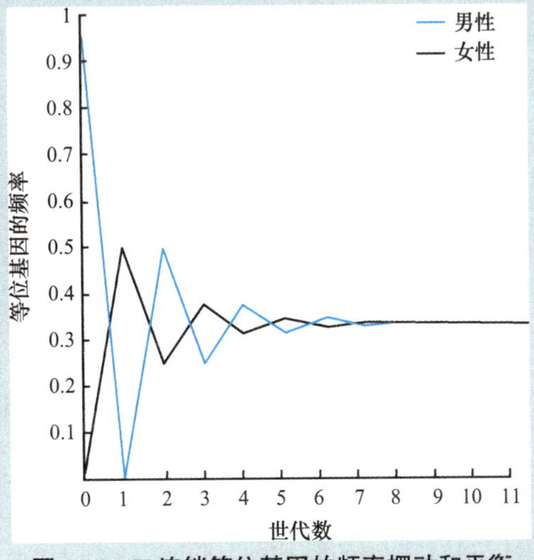

图11-1　X连锁等位基因的频率摆动和平衡

第二节 影响遗传平衡的因素

实际上，理想群体是不存在的。群体不可能无限大，婚配也不可能完全随机，新的突变在群体中随时都会发生，基因也必然受到自然选择的作用，个体的迁入也不能完全避免。值得医学遗传学家庆幸的是，遗传平衡定律能够像上文描述的那样，用于计算临床实用的等位基因频率。实际上，理想群体中五个要素中的任何一个条件改变，都会影响群体中等位基因的频率，从而改变群体的遗传结构。

一、突变

自然界中普遍存在突变，突变可涉及各种遗传性状，突变具有重复性和可逆性（详见第三章）。一对等位基因 A 和 a，A 可以突变为 a，同时 a 也可以突变为 A。群体中某一基因发生突变的频率称为突变率（mutation rate），表 11-8 列出了几种遗传病的基因突变率。

表 11-8 几种遗传病的基因突变率

疾病病名	遗传方式	突变率（$\times10^{-6}$）	疾病病名	遗传方式	突变率（$\times10^{-6}$）
软骨发育不全	AD	43	白化病	AR	28～70
视网膜母细胞瘤	AD	6～18	苯丙酮尿症	AR	25～52
家族性结肠息肉	AD	13	假性肥大性肌营养不良	XR	43～60
亨廷顿病	AD	5	血友病	XR	19～32

设 A 突变为 a 的频率为 u，a 突变为 A 的频率为 v，即：

$$A \underset{v}{\overset{u}{\rightleftarrows}} a$$

若 A 基因频率为 p，a 基因频率为 q，如果群体中基因频率保持不变，即处于平衡状态时，则：

$pu=qv$，又 $p+q=1$ 得：$p=\dfrac{v}{u+v}$；$q=\dfrac{u}{u+v}$

这样，在没有选择等其他因素作用时，仅由突变而保持的遗传平衡中，等位基因频率完全由其突变率决定。一些中性突变（neutral mutation）就可能有这种效应。例如，人类对苯硫脲（PTC）的尝味能力，决定于 7q34 上的等位基因 T。T 突变为 t 后，失去对 PTC 的尝味能力。这种突变对人类既无明显的益处，也无明显的害处，所以是中性突变。如果 $u=0.6\times10^{-6}$/代，$v=0.4\times10^{-6}$/代，则基因 t 的频率 $q=u/(u+v)=0.6/(0.6+0.4)=0.60$。西欧的白种人人群即是这样，他们中隐性纯合子（$tt$）味盲频率约为 36%。如果 $u=0.9\times10^{-6}$/代，$v=2.1\times10^{-6}$/代，则基因 t 的频率 $q=u/(u+v)=0.9/(0.9+2.1)=0.30$。我国汉族人群即是这样，其隐性纯合子（$tt$）味盲的频率约为 9%。

因为没有表型效应，中性突变不受到选择的作用。然而，在另一种情况下，基因突变将会产生有害的表型效应，因而面临选择的作用。

二、选择

选择对群体遗传平衡有重要影响。选择的作用在于增高或降低个体的适合度（fitness），从而改变群体的遗传结构。

1. 适合度　群体中存在不同基因型的个体，他们的生存能力和生育能力是有差别的。在某种环境条件下，某已知基因型的个体将其基因传到后代基因库中的相对能力，称为适合度。一般用相对生育率（relative fertility，f）来表示：

$$f=\frac{\text{患者生育率}}{\text{患者正常同胞生育率}}$$

可见正常人的适合度为 1，患者适合度 <1。

例如，有人在丹麦做了一次软骨发育不全的调查。共发现108名软骨发育不全性侏儒患者，生育了27个孩子；这些患者的457个正常同胞，共生育了582个孩子。那么，侏儒患者的适合度为：

$$f=\frac{\text{患者生育率}}{\text{患者正常同胞生育率}}=\frac{27/108}{582/457}=0.20$$

2. 选择系数　选择系数（selective coefficient，s）指在选择作用下适合度降低的程度，即 $s=1-f$。在上例中，侏儒的适合度为0.20，则其选择系数 $s=1-f=1-0.20=0.80$。说明侏儒患者的基因有80%的可能性不能传给后代而被选择作用所淘汰。表11-9列出了几种遗传病的适合度和选择系数。

表11-9　几种遗传病的适合度和选择系数

疾病病名	适合度	选择系数
视网膜母细胞瘤（杂合子）	0	1
幼儿型黑矇性痴呆（纯合子）	0	1
软骨发育不全（杂合子）	0.20	0.80
甲型血友病（男性）	0.29	0.71
神经纤维瘤（杂合子）	男0.41，女0.75	男0.59，女0.25

3. 选择的作用　选择使有害基因以一定的频率被淘汰，使群体中有害基因频率逐代降低。选择对常染色体显性致病基因、常染色体隐性致病基因、X连锁隐性致病基因的基因频率的改变有效程度是不同的。

（1）选择对常染色体显性致病基因的作用：对常染色体显性遗传病而言，患者的基因型为 Aa 或 AA，正常人基因型为 aa。为了说明问题，我们考虑一种极端的情况：患者不能生存或完全不能生育后代，即 $s=1$。那么，若无突变发生，只需经过一代选择，A基因在群体中将不复存在。

结论：选择对常染色体显性致病基因的作用是明显的。

如果群体处于选择和突变的共同作用下而达到一种动态的平衡状态，那么，群体中每代被选择作用而丢失的 A，必然由突变来补充，即：

被选择掉的 A 基因数=突变产生的 A 基因数

设群体 A 基因频率为 p，群体中 a 突变为 A 基因频率为 v。

那么：$v=sp$

因为 $H=2pq$，且 p 很小，q 接近于1，所以 $p\approx\frac{1}{2}H$

得：$v\approx\frac{1}{2}sH$

又因为患者绝大多数为杂合子，即 $H\approx$发病率，所以：

$$v\approx\frac{1}{2}s\times\text{发病率}$$

例如，某一调查资料表明，软骨发育不全性侏儒在丹麦哥本哈根的发病率为10/94 075 = 0.0001063，又已知 $s=0.8$，那么：

$$v\approx\frac{1}{2}s\times\text{发病率}=\frac{1}{2}\times0.8\times0.0001063=42.5\times10^{-6}/\text{代}$$

（2）选择对常染色体隐性致病基因的作用：对于常染色体隐性遗传病而言，患者的基因型为 aa，正常人的基因型为 AA 或 Aa。为了说明问题，我们同样考虑 $s=1$ 的情况。

设最初的0世代群体中，$[A]=p_0$，$[a]=q_0$。群体由 AA、Aa、aa 三种不同基因型的个体组成，如果是遗传平衡的群体，则有 $[AA]=p_0^2$，$[Aa]=2p_0q_0$，$[aa]=q_0^2$。若 $s=1$，则 aa 的个体不能生存或生育率为0，只有 AA、Aa 的个体能生育后代，其产生的后代称为1世代，此时，a 的基因频率为 q_1，则：

$$q_1=\frac{\text{群体中}a\text{的基因数}}{\text{群体中}A\text{的基因数}+\text{群体中}a\text{的基因数}}=\frac{2p_0q_0}{2p_0^2+2p_0q_0+2p_0q_0}=\frac{q_0}{p_0+q_0+q_0}=\frac{q_0}{(p_0+q_0)+q_0}=\frac{q_0}{1+q_0}$$

$(\because p+q=1)$

设 1 世代中，$[AA]=p_1^2$，$[Aa]=2p_1q_1$，$[aa]=q_1^2$。若 $s=1$，再经过一代的选择，即 aa 的个体不能生育后代，后代群体由 AA、Aa 的个体产生，则在其产生的子代群体（2 世代）中，a 的基因频率为 q_2，则：

$$q_2=\frac{\text{群体中}a\text{的基因数}}{\text{群体中}A\text{的基因数}+\text{群体中}a\text{的基因数}}=\frac{2p_1q_1}{2p_1^2+2p_1q_1+2p_1q_1}=\frac{q_1}{p_1+q_1+q_1}=\frac{q_1}{(p_1+q_1)+q_1}=\frac{q_1}{1+q_1}$$

$(\because p_1+q_1=1)$

又 $\because q_1=\dfrac{q_0}{1+q_0}$

得：$q_2=\dfrac{q_1}{1+q_1}=\dfrac{q_0/(1+q_0)}{1+q_0/(1+q_0)}=\dfrac{q_0}{1+2q_0}$

依此类推，经过 n 代选择后，群体中 a 的基因频率为：$q_n=\dfrac{q_0}{1+nq_0}$

将这个代数式作一下变换：

得：（$1+nq_0$）$q_n=q_0$，得：$1+nq_0=\dfrac{q_0}{q_n}$，得：$nq_0=\dfrac{q_0}{q_n}-1$

得：$n=\dfrac{1}{q_n}-\dfrac{1}{q_0}$

例如，囊性纤维化（cystic fibrosis）是一种常染色体隐性遗传病。在亚洲人群的致病基因频率 $q=0.002$。虽然少数病人成活，而且有些患者能生育（男性患者不能生育），但一般认为此病是致死的，即 $s=1$。如果只有选择起作用，该群体的致病基因频率下降为 0.001 需要经过多少代？

解：$q_0=0.002$，$q_n=0.001$，

$$n=\frac{1}{q_n}-\frac{1}{q_0}=\frac{1}{0.001}-\frac{1}{0.002}=1000–500=500\text{（代）}$$

即需要经过 500 代，才能使致病基因频率由 0.002 下降为 0.001，若以每代 25 年计，则需 12 500 年。

结论：选择对隐性基因的作用是不明显的。

如果群体在选择和突变共同作用下而保持平衡，那么，群体中每代因选择而丢失的 a 基因将由基因突变来补充，即：

被选择掉的 a 基因数=突变产生的 a 基因数

设群体中 a 的基因频率为 q，A 突变为 a 的频率为 u，则：

$$u=sq^2$$

例如，苯丙酮尿症（PKU）是一种常染色体隐性遗传病，在我国人群的发病率为 1/16 500，该病适合度为 0.15。求隐性致病基因的突变率。

解：致病基因突变率 $u=sq^2=(1–f)\,q^2=(1–0.15)\times1/16\,500=52\times10^{-6}$/（代·基因）。

（3）选择对 X 连锁隐性致病基因的作用：对于 X 连锁隐性遗传病，女性患者基因型为 X^aX^a，正常女性基因型为 X^AX^A、X^AX^a，所以，选择对致病基因的作用在女性类似于常染色体隐性致病基因；男性为半合子，男性患者基因型为 X^aY，男性正常人基因型为 X^AY，即男性一旦带有致病基因即受到选择作用，所以，选择对致病基因的作用在男性类似于常染色体显性致病基因。又因为人群中 X 染色体 2/3 分布于女性，1/3 分布于男性，故选择对 X 连锁隐性基因的作用介于常染色体隐性和常染色体显性之间。

当群体在选择和突变共同作用下保持遗传平衡时，群体中被选择掉的 X 连锁隐性致病基因将由突变来补充，即：

$u=\dfrac{2}{3}sq^2+\dfrac{1}{3}sq$　　　　因为 $sq\gg sq^2$

得：$u\approx\dfrac{1}{3}sq$

例如：甲型血友病在男性的发病率为 0.000 08，在女性极少见。已知甲型血友病的适合度为 0.29，试

计算致病基因突变率。

解：致病基因突变率 $u \approx \frac{1}{3} sq = \frac{1}{3} \times (1-0.29) \times 0.000\,08 = 19 \times 10^{-6}$/（代·基因）。

三、近亲婚配

人类的婚配是一种复杂的社会现象。由于受到自然地域、民族、文化、宗教、习俗等自然和社会因素的影响，婚配往往不可能完全随机，而使有亲缘关系的人婚配机会增多。近亲婚配（consanguineous marriage）指亲缘关系较近的个体间的婚配。有亲缘关系的人具有相同等位基因的概率比普通人大，近亲婚配使后代成为等位基因纯合子的可能性增加，从而使隐性遗传病发病率增高，由于选择的作用，影响群体的遗传结构。

（一）近婚率

近婚率（inbreeding rate）指近亲婚配家庭占群体家庭总数的百分比。近婚率在欧美较低，20 世纪 50 年代的调查表明，一般在 1%以下。我国 1980～1981 年调查结果显示近婚率在 0.7%～16.2%，最低的是北京市区，仅 0.7%，因为大都市各方面人口萃集，可供选择的对象较多；有些少数民族以隔离群的形式存在，配偶往往限于本民族，所以近婚率高，如贵州赤水市苗族近婚率高达 16.2%。随着经济发展，文化普及，交通发达，近婚率在我国逐渐下降。

（二）近婚系数

两个有亲缘关系的人结婚，他们有可能从共同祖先得到同一等位基因，他们育有子女时，又可能把同一等位基因传给其子女。近亲婚配所生子女从共同祖先获得一对相同等位基因成为纯合子的概率，称为近婚系数（inbreeding coefficient，F）。

1. 常染色体等位基因的近婚系数　姨表兄妹婚配和舅甥女婚配是我国比较常见的近亲婚配的类型，下面以这两种近亲婚配为例来说明常染色体等位基因的近婚系数的计算方法。

图 11-2 是姨表兄妹（三级亲属）近亲婚配常染色体等位基因的遗传图解，从图 11-2 可以看出，共同祖先 P_1、P_2 在某一基因座，可能有 4 种不同形式的等位基因 A_1、A_2、A_3、A_4。A_1 由 P_1 传给 B_1 的可能性为 1/2，B_1 将 A_1 基因传给 C_1 的可能性亦为 1/2，C_1 将 A_1 基因传给 S 的可能性亦为 1/2，这三个事件相互独立，而独立的事件同时发生的概率等于各个事件发生概率的乘积，即 A_1 基因通过 B_1、C_1 传给 S 的可能性为：1/2×1/2×1/2=1/8；同理，A_1 基因通过 B_2、C_2 传给 S 可能性亦为 1/2×1/2×1/2=1/8。上述两个事件同时发生时，即 A_1 基因通过 B_1、C_1 传给 S，同时通过 B_2、C_2 传给 S，S 的基因型则为 A_1A_1，这两个独立的事件同时发生的概率等于各个事件发生概率的乘积，所以 S 成为 A_1A_1 基因型的可能性为：$[A_1A_1]$ = 1/8×1/8 = 1/64。同理：$[A_2A_2]$ = 1/64，$[A_3A_3]$ = 1/64，$[A_4A_4]$ = 1/64。所以，姨表兄妹结婚常染色体等位基因的近婚系数 F= 1/64+1/64+1/64+1/64 =4/64 = 1/16。

图 11-3 是舅甥女（二级亲属）婚配常染色体等位基因的遗传图解，可以看出，A_1 基因通过 B_1 传给 S 的可能性为：1/2×1/2 = 1/4，A_1 基因通过 B_2、C 传给 S 可能性为 1/2×1/2×1/2=1/8，所以 S 成为 A_1A_1 基因型的可能性为：$[A_1A_1]$ = 1/4×1/8 = 1/32。同理：$[A_2A_2]$ = 1/32，$[A_3A_3]$ = 1/32，$[A_4A_4]$ = 1/32。所以，舅甥女婚配常染色体等位基因的近婚系数 F = 1/32+1/32+1/32+1/32 = 4/32 = 1/8。

一般说来，对于常染色体上的基因，如果是 n 级亲属结婚，那么其亲缘系数为 $1/2^n$（详见第七章第三节），其常染色体等位基因的近婚系数为 $1/2^{n+1}$。

2. X 连锁基因的近婚系数　女性有两条 X 染色体，可以形成纯合子，而男性只有一条 X 染色体，为半合子，故位于 X 染色体上的基因在男性不可能形成纯合子，因此在计算 X 连锁等位基因的近婚系数时，只计算女性的 F 值。男性的 X 连锁基因只传递给女儿（概率为 1），不传给儿子（概率为 0）；女性的 X 连锁基因既可传递给女儿，也可传递给儿子（概率均为 1/2）。下面以四种常见的近亲婚配的方式，来说明 X 连锁基因的近婚系数的计算方法。

（1）姨表兄妹婚配：如图 11-4 所示，P_1 将 X_1 基因传递给 B_1 的概率为 1，B_1 将 X_1 基因传递给 C_1 的概率为 1/2，C_1 将 X_1 基因传递给 S 的概率为 1，故 X_1 基因通过 B_1、C_1 传递给 S 的概率= 1×1/2×1 = 1/2。P_1

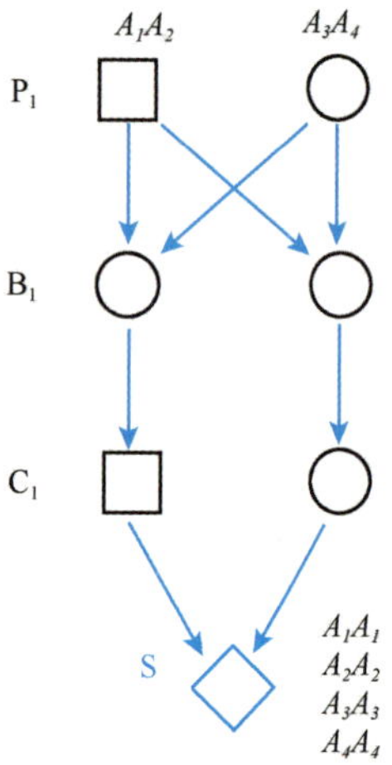

图 11-2 姨表兄妹婚配常染色体等位基因的遗传图解

P_1、P_2 为共同祖先，B_1、B_2 为 P_1 和 P_2 的孩子，C_1 为 B_1 的孩子，C_2 为 B_2 的孩子，S 为 C_1 和 C_2 的孩子，C_1 和 C_2 为姨表兄妹婚配

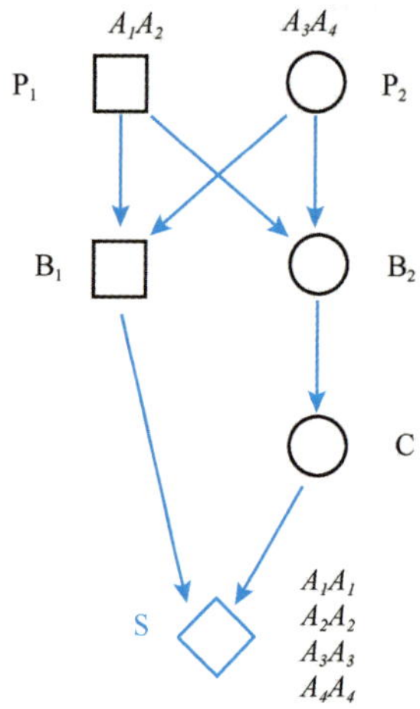

图 11-3 舅甥女婚配常染色体等位基因的遗传图解

P_1、P_2 为共同祖先，B_1、B_2 为 P_1 和 P_2 的孩子，C 为 B_2 的孩子，S 为 B_1 和 C 的孩子，B_1 和 C 为舅甥女婚配

将 X_1 基因传递给 B_2 的概率为 1，B_2 将 X_1 基因传递给 C_2 的概率为 1/2，C_2 将 X_1 基因传递给 S 的概率为 1/2，故 X_1 基因通过 B_2、C_2 传递给 S 的概率= 1×1/2×1/2 = 1/4。上述两个事件同时发生时，即 X_1 基因通过 B_1、C_1 传给 S，同时通过 B_2、C_2 传给 S，S 的基因型则为 X_1X_1，这两个独立的事件同时发生的概率等于各个事件发生概率的乘积，所以 S 成为 X_1X_1 基因型的概率为：$[X_1X_1] = 1/2 \times 1/4 = 1/8$。同理，$[X_2X_2] = (1/2 \times 1/2 \times 1) \times (1/2 \times 1/2 \times 1/2) = 1/32$，$[X_3X_3] = (1/2 \times 1/2 \times 1) \times (1/2 \times 1/2 \times 1/2) = 1/32$。所以，姨表兄妹婚配 X 连锁基因的近婚系数 $F = 1/8 + 1/32 + 1/32 = 3/16$。

（2）舅表兄妹婚配：如图 11-5 所示，由于 P_1 将 X_1 基因传递给 B_2 的概率为 0，所以 S 成为 X_1X_1 基因型的概率为：$[X_1X_1] = 0$。S 为 X_2X_2 基因型的概率为：$[X_2X_2] = (1/2 \times 1/2 \times 1) \times (1/2 \times 1 \times 1/2) = 1/16$。S 为 X_3X_3 基因型的概率也为 1/16。所以，舅表兄妹婚配 X 连锁基因的近婚系数 $F = 0 + 1/16 + 1/16 = 1/8$。

（3）姑表兄妹婚配：如图 11-6 所示，由于 P_1 将 X_1 基因传递给 B_1 的概率为 0，所以 S 成为 X_1X_1 基因型的概率为：$[X_1X_1] = 0$。由于 P_2 将 X_2 基因传递给 B_1、B_1 将 X_2 基因传递给 C_1 的概率为 0，所以 S 成为 X_2X_2 基因型的概率为：$[X_2X_2] = 0$。S 为 X_3X_3 基因型的概率也为 0。所以，姑表兄妹婚配 X 连锁基因的近婚系数 $F = 0 + 0 + 0 = 0$。

（4）堂兄妹婚配：如图 11-7 所示，与姑表兄妹婚配类似，堂兄妹婚配 X 连锁基因的近婚系数：$F = 0 + 0 + 0 = 0$。

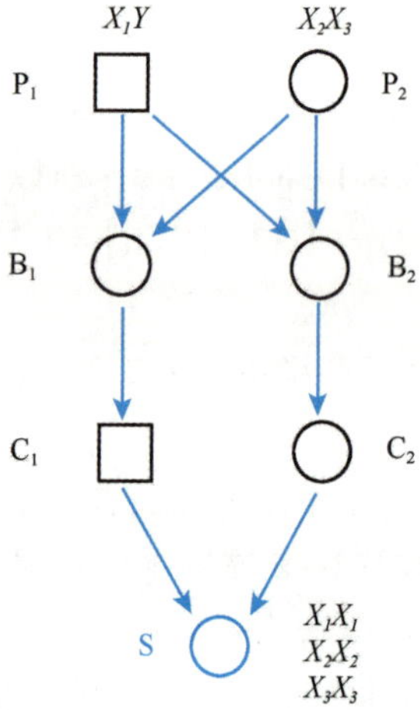

图 11-4 姨表兄妹婚配 X 连锁等位基因的遗传图解

P_1、P_2 为共同祖先，B_1、B_2 为 P_1 和 P_2 的孩子，C_1 为 B_1 的孩子，C_2 为 B_2 的孩子，S 为 C_1 和 C_2 的孩子，C_1 和 C_2 为姨表兄妹婚配

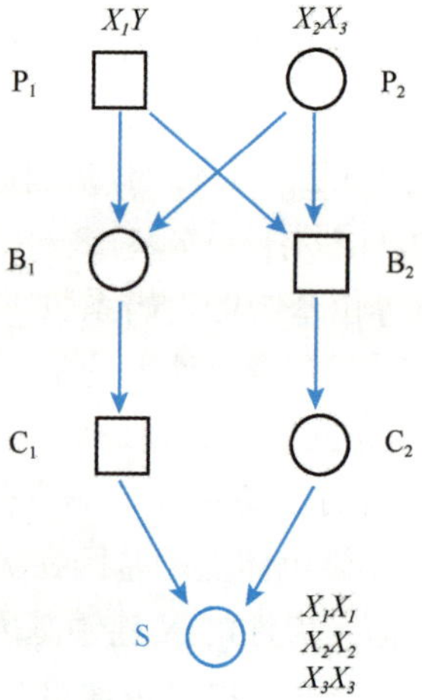

图 11-5 舅表兄妹婚配 X 连锁等位基因的遗传图解

P_1、P_2 为共同祖先，B_1、B_2 为 P_1 和 P_2 的孩子，C_1 为 B_1 的孩子，C_2 为 B_2 的孩子，S 为 C_1 和 C_2 的孩子，C_1 和 C_2 为舅表兄妹婚配

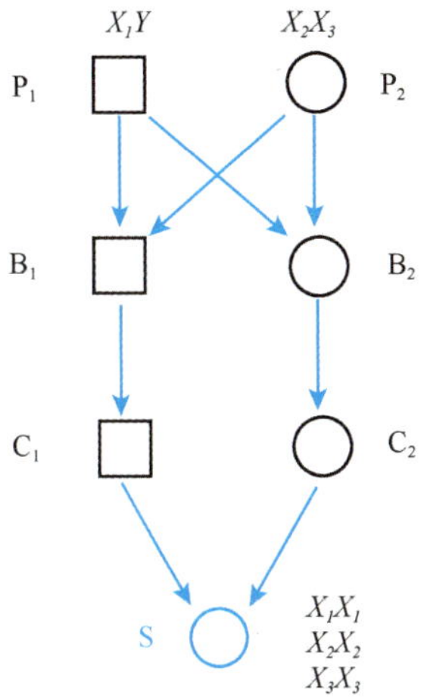

图 11-6　姑表兄妹婚配 X 连锁等位基因的遗传图解

P_1、P_2 为共同祖先，B_1、B_2 为 P_1 和 P_2 的孩子，C_1 为 B_1 的孩子，C_2 为 B_2 的孩子，S 为 C_1 和 C_2 的孩子，C_1 和 C_2 为姑表兄妹婚配

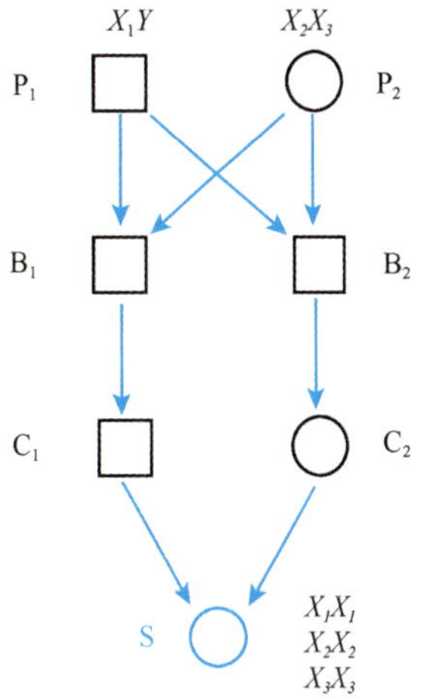

图 11-7　堂兄妹婚配 X 连锁等位基因的遗传图解

P_1、P_2 为共同祖先，B_1、B_2 为 P_1 和 P_2 的孩子，C_1 为 B_1 的孩子，C_2 为 B_2 的孩子，S 为 C_1 和 C_2 的孩子，C_1 和 C_2 为堂兄妹婚配

（三）平均近婚系数

在评价群体的近亲婚配的流行程度时，通常用平均近婚系数（average inbreeding coefficient，a），即群体中近亲结婚所生子女与其 F 值的乘积的平均数，既考虑了近亲婚配所生子女的多少，又考虑了 F 值的大小，所以能比较准确反映群体近婚的概况，其计算公式如下：

$$a=\sum\frac{M_iF_i}{N}$$

N 为群体个数总数，M_i 为 i 类型的近亲结婚所生子女的人数，F_i 为 i 类型的近婚系数。例如，某一群体共 1000 人，其中 5 人是表兄妹结婚所生，$F=1/16$；7 人是从表兄妹结婚（second cousin marriage）所生，$F=1/64$；其余 988 人的父母无亲缘关系，$F=0$。那么，这个群体的平均近婚系数：

$$a=\frac{5\times1/16}{1000}+\frac{7\times1/64}{1000}=0.000\ 42$$

一般说来，在发达国家、开放的社会中，a 值较低；在一些封闭、隔离的群体中，a 值较高。

（四）近亲婚配的危害

近亲婚配使隐性遗传病发病率升高，以常染色体上等位基因为例来说明近亲婚配的危害。例如，表兄妹结婚的后代，由于其常染色体上等位基因的近婚系数为 1/16，若致病基因频率为 q，那么，由于近亲婚配，后代隐性遗传病的发病率为 $q\times1/16$；表兄妹结婚后代还有 15/16 的可能性是由于非近亲（随机婚配）原因而致病，发病的可能性为 $q^2\times15/16$，故其总的发病率为：

$$\frac{1}{16}q+\frac{15}{16}q^2=\frac{1}{16}q\left(1+15q\right)=\frac{1}{16}q\left(p+q+15q\right)=\frac{1}{16}q\left(p+16q\right)=\frac{pq}{16}+q^2$$

随机婚配，其后代发病率仅为 q^2。两者比较，表兄妹结婚后代发病的概率增加了 $pq/16$。表兄妹结婚与随机婚配后代发病率的比较见表 11-10。从表 11-10 可见，隐性致病基因频率越低，由于近亲婚配而发病的相对风险越大。

表 11-10　表兄妹结婚与随机婚配后代发病率的比较

隐性基因频率（q）	随机婚配后代发病率（q^2）	表兄妹结婚后代发病率（$pq/16+q^2$）	两者比值（$pq/16+q^2$）$/q^2$
0.1	0.01	0.0156	1.56
0.01	0.0001	0.000 719	7.19
0.001	0.000 001	0.000 063 44	63.44

近亲婚配不仅使后代常染色体隐性遗传病的发病率增高，而且使 X 连锁隐性遗传病的发病率也增高。

一些多基因病也由于致病基因的积累而使其发病率增高，如先天畸形、智力障碍等。吴立甫等（1983）对贵州省不同民族的近亲结婚情况进行调查，由于近亲婚配，子女中先天畸形发病率由一般群体的 0.73%上升到 2.42%，流产和早产发生概率由 1.98%上升到 5.86%，9 岁前儿童死亡率由 11.20%上升到 20.00%。所以，近亲婚配对后代的危害是明显的。

四、遗传漂变

在小的隔离群体中，由于婚配机会有限，可能造成基因频率的随机波动，使某些基因在群体中消失，某些基因在群体中固定，这种现象叫遗传漂变（genetic drift），也称随机遗传漂变（random genetic drift）。遗传漂变可使选择上不利的基因保留下来。

下面以一个假想的例子来说明小的隔离群体的遗传漂变。假设有 16 个相互隔离的小岛，岛上各住一对夫妇，他们的基因型都是 *Aa*，每对夫妇只生育一男一女两个孩子，子女的基因型有 1/4 的可能性为 *AA*，1/2 的可能性为 *Aa*，1/4 的可能性为 *aa*。这样，16 个岛中有一个岛上的子女基因型都是 *AA*（1/16），那么，这个岛上 *a* 基因消失，*A* 基因固定；也可能有一个岛上的子女基因型都是 *aa*（1/16），那么，这个岛上 *A* 基因消失，*a* 基因固定。这些岛上的小的隔离群体，由于随机遗传漂变，基因频率会发生很大变化（表 11-11）。

表 11-11 岛上子二代各种婚配方式的概率及子三代的基因频率

子二代婚配方式	概率	子三代的基因频率	
		A	*a*
AA×*AA*	1/16	1	0
AA×*Aa*	1/4	0.75	0.25
AA×*aa*	1/8	0.5	0.5
Aa×*Aa*	1/4	0.5	0.5
Aa×*aa*	1/4	0.25	0.75
aa×*aa*	1/16	0	1

遗传漂变的速度取决于群体的大小。群体越小漂变的速度越快。小的隔离群体的遗传漂变，可以解释为什么有的遗传病在某些群体中频率特别高的现象。例如，在太平洋的东卡罗林群岛的 Pingelap 人中有 4%～10%的先天盲人。因为 1780～1790 年，一次台风袭击该岛，造成人口大量死亡，只留下 9 个男人和数目不详的女人。推测可能其中 1 人或几人是先天盲基因的杂合子，由于小群体中婚配的限制，而使后代出现了先天盲的高发病率。

五、迁移

迁移（migration）可以改变群体的基因频率。一个群体接受另一个群体的移民后，其基因频率会改变。改变的大小取决于：①两个群体间基因频率的差异；②每代移入基因的比例。例如，欧洲和西亚的白种人中，PTC 味盲基因（*t*）基因频率为 0.60，味盲者（*tt*）频率约为 36%。中国汉族中 *t* 基因频率为 0.3，味盲者（*tt*）频率为 9%。我国宁夏、甘肃一带聚居的回族中，*t* 基因频率为 0.45，味盲者（*tt*）频率约为 20%。这可能是在唐代，西亚的波斯人沿古丝绸之路到长安从事贸易活动，以后又在宁夏附近与汉族人通婚，并定居在这一地区造成的。

第三节 遗传负荷

遗传负荷（genetic load），又称遗传代价（genetic cost），指具有有害基因的特定群体的平均适合度比最适基因型组成的群体的适合度降低的比例。即在一个群体中，由于有害基因或致死基因的存在，而使群体适合度降低的现象。通常以群体中每个个体所带的有害基因或致死基因的平均数来表示。遗传负荷有两种主要类型，一种为突变负荷（mutational load），指由降低群体适合度频发突变产生的遗传负荷。在一定意义上说，它是遗传负荷的主要或根本的来源。一般说来，显性突变，由于选择的作用明显，有害或致死基因将随个体死亡而消失，所以并不增高群体的遗传负荷；隐性突变，由于有害或致死基因可以杂合子状态保留于群体中，因此会增高群体的遗传负荷；X 连锁隐性突变产生的有害或致死基因，可以通过女性杂合子得以部分保留，因此，也在一定程度上增高群体的遗传负荷。另一种为分离负荷（segregational load），指有利的杂合子由于基因分离而产生不利的纯合子，从而使群体承受的遗传负荷。此外，迁移、近亲婚配和环境污染都可使群体的遗传负荷增高。

人群的遗传负荷可按如下方法估算：已知各种常染色体隐性遗传病发病率为 1/1000 000～1/10 000，携带者的频率为 1/50～1/500。已知常染色体隐性遗传病约 2000 种。因此，平均每个人携带的有害基因数为：1/500×2000～1/50×2000，即 4～40 个。用其他方法，比较精确的估计结果是 5～8 个。

小 结

群体遗传学是以群体为单位研究群体的遗传结构及其变化规律的学科。群体中某特定等位基因数量占该基因座全部等位基因总数的比率称为基因频率。群体中某特定基因型个体数占全部个体数的比率称为基因型频率。在理想群体中，一对等位基因在常染色体上遗传时，无论群体起始基因频率如何，只要经过一代的随机交配，群体的基因频率和基因型频率即达到平衡状态，并且保持世世代代不变。这种状态称为遗传平衡状态。

群体的遗传平衡受突变、选择、近亲婚配、随机遗传漂变、迁移等因素的影响。近亲婚配所生子女从共同祖先获得一对相同等位基因成为纯合子的概率，称为近婚系数。具有有害基因的特定群体的平均适合度比最适基因型组成的群体的适合度降低的比例称为遗传负荷。遗传负荷主要来源于突变负荷和分离负荷。

复习思考题

1. 什么是遗传平衡定律？影响遗传平衡的因素有哪些？
2. 如何判断一个群体是否是遗传平衡群体？
3. 在一个 10 万人的群体中，有 5 人是 PKU 患者，该群体 PKU 致病基因频率是多少？已知 PKU 的适合度是 0.15，问该群体的 PKU 致病基因的突变率是多少？

（陈元晓）

第十二章

肿瘤发生与遗传

学习要点

掌握：①癌基因、抑癌基因、标记染色体的概念。
熟悉：①原癌基因的激活与抑癌基因的失活；②常见癌基因与抑癌基因的功能。
了解：①肿瘤与遗传的关系；②肿瘤发生的遗传学模型。

肿瘤（tumor）是危害人类健康最严重的疾病之一，由一群生长失去正常调控的细胞群形成。肿瘤的发生（tumorigenesis），是一些生长分化异常的细胞通过形成一些特殊的生物特性逃避细胞凋亡（apoptosis），由良性肿瘤（benign tumor）逐渐发展成为具有侵袭和转移能力的恶性肿瘤（malignant tumor）的过程。肿瘤细胞的持续生长，将严重地损伤组织，引起器官衰竭，最终导致死亡。肿瘤通常是来自于一个祖先细胞形成的克隆，根据组织来源的不同，肿瘤的类型也有所不同。其中最常见的肿瘤是癌（carcinoma），起源于上皮组织；其次，是起源于结缔组织的肉瘤（sarcoma）、淋巴组织的淋巴瘤（lymphoma）、中枢神经系统神经胶质细胞的神经胶质瘤（glioma），以及来源于造血器官的白血病（leukemia）。

现代医学认为，肿瘤发生与其他疾病发生一样，也是遗传因素与环境因素共同作用的结果，诱发肿瘤的致癌因子可以是物理的、化学的，也可以是生物的，但并非所有接触这些致癌因子的人都会罹患肿瘤，这说明个体间存在肿瘤易感性的差异，这种差异由个体的遗传背景所决定。肿瘤遗传学（cancer genetics）研究遗传因素在恶性肿瘤的发生、发展、易感、防治和预后中的作用，不仅为肿瘤的发生提供理论基础，也为恶性肿瘤的诊断和防治提供线索。

第一节　肿瘤发生与遗传的关系

大量的研究表明，肿瘤的发生与遗传因素密切相关，一些肿瘤的发生具有明显的种族倾向性，如鼻咽癌、布卢姆综合征等。双生子调查、系谱分析和遗传流行病学调查等也证实肿瘤的发生具有明显的遗传基础。但肿瘤的发生与遗传的关系却是复杂多样的，部分肿瘤有明显家族聚集性，呈现单基因遗传或多基因遗传，但更多肿瘤的发生是个体体细胞遗传物质的改变所致。

一、单基因遗传的肿瘤

有些肿瘤按孟德尔方式遗传，由单一基因突变所致。单个基因的突变造成个体对肿瘤的易感性，随着该突变基因从亲代传递到子代，使子代也具有这种肿瘤易感性，对环境致癌因素更为敏感，较易导致子代肿瘤的发生，这类肿瘤称为遗传型肿瘤，其特点是发病年龄小且是双侧发生或多发性的，如遗传性的视网膜母细胞瘤、肾母细胞瘤和神经纤维瘤Ⅰ型等。

（一）常染色体显性遗传的肿瘤

1. *视网膜母细胞瘤* 视网膜母细胞瘤（retinoblastoma，RB；OMIM #180200）是一种来源于胚胎眼球视网膜细胞的恶性肿瘤，是一种婴幼儿最常见的眼部恶性肿瘤。患病率约 1/20 000，常见于 3 岁以下的儿童。患者早期表现为眼底灰白色肿块，多无自觉症状，因此难以发现。后期，肿瘤增大侵入玻璃体或接近晶状体，使瞳孔呈黄色反光，称为“猫眼”。此时常因视力障碍致使瞳孔散大、白内障或斜视而被发现。研究发现，13q14.2 的中间缺失是导致视网膜母细胞瘤的原因。患儿常具有典型的面貌特征：前额突出、鼻梁过宽且突出、嘴大、上嘴唇薄、耳垂突出、颈短伴有颈蹼。

视网膜母细胞瘤有遗传型与散发型两类。其中遗传型占 20%～25%，患儿双侧发病，常有家族史，呈常染色体显性遗传，多在 1 岁半以前发病（图 12-1A）。非遗传型的视网膜母细胞瘤多为单侧发病，一般在 2 岁后发病，约占全部病例的 75%～80%。10%的单侧发病病例属于遗传所致，患者双亲之一可能是携带者或患者，由新生的基因突变所致（图 12-1B）。

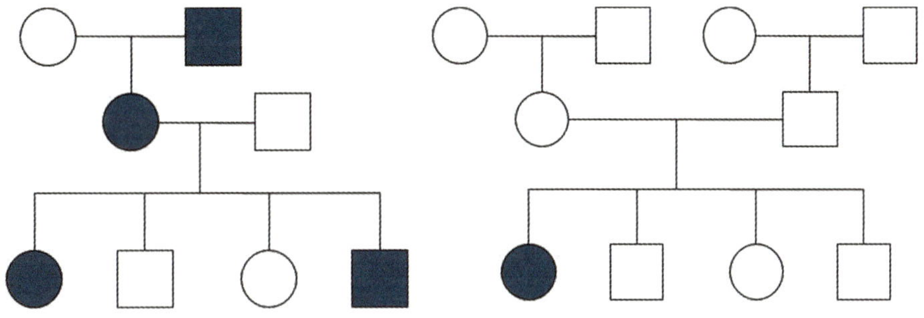

图 12-1 遗传型与散发型视网膜母细胞瘤家系图对比

A. 常染色体显性遗传的视网膜母细胞瘤家系图；B. 散发型视网膜母细胞瘤家系图

分子遗传学研究发现，视网膜母细胞瘤是由 *RB* 基因突变引起。这也是第一个被鉴定的人类抑癌基因，正常人基因型为 *RBRB*。遗传型的视网膜母细胞瘤中，患者双亲之一的生殖细胞中发生第一次突变，这个突变是可遗传的，经过受精作用后形成杂合子 *RBrb* 的子代。在此基础上，子代如果再发生一次突变，就会形成 *rbrb* 的纯合突变体（图 12-2），而这种概率性的体细胞突变事件在视网膜细胞中的发生率几乎是 100%的，因此使得遗传型视网膜母细胞瘤呈常染色体显性遗传。

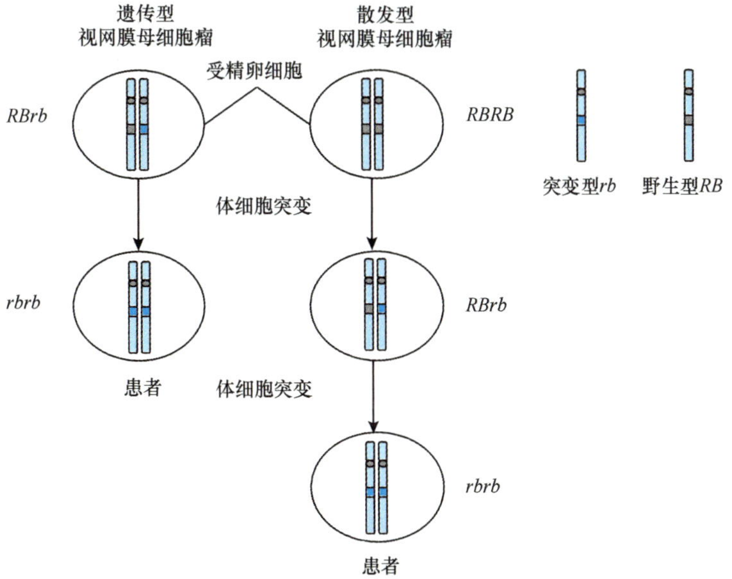

图 12-2 遗传型视网膜母细胞瘤与散发型视网膜母细胞瘤的分子机制

2. 肾母细胞瘤　肾母细胞瘤（nephroblastoma，NB，OMIM #194070）是婴幼儿泌尿系统最常见的恶性肿瘤，占15岁以下儿童泌尿生殖系统肿瘤的80%。1899年，德国外科医生Max Wilms对此病做了详细的病理描述，因此又称为Wilms瘤（Wilms tumor，WT）。肾母细胞瘤多发于儿童，是儿童第二位常见的腹部恶性肿瘤。该病患病率约为1/10 000，3/4的肿瘤发生于4岁前，90%于20岁前发生。该肿瘤可分为遗传型和非遗传型，遗传型多为双侧发病且发病早，约占38%，呈常染色体显性遗传；非遗传型为单侧发病且发病较晚，约占62%。患者腹部有肿块，肿块光滑、质坚硬。常伴有无虹膜、偏身肥大、泌尿生殖系统异常和智力障碍。肾母细胞瘤具有明显的遗传异质性，其表型差异也大。首先鉴定的致病基因是*WT1*，定位于11p13。

3. 神经纤维瘤Ⅰ型　神经纤维瘤Ⅰ型（neurofibromatosis type 1，NFⅠ；OMIM #162200）是一种周围神经疾病，呈常染色体显性遗传。已知主要致病基因*NF1*位于17q11.2，是一种抑癌基因。*NF1*的杂合突变常累及起源于外胚层的器官，如神经系统、眼和皮肤等，表现为皮肤有牛奶咖啡斑和纤维瘤样皮肤瘤，在儿童时期即可出现神经纤维瘤，主要分布于躯干，从针尖至橘大小不等，质软，数多。其中3%～15%可恶变为纤维肉瘤、鳞癌和神经纤维肉瘤。是常见的神经皮肤综合征之一。

4. 家族性腺瘤性息肉病　家族性腺瘤性息肉病（familial adenomatous polyposis，FAP；OMIM #175100）曾被命名为多发性结肠息肉、遗传型结肠息肉、家族性多发性息肉及家族性息肉病，后发现其病灶多，并非局限于结肠，故而将其称为家族性腺瘤性息肉病。此病为常染色体显性遗传病，外显率接近100%，患病率约为1/13 500。可发生于儿童到70岁间的任何年龄，典型临床特征为结肠和直肠的腺瘤性息肉，这是一种严重的癌前病变，如不经治疗，一般在40岁以前几乎100%发展为结直肠癌。多数患者在青少年时期发病，随着年龄的增长，息肉数目增多，体积增大，癌变危险性增高。此外，患者还出现体重减轻、营养不足、肠梗阻和血性腹泻等症状。

与此病相关的基因被称为腺瘤性息肉病（adenomatous polyposis coli，APC）基因，位于5q22.2，60%～70%的家族性腺瘤性息肉病家系存在*APC*基因变异。正常的*APC*基因是一个肿瘤抑制基因，通过抑制周期蛋白表达，调控细胞增殖。研究表明，几乎所有的突变都造成*APC*基因终止密码子的形成，从而形成无功能的截短蛋白。现在认为，截短蛋白的形成与腺瘤的恶变有关，但是息肉的数量及形成癌的时间取决于基因突变的位点。

（二）常染色体隐性遗传的肿瘤

1. 布卢姆综合征　这是一种典型的“染色体断裂综合征”，也称“面部红斑侏儒综合征”，是由皮肤科医生David Bloom博士于1954年首次报道，因此被命名为布卢姆综合征（Bloom syndrome，BS；OMIM#210900），是一种罕见的AR遗传病。患者常见的临床表现包括身材矮小，慢性感染，免疫功能缺陷，日光敏感性面部红斑和轻度颜面部畸形。常见并发症有支气管扩张症和慢性肺部疾病，或类似于标准的成人型糖尿病。多数患者性发育异常，部分患者可见智力发育迟缓。最显著的是多数在30岁之前发生各种肿瘤。布卢姆综合征多见于东欧犹太人后裔，发病有明显的种族倾向。

高频率的染色体断裂和重组是布卢姆综合征患者典型的细胞遗传学特征，主要表现在四个方面：①染色体易发生断裂并形成结构畸形，细胞分裂间期常见多个微核结构；②染色体断裂发生在同源序列之间，从而出现频发的姐妹染色单体交换（sister chromatid exchanges，SCEs）；③在非编码序列之间也同样存在断裂性畸变；④细胞中常见四射体结构。

1992年，McDannel发现布卢姆综合征的致病基因（*BLM*）定位在15号染色体长臂，German进一步将*BLM*定位在15q26.1。*BLM*基因突变导致遗传性的染色体断裂和重排。在目前发现的60多种不同形式的突变中，有一种突变在东欧犹太人群中频率高达1%，简称为BLM^{Ash}，这可能是布卢姆综合征在犹太人群中相对高发的原因。

2. 共济失调毛细血管扩张症　共济失调毛细血管扩张症（ataxia telangiectasia，AT；OMIM #208900）是一种罕见的遗传学神经变性，属于AR遗传病，患病率为1/100 000～1/40 000。患者多于1岁左右发病，表现为进行性小脑共济失调，肺部反复感染，6岁后眼和面部皮肤毛细血管扩张；对射线异常敏感、染色体不稳定性增加。该病患者易患多种肿瘤，且肿瘤的患病率比正常人群高出约 10 倍。其中尤以淋巴瘤和白血病最为常见，常死于感染性疾病或肿瘤。本病患者存活期较短，很少存活过儿童期。

1995 年，Shilon 等克隆了该病的致病基因 *ATM*；Savitsky 等将该基因定位于 11q22.3。*ATM* 编码一个分子量 350kDa、包括 3056 个氨基酸残基的蛋白质，是目前人类基因组中发现的外显子最多的基因，也是最重要的管家基因之一。*ATM* 基因编码的蛋白产物类似磷脂酰肌醇-3-肌酶，含有蛋白激酶结构域，与 DNA 损伤修复、细胞周期调控、免疫细胞对抗原的反应、细胞对胰岛素的反应以及组织染色体重排等有关。*ATM* 基因突变可能导致 ATM 蛋白功能丧失。

3. *范科尼贫血*　范科尼贫血（Fanconi anemia，FA；OMIM #227650）是一种罕见的 AR 遗传血液系统疾病，患病率约为 1/350 000。此病多发生在儿童期，患者全身骨髓细胞的发育受阻，使全血细胞减少，表现为贫血、易疲乏，血小板减少导致易出血和易感染。常伴有皮肤棕色色素沉着、片状棕色斑；骨骼畸形，拇指缺如或畸形、第一掌骨发育不全、尺骨畸形、脚趾畸形、小头畸形；先天性心脏病和性发育不全等。范科尼贫血的转归很差，多数患者将发生白血病及实体瘤，如阴道癌、食管癌及头颈部肿瘤。

范科尼贫血患者细胞中染色体断裂频发，常见染色单体断裂或裂隙，双着丝粒染色体、核内复制。与布卢姆综合征患者染色体畸变不同的是，范科尼贫血患者的染色体互换多发生在非同源染色体之间。此外，范科尼贫血患者染色体也在端粒序列 TTAGGG 处多发断裂，破坏端粒结构的完整性从而增加了染色体的不稳定性。

范科尼贫血具有遗传异质性，目前发现了 13 个基因的突变会引起本病，包括 *FANCA*、*FANCB*、*FANCC*、*FANCD1*、*FANCD2*、*FANCE*、*FANCF*、*FANCG*、*FANCI*、*FANCJ*、*FANCL*、*FANCMH* 和 *FANCN*，其中 *FANCB* 是范科尼贫血定位于 X 染色体上而非常染色体上的致病基因。

4. *着色性干皮病*　着色性干皮病（xeroderma pigmentosum，XP；OMIM #278700）是一种遗传性疾病，患病率为 1/250 000。临床特点为早发的皮肤癌，也易患恶性黑色素瘤、角化棘皮瘤、肉瘤、腺癌。并伴有生长发育迟缓、性发育不良、智力障碍、小头和神经性耳聋等神经方面的表现。

紫外线能损伤 DNA，形成嘧啶二聚体。正常情况下，机体的修复系统可以将这一损伤修复（详见第三章第三节）。着色性干皮病患者因修复系统异常而致病。着色性干皮病目前已发现 8 种亚型，分别由 8 种不同致病基因引起。例如，XPC 型（OMIM #278720）是基因 *XPC* 突变所致。XPC 蛋白能识别紫外线造成的 DNA 损伤，并募集与切除修复相关的蛋白或酶，启动切除修复。*XPC* 基因突变后，无法对紫外线造成的嘧啶二聚体进行切除修复，所以患者对紫外线高度敏感，阳光照射后，暴露于阳光的体表部位发生色素沉着、红斑、水疱、结痂等，最后可发展为基底细胞癌、鳞状上皮癌或恶性黑色素瘤而致死。

二、多基因遗传的肿瘤

多基因遗传的肿瘤大多是一些常见的恶性肿瘤，这些肿瘤的发生是遗传因素和环境因素共同作用的结果，环境因素往往起主要作用。常见的多基因遗传肿瘤有乳腺癌、胃癌、鼻咽癌、肺癌、前列腺癌、子宫颈癌等。这些多基因遗传的肿瘤都具有其特殊的易感基因，且这些易感基因可以从亲代传递给子代，影响子代的肿瘤易感性。这类肿瘤在人群中的患病率一般大于 0.1%，且患者的一级亲属的患病率明显高于群体的患病率。

（一）乳腺癌

统计数据显示，乳腺癌的患病率在女性恶性肿瘤中居于首位，这已成为当前社会重大公共卫生问题。研究发现，乳腺癌的发病存在一定的规律性，流行病学调查发现，5%～10%的乳腺癌是具有家族性的。20 世纪 80 年代末，通过定位克隆方法鉴定出两个乳腺癌易感基因：*BRCA1*（17q21）和 *BRCA2*（13q12.3）。大约 45%的遗传性乳腺癌和 80%的乳腺癌伴卵巢癌患者中有 *BRCA1* 基因的突变。除此之外，还发现了 *PTEN* 基因（10q23.3）、*TP53* 基因（17p13.1）、*CDH1* 基因（16q22.1）等与乳腺癌相关的易感基因，并将与这些基因突变相关的乳腺癌称为遗传性乳腺癌。研究发现，一些环境因素，如从未生育、30 岁后生育头胎、高脂肪饮食、过量饮酒以及雌激素治疗等，都会增加乳腺癌的发病风险。

（二）鼻咽癌

鼻咽癌是指发生于鼻咽的腔顶部和侧壁的恶性肿瘤，是我国高发恶性肿瘤之一。鼻咽癌主要见于黄种人，少见于白种人。患病率较高的民族，即使移居他国或侨居国外，其后裔仍有较高的患病率，且许多鼻咽癌患者有家族患癌病史。近年来，分子遗传学研究发现，鼻咽癌发生与白细胞抗原（HLA）、*TNFRSF19* 基因（13q12）、*MDS1-EVI1* 基因（3q26.2）和 *CDKN2A/2B* 基因（9p21）的变异相关，因此这些基因被称为鼻咽癌的易感基因。有报告显示移居国外的中国人，其鼻咽癌死亡率随遗传代数增加而逐渐下降。反之，出生于东南亚的白种人，其患鼻咽癌的危险性却有所提高，提示环境因素可能在鼻咽癌的发病过程中起重要作用。研究者从鼻咽癌组织中可分离出带病毒的人类淋巴母细胞株，并用免疫学和生物化学的方法证实，EB 病毒（Epstein-Barr virus）与鼻咽癌关系密切。

目前，人们普遍接受肿瘤的易患性是由复杂的遗传基础和环境因子共同作用的观点，但是对肿瘤遗传易感因素发挥作用的方式却知之甚少。现有的一些证据表明这些肿瘤遗传易感因素可以通过影响机体的生化代谢、免疫功能及细胞分裂机制等来促进肿瘤的产生。

药物代谢酶系的遗传多态性决定了个体对环境中诱变剂的不同反应方式，决定了个体的肿瘤易感性。例如，芳烃羟化酶（aryl hydrocarbon hydroxylase，AHH）的活性与肺癌易感性存在关联，其可诱导性在人群中呈遗传多态性，肺癌患者的可诱导性显著高于正常人群（详见第十五章第二节）。此外，机体的免疫功能低下与肿瘤发生也有着密切关系。正常机体中有很多细胞可能发生突变，并产生有恶性表型的肿瘤细胞，在人体免疫机制正常的情况下，这些突变的细胞通常会被免疫系统杀灭清除。许多免疫缺陷患者都具有易患肿瘤的倾向。原发性免疫缺陷人群中，T 细胞免疫缺陷者恶性肿瘤的患病率远高于正常人群，其中白血病和淋巴系统肿瘤居多。

三、散发的肿瘤

大多数肿瘤是散发的，不呈现家族聚集现象，它们的发生也具有明显的遗传基础，涉及特定组织细胞遗传物质的改变，但这一类肿瘤一般不向后代传递。

第二节 肿瘤发生的遗传学基础

肿瘤的遗传基础非常复杂，至今人类对于肿瘤的了解还十分有限。但可以肯定的是，基因突变是肿瘤发生的主要原因，而且是基因突变在体细胞中累积多年的结果。另外，染色体异常也会导致肿瘤发生。

一、染色体异常与肿瘤

细胞遗传学技术被应用于肿瘤研究以后，人们发现，肿瘤细胞中具有高频率的、复杂的染色体畸变，这提示染色体畸变与肿瘤有密切的关系。目前，在肿瘤中已发现的染色体畸变几乎涉及人类所有的染色体。

肿瘤通常是由一个突变的异常细胞分裂形成的克隆。同一肿瘤不同肿瘤细胞中染色体异常可以是相同的，也可以是不同的。这是因为在肿瘤生长过程中，细胞会由于生长条件的改变而出现异质性，由单克隆起源的肿瘤演变出多克隆的肿瘤，从而导致肿瘤细胞中具有的染色体畸变不一致。恶性肿瘤发展到一定阶段，常常会出现 1～2 个比较特殊核型的细胞系，一般将肿瘤细胞中占优势地位的细胞系称为干系（stem line），干系肿瘤细胞的染色体数目称为众数（modal number）；肿瘤细胞中占非主导地位的细胞系称为旁系（side line）。肿瘤细胞中的干系与旁系地位可以随着细胞内外条件变化而相互转化。

（一）肿瘤细胞的染色体数目畸变

大多数的恶性肿瘤细胞中都存在染色体数目畸变，多为非整倍体，包括超二倍体、亚二倍体、亚三倍体、亚四倍体等。常见第 8 号、9 号、12 号和 21 号染色体的增多和第 7 号、22 号、Y 染色体的减少。癌性胸、腹腔积液中转移的癌细胞染色体数目变化很大，通常超过四倍体，可见六倍体或八倍体的核型。实体瘤细胞中染色体数目多数是三倍体左右。

（二）肿瘤细胞的染色体结构畸变及标记染色体

肿瘤细胞的染色体结构异常包括易位、缺失、重复、环状染色体和双着丝粒染色体等。有些染色体异常不属于某一种肿瘤所特有，但有些染色异常较多地出现在某种肿瘤细胞中，称之为标记染色体（marker chromosome）。

1. Ph 染色体　1960 年，Nowell 和 Hungerford 在美国费城（Philadelphia）从慢性粒细胞白血病（chronic myelogenous leukemia，CML）患者的外周血细胞中发现一个比 22 号染色体还小的 G 组染色体，将其命名为 Ph 染色体（Philadelphia chromosome，Ph）。最初认为 Ph 染色体是 22 号染色体长臂缺失所致。后来应用染色体显带技术证明 Ph 染色体是由 9 号染色体与 22 号染色体发生相互易位即 t（9；22）（q34；q11）形成的（图 12-3）。易位使 9q34 的 *ABL* 基因和 22q11 的 *BCR* 基因形成 *BCR-ABL* 融合基因，提高了酪氨酸激酶活性，这是慢性粒细胞白血病发病的主要原因。大约 95%的慢性粒细胞白血病患者都具有 Ph 染色体，因此它可以作为慢性粒细胞白血病的诊断依据。此外，Ph 染色体先于临床症状出现，故可用于早期诊断。研究还发现，Ph 染色体阴性的慢性粒细胞白血病患者对治疗反应差，预后不佳（案例 19-8）。

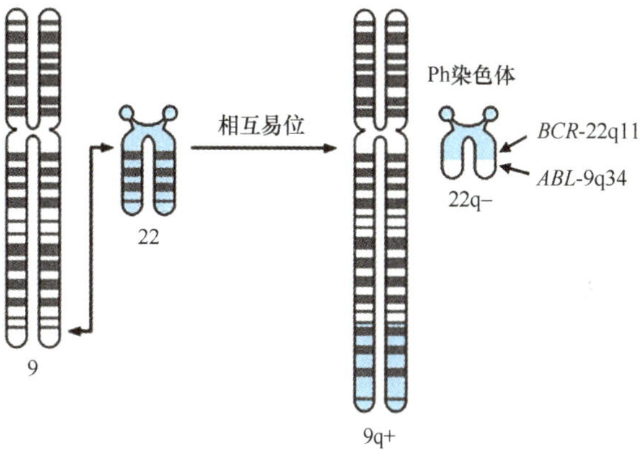

图 12-3　Ph 染色体形成示意图

2. $14q^{+}$染色体　有一些标记染色体，它们与特定的肿瘤相关（表 12-1），但是检出率低于 Ph 染色体。在 90%的 Burkitt 淋巴瘤（非洲儿童恶性淋巴瘤）中，有一个长臂增长的 14 号染色体（$14q^{+}$），这是 8 号染色体在 8q24 处、14 号染色体在 14q32 处断裂后相互易位的结果，即 t（8；14）（q24；q32）。

表 12-1　肿瘤中的特异性标记染色体

肿瘤	标记染色体
白血病	
慢性粒细胞白血病	t（9；22）（q34；q11）
急性粒细胞白血病 M2 型	t（8；21）（q22；q22）
急性早幼粒细胞白血病	t（15；17）（q22；q11-12）
急性淋巴细胞白血病	t（12；21）（p13；q22）
实体瘤	
脑膜瘤	22 单体
视网膜母细胞瘤	i（6p）；del（13）（q14）
肾母细胞瘤	del（11）（p13）
神经母细胞瘤	N-MYC 基因扩增
乳腺癌	HER2/NEU 基因扩增
Burkitt 淋巴瘤	t（8；14）（q24；q32）
尤因肉瘤	t（11；22）（q24；q12）

此外，还有一些肿瘤特异性标记染色体，如急性髓细胞性白血病 M3 型的 t（15；17）（q24；q21）、甲状腺瘤的 inv（10）（q11q21）等。有些肿瘤细胞中呈现多种结构畸变，如肝癌细胞中的 4q、8p、16q、17p、13q 和 6q 区缺失以及 8q、1q、6p 和 17q 区域的扩增；食管癌中的 7p、5p、8q、20q 扩增和 3p、4q、9q13、18p 缺失等。

二、肿瘤相关基因

肿瘤相关的基因分为：癌基因、抑癌基因。癌基因和抑癌基因是两类作用相反的基因，它们的异常都会导致肿瘤的发生。

（一）癌基因

癌基因（oncogene）是一类存在于正常细胞中，调控细胞增殖，具有潜在的诱导细胞恶性转化特性的基因。包括细胞癌基因和病毒癌基因。其中，细胞癌基因又称原癌基因（proto-oncogene）。原癌基因与病毒癌基因同源，是细胞生长发育所必需的一类基因，在进化上高度保守。正常情况下，这类基因的表达具有严格的时空顺序，它们的产物大多是调控细胞生长的蛋白质。当原癌基因在表达时间、表达部位、表达数量及表达产物结构等方面发生改变后，就能导致细胞无限增殖并引起细胞癌变。

1. 原癌基因编码产物的功能分类 原癌基因的编码产物是维持生命活动必不可少的多种蛋白质，它们在信号转导和细胞生长、增殖和分化调控方面起重要作用。当原癌基因突变或异常激活转变为癌基因后，其产物会引起细胞发生恶性转化，引发肿瘤。根据原癌基因编码产物的功能与特性，大致可以将其分为五种类型：①生长因子类：即编码分泌性多肽，可以作为胞外信号刺激靶细胞增殖。②生长因子受体类：编码具有内源性酪氨酸激酶活性的蛋白质，包括三个基本结构域，即细胞外配体结合区、跨膜区及细胞内酪氨酸激酶催化区。它们可与相应生长因子结合，使细胞内酪氨酸激酶催化区域被激活，催化一系列生化反应，引起细胞分裂。③信号转导因子类：编码的蛋白参与了由细胞表面生长因子受体介导的信号转导级联反应，第一个被人类发现的病毒癌基因 *src* 就是信号转导因子。④转录因子：编码能够调节目的基因或基因家族表达的核蛋白，这些核蛋白通常是信号转导通路中的最后一个环节，它们调控目的基因表达出特定的蛋白来完成细胞效应。⑤细胞凋亡调控因子：编码的蛋白可以调控正常组织在增殖与死亡之间的平衡，使机体避免因细胞凋亡异常而发生肿瘤（表 12-2）。

表 12-2 原癌基因的分类及其相关的肿瘤

类别	原癌基因	基因产物的功能	肿瘤
生长因子	*HST*	成纤维细胞生长因子	胃癌
	SIS	血小板源性生长因子 β 亚基	神经胶质瘤（脑瘤）
	KS3	成纤维细胞生长因子	卡波西肉瘤
生长因子受体	*RET*	受体酪氨酸激酶	多发性内分泌肿瘤，甲状腺肿瘤
	ERBB	表皮生长因子受体	胶质母细胞瘤（脑瘤），乳腺癌
	ERBA	甲状腺激素受体	急性早幼粒细胞白血病
	NEU（ERBB2）	受体酪氨酸激酶	神经母细胞瘤，乳腺癌
	MET	受体酪氨酸激酶	遗传性乳头状肾癌，肝癌
	KIT	受体酪氨酸激酶	胃肠道间质瘤综合征
信号转导因子	*HRAS*	GTP 酶	结肠癌、肺癌、胰腺癌
	KRAS	GTP 酶	黑色素瘤、甲状腺癌、急性单核细胞白血病,结直肠癌
	NRAS	GTP 酶	黑色素瘤
	BRAF	丝氨酸/苏氨酸激酶	恶性黑色素瘤；直肠癌
	ABL	蛋白激酶	慢性粒细胞白血病,急性淋巴细胞白血病
	CDK4	细胞周期蛋白依赖性激酶	恶性黑色素瘤
转录因子	*NMYC*	DNA 结合蛋白质	神经母细胞瘤、肺癌
	MYB	DNA 结合蛋白质	恶性黑色素瘤，淋巴瘤，白血病
	FOS	与 JUN 癌基因结合调节转录	骨肉瘤
细胞凋亡调控因子	*BCL2*	抗凋亡蛋白	B 细胞淋巴瘤
	MDM2	P53 调控蛋白	肉瘤

2. 原癌基因的激活 病毒、辐射或致癌化学物质等致畸因子作用于细胞时，有可能激活原癌基因，造成其表达时空的异常或表达过量，导致细胞周期加快，发生癌变。不同的原癌基因被激活的机制不同，可

以分为：点突变、基因扩增、低甲基化及染色体重排四种。

（1）点突变：即原癌基因中的单个碱基突变，使其失去正常调控功能，引起肿瘤发生。*RAS* 基因的突变引起信号转导调控异常就是一个典型的例子。RAS 蛋白是细胞膜上的重要的信号转导蛋白，它可以在细胞外因子刺激时，由结合 GDP 的无活性状态变为有活性的结合 GTP 状态，产生刺激细胞生长的信号。早期研究发现，膀胱癌细胞系的 *RAS* 基因第 12 位密码子由 GGC（甘氨酸）突变为 GTC（缬氨酸），导致 RAS 蛋白始终处于有活性的 GTP 结合状态，从而促进细胞过度增殖。目前已发现，30%的肺腺癌、50%的结肠癌及 90%的胰腺癌中都存在 *RAS* 基因的点突变。

（2）基因扩增：指原癌基因的拷贝数增加，是原癌基因激活的方式之一。原癌基因的基因扩增有两种形式：一种是染色体特定区域（含原癌基因或与其毗邻的遗传单位）的 DNA 多次复制，导致该区核型异常，无正常深浅相间带纹，称为均质染色区（homogencously staining region，HSR）。另一种是染色体特殊区域 DNA 重复复制后，成对的无着丝粒片段释放到胞质中，经染色后，呈连在一起的双点样结构，称为双微体（double minute chromosomes，DM）（图 12-4）。人类的 *MYC*、*EGFR*、*RAS* 三个原癌基因家族扩增是最常见的。

图 12-4　均质染色区（HSR）（A）和双微体（DM）（B）

（3）低甲基化：人类基因组中存在广泛的甲基化修饰。肿瘤的表观遗传学研究发现，某些致癌物质降低甲基化酶的活性，使原癌基因的甲基化程度降低，原癌基因被激活，原来闭锁的基因开始表达，或原来低表达的出现过量、异常的表达产物，这些产物最终导致正常细胞转化为恶性细胞。

（4）染色体重排：染色体重排是指染色体断裂后的易位重接，是造血系统恶性肿瘤及实体瘤中常见的现象。染色体重排能够使原癌基因在染色体上的位置改变，造成两种结果，一种是使原来无活性的原癌基因转移至一个强大启动子或增强子附近被激活，表达增强，导致细胞癌变。例如，人伯基特淋巴瘤中 8q24 的 *C-MYC* 易位至 14q32 免疫球蛋白重链的基因位点上，而免疫球蛋白重链基因是人类非常活跃的基因，这种易位使 *C-MYC* 基因过度表达，促进细胞增生而致癌。另一种是由于易位改变了基因的结构，使其与其他高表达的基因形成融合基因（fusion gene），编码具有转化活性的融合蛋白。例如，Ph 染色体，9 号染色体和 22 号染色体之间的易位，使 9q34 的 *ABL* 原癌基因与 22q11 的 *BCR* 基因融合，形成了 22 号染色体上的 *BCR-ABL* 融合基因，这种融合基因的编码产物具有很强的酪氨酸激酶活性，导致慢性粒细胞白血病的产生。

（二）抑癌基因

抑癌基因（tumor suppressor gene，TSG）也称为肿瘤抑制基因，是指正常细胞中存在的一类抑制细胞过度生长、增殖从而抑制肿瘤发生的负调节基因。细胞中的抑癌基因与调控生长的原癌基因协调表达，维持正常的生长、增殖和分化。若抑癌基因失活或缺失将导致肿瘤发生。

1. 抑癌基因编码产物的功能分类　抑癌基因的产物主要包括：转录调节因子、负调控转录因子、周期蛋白依赖性激酶抑制因子（CKI）、信号通路的抑制因子、DNA 修复因子以及发育及凋亡相关信号通路组分等（表 12-3）。抑癌基因的产物可以抑制细胞增殖和细胞迁移，促进细胞分化，因此对细胞的生长起负调控作用。研究表明在某种肿瘤中发现的抑癌基因，与其他种类的肿瘤发生也有关联。在多种组织来源的肿瘤细胞中往往可检测出同一抑癌基因的突变、缺失、重排、异常表达等，这说明抑癌基因的变异可能是肿瘤发生的共同途径。

表 12-3 一些常见的抑癌基因及其作用

类别	抑癌基因	基因产物的功能	肿瘤
转录调节因子	*RB1*	细胞周期制动；结合 E2F 转录因子	视网膜母细胞瘤，骨肉瘤
	TP53	转录因子,诱导细胞周期阻滞或细胞凋亡	利-弗劳梅尼综合征
发育及凋亡相关信号通路组分	*APC*	结合 β-catenin 介导 Wnt 信号通路	家族性腺瘤性息肉病
信号通路相关抑制因子	*NF1*	下调 RAS 蛋白	Ⅰ型神经纤维瘤
	NF2	调控细胞骨架蛋白	Ⅱ型神经纤维瘤
	PTEN	磷酸酶，调节 PI3K 信号通路	多发性错构瘤综合征（乳腺和甲状腺癌症）
负调控转录因子	*WT1*	锌指结构的转录因子，结合表皮生长因子基因	肾母细胞瘤
周期蛋白依赖性激酶抑制因子	*CDKN2A*	CDK4 抑制剂	家族性黑素瘤
	TSC2	下调 mTOR	结节性硬化症
DNA 修复因子	*BRCA1*	结合 BRCA2 和 RAD51，进行 DNA 修复	家族性乳腺癌和卵巢癌
	BRCA2	结合 RAD51，进行 DNA 修复	家族性乳腺癌和卵巢癌
	XPA	核苷酸切除修复	着色性干皮病
	MLH1	DNA 错配修复	遗传性非息肉性结肠癌
	MSH2	DNA 错配修复	遗传性非息肉性结肠癌

知识拓展 12-1 常见抑癌基因介绍

2. *抑癌基因的失活* 多数抑癌基因可能以多种方式失活后共同促癌，其中以突变、杂合性缺失和启动子区甲基化异常三种方式最为常见。研究数据显示，在 30%～50%的人类肿瘤细胞的基因组中广泛存在抑癌基因 *P53* 的等位基因点突变。野生型 *P53* 基因的功能是抑制细胞增殖，当其阅读框发生点突变时，p53 蛋白就会促进细胞生长，从而加速细胞发生转化。

肿瘤中杂合性缺失的发生频率远高于基因突变的发生频率。多种肿瘤中，有丝分裂过程中染色体不分离引起的整条染色体丢失会导致染色体区域上所有基因均仅存一个等位基因；肿瘤细胞染色体易位等结构畸变也常使染色体上某一区域内的等位基因缺少一份拷贝，这些均是导致抑癌基因杂合性缺失的原因。在对视网膜母细胞瘤的研究中曾发现，患者有丝分裂中期染色体核型中，13 号染色体长臂上存在部分缺失的片段中就包括了 *Rb* 基因。

当 CpG 甲基化在基因的启动子区附近时，能够引起相应基因的转录抑制。近年来，越来越多证据表明，抑癌基因启动子区的甲基化在沉默基因转录功能中发挥了重要作用。研究发现通过胚系突变引起家族性肿瘤综合征的抑癌基因中，有超过半数被发现在散发性肿瘤中经由启动子区甲基化而沉默。但由于在每代细胞中甲基化的发生频率远低于杂合性缺失，因此，杂合缺失仍被认为是抑癌基因失活的主要机制。

与原癌基因的显性致癌不同，一般认为抑癌基因的突变是隐性的，即当抑癌基因中的一对等位基因中一个失活后，细胞会因为还具有一个正常的等位基因而保持正常表型。只有当一对等位基因都失活后才导致肿瘤发生，如 *Rb* 基因。

但并不是所有抑癌基因的突变都是隐性的。有的抑癌基因具有显性负效应（dominant negative effect），即一对抑癌基因的等位基因中，其中一个突变的等位基因在另一个基因正常存在并表达的情况下，仍可使细胞出现恶性表型和癌变，并使野生型拷贝功能失活，这种作用称为显性负作用或反显性作用。如近年来证实突变型 p53 和 APC 蛋白分别能与野生型蛋白结合而使其失活，进而转化细胞。另外，某些抑癌基因的表达水平十分重要，如果一个拷贝失活，另一个拷贝就可能不足以维持正常的细胞功能，从而导致肿瘤发生，这种现象称为单倍剂量不足（Haplo insufficiency）。如 *DCC* 基因一个拷贝缺失就可能使细胞膜黏附功能明显降低，进而丧失细胞接触抑制，使细胞克隆扩展或呈恶性表型。

第三节 肿瘤发生的遗传学理论

迄今为止，在肿瘤的遗传学研究中，相继发现了多种肿瘤相关基因及其信号通路，提出了肿瘤发生的若干种理论。

一、单克隆起源与克隆演化假说

肿瘤的发生源于调控细胞生长和程序性细胞死亡的一组或多组基因的突变。肿瘤的细胞遗传学研究发现，构成肿瘤的细胞常常具有许多相同的染色体变化，表明它们可能来源于一个突变的前体细胞的分裂增殖，这就是肿瘤发生的单克隆学说（monoclonal origin hypothesis of tumor）。最初是一个关键的基因突变或一系列相关事件导致单一细胞向肿瘤细胞的转化，随后产生不可控制的细胞增殖，最后形成肿瘤。

体细胞突变的模式说明肿瘤在构成上是单克隆的，有很多证据可证明肿瘤的克隆特性，女性 X 连锁基因的分析为肿瘤的克隆性提供了最初的证据。葡萄糖-6-磷酸脱氢酶（G6PD）基因位于 Xq28，杂合子个体一条 X 染色体有野生型 *G6PD* 基因，另一条 X 染色体上相应的等位基因失活，且来自父亲的 X 染色体失活还是来自母亲的 X 染色体失活是随机的。在一些女性肿瘤的研究中，发现恶性肿瘤的所有癌细胞都含有相同 G6PD 失活的 X 染色体，表明他们起源于单一细胞。对白血病和淋巴瘤的分子分析表明，所有的淋巴瘤细胞都有相同的免疫球蛋白基因或 T 细胞受体基因的重排，提示它们来源于单一起源的 B 细胞或 T 细胞。肿瘤中的标记染色体是支持肿瘤发生单克隆假说的强有力证据，如慢性粒细胞白血病患者细胞中的 Ph 染色体，急性髓性白血病的 t（8；21），t（15；17）等也证实了肿瘤的单克隆起源假说。目前，通过荧光原位杂交方法，可以直接检测癌组织中突变的癌基因或抑癌基因，其结果也证明肿瘤的单克隆起源。

尽管肿瘤的单克隆起源有强有力的证据支持，但在有些肿瘤的细胞群里确实也存在着由克隆演化（clone evolution）所导致的异质性（heterogeneity）。其中占主导数目的克隆构成肿瘤干系，除干系外还有一些非主导的克隆，称为旁系。这种异质性是肿瘤在生长过程中，经过多次分裂增殖，其子细胞呈现出分子生物学或基因方面的改变，从而使肿瘤的生长速度、侵袭能力、对药物的敏感性及预后等各方面产生差异，是恶性肿瘤的特征之一。异质性主要是由遗传（或表观遗传）改变或肿瘤克隆的进化选择等因素导致的。由于内外环境因素的影响，即使是单克隆起源的癌细胞，核型常常也不完全相同，有的癌细胞被选择而逐渐淘汰，有的则形成增殖优势，这被称为肿瘤的克隆演化学说。

二、二次突变假说

1971 年，Knudson 对视网膜母细胞瘤进行了研究，提出“二次突变”假说（two mutation theory）来解释遗传型视网膜母细胞瘤的发生机制（详见本章第一节）。Knudson 的“二次突变”假说除了用于解释视网膜母细胞瘤的发生外，在其他肿瘤的研究中也得到了验证。1990 年，Malkin 等在 5 个利-弗劳梅尼综合征（Li-Fraumeni syndrome）家系中发现，患者正常体细胞中一对 *P53* 的等位基因中均有一个发生突变，呈杂合性，而癌细胞则为纯合性突变。分子遗传学研究发现，每个家系均有各自相同的碱基替换。例如，一个家系中 *P53* 的第 248 位密码子 C 被 T 替代，编码的色氨酸变成了精氨酸，这表明该家系成员肿瘤易感性的提高是由于具有 *P53* 突变的基础，再经过 *P53* 等位基因的第二次突变，导致细胞恶变，符合二次突变学说。Wilms 瘤患者的体细胞中，*WT1* 基因呈杂合性，而瘤细胞中 *WT1* 基因则为纯合性突变。*NF1* 等位基因中一个失活可导致良性的神经纤维瘤，一对等位基因的失活即可导致神经纤维肉瘤，这也符合“二次突变”假说。这一学说被广泛用于分析各种肿瘤的发生。但有的研究发现，一些肿瘤抑癌基因中的一个等位基因的突变失活即可引发肿瘤的产生，这种现象称为单倍剂量不足（详见本章第二节）。研究还证实，由于抑癌基因的单倍剂量不足引发肿瘤的时间要比二次突变致癌的时间长。

三、多步骤损伤学说

1983 年 Weinberg 等的研究证明，用具有强致癌性的 *ras* 基因转染体外培养的大鼠胚胎成纤维细胞，并不能引起细胞的转化，但将 *ras* 基因与癌基因 *cv-myc* 共转染时，则使细胞发生癌变。由此提出，癌细胞的产生是细胞内的多个癌基因既独立、又分阶段协同作用的结果，表明了致癌过程的多步性。随后的许多实验结果进一步证明了肿瘤的多步骤损伤学说（multistep carcinogenesis）。该学说认为，恶性肿瘤的发生是一个多阶段逐步演变的过程，正常细胞通过一系列进行性的改变逐渐变为恶性的肿瘤细胞，这个过程包括癌基因、抑癌基因与各种化学、物理、生物（如病毒）等致癌因素的共同作用。

对于结直肠癌的研究证实了肿瘤发生的多步骤损伤学说。正常肠上皮细胞中 5q21 的抑癌基因 *APC* 发生杂合性丢失，导致肠上皮过度增生，发生腺瘤；进一步，位于 12p12.1 的 *K-RAS* 发生突变而被激活，使早期腺瘤进展为中期腺瘤；接着，位于 18q21.3 的 *SMAD4* 基因发生杂合性丢失，中期腺瘤进展为晚期腺瘤；随后位于 17p13.1 的 *TP53* 基因发生杂合性丢失，使得晚期腺瘤发展为癌；最后由于肿瘤转移相关基因的突变，发生结直肠癌的转移（图 12-5）。由此可见，结直肠癌的发生、发展和转移是一个多基因参与的错综复杂的变化过程。目前，在肿瘤发生的多步损伤学说基础上，一般将肿瘤产生的过程分为启动、促进和进展三个时段。

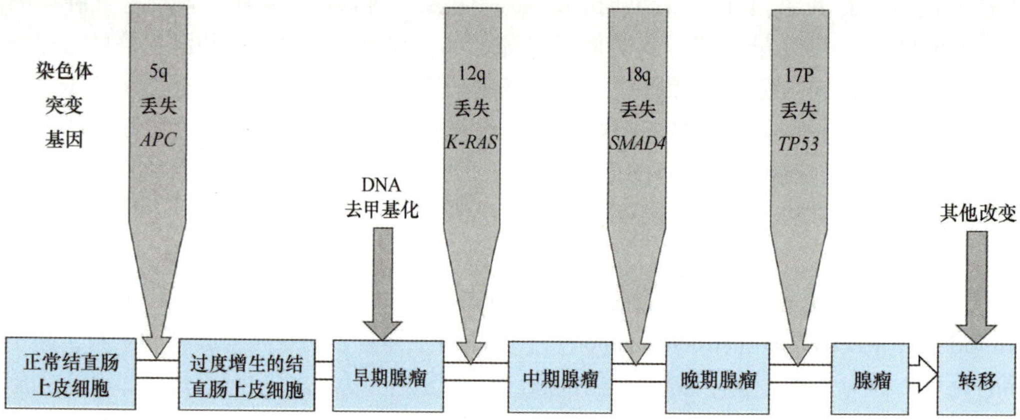

图 12-5 结直肠癌发生的多步骤损伤

肿瘤形成的多步骤进程是若干基因突变积累的结果。突变是随机发生在基因组上的，当突变以极低概率发生在关键基因上时，将驱动肿瘤逐步形成。这些负责形成肿瘤克隆扩增的突变被称为“驱动突变”（driver mutation），在肿瘤发展过程中的其他突变则被称为“乘客突变”（passenger mutation）。

知识拓展 12-2 **肿瘤干细胞理论**

全球恶性肿瘤的患病率及死亡率呈逐渐升高的趋势，现有治疗手段，如外科手术治疗、放化疗法、靶向治疗及免疫治疗等虽然可以为肿瘤的治疗提供更多方案，但对一些发生靶器官转移的晚期肿瘤患者效果并不理想。研究表明这种现象可能与肿瘤干细胞（cancer stem cells，CSCs）的产生和存在有重要关系。

肿瘤干细胞理论认为绝大多数肿瘤起源于肿瘤干细胞，且只有肿瘤干细胞具有无限增殖、多向分化和体内外形成异质性肿瘤的能力。研究发现，肿瘤干细胞的发生是多因素、多来源的，大致可分为以下几种：①正常组织干细胞内的某些基因选择性突变、不对称性分裂机制受损、基因错配修复系统的异常等事件容易促进肿瘤干细胞的形成。②不同程度分化了的体细胞有可能在获得癌基因或抑癌基因突变的同时，再通过 Oct4、Sox2、c-Myc 及 KⅡ4 转录调节因子的激活而获得“干性”，从而转变为肿瘤干细胞。③有些肿瘤细胞通过上皮-间质转化获得转移能力进而转化为转移性肿瘤干细胞。④肿瘤缺氧区的细胞在内外界环境条件的相互作用下，细胞内部基因组稳定性下降时，也会引起肿瘤干细胞的形成。

小　结

肿瘤是一群生长失去正常调控的细胞群，是遗传因素与环境因素共同作用的结果。个体的遗传背景决定了肿瘤易患性的差异，基因突变是肿瘤发生的根本原因。但肿瘤的发生与遗传的关系却是复杂多样的，部分肿瘤呈现单基因遗传或多基因遗传，但更多肿瘤的发生是个体体细胞遗传物质的改变所致。肿瘤细胞中往往出现染色体数目和结构的畸变，某些肿瘤具有其特异的标记染色体。一些与细胞正常生长和分化密切相关的基因对肿瘤的产生起了重要作用，其中包括癌基因与抑癌基因。原癌基因通过点突变、染色体易位、启动子插入或基因扩增被激活，促进细胞增殖与恶性变；抑癌基因通过突变或缺失等方式丧失其抑制细胞增殖以及促分化的调控作用，导致细胞癌变。肿瘤发生理论包括单克隆起源与克隆演化、“二次突变”假说和多步损伤学说等。

复习思考题

1. 单基因遗传的恶性肿瘤有哪些特点？
2. 什么是肿瘤的标记染色体？它与肿瘤的关系如何？
3. 比较癌基因与抑癌基因。
4. 肿瘤发生的主要遗传理论有哪些？

（霍　静）

第十三章

出 生 缺 陷

学习要点

掌握：①出生缺陷发生的原因；②出生缺陷的分类。

熟悉：出生缺陷的预防。

了解：①人类胚胎发育基本过程；②出生缺陷的诊断；③常见的出生缺陷。

出生缺陷（birth defect）也称为先天异常（congenital anomaly），是指婴儿在出生时已存在结构、功能或代谢方面的异常，该异常导致的症状在出生时或出生后数年内显现。出生缺陷并不完全等同于先天畸形（congenital deformity），先天畸形是专指以形态结构异常为主要特征的出生缺陷，占出生缺陷的一半以上。出生缺陷也并非都是因为遗传物质的改变而导致，所以和遗传病概念既有联系又有区别。

出生缺陷是婴幼儿致死致残的主要原因。世界卫生组织对 2000～2015 年儿童死亡原因的统计数据显示，由于出生缺陷而死亡的新生儿占 11%左右。在我国婴儿死因中，2015 年出生缺陷的构成比已达到 23.5%。2012 年卫生部发布的《中国出生缺陷防治报告（2012）》中显示，目前我国出生缺陷发生率在 5.6%左右。我国一直都很重视出生缺陷的防治，2006 年颁布的《国家中长期科学和技术发展规划纲要（2006—2020 年）》就将“出生缺陷防治”列为优先主题；在“十一五”科技支撑计划中设立了“重大出生缺陷和遗传病的防治研究”项目，出生缺陷干预工作已纳入《全国“十一五”人口和计划生育事业发展规划》；2021 年 9 月国务院发布的《中国儿童发展纲要（2021—2030 年）》中将“预防和控制出生缺陷”作为主要目标之一、“加强出生缺陷综合防治”作为策略措施之一。

第一节　胚 胎 发 育

出生缺陷是先天异常，因此与整个胚胎发育过程密切相关。人类从受精卵到出生期间的发育过程非常复杂，例如：一个受精卵如何产生两百多种细胞类型？细胞如何组织成错综复杂的组织和器官？手指为何处于手的末端而不是其他位置？本节就人类胚胎发育的基本过程和主要机制做一概述。

一、人类胚胎发育基本过程

人类胚胎发育始于受精卵，历时 38 周，经过细胞增殖、分化等若干复杂的生物学过程，发育为成熟胎儿。从受精卵到胎儿出生可分为三个阶段：胚前期、胚期和胎期。

（一）胚前期

从受精到第 2 周末这段时期称为胚前期（preembryonic stage）。在该阶段，受精卵向子宫移动的同时还发生卵裂（连续的细胞分裂），分裂后的子细胞称卵裂球（blastomere）。第 3 天，卵裂球达到 12～16 个，此时为实心胚，由于外观似桑葚故称为桑葚胚（morula）。卵裂球达到 100 个左右时，胚内出现空腔，整个胚呈泡状，故称胚泡（囊胚，blastocyst）。胚泡由中央的胚泡腔（囊胚腔）、胚泡腔一侧的内细胞团（inner cell mass）和胚泡壁的滋养层（trophoblast）组成，其中内细胞团具有多种分化潜能。胚泡着床过程中，内细胞团增殖分化成含有上、下两胚层的胚盘。内细胞团增殖期间还是胚胎发育的图式形成阶段。图式（模式）形成（pattern formation）是指发育过程中胚胎细胞在正确的空间位置上形成特定结构的过程，涉及胚胎体轴的确立以及细胞在不同胚层中的分配等。

在囊胚阶段，细胞之间虽然没有明显可以区别的特征，但有些细胞注定要进入某种发育途径、生成某种特定组织。胚胎细胞在发生分化之前已确定向特定方向进行分化，即一群细胞或胚胎的某一区域只能向某一特定方向分化，称为细胞（命运）决定[cell（fate）determination]。

（二）胚期

从第 3 周到第 8 周末为胚期（embryonic stage）。首先，二胚层胚盘正中线的上胚层细胞增殖较快，在中轴线上聚集形成一条纵行的细胞柱，称为原条。原条的出现不仅确定了胚盘的方向即头尾（前后）轴，原条所在的一端为胚盘的尾端，另一侧则为胚盘头端，而且还确立了胚胎的背腹轴和左右轴。原条出现后，胚盘上胚层的细胞向内迁移，逐渐替换下胚层细胞，下胚层改称内胚层（endoderm）；同时，下陷的部分上胚层细胞在上胚层和内胚层之间扩展形成中胚层（mesoderm）；内胚层和中胚层形成后，上胚层改称外胚层（ectoderm）（图 13-1）。第 3 周末，由内、中、外三个胚层组成的原肠胚（gastrula）形成，这是人体发生的原基，各种细胞、组织、器官、结构均来源于此。

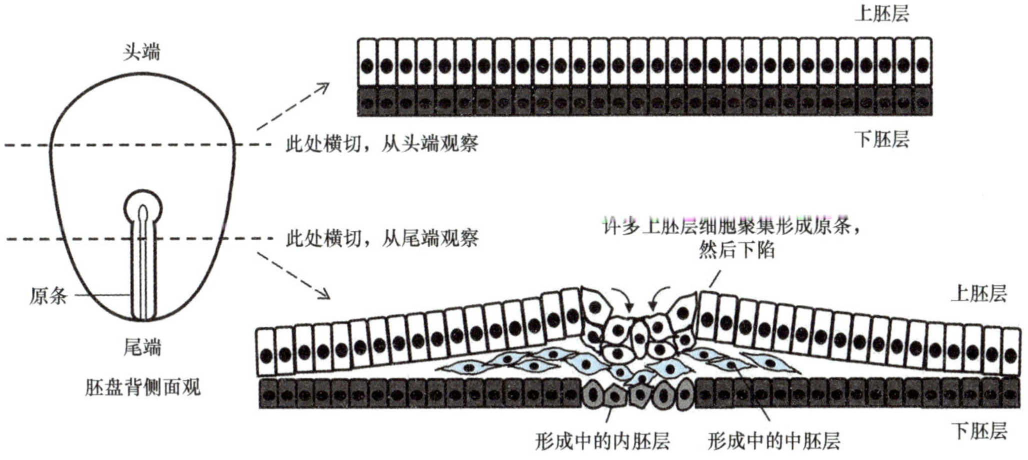

图 13-1　三胚层发生模式（实线箭头示原条细胞迁移方向）

第 4～8 周三胚层开始分化，逐渐形成各器官的原基（图 13-2）。伴随着三胚层的分化，细胞还有增殖、变形、迁移、黏附、凋亡等活动，胚层沿特定取向延伸、卷合和分化，形成各种管腔，管腔的局部膨大构成各种空腔，最终形成复杂组织、器官和个体形状，该过程即形态发生（morphogenesis）。随着组织和器官的形成，扁平状胚盘逐渐变为圆柱形的胚体，并且形成体节和上下肢芽。至第 8 周末，胚体已初具人形。由于此期胚胎发育最复杂，所以对环境有害因素的影响最敏感，导致发生先天畸形的可能性也最高。

（三）胎期

从第 9 周到出生为胎期（fetal stage）。组织和器官在此期继续发育，部分器官出现不同程度的功能活动，胎儿快速生长。

二、胚胎发育的分子遗传机制

胚胎发育是一个极其复杂又保守的过程。该过程涉及众多基因且基因之间有相互作用，这些基因在进化上十分保守，广泛存在于低等到高等生物体内，多为调控基因。在此介绍其中两个基因家族。

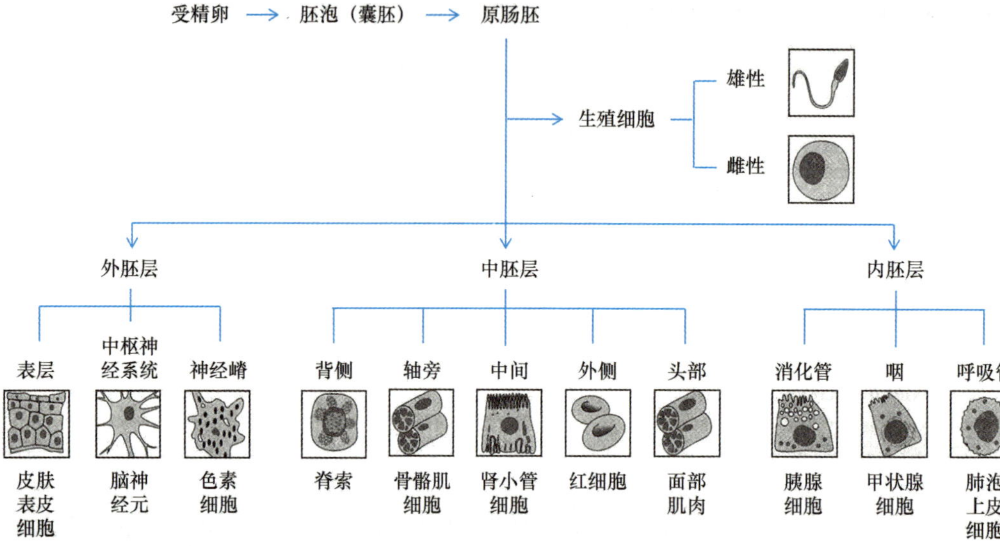

图 13-2　三胚层的分化方向

（一）*HOX* 基因家族

HOX（Homeobox）基因是控制发育的主要基因。该基因首先发现于果蝇，决定果蝇每一体节的性质和形态特征，其突变可导致果蝇身体的某结构变为相似的另一部分结构。该家族成员都含有共同的 180bp 序列和相同读码框，因此编码高度同源的 60 个氨基酸。人类至少有 39 个与果蝇同源的 *HOX* 基因，分为 4 个基因簇（*HOXA*、*HOXB*、*HOXC*、*HOXD*），分别位于 7 号、17 号、12 号和 2 号染色体上。此外，每个 *HOX* 基因簇有 8～11 个基因，记为 *HOXA1*、*HOXA2*、*HOXA3*……，*HOXB1*、*HOXB 2*、*HOXB 3*……；4 个基因簇数字相同的 *HOX* 基因为同一平行组，称为旁系同源基因，例如 *HOXA4*、*HOXB4*、*HOXC4* 与 *HOXD4* 为同一组（图 13-3）。*HOX* 基因表达具有时空共线性的特点，即它们在染色体上的排列顺序与在胚胎纵轴上表达和分布的前后顺序一致，与四肢近远端位置也相互吻合：位于 3′端的 *HOX1* 先激活，且在最头（前）端的胚胎组织表达；5′端的 *HOX13* 基因最后激活，在最尾（后）端的胚胎组织表达，例如，*HOX9* 和 *HOX10* 旁系同源基因特化肢柱、*HOX11* 旁系同源基因特化肢杆、*HOX12 和 HOX13* 旁系同源基因特化肢梢。另外，4 个基因簇中位于相同组的 *HOX* 基因具有一定的功能等效性，如果其中一个 *HOX* 基因丧失功能，同组其他成员将发挥代偿作用。

HOX 基因编码的蛋白为转录因子，参与躯干前后轴的模式化、神经系统发育等，基因突变会导致部分结构发生形态学改变。例如：*HOXA2* 突变会造成小耳畸形，*HOXD13* 突变可导致多指（趾）或并指（趾）。

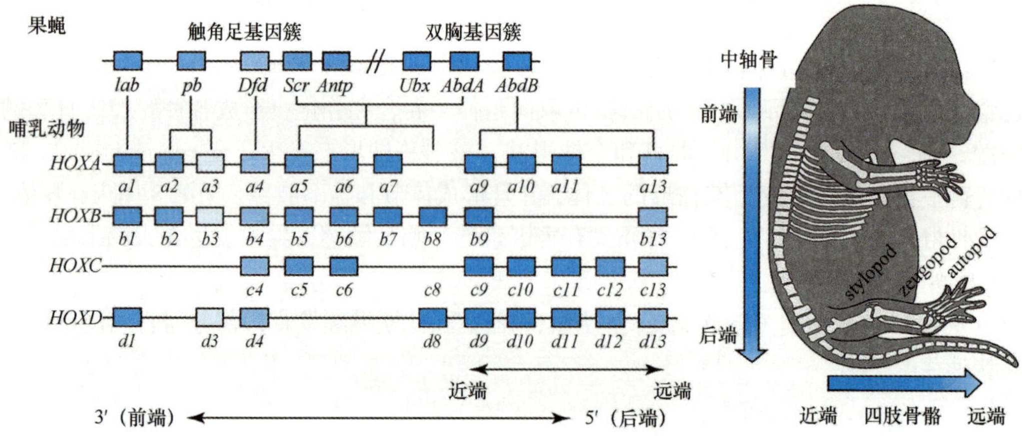

图 13-3　***HOX*基因**

stylopod：肢柱，即肱骨/股骨。zeugopod：肢杆，即桡骨-尺骨/胫骨-腓骨；autopod：肢梢，即腕骨-手指/跗骨-足趾

（二）刺猬基因家族

刺猬（Hedgehog，*Hh*）基因最早是 Nüsslein-Volhard 和 Wieschaus 在筛选影响果蝇胚胎发育的基因时发现的，并因此获得 1995 年诺贝尔奖。因为该基因突变的果蝇胚胎呈多毛团状，酷似受惊刺猬而得名。哺乳动物有三种 *Hh* 基因：*Sonic hedgehog*（*Shh*）、*Indian hedgehog*（*Ihh*）和 *Desert hedgehog*（*Dhh*）。其中 *Shh* 表达最为广泛，参与肢体、体节、神经管发育。*Ihh* 主要表达在软骨组织，是调控骨发育的主要信号，尤其在调节软骨细胞增殖和分化中起重要作用。*Dhh* 表达于生殖细胞和周围神经系统，与雄性的生殖发育和周围神经发育密切相关。

Hh 突变会导致组织畸形、增生或生长迟缓，尤其是处于发育阶段的中枢神经系统、颅面结构、四肢和骨骼。在这三种 *Hh* 基因中，*Shh* 研究较多，该基因编码的 Shh 蛋白作为形态发生原，以浓度依赖的方式决定细胞命运。例如，在神经管发育过程中，脊索和底板表达的 Shh 分泌后，形成了从腹侧到背侧逐渐降低的浓度梯度，不同的浓度诱导神经前体细胞分化为不同类型的神经元。再比如分布在手指中的 Shh 蛋白从拇指到小指也有浓度梯度，因此五个手指的形态功能有所不同。

知识拓展 13-1 转化生长因子基因超家族

无论是上述介绍的基因还是其他参与发育调控的基因，它们都不仅仅参与发育、与出生缺陷有关。这些基因在个体出生后仍然表达，与肿瘤等疾病发生发展、组织再生等也有一定关系。

第二节 出生缺陷概述

出生缺陷不仅病种繁多，目前已知至少有 8000～10 000 种；而且在病因、分类、诊断和预防等方面具有复杂性。

一、出生缺陷发生的原因

人体发育的过程涉及非常复杂的机制，尽管目前对具体机制还知之甚少，但已知遗传因素在人体发育过程中起到非常重要的作用；另外，人体发育还受到环境因素的影响。出生缺陷是生物体发育过程异常导致的，影响生物体发育的因素都有可能导致出生缺陷，因此出生缺陷发生的原因包括遗传因素、环境因素、两者相互作用或原因不明。目前认为，由遗传物质变异导致的出生缺陷约占 55%，环境因素引起的出生缺陷约占 5%，而两者相互作用或原因不明引起的出生缺陷则占 40%左右（图 13-4）。

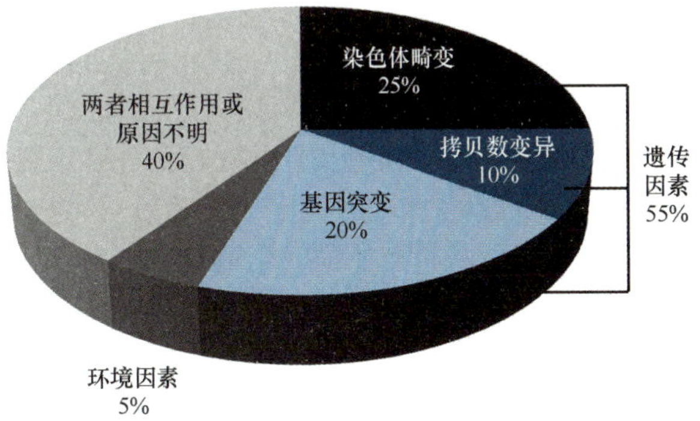

图 13-4 出生缺陷发生的原因及占比

（一）遗传因素

引起出生缺陷的遗传因素主要包括染色体畸变和基因突变。

1. 染色体畸变　染色体数目或结构畸变引起的染色体不平衡都可导致出生缺陷，甚至因为畸形严重而自然流产。由于染色体畸变涉及多个基因的增减或位置改变，所以患者常表现为多发性出生缺陷，即同一患者具有多种出生缺陷。在患者的多种出生缺陷中，往往有 1～2 种畸形较严重，另外再伴随 3～5 处未导致严重功能障碍的小畸形。如 21-三体综合征（OMIM #190685）患者多具有先天性心脏病，同时伴内眦赘皮、眼间距宽、指短等小畸形。小畸形虽然不产生严重的功能障碍，但对染色体病的表型定位具有重要意义。具有 3 个以上小畸形的新生儿中，90%可出现大畸形；42%的原发性智力障碍者都具有 3 个以上小畸形。

随着比较基因组杂交（comparative genomic hybridization）应用于临床，逐渐发现一些染色体微小的亚显微缺失、重复，属于拷贝数变异（copy number variant，CNV）。例如，普拉德-威利综合征（OMIM #176270）和快乐木偶综合征（OMIM #105830）都与15号染色体q11.2-q13缺失有关。研究发现，拷贝数变异是智力障碍、神经系统发育异常等出生缺陷的重要致病因素。

2. 基因突变 基因突变可引起单一器官的畸形，如多指/趾；也可导致多系统、多器官的畸形，如I型埃勒斯-当洛综合征（OMIM #130000）多表现为皮肤、血管、关节异常和先天性心脏病等畸形。

3. DNA 甲基化异常 DNA甲基化会抑制基因表达。神经管缺陷、先天性巨结肠、先天性心脏病、唇裂、腭裂等与DNA甲基化异常都有一定关系。

（二）环境因素

能引起出生缺陷的环境因素统称为致畸因子或致畸原（teratogen）。致畸因子可通过作用于母体的内环境、胚胎周围的微环境间接影响胚胎的发育，或通过胎盘屏障作用于胚胎直接影响其发育，从而导致出生缺陷。致畸因子分为物理致畸因子、化学致畸因子和生物致畸因子。

1. 物理致畸因子 包括电离辐射、高温和高强度噪声等。

电离辐射主要是指射线装置或放射性同位素产生的短波长电磁波（γ射线和X射线）、质子、中子和高能带电粒子（α粒子、β粒子）等能引起物质原子或分子发生电离的辐射。电离辐射有较强的致畸作用，其致畸效应与射线的穿透力和剂量等有关。日常生活或工作中，人们或多或少都会接触电离辐射，但是对其致畸作用要具体分析。例如，临床用于诊断的X射线，一般情况下对胎儿的危害不大。北美放射学会数据显示，孕妇接受单次X射线检查的受照射剂量（低于50mGy）达不到能造成胚胎或胎儿伤害的剂量。但是胎儿受照射剂量与照射部位有关，例如，孕妇的灌肠造影检查与胆囊造影相比，胎儿接受的照射量增高了数百倍。而用于治疗的X射线，由于剂量大所以有致畸风险。再比如放射性同位素是否有致畸作用与含量、半衰期等有关，各种组织对不同的同位素吸收量也不同，胎儿对同位素的吸收程度还与胎龄有关。例如，胎儿在第10周时从循环中结合的碘多于母亲甲状腺结合的碘，因此孕妇必须用 ^{131}I 进行诊断治疗时，应在胎龄第5～6周之前进行，即在胎儿甲状腺分化之前完成。

高强度的电离辐射可能导致小头畸形、精神发育迟缓、骨骼畸形、生长迟缓、中枢神经系统发育障碍等多种出生缺陷。

除此之外，体温过高可干扰神经组织的发生，从而导致神经管畸形等出生缺陷；高强度噪声可影响细胞分裂和DNA合成，造成胎儿内耳损伤甚至引发脑细胞死亡；宫腔内机械性压迫和损伤如羊水过多也可导致胎儿畸形。

2. 化学致畸因子 包括药物、工业“三废”、农药、食品添加剂、防腐剂、烟、酒和毒品等。

（1）药物：多数抗肿瘤药物（白消安、甲氨蝶呤等）、某些抗癫痫药（丙戊酸钠、卡马西平、三甲双酮等）、一些抗生素和抗病毒药（四环素、利巴韦林等）、激素类药物（雄激素类、雌激素类、皮质激素、胰岛素）和治疗痤疮用的维A酸等具有轻重程度不一的致畸作用。美国食品药品监督管理局（FDA）根据药物对胎儿的危害性将其分为A、B、C、D、X五类，为孕妇临床用药提供了安全性方面的指导。从A类药到X类药，危害性依次增大，X类药物是孕期禁用药物。

（2）工业“三废”、农药、食品添加剂、防腐剂：这些物质含有一些具有致畸作用的化学物质。目前已确认有致畸作用的化学物质包括某些亚硝基化合物（如防腐剂亚硝酸盐）、某些多环芳香烃化合物、某些烷基和苯类化合物、某些农药（如敌枯双）和某些重金属（如汞、铅、镉、砷）等。

（3）烟、酒、毒品：吸烟、酗酒、吸毒等因素均具有一定的致畸作用。吸烟可以导致新生儿平均体重降低，且吸烟越多新生儿的体重越轻。而且，烟草中的尼古丁等有害物质可以影响胎儿的正常发育，所以吸烟过多使胎儿发生出生缺陷的风险增加90%，严重者可导致胎儿死亡和流产。孕妇过量饮酒可以影响胎儿中枢神经系统和颜面部发育，导致患胎儿酒精综合征，出现发育迟缓、小头、人中平坦和智能发育障碍等缺陷。

（4）微量元素：微量元素缺乏或过多也可影响胚胎及胎儿发育，导致先天畸形或死亡。例如，锌参与体内多种酶的组成，锌缺乏可导致中枢神经系统畸形；妊娠期缺乏铜元素可引起先天性心血管畸形。

3. 生物致畸因子　包括病毒、弓形虫和梅毒螺旋体等。

（1）病毒：目前已经确认的可导致胎儿畸形的病毒有风疹病毒、巨细胞病毒、水痘-带状疱疹病毒等。胚胎在不同的发育时期遭受病毒感染后引发的畸形部位和程度会有所不同。

1）风疹病毒：孕妇感染风疹病毒后，病毒可通过胎盘感染胎儿，影响细胞的有丝分裂、干扰组织器官的生长发育，从而导致流产、胎儿死亡或患先天性风疹综合征，表现为心脏畸形、先天性白内障、神经性耳聋等多种出生缺陷。风疹病毒在胚胎发育的前 8～10 周致畸风险最高，可高达 90%；16 周时下降到 10%～20%；16 周后感染胎儿则较少发生损害。

2）巨细胞病毒：巨细胞病毒感染在人群中非常多见，但多数无明显症状。孕妇可有原发感染或再发感染，再发感染为既往潜伏于体内的病毒再次被激活或感染新的毒株而引起。孕妇感染后多无症状，但病毒可通过胎盘引起胎儿宫内感染，也可于分娩时通过产道分泌物和血液感染新生儿，分娩后可通过母乳和唾液传播该病毒。原发感染更容易发生母婴传播，母婴传播率为 30%～40%，而再发感染的母婴传播率为 1%～3%。该病毒可以导致大量细胞死亡、影响细胞周期进程，还可以引起胎盘功能不足以及侵犯胎儿组织器官，导致胚胎发育异常、发育受限和胎儿多器官功能损伤。胎儿受累的严重程度与妊娠感染时间有关。妊娠早期感染巨细胞病毒会干扰组织器官分化，所以胎儿一般预后不良：或为胎儿宫内发育迟缓和小头畸形、听力损伤等神经系统缺陷等，或不能存活而致流产、死胎。妊娠中期感染也可引起组织器官发育受阻，导致胎儿宫内发育迟缓、中枢神经系统损害甚至死胎。而在妊娠晚期感染，胎儿可能无明显症状，但可引起较严重的胎盘病变。

3）水痘-带状疱疹病毒：感染该病毒可引起两种疾病——水痘和带状疱疹，前者传染性更高。该病毒可通过胎盘感染胎儿。在妊娠早、中期感染该病毒可导致胎儿流产、死胎或患先天性水痘综合征，出现脉络膜视网膜炎、白内障、小眼球等眼部缺陷，以及脑损伤和肢体发育不全等畸形。

4）单纯疱疹病毒：该病毒分为 1 型和 2 型。1 型主要引起口腔感染，2 型主要引起生殖道感染。但是最新统计数据显示，1 型已成为生殖器疱疹的主要原因。妊娠合并生殖道单纯疱疹病毒感染可发生母婴传播，其中经阴道分娩的感染风险最高。孕早、中期发生初次感染造成胎儿感染的概率极低，半数以上的母婴传播发生在妊娠晚期尤其是临近预产期。胎儿感染单纯疱疹病毒可出现小头畸形、肝脾大、宫内发育迟缓、流产等。

除了上述病毒外，孕妇感染其他病毒也可能使胎儿致畸。例如，2015 年肆虐巴西等国的寨卡病毒被发现可导致胎儿出现小头畸形。

（2）弓形虫：弓形虫感染可以损伤胎儿中枢神经系统，并会引起视网膜病变。

（3）梅毒螺旋体：孕期初次感染梅毒螺旋体时，该病原体可通过胎盘经脐带血传染给胎儿，引起胎儿全身感染。梅毒螺旋体在胎儿内脏及组织中大量繁殖，可引起胎儿死亡或流产。如果胎儿存活，则会出现皮肤梅毒瘤、骨膜炎、锯齿形牙、神经性耳聋等症状。

除了上述致畸因子外，孕妇患有某些疾病且病情未得到有效控制（糖尿病、甲状腺功能亢进症、苯丙酮尿症等）、营养缺乏（叶酸、维生素 A 等）也可能造成胎儿器官组织异常。在分析某种致畸因子的致畸风险时，应该综合考虑该致畸因子的作用强弱、剂量大小、作用持续时间和孕妇的遗传背景以及当时的孕周等因素。

（三）遗传因素和环境因素相互作用

多数常见的出生缺陷是遗传因素和环境因素相互作用的结果，例如，唇裂、腭裂、先天性心脏病等。这种相互作用包括两个方面：一是环境因素通过诱发生殖细胞或早期胚胎细胞的基因突变或染色体畸变而导致出生缺陷，二是胚胎的基因型会影响和决定胚胎对致畸因子的易感程度。例如，在同一地区、同一自然条件下同时怀孕的孕妇，同时感染风疹病毒后，有的胎儿会出现出生缺陷，而有的则正常发育。

在遗传因素和环境因素相互作用导致的出生缺陷中，遗传因素所起作用的大小可用遗传率衡量。某种出生缺陷的遗传率越高，说明遗传因素在该出生缺陷发生中所起的作用越大。

知识拓展 13-2 **出生缺陷的致畸敏感期**

一般而言，胚胎发育的各个时期都可因为遗传因素和致畸因子的影响而导致胚胎发生畸形，但在胚胎发育的不同时期各器官组织发生畸形的敏感度不同（图 13-5）。

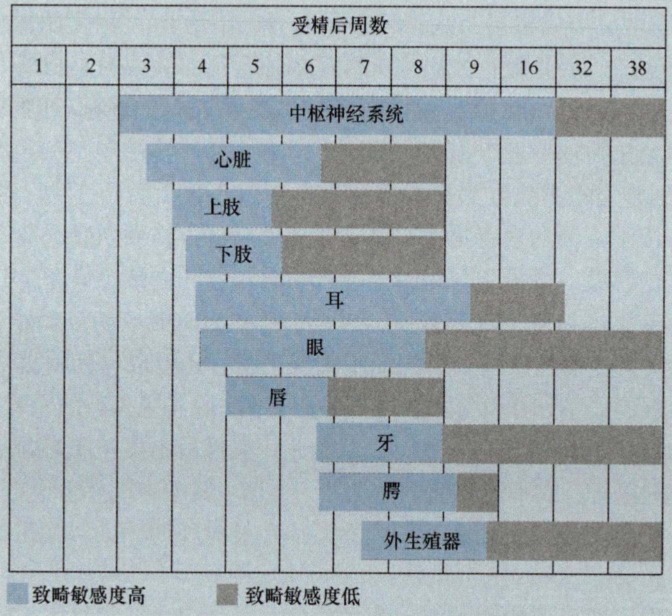

图 13-5 人胚胎主要器官的致畸敏感期

总体而言，受精后 1～2 周因为细胞处于分裂增殖阶段，所以致畸因素作用后要么表现为胚胎正常发育不发生畸形，要么致使胚胎受损而发生自然流产，即“全”或“无”的现象。受精后 3～8 周则是致畸敏感期，此时期细胞分化明显，所以致畸因素作用后容易干扰器官的分化，导致器官形态结构异常；而且各器官系统的致畸敏感期有重叠，所以可以导致多种畸形并存。受精后第 9 周直至胎儿出生，由于初步形成的器官进行组织和功能的分化，所以致畸因素作用后易出现器官的功能障碍；该时期虽不是致畸敏感期，但也可以出现少数器官的结构畸形，如外生殖器的异常。

二、出生缺陷的分类

出生缺陷的分类方法有多种，但是由于出生缺陷的表现形式多种多样、发生过程错综复杂，所以现有的分类方法都只能从某一特定角度出发，有一定的局限性。目前应用较为广泛的有两种分类方法。

（一）根据缺陷发生部位分类

世界卫生组织 2018 年发布的最新版本《国际疾病分类第十一次修订本》（*International Classification of Diseases*，ICD-11）将先天畸形列入第 20 章发育异常，并按照发生部位的不同进行了相应的分类和编码，共 22 类，编码为 LA00～LD9Z（表 13-1）；先天性代谢缺陷列入第 5 章内分泌、营养或代谢疾病。我国在 2018 年 12 月也发布了 ICD-11 中文版。

表 13-1 国际疾病分类（ICD-11）——发育异常

分类中文名称	编码
神经系统结构发育异常	LA00～LA0Z
眼、眼睑或泪器结构发育异常	LA10～LA1Z
耳结构发育异常	LA20～LA2Z
面部、口腔或牙齿结构发育异常	LA30～LA5Z
颈部结构发育异常	LA60～LA6Z
呼吸系统结构发育异常	LA70～LA7Z

续表

分类中文名称	编码
循环系统结构发育异常	LA80～LA9Z
横膈、腹壁或脐带结构发育异常	LB00～LB0Z
消化道结构发育异常	LB10～LB1Z
肝脏、胆道、胰腺或脾脏结构发育异常	LB20～LB2Z
泌尿系统结构发育异常	LB30～LB3Z
女性生殖系统结构发育异常	LB40～LB4Z
男性生殖系统结构发育异常	LB50～LB5Z
乳房结构发育异常	LB60～LB6Z
骨骼结构发育异常	LB70～LB9Z
皮肤结构发育异常	LC00～LC7Z
肾上腺结构发育异常	LC80～ LC8Z
单系统受累为主的结构发育异常	LD0Y～LD0Z
多发性发育异常或综合征	LD20～LD2Z
染色体异常，除外基因突变	LD40～LD7Z
以智力发育障碍为相关临床特征的情况	LD90.0～LD90.Z
其他发育异常	LD9Y～LD9Z

（二）根据出生缺陷的形成方式分类

1. 简单畸形　包括畸形、变形、畸化和发育不良。

（1）畸形：畸形（malformation）指由于发育过程的阻滞或方向错误，从而使某一器官或器官的某一部分发育缺陷，如多指。仅涉及单一器官的畸形多数为多基因遗传；多发性畸形则更可能是由染色体畸变导致，但也可能是由单基因突变引起。

（2）变形：变形（deformation）指因为不正常的机械力扭曲牵拉冲击正常的结构所形成的缺陷，常发生于妊娠中、后期。例如，由于羊水过少或孪生使宫内拥挤而导致髋部转位或四肢关节挛缩。出生时明显可见的变形有些可以自发缓解，有些可以通过固定器或手术矫正。

（3）畸化：畸化（disruption）指环境因素（缺血、感染、致畸因子、外伤等）干扰了正常的发育过程从而导致器官或组织的异常。例如，孕早期如果感染风疹病毒，有 80%～90%的概率会导致胎儿出现心脏畸形等异常。再比如，妊娠早期羊膜破裂可形成羊膜带，它与胎儿体表的粘连或缠绕会阻滞和破坏早期胚胎或胎儿组织、器官的发育，形成羊膜带阻断症。

（4）发育不良：发育不良（dysplasia）是指细胞异常地形成组织。这种异常一般出现在特定组织。大多数发育异常是由单基因突变引起。例如，成纤维细胞生长因子受体 3（Fibroblast growth factor receptor 3，FGFR3）基因突变会引起全身骨骼发育异常。

2. 多发畸形　包括综合征、关联征和序列征。

（1）综合征：当多重出生缺陷同时存在于同一个体内，称为综合征（syndrome）。综合征常起因于同一病因，例如，21 号染色体多 1 条会导致 21-三体综合征，患儿同时具有面部、四肢、心脏及智力的异常；马方综合征（OMIM #154700）是一种单基因病，位于 15q21.1 的致病基因会导致患者具有心血管、骨骼等多系统多器官的畸形。

（2）关联征：如果多重出生缺陷存在于同一个体中，但是系不同病因所致，而且是非随机联合发生，称为关联征或联合征（association）。关联征常以其每个畸形的英文名第一个字母组成病名，例如，CHARGE 联合征（OMIM #214800）是眼器官先天裂开与脑神经缺损（coloboma and cranial nerves defects）、心脏缺陷（heart defects）、后鼻孔闭锁（atresia of posterior naris）、生长发育迟缓（retardation of growth and development defects）、生殖泌尿系统异常（genital and urinary abnormalities）和耳朵异常或听力丧失（ear abnormalities and/hearing loss）的总称。

（3）序列征：如果在胚胎发育中，某种因素导致先产生单一的局部缺陷，由此种出生缺陷进一步导致相关组织、器官的一系列出生缺陷，称为序列征（sequence）。例如，Robin 序列征（OMIM #268305），起始畸形为小下颌，随之引起舌后坠和腭裂等畸形。

三、出生缺陷的诊断

由于导致出生缺陷的原因复杂，所以无法完全避免出生缺陷的发生，而目前越来越多的出生缺陷可以在出生前做出诊断，有些甚至可以进行宫内治疗，或者在胎儿出生时或出生后，针对性预防并发症的发生以利于后期治疗，因此对胎儿做出早期诊断即产前诊断十分必要。有过出生缺陷儿生育史、多次自然流产史、死胎死产史、孕早期接触过致畸因子、羊水过多或过少的孕妇，均应进行产前诊断，以确定胎儿有无出生缺陷。

产前诊断出生缺陷的主要方法：羊膜穿刺法等有创性方法、B 超、MRI 检查等。有关内容详见第十七章第一节。

四、出生缺陷的预防

出生缺陷不但严重危害儿童的生存和生活质量，也会造成巨大的家庭和社会经济负担。如不及时采取适当的干预措施，出生缺陷将严重制约我国婴儿死亡率的进一步下降和人均期望寿命的提高。鉴于出生缺陷的原因多种多样，因此需要采取一系列预防干预措施。例如，源于环境因素的大多数出生缺陷可以通过公共卫生措施加以预防，如颁布有毒化合物（如某些农药）管理法律、接种风疹疫苗、使用营养素（如碘、叶酸）强化基本食品等。世界卫生组织针对生命的不同阶段提出了三级预防的策略。

（一）一级预防——防止出生缺陷发生

一级预防又称病因预防。主要策略包括：①广泛开展出生缺陷防治的健康教育和宣传，我国将每年 9 月 12 日定为“出生缺陷防治日”，以扩大出生缺陷干预措施的知晓人群和提高知晓率；②提倡妇女选择最佳生育年龄妊娠，降低 35 岁以上高龄孕妇比例和无计划妊娠比例；③开展孕前筛查尤其是高危人群的孕前筛查和常见隐性遗传病的携带者筛查，对有遗传病或出生缺陷家族史的人群开展孕前遗传咨询，以降低出生缺陷的发生率；④优化妇女孕前和孕期饮食，推广孕前及孕早期合理保健，包括合理营养、补充适量叶酸、避免接触各类有害因素、避免感染、谨慎用药、改正不良生活习惯等；⑤在孕前和孕期预防和治疗致畸性感染，如梅毒等疾病，并且促进妇女孕前健康和治疗，如患癫痫的女性应在孕前积极接受治疗，以防止孕期药物治疗可能导致的出生缺陷。

（二）二级预防——减少出生缺陷发生

二级预防又称产前干预，是对一级预防的补充。主要策略：①对孕早期疑有接触致畸因素或后代有遗传病患病风险的妇女，在孕期进行产前筛查和产前诊断，以尽早发现胎儿有无异常，必要时及时终止妊娠；②对某些出生缺陷疾病开展相应的手术或非手术宫内治疗。例如，对先天性膈疝、完全性后尿道梗阻胎儿可进行宫内外科手术，小剂量可的松治疗胎儿肾上腺性征综合征等。

（三）三级预防——出生缺陷的治疗

三级预防又称出生后干预，是对出生后的婴儿进行早诊断和早治疗，从而降低致残率、提高患儿的生活质量。主要措施：①对某些发病率高、危害大、早期治疗可有较好疗效的疾病进行新生儿筛查，如苯丙酮尿症、先天性甲状腺功能减退症等，对筛查出的患儿进行及时的内科治疗或饮食调整；②对新生儿听力筛查并确诊的听力障碍患儿给予相应治疗干预措施，使轻型听力障碍得到矫正，重型听力障碍得到减轻；③对患有唇裂、腭裂、尿道下裂、多指、并指等畸形的患儿在适宜年龄进行手术治疗和康复训练。

我国自 2001 年开始实施出生缺陷干预工程，建立了以一级干预为主体、二级干预为重点、三级干预为补充的三级防治体系。2018 年国家卫生健康委员会发布了《全国出生缺陷综合防治方案》。经过多年努力已取得明显成效：2022 年全国因出生缺陷导致的婴儿死亡率和 5 岁以下儿童死亡率均比 2011 年降低超过 50%。国家卫生健康委员会 2023 年又发布了《出生缺陷防治能力提升计划（2023—2027 年）》：到 2027 年，实现出生缺陷防治服务更加普惠可及，三级预防措施覆盖率进一步提高，一批致死致残重大出生缺陷得到有效控制，全国出生缺陷导致的婴儿死亡率、5 岁以下儿童死亡率分别降至 1.0‰、1.1‰以下。

第三节 常见的出生缺陷

全国出生缺陷监测数据显示：2000～2019 年，总唇裂、神经管缺陷、先天性脑积水和唐氏综合征的发生率呈下降趋势；而先天性心脏病、多指/趾发生率总体呈上升趋势。2019 年，我国围生期出生缺陷发生率前十位有先天性心脏病、多指/趾、并指/趾、尿道下裂、马蹄内翻足、总唇裂等十类疾病。

一、先天性心脏病

先天性心脏病（congenital heart disease，CHD）简称先心病，是指在胚胎发育时期由于心脏及大血管的形成障碍或发育异常而引起的解剖结构异常，或出生后应自动关闭的通道未能闭合（在胎儿属正常）的情形。该病是先天性畸形中最常见的一类疾病，约占出生缺陷总数的 30%，是我国出生缺陷发生率多年位居第一的新生儿出生缺陷和先天畸形。全世界发病率在活产新生儿中为 1.9%～7.5%，我国为 0.6%～1%；据测算，我国每年将新增先天性心脏病超过 13 万例。

根据血流动力学和病理生理变化，先天性心脏病可分为发绀型和非发绀型；也可根据有无分流分为无分流类（如肺动脉狭窄等）、左至右分流类（如房间隔缺损、室间隔缺损等）和右至左分流类（如法洛四联症等）。其中，室间隔缺损、房间隔缺损、肺动脉狭窄、法洛四联症、动脉导管未闭和完全性大动脉转位等较为常见。

先天性心脏病的病因主要包括遗传因素、环境因素和两者相互作用。其中，遗传因素包括单基因遗传、多基因遗传、染色体畸变等。75%～90%的先天性心脏病属于多基因遗传，多表现为单纯的心血管畸形而不伴有其他畸形；环境因素包括妊娠早期服用致畸物质（酒、抗癫痫药、维 A 酸等）、感染病毒（风疹病毒）等。孕妇患有系统性红斑狼疮、苯丙酮尿症和糖尿病也会增加胎儿患先天性心脏病的风险。

先天性心脏病常独立存在，症状千差万别，最轻者可以终身无症状，重者出生即出现严重症状如缺氧、休克甚至夭折。有些患儿可合并其他器官畸形或作为遗传病的症状之一（表 13-2）。

表 13-2 伴先天性心脏病的常见疾病

类型		疾病名称	心血管症状
遗传病	单基因病	马方综合征	瓣膜病变、主动脉瘤、主动脉夹层，也可出现先天性房间隔缺损、室间隔缺损、法洛四联症、动脉导管未闭、主动脉缩窄等或各种心律失常如传导阻滞、预激综合征、心房颤动等
		遗传性心血管上肢畸形（Holt-Oram）综合征	房间隔缺损、室间隔缺损
		努南（Noonan）综合征	以肺动脉瓣狭窄最常见且常伴有瓣膜发育不良，也可出现肥厚型心肌病、房间隔缺损、室间隔缺损、法洛四联症、主动脉狭窄
		阿拉日耶（Alagille）综合征	肺动脉瓣狭窄、法洛四联症
		埃利伟（Ellis-van creveld）综合征	常见房间隔缺损，其次为室间隔缺损
	染色体病	21-三体综合征	房室间隔缺损、室间隔缺损、动脉导管未闭、房间隔缺损、法洛四联症、大动脉转位及主动脉缩窄等
		18-三体综合征	室间隔缺损、瓣膜发育不良、动脉导管未闭、房间隔缺损等
		13-三体综合征	室间隔缺损、动脉导管未闭、房间隔缺损等
		22q11 微缺失综合征	法洛四联症、动脉导管未闭、动脉干、主动脉弓离断、肺动脉瓣狭窄以及室间隔缺损等
		威廉姆斯（Williams）综合征	主动脉瓣上狭窄、周围性肺动脉狭窄、肺动脉瓣狭窄、二尖瓣关闭不全
		猫叫综合征	室间隔缺损、动脉导管未闭等
		特纳综合征	常见室间隔缺损、主动脉狭窄、二尖瓣或主动脉瓣狭窄等

续表

类型	疾病名称	心血管症状
非遗传病	胎儿风疹综合征	动脉导管未闭、肺动脉狭窄等
	胎儿酒精综合征	室间隔缺损、房间隔缺损等
	母亲糖尿病	室间隔缺损

先天性心脏病的产前超声筛查最佳时期为孕 18～22 周，进而可通过胎儿超声心动图进行产前诊断。胎儿出生后也可结合病史、体征、X 线、心电图、心血管造影等检查确诊。外科手术治疗是先天性心脏病的主要治疗方法。

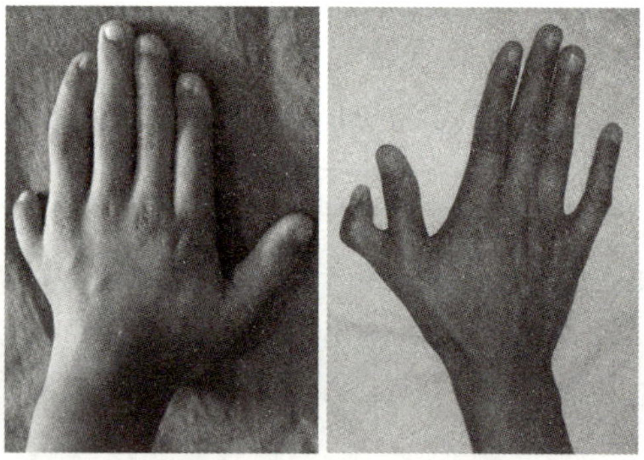

图 13-6 轴后多指（左）和轴前多指（右）

二、多指/趾

多指/趾（polydactyly）是一种具有额外的手指或脚趾的先天畸形（图 13-6）。多余的手指或脚趾一般只是细小的软组织，有时会有骨头但没有关节，很少具有完整结构。多指/趾可分为综合征型和非综合征型。在非综合征型多指/趾中，额外的手指或脚趾可在尺骨/腓骨侧长出（轴后多指/趾，OMIM #174200），也可在桡骨/胫骨侧（轴前多指/趾，OMIM #174500），中间三指/趾间长出则极为罕见（中央多指/趾）。大多数多指/趾是常染色体显性遗传病。或为单独存在，或为综合征中的症状之一。

多指/趾症状典型，易于确诊，辅助检查主要是 X 线摄片明确多指/趾的类型及骨骼关节生长情况。根据患儿实际病情可在适宜年龄进行手术切除多余指/趾和患手的形态与功能重建。

三、唇裂伴或不伴腭裂、腭裂

唇裂伴或不伴腭裂（cleft lip with or without cleft palate，CL/P）、腭裂（cleft palate）是口腔颌面部常见的先天畸形。在 2019 年全国出生缺陷监测数据中均为发生率前十的疾病。在胚胎发育第 5 周后，一些胚胎突起逐渐互相融合形成面部，如未能正常发育则会导致唇裂或腭裂。唇裂多为单侧唇裂，其中左侧更易发生，病变的程度范围可从上唇中线旁的小缺口到延伸至鼻孔、牙龈及腭部的双侧唇裂。腭裂可分为软腭裂、部分腭裂、单侧完全性腭裂和双侧完全性腭裂（图 13-7）。严重者唇裂和腭裂并存，即唇腭裂。唇

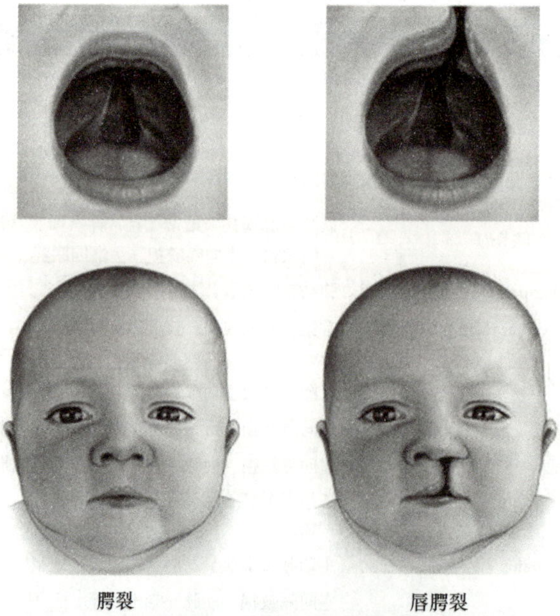

图 13-7 腭裂和唇腭裂

裂、腭裂不仅严重影响面部美观，还因口、鼻腔相通直接影响发育；而且会经常导致上呼吸道感染，并发中耳炎；患儿因吮奶困难可导致明显营养不良，对患儿和家长的心理造成严重的创伤。

唇裂、腭裂既可作为单独症状出现，也可为某些综合征或多重畸形的症状之一，如斯蒂克勒（Stickler）综合征。非综合征型唇裂、腭裂多为多基因遗传，遗传度为 76%，涉及的环境因素主要有母体在孕早期罹患某些病毒感染性疾病、使用某些药物、大量吸烟或酗酒等。

唇腭裂在治疗前需注意患儿的喂养问题，尤其是新生儿期。单侧唇裂一般在出生后 3～6 个月进行手术修补，双侧唇裂宜在出生后 6～12 个月实施手术。腭裂症状更加复杂，所以一般在 1～2 岁进行手术修补。后期可能还需再次手术治疗。

知识拓展 13-3 神经管缺陷

小　结

出生缺陷是指婴儿在出生时已存在结构、功能或代谢方面的异常，该异常导致的症状在出生时或出生后数年内可显现。出生缺陷病种繁多，严重的出生缺陷可在生命早期即致死或致残。出生缺陷与胚胎发育过程及其涉及的机制密切相关。出生缺陷的原因包括遗传因素、环境因素、两者的相互作用或原因不明，多数常见的出生缺陷是遗传因素和环境因素相互作用的结果。目前应用较为广泛的有两种分类方法，一是根据缺陷发生部位分类，二是根据出生缺陷的形成方式分为简单畸形和多发畸形。简单畸形包括畸形、变形、畸化、发育不良四种类型，多发畸形可分为综合征、关联征和序列征。目前越来越多的出生缺陷可以在出生前做出诊断，产前诊断出生缺陷的主要方法有 B 超、羊膜穿刺法、绒毛取样法、脐带穿刺术、MRI 等。目前出生缺陷的预防主要是三级预防策略。先天性心脏病、多指/趾等疾病仍是我国常见的出生缺陷疾病。

复习思考题

1. 什么是出生缺陷？出生缺陷的原因有哪些？

2. 针对导致出生缺陷的不同类型的原因，应采取哪些预防措施防止、减少出生缺陷或降低患儿的致残率、提高患儿的生活质量？

（张延洁）

第十四章
免疫与遗传

学习要点

掌握：①ABO 和 Rh 血型系统的遗传基础；②新生儿溶血症的发病机制。
熟悉：①HLA 遗传系统的结构和组成；②抗体的遗传基础。
了解：①HLA 与疾病的关联；②HLA 与器官移植；③免疫缺陷。

免疫系统是人体中负责执行免疫功能的重要系统，与许多疾病的发生和疾病的易感性有着直接或间接的关系。免疫系统的建立和完善决定于遗传物质的组成结构和后天发育的环境。免疫学与遗传学相互渗透形成了一门边缘学科：免疫遗传学（Immunogenetics），它探讨免疫反应的遗传基础和遗传控制，如抗原的遗传控制、抗体的遗传控制、补体的遗传控制、免疫应答的遗传调控等，为控制免疫过程、阐明免疫缺陷的发生机制提供理论依据。本章主要讨论免疫系统相关的基因结构、遗传调控和遗传性免疫缺陷。

第一节　红细胞抗原遗传

一、红细胞抗原的遗传系统

从 1900 年 Landsteiner 发现人类的 ABO 血型至今，已经发现的人类红细胞血型抗原有 360 种，分属 45 个血型系统（2023 年 7 月，国际输血协会 https://www.isbtweb.org/）（表 14-1）。

表 14-1　45 个红细胞血型系统

编码	系统命名	系统符号	抗原数	基因命名
001	ABO	ABO	4	*ABO*
002	MNS	MNS	50	*GYPA*，*GYPB*
003	P1PK	P1PK	3	*A4GALT*
004	Rh	RH	56	*RHD*，*RHCE*
005	Lutheran	LU	28	*BCAM*
006	Kell	KEL	38	*KEL*
007	Lewis	LE	6	*FUT3*
008	Duffy	FY	5	*ACKR1*
009	Kidd	JK	3	*SLC14A1*
010	Diego	DI	23	*SLC4A1*
011	Yt	YT	6	*ACHE*
012	Xg	XG	2	*XG*，*CD99*
013	Scianna	SC	9	*ERMAP*

续表

编码	系统命名	系统符号	抗原数	基因命名
014	Dombrock	DO	10	*ART4*
015	Colton	CO	4	*AQP1*
016	Landsteiner-Wiener	LW	4	*ICAM4*
017	Chido/Rodgers	CH/RG	9	*C4A*，*C4B*
018	H	H	1	*FUT1*，*FUT2*
019	Kx	XK	1	*XK*
020	Gerbich	GE	13	*GYPC*
021	Cromer	CROM	20	*CD55*
022	Knops	KN	13	*CR1*
023	Indian	IN	6	*CD44*
024	Ok	OK	3	*BSG*
025	Raph	RAPH	1	*CD151*
026	JohnMiltonHagen	JMH	8	*SEMA7A*
027	I	I	1	*GCNT2*
028	Globoside	GLOB	3	*B3GALNT1*
029	Gill	GIL	1	*AQP3*
030	Rh-associated glycoprotein	RHAG	6	*RHAG*
031	FORS	FORS	1	*GBGT1*
032	JR	JR	1	*ABCG2*
033	LAN	LAN	1	*ABCB6*
034	Vel	VEL	1	*SMIM1*
035	CD59	CD59	1	*CD59*
036	Augustine	AUG	4	*SLC29A1*
037	Kanno	KANNO	1	*PRNP*
038	SID	SID	1	*B4GALNT2*
039	CTL2	CTL2	2	*SLC44A2*
040	PEL	PEL	1	*ABCC4*
041	MAM	MAM	1	*EMP3*
042	EMM	EMM	1	*PIGG*
043	ABCC1	ABCC1	1	*ABCC1*
044	Er	ER	5	*PIEZO1*
045	CD36	CD36	1	*CD36*

每个血型系统的抗原由一个或数个紧密连锁的基因编码，这些抗原物质可以使用血清学方法检测。与临床关系最紧密的是 ABO 血型系统和 Rh 血型系统。

（一）ABO 血型系统

ABO 血型系统（ABO blood group system，OMIM #616093）是已知正常人血清中存在天然抗体的血型系统，与输血和器官移植密切相关。

1. **ABO 血型抗原**　为跨膜糖蛋白或糖脂，有 A、B 和 H 三种抗原，抗原决定簇在寡糖链部分（图 14-1）。三种血型抗原形成了四种血型：A、B、AB 和 O 型。ABO 血型抗原主要分布在红细胞膜上，除此之外，也分布在一些其他组织细胞中（如淋巴细胞、血小板、内皮细胞和上皮细胞等），将红细胞外的 ABO 血型抗原称为组织血型抗原（histo-blood group antigen，HNGA）。此外，80%的汉族个体的体液中（脑脊液除外）也存在 ABO 抗原物质，为分泌型 ABO 抗原。

2. **ABO 血型抗原的遗传基础**　编码 ABO 抗原的基因主要有 I^A-I^B-i、H-h 和 Se-se，其中 I^A-I^B-i 位于 9q34.1-q34.2，H-h 和 Se-se 紧密连锁，位于 19q13.33。

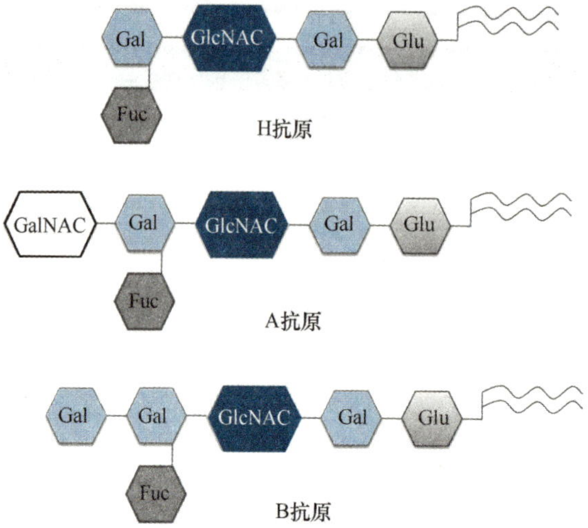

图 14-1 ABO 血型抗原

Gal：半乳糖；GalNAC：*N*-乙酰半乳糖胺；GlcNAC：*N*-乙酰葡萄糖胺；Glu：葡萄糖；Fuc：岩藻糖

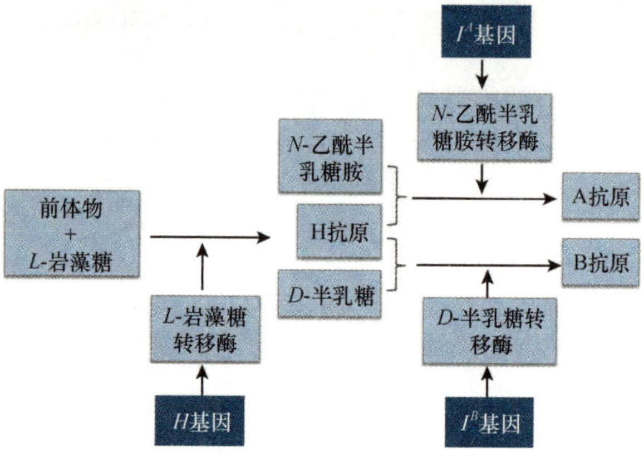

图 14-2 ABO 血型系统抗原的合成

H 基因编码 *L*-岩藻糖转移酶，该酶的作用是将 *L*-岩藻糖转移到前体物质（precursor substance）上形成 H 抗原，而 *h* 基因则为隐性基因，无编码产物。I^A 基因编码 *N*-乙酰半乳糖胺转移酶，其作用是将 *N*-乙酰半乳糖胺转移到 H 抗原上形成 A 抗原。I^B 基因编码 *D*-半乳糖转移酶，其作用是将 *D*-半乳糖转移到 H 抗原上形成 B 抗原（图 14-2）。

Se 基因功能与 *H* 基因相同，也是编码 *L*-岩藻糖转移酶，但其主要在分泌腺中发挥作用，它决定了个体是否为分泌型个体。*Se/Se*、*Se/se* 基因型为分泌型个体（secretor），*se/se* 基因型为非分泌型个体（no-secretor）。

3. ABO 血型的遗传 I^A、I^B 均为显性基因，*i* 基因为隐性基因，其编码的产物没有酶活性，三者构成复等位基因。I^A/I^B 基因型的个体表现出共显性，既有 A 抗原，也有 B 抗原，血型为 AB 型；*i/i* 基因型的个体只有 H 抗原，既无 A 抗原，也无 B 抗原，血型为 O 型；I^A/I^A 和 I^A/i 的个体血型为 A 型；I^B/I^B 和 I^B/i 的个体血型为 B 型。根据遗传规律，只要已知双亲的血型就可以推测出子女可能有的血型和不可能有的血型；或已知双亲之一和子女的血型，也可以推测出另一亲本的血型。血型在法医学的亲子鉴定上有一定的作用。

1952 年 Bhende 在印度孟买发现了一个特殊的血型家系，O 型个体与 A 型血的人婚配后生有 AB 型子女（图 14-3）。研究发现，这种 O 型个体中 H 抗原是阴性的，*H* 基因突变为无效的 *h* 基因，不能产生 H 抗原。尽管这样的个体含有 I^A 或 I^B 基因，但因为无 H 抗原，因此不能产生 A 抗原和（或）B 抗原，表现为

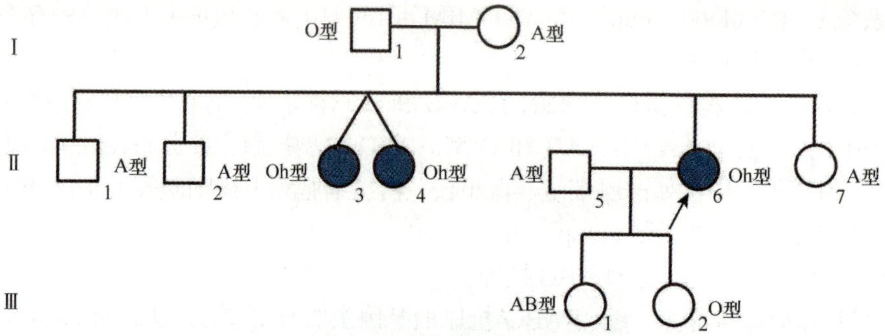

图 14-3 孟买血型系谱

O 型，但其 I^A 和（或）I^B 基因可以遗传给下一代。这种特殊的 O 型称为孟买型（Bombay phenotype），也称伪 O 型，用 Oh 表示。

（二）Rh 血型系统

1940 年 Landsteiner 和 Wiener 发现，以恒河猴（*Macacus mulatta*）红细胞免疫家兔，家兔的抗血清能够凝集约 85%白种人的红细胞（图 14-4）。由此可将人群划分为 Rh 阳性（凝集者）和 Rh 阴性（不凝集者）两大类。与此相关的血型系统称为 Rh 血型系统[Rhesus （RH） blood group system，OMIM #111690]。Rh 阴性者体内不含 Rh 天然抗体，但经 Rh 阳性红细胞致敏后可产生免疫性抗体。Rh 阳性血型在我国汉族及大多数民族中约占 99.7%，不同民族存在一定差异。在国外的一些民族中，Rh 阳性血型的人约占 85%，其中在欧美白种人中，Rh 阴性血型人约占 15%。

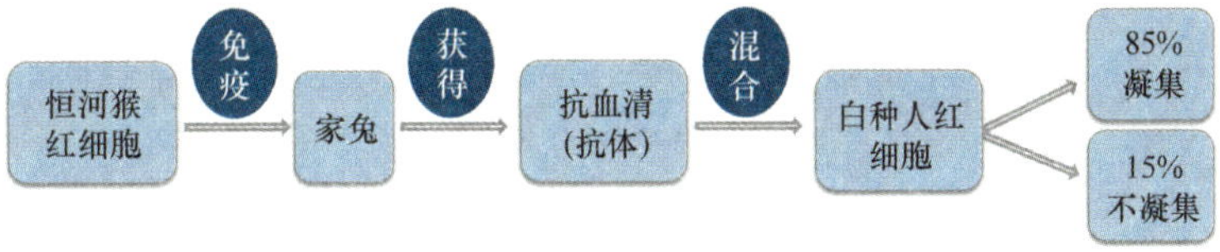

图 14-4　Rh 血型的发现

1. Rh 血型系统的抗原　Rh 抗原是一个复合体，如图 14-5 所示，Rh 复合体（Rh complex）包括 Rh 蛋白和 Rh 辅助蛋白（Rh auxilin）。Rh 蛋白是四聚体，由 2 个 RhAG 和 2 个 RhCcEe 或 RhD 亚基组成。RhD 蛋白带有 D 抗原，RhCcEe 蛋白同时带有 C 或 c 抗原以及 E 或 e 抗原，即 Cc 和 Ee 抗原是同一个蛋白所表现的两种抗原决定簇。从结构上来说，C、c、E、e 抗原都是一条跨膜 12 次的肽链，由于某些位点氨基酸的变化而表达出不同的抗原表位（但不含 D 抗原表位），因而可被不同的抗体所识别。与 ABO 血型分子不同，这些蛋白无任何糖基侧链。在 D、C、c、E 和 e 五种抗原中，D 的抗原性最强，把红细胞表面含有 D 抗原的个体称为 Rh 阳性，红细胞表面不含 D 抗原的个体称为 Rh 阴性。Rh 辅助蛋白是指一组与 Rh 蛋白相关的蛋白质，包括细胞间黏附因子（intercellular adhesion molecule，ICAM-4）、整合素相关蛋白（integrin-associated protein，IAP）、血型糖蛋白 B（glycophorin，GPB）和 Fy 血型糖蛋白等。

2. Rh 血型系统的遗传基础　Rh 抗原中的 RhCcEe 亚基由 *RHCE* 基因编码，RhD 亚基由 *RHD* 基因编码，这两个基因紧密连锁，位于 1p36.11；RhAG 亚基由 *RHAG* 基因编码，该基因位于 6p12.3（图 14-5）。如果 *RHD* 基因突变或缺失，红细胞表面就没有 D 抗原，为 Rh 阴性个体。

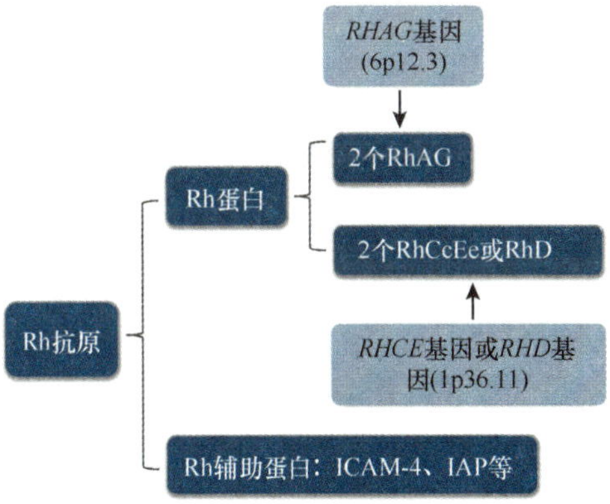

图 14-5　Rh 抗原示意图

二、新生儿溶血症

新生儿溶血症（hemolytic disease of newborn，HDN）是由胎儿与母亲红细胞抗原不相容引起的胎儿或新生儿免疫性溶血症（图 14-6）。在妊娠 2 个月时，5%～10%孕妇的外周血中可以找到胎儿红细胞；妊娠 7～9 个月时，10%～20%孕妇的外周血中可以找到胎儿红细胞，其数量在 0.1～30ml 不等。进入母体的胎儿有核红细胞如果与母亲红细胞表面的抗原不同，则引起免疫应答反应，使母体产生 IgG 型抗体。IgG 型抗体分子量小，可通过胎盘屏障进入胎儿血液循环，与胎儿的红细胞结合，使胎儿红细胞遭到大量破坏，引起胎儿或新生儿的免疫性溶血。新生儿溶血症的症状大多数比较轻，患儿出生时无明显贫血，几天后出现贫血和黄疸。少数病例可导致早产、流产，严重的甚至出现死胎；或出生后即表现出贫血、水肿、肝脾大、腹水、心脏扩大，死亡率较高，幸存者常有神经系统发育障碍和运动障碍。ABO 血型系统的天然抗体不会引起胎儿或新生儿溶血，因为它们属于 IgM，分子量大，不能通过胎盘屏障。

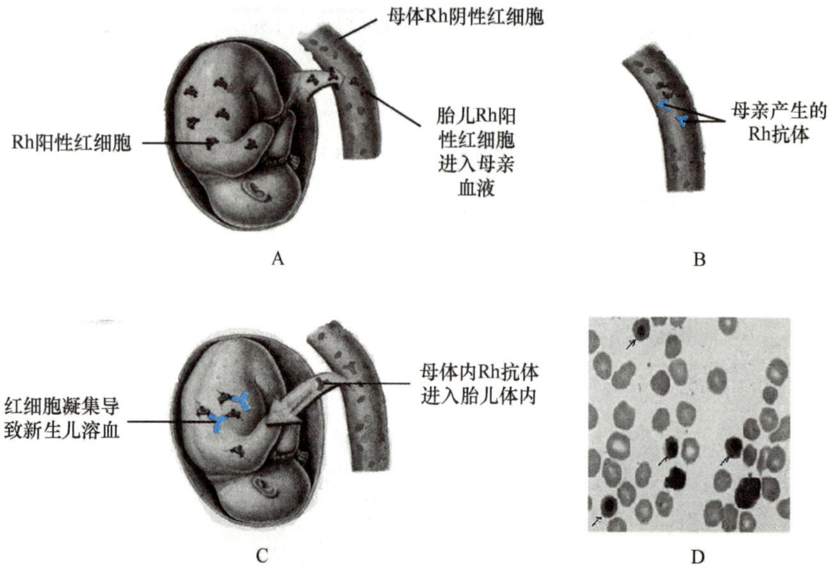

图 14-6 新生儿溶血症发生原理

A. 胎儿 Rh 阳性有核红细胞进入母体；B. Rh 阳性红细胞引起母体免疫应答；C. Rh 抗体进入胎儿体内发生红细胞凝集；D. 胎儿体内的有核红细胞（箭头示有核红细胞）

ABO 血型不相容所致的新生儿溶血症最为常见，约占 85%；其次为 Rh 血型系统不相容所致，约占 14.5%，其他血型系统所致的则极少。

（一）ABO 血型不相容引起的新生儿溶血症

理论上，任何母婴 ABO 血型不相容均可引起溶血，但实际上，ABO 血型不相容所致新生儿溶血症好发于 O 型血母亲所生的 A 型血婴儿，B 型血婴儿次之。好发于 A 型血婴儿，是由于 A 抗原的抗原性大于 B 抗原；好发于 O 型血母亲，是因为具有 IgG 型抗 A 和抗 B 抗体的 O 型血母亲比 A 型血或 B 型血母亲明显为多，而且抗体平均效价也较高。ABO 血型不相容引起的新生儿溶血症一般病情较轻，往往不需要治疗。

（二）Rh 血型不相容引起的新生儿溶血症

Rh 血型不相容引起的新生儿溶血症（hemolytic disease of fetus and newborn，RH-induced，HDFNRH，OMIM #619462），是由妊娠 RhD 阳性胎儿的母亲的 *RHD* 基因缺失或失活所导致，多发于 Rh 阴性的母亲妊娠 Rh 阳性的胎儿时。由于我国 Rh 阴性个体很少，所以此病发病率并不高，但病症较 ABO 血型不相容所致的新生儿溶血重，母体自身抗体穿过胎盘并破坏胎儿红细胞，常致胎儿宫内死亡或新生儿黄疸。Rh 血型不相容所致的新生儿溶血症很少发生于第一胎，因为进入母体的胎儿细胞数量少，产生的抗 D 抗体效价低，一般对胎儿无明显影响。在第一次分娩时或自然流产、人工流产、剖宫产时，由于胎盘损伤、渗血，可有一定数量的胎儿细胞进入母体，使其致敏。如再次妊娠 Rh 阳性的胎儿，虽然再次进入母体的胎儿细胞数量不多，但由于是“再次免疫”，母亲的抗 D 效价很快升高，并且通过胎盘进入胎儿血液循环，造成胎儿或新生儿溶血。故 Rh 阴性的母亲妊娠次数越多，抗 D 效价越高，胎儿或新生儿患病的机会就越大，病情也越严重。

有两种情况都可能导致第一胎发生 Rh 血型不相容所致的新生儿溶血症：①孕妇妊娠第一胎前输过 Rh 阳性血液；②当年孕妇本人出生时，携带有其母亲 Rh 阳性血液，已经致敏。Rh 血型不相容所致的新生儿溶血症的再发风险取决于胎儿父亲是否为 Rh 阳性纯合子，如是纯合子则以后每胎都不能幸免；如是杂合子则有 1/2 再发风险。

鉴于 Rh 血型不相容所致的新生儿溶血症的病症较重，为了避免其发生，可以采取两次注射抗 D 血清：第一次在第一胎出生后 72 小时内给母体注射抗 D 血清，第二次于再次妊娠到 29 周时，给孕妇注射抗 D 血清。通过两次注射，可以有效地防止 Rh 血型不相容所致的新生儿溶血症发生。对各种原因流产、异位妊娠以及输过 Rh 阳性血液的 Rh 阴性生育期妇女，也应该注射抗 D 血清制剂，防止 Rh 血型不相容引起的新生儿溶血症发生。

第二节　白细胞抗原遗传

在组织或器官移植中，供者与受者之间是否相容，由其组织特异性决定。代表个体组织特异性的组织抗原称主要组织相容性抗原（major histocompatibility antigen，MHA）。编码这类抗原的基因群称为主要组织相容性复合体（major histocompatibility complex，MHC），在人类称为人类白细胞抗原（human leucocyte antigen，HLA）复合体，或称 HLA 系统。HLA 系统是迄今已知基因中等位基因多态性最高的基因复合体，其多态性与疾病的遗传易感性有明显关系。该领域的研究发展十分迅速，为许多疾病特别是自身免疫性疾病、肿瘤、感染性疾病的预防、诊断和治疗提供帮助。

一、HLA 系统的结构和组成

HLA 系统基因定位于 6p21.3，全长 3600kb，已经确定的基因座有 224 个，其中 128 个为功能基因，具有表达产物。共分三个基因区：Ⅰ类、Ⅱ类和Ⅲ类，其排列顺序见图 14-7。

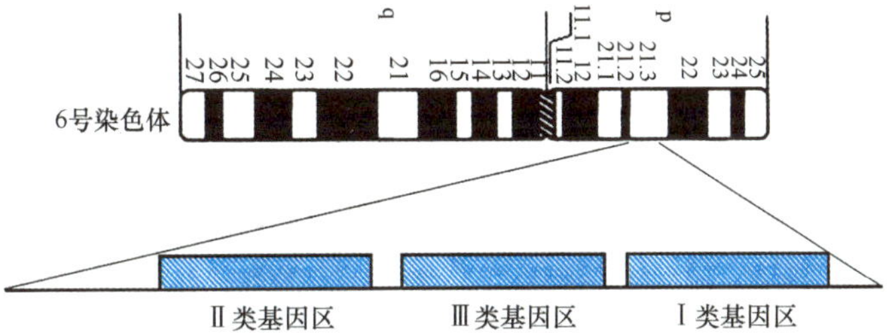

图 14-7　HLA 系统染色体定位和排列顺序

（一）HLA-Ⅰ类基因区

Ⅰ类基因区包括 *HLA-A*、*HLA-B*、*HLA-C*、*HLA-E*、*HLA-F* 和 *HLA-G* 等功能基因。其中，*HLA-A*、*HLA-B* 和 *HLA-C* 是三个发现最早的基因座，他们均编码抗原分子的重链（α 链），并且这三类基因的产物广泛分布于有核细胞表面，其主要功能是把经过处理的内源性抗原肽提呈给 $CD8^+$ T 细胞。而 *HLA-E*、*HLA-F* 和 *HLA-G* 的分布相对比较局限。HLA-E 分子是 NK 细胞抑制性受体 CD94/NKG2 的特异性配体；HLA-G 仅在与母体组织直接接触的胎儿滋养层细胞上表达。

此外，在Ⅰ类基因区还有 *MIC* 基因，它包括 *MIC-A*、*MIC-B*、*MIC-C*、*MIC-D* 和 *MIC-E*。*MIC-A* 与 *MIC-B* 为功能基因，其他为假基因。除此之外，Ⅰ类基因区还包括其他假基因，如 *HLA-L*、*HLA-H*、*HLA-J* 和 *HLA-X* 等，这些基因均因突变而无表达产物。以上不论是功能基因还是假基因，它们并非集中排列，而是相互交织排列在该区中（图 14-8）。

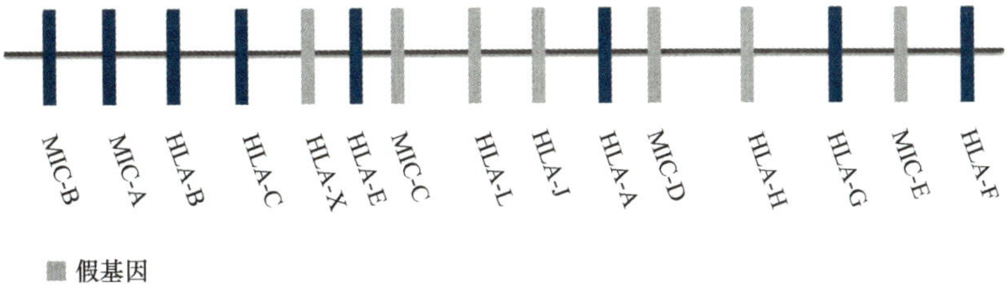

图 14-8　HLA-Ⅰ类基因区各基因排列

（二）HLA-Ⅱ类基因区

HLA-Ⅱ类基因区，又称 D 区，由 *DR*、*DQ*、*DP*、*DM*、*TA*、*LM* 和 *DO* 等亚区组成。其中 *DR* 亚区、*DQ* 亚区、*DM* 亚区和 *DP* 亚区的基因呈集中排列，主要表达于巨噬细胞和 B 淋巴细胞等抗原递呈细胞表面，将经过加工处理的外源性抗原肽递呈给 $CD4^+$ T 细胞，引起免疫应答。*DR* 亚区含 *DRA* 和 *DRB*，而 *DRB* 又可细分成 *DRB1*～*DRB9*。已知的 *DRB1* 等位基因数达 2103 个，是Ⅱ类区域中多态性最丰富的基因。*DQ*

亚区含 *DQA1*、*DQB1*、*DQA2*、*DQB2* 和 *DQB3*，其中 *DQA1* 和 *DQB1* 是功能基因，共同编码 *DQ* 分子。*DP* 亚区含 *DPA1*、*DPB1*、*DPA2* 和 *DPB2*，其中 *DPA1* 和 *DPB1* 是功能基因。*DM* 由两个基因组成，*DMA* 和 *DMB*，集中排列。其他亚区的基因则交错排列（图 14-9）。

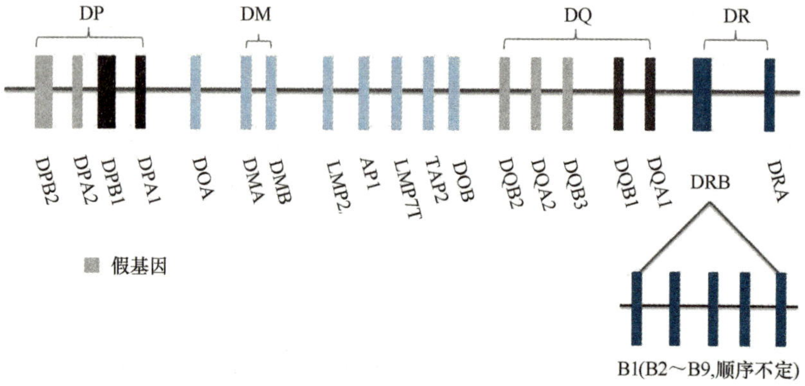

图 14-9　HLA-Ⅱ类基因区各基因排列

（三）HLA-Ⅲ类基因区

HLA-Ⅲ类基因区由多种类型的基因组成，是人类基因组中基因密度最大的区域（图 14-10）。在 HLA-Ⅲ类基因区中，*C2*、*Bf* 和 *C4* 为补体基因，*C4* 基因中的 *C4A* 和 *C4B* 具有高度同源性。*C4* 基因具有高频无效等位基因，高频不表达可能与自身免疫性疾病的易感性有关。*CYP21* 为 21-羟化酶基因，由 *CYP21A* 和 *CYP21B* 组成。*CYP21A* 是假基因，*CYP21B* 编码肾上腺 21-羟化酶。*HSP70* 编码 70kDa 热休克蛋白，*TNF* 编码肿瘤坏死因子（tumor necrosis factor，TNF），*LTA* 编码淋巴毒素 α；*LTB* 编码淋巴毒素 β。

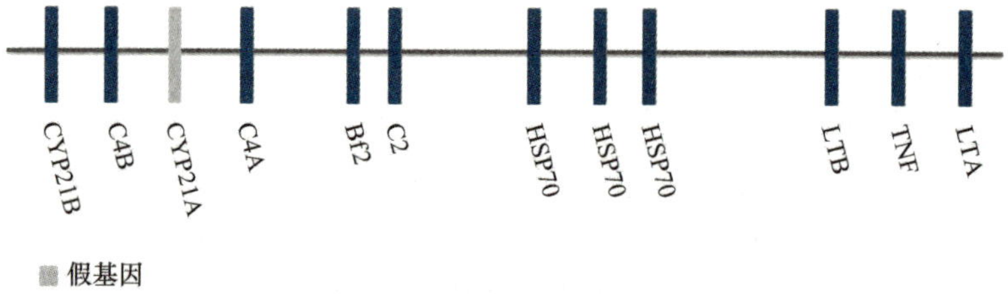

图 14-10　HLA-Ⅲ类基因区各基因排列

二、HLA 抗原与器官移植

器官移植（organ transplantation）是将健康的器官移植到另一人体内使之迅速恢复功能的手术，目的是代偿受者相应器官因致命性疾病而丧失的功能。器官移植所面临的最大难题之一是排斥反应，当供体和受体之间存在抗原差异时，受体的免疫系统就能够识别异己而引发强弱不等的排斥，称为组织不相容性（histoincompatibility）。在排斥反应中，参与排斥反应的抗原有 20 多种，其中 HLA 系统起着最重要的作用。由于 HLA 的等位基因多态性极高，所以在人群中找到 HLA 基因型完全相同个体的概率非常低。因此，在进行器官移植前，必须进行严格的组织配型，使受体和供体之间的 HLA 尽可能地相近，最大限度地减少排斥反应。

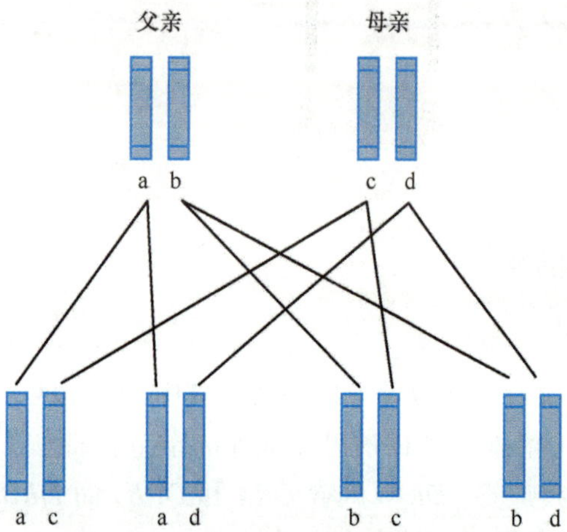

图 14-11　HLA 单倍型遗传示意图

同一条染色体上连锁基因群的构成称为单倍型（haplotype）。HLA 基因的紧密连锁性，使得父母双方每个 HLA 单倍型能够完整地遗传给子代。如果以 ab 代表父亲的两个单倍型，cd 代表母亲的两个单倍型，那么子代就可能有 ac、ad、bc、bd 四种单倍型，每种单倍型的概率各为 1/4（图 14-11）。因此，同胞之间的 HLA 单倍型存在三种情况：完全相同、半相同和完全不同。其中 HLA 完全相同的概率为 1/4，完全不同的概率也为 1/4，半相同的概率为 1/2。当然，前提条件是 a、b、c、d 4 种单倍型中的基因完全不相同，如果父母单倍型中有部分相同的 HLA 基因，上述的 1/2、1/4 数字就应修订。以上分析为寻找 HLA 相同个体提供了范围，首先选同卵双生子，理论上同卵双生子的 HLA 完全相同，移植成功率为 100%；其次在同胞中寻找 1/2 相同者，或取自其父母，因为亲子之间 HLA 肯定为 1/2 相同。由于在遗传过程中是以单倍型为单位的，所以在实践中只需检测到数个基因相同，即可认定单倍型相同。这一点与非血缘关系的供体不同。

三、HLA 与疾病的关联

通过比较患者群体与正常人群体某些特定等位基因的频率及其产物，来判断特定基因座与某疾病表型是否关联，这样的分析称关联研究（association study）。关联程度用相对风险率（relative risk，RR）表示，相对风险率高则关联程度高。相对风险率用 Woolf 公式计算，RR=（$P^{+}\times C^{-}$）/（$P^{-}\times C^{+}$），其中“P”是疾病组人数，“C”是对照组人数，“+”表示具有某等位基因，而“–”表示无某等位基因。

HLA 系统是第一个被发现与疾病有明确关联的遗传系统。自 20 世纪 60 年代后期以来，开展了大量研究工作，对 500 多种疾病进行了分析，已发现有 60 多种疾病与 HLA 系统有关联，表 14-2 列举了一些与 HLA 关联的疾病。如强直性脊柱炎（ankylosing spondylitis，AS；OMIM #106300），研究发现人类白细胞表面抗原 B27（human leukocyte antigen-B27，HLA-B27）相对风险率高达 171%，成为备受关注的一个指标；类风湿关节炎（rheumatoid arthritis，RA；OMIM #180300）易感性与编码 DR4 的基因相关。

表 14-2 HLA 与某些疾病的关联

疾病	HLA 分子	患者组频率（%）	对照组频率（%）	相对风险率（%）
强直性脊柱炎	B27	90	5	171
Reiter 病	B27	>85	9	>40
急性前葡萄膜炎	B27	68	9	>20
亚急性甲状腺炎	B35	70	14	14
银屑病	CW6	87	33	7
发作性睡病	DQ6	>95	33	>38
突眼性甲状腺肿	DR3	65	27	4
重症肌无力	DR3	50	27	2
艾迪生（Addison）病	DR3	69	27	5
类风湿关节炎	DR4	81	33	9
乳糜泻	DQ2	99	28	>250
多发性硬化	DR2，DQ6	86	33	12
1 型糖尿病	DQ8	81	23	14
	DQ6	<1	33	0.02

随着研究的深入，对 HLA 复合体与疾病的关联研究已从单一基因扩展到整个 HLA 复合体中的多个基因。例如，北美白种人 DR4 和 B62 抗原携带者患类风湿关节炎的 RR 值分别为 5.0 和 2.5，而 B62-Bf-C4A-C4B-DR4 携带者的 RR 值为 16.1，大大高于 DR4 和 B62 的 RR 值之和。由此可见，对于某些疾病的易感基因不仅仅局限在单一基因，而可能是多个基因座等位基因组成的基因群，因此联合研究可能会在寻找疾病易感基因中提供更有价值的信息。

HLA 与疾病关联的机制目前还不清楚，可能的机制如分子模拟学说，该学说认为 HLA 分子可能与某种病原体分子结构上有相似之处，使机体不能对病原体产生有效的免疫应答，或者在对病原体的免疫应答中同时损害了机体自身。如强直性脊柱炎患者细胞表面 B27 抗原与肺炎菌的成分有一段共同的氨基酸序列。还有受体学说，该学说认为 HLA 抗原可能作为病原体的受体，两者结合导致机体损伤；或者与膜受体相似而竞争性结合激素。除此之外还有连锁不平衡学说、自身抗原提呈学说和免疫耐受学说等。随着研究的深入，HLA 与疾病关联的具体机制可能会越来越明确。

第三节 抗体遗传

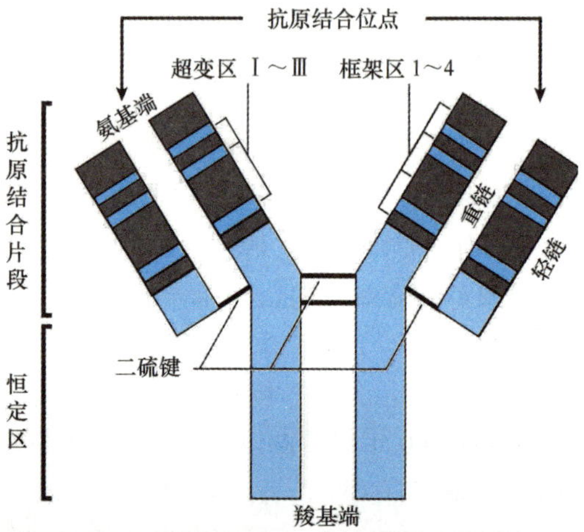

图 14-12 免疫球蛋白分子结构模型图

一、抗体分子组成

抗体（antibody，Ab）即免疫球蛋白（immunoglobulin，Ig），由两条轻链（light chain，L）和两条重链（heavy chain，H）组成，两者分别含约 220 个和 440 个氨基酸残基。

免疫球蛋白分子的氨基端在序列上变化很大，而羧基端相对恒定，分别称为可变区（variable region，V）和恒定区（constant region，C）（图 14-12）。不同免疫球蛋白分子的可变区具有四个差异很小的区域，称为框架区（framework region，FR），四个框架区之间由 3 个变化极大的区域隔开，这三个区称为超变区（hypervariable region，HVR）。

根据重链恒定区内氨基酸组成以及排列顺序的不同，可将重链分为五种类型：γ、μ、α、δ 和 ε；分别对应五类主要的抗体：IgG、IgM、IgA、IgD 和 IgE（表 14-3）。轻链分为 κ 链和 λ 链 2 种类型，它们出现在所有五类抗体中，每个 Ig 分子上只有一种类型的轻链。

表 14-3 人类免疫球蛋白的类型

类型	分子量（Da）	血清浓度（mg/mL）	抗体活性	能否通过胎盘传递
IgG	150 000	8～16	与微生物结合并中和细菌毒素	能
IgM	900 000	0.5～2	产生于早期免疫反应，尤其是菌血症中	否
IgA	160 000	1.4～4	保护黏膜表面	否
IgD	185 000	0～0.4	在淋巴细胞表面，参与控制激活和抑制	否
IgE	200 000	微量	在寄生虫感染和过敏反应中	否

二、抗体的遗传学基础

自 20 世纪 50 年代末 Burner 提出“克隆选择”学说后，人们才明白抗体多样性的细胞基础，在细胞水平上回答了这一问题。按照这一学说，每一个浆细胞只能产生一种或少数几种抗体，一个个体无数的浆细胞合在一起就可产生出无数种类的抗体分子。

免疫球蛋白分子的重链和轻链都由若干被隔开的基因片段编码。在淋巴细胞分化为浆细胞的过程中，胚系 DNA 中数个分隔开的 DNA 片段经过重组，形成编码一条 Ig 多肽链的基因。

人类 Ig 的 κ 和 λ 轻链基因座分别位于 2p11.2 和 22q11.22，都包括 L、V、J 和 C 四类基因片段。κ 和 λ 轻链的 L 基因片段都只有 1 种，但是 V、J 和 C 四类基因片段所包含基因种类却不同。Vκ 基因片段有 40 种，Jκ 基因片段有 5 种，Cκ 基因片段只有 1 种。$V_λ$ 基因片段有 30 种，$J_λ$ 基因片段有 4 种，$C_λ$ 基因片段有 7 种（图 14-13）。重排时，V/J 接头有灵活性，估计有 10 种可能性。原始转录产物再经过加工拼接，才成

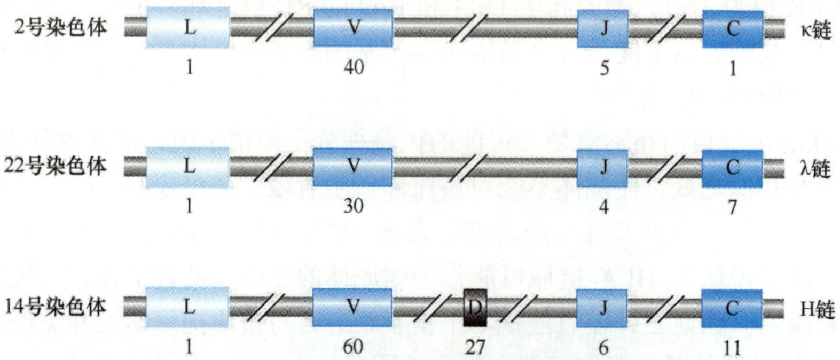

图 14-13 编码 κ、λ 和 H 链的基因片段数量

为连续的 L-V-J-C mRNA。L 基因片段编码信号肽，在翻译后被切去；V 和 J 基因片段编码可变区；C 基因片段编码恒定区。重排时的不同组合以及 V/J 接头的灵活性可产生多种轻链基因。以 κ 链为例，理论上可产生约 2 000 种（1×40×5×1×10）轻链基因，从而合成相应数量的 κ 轻链（图 14-14）。

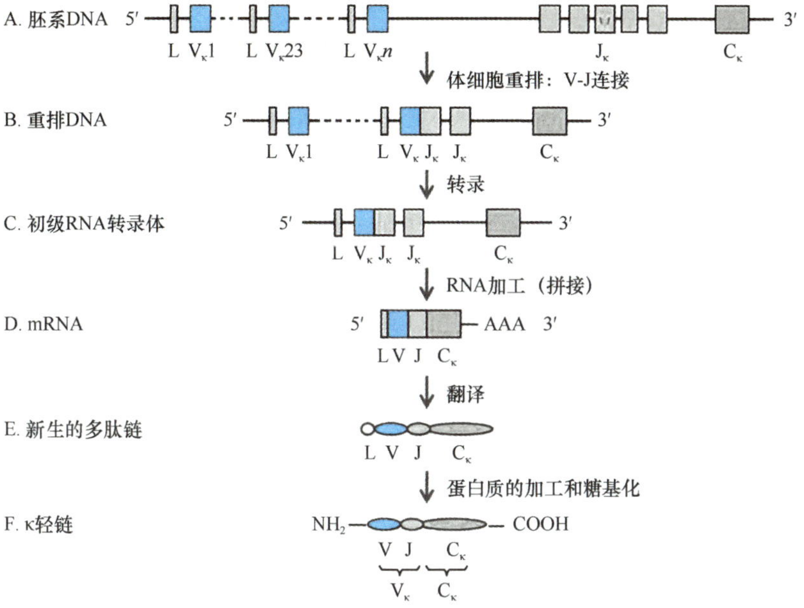

图 14-14　轻链基因重排及基因表达

人类 Ig 重链基因座位于 14q32.33，包括 L、V、D、J 和 C 五种基因片段。L 基因片段只有 1 种；V_H 基因片段有 65 种；D_H 基因片段有 27 种；J_H 基因片段有 9 种，其中有功能的只有 6 种。有功能的 C_H 基因片段是 11 种，决定免疫球蛋白的类别，即 IgM、IgD、IgG3、IgG1、IgG2b、IgG2a、IgE 或 IgA，它们针对同一种抗原决定簇而有同样的可变区（图 14-13）。重排时，V/D 和 D/J 接头估计各有 10 种可能性。重排时的不同组合以及 V/D 和 D/J 接头的灵活性，可产生多种重链基因。以 IgM 为例，通过重排和接头的灵活性，理论上可产生 972 000 种（1×60×27×6×10×10）重链基因，从而合成相应数量的重链（图 14-15）。此外，在基因组中重链基因簇所在区域还包含大量未表达的 DNA 序列或假基因。

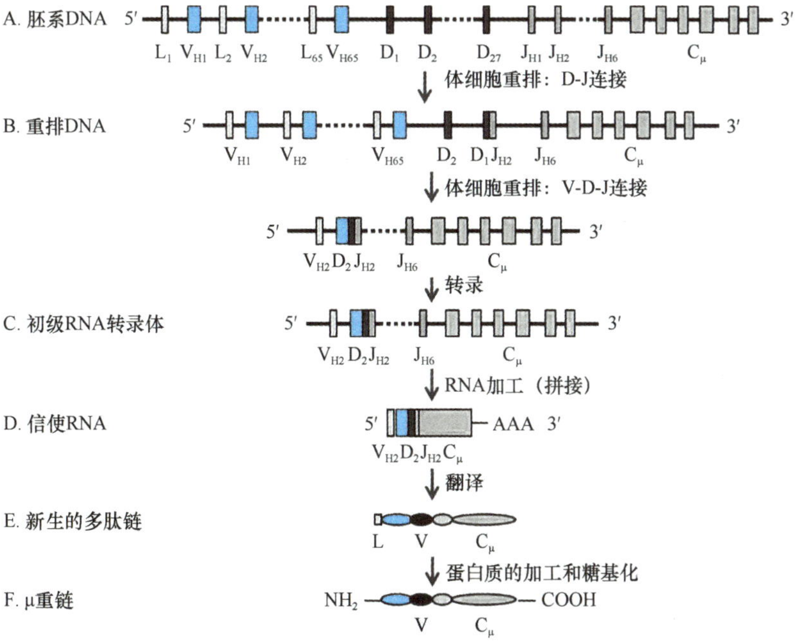

图 14-15　重链基因重排及基因表达

三、抗体免疫缺陷病

抗体免疫缺陷病是由于免疫系统的免疫器官或免疫活性细胞存在缺陷而致抗体生成及抗体功能缺陷，导致机体防御能力普遍或部分下降的一组临床综合征。抗体免疫缺陷病包括一组疾病，特征为抗体生成及抗体功能缺陷，一般均有血清免疫球蛋白的减少或缺乏。

（一）遗传性无丙种球蛋白血症

1952 年，Bruton 报道了第 1 例无丙种球蛋白血症（agammaglobulinemia，OMIM #300755）。本病表现为 X 连锁隐性遗传，致病基因位于 Xq21.3-q22，编码酪氨酸蛋白激酶。该基因突变，使 B 细胞不能由原 B 或前 B 细胞分化成熟进入外周血，以致外周血中 B 细胞明显降低或缺如，各种免疫球蛋白水平明显降低，导致体液免疫缺陷。该病的临床表现主要是血液循环中缺乏 γ 球蛋白，男性新生儿发病率高于女性新生儿，患儿出生 6 个月后开始出现症状，如反复感染，包括肺炎、支气管炎、脑膜炎、败血症等。由于出生时新生儿体内存留有母亲的 Ig，所以暂时不表现病症。随着年龄增长，母亲的 Ig 日益减少而本身又不能有效地合成新的 Ig，所以到 6 个月时开始出现病症。该病可以通过定期注射丙种球蛋白进行治疗。

（二）IgA 缺陷

IgA 缺陷（immunoglobulin A deficiency 1，IGAD1，OMIM #137100），为常染色体隐性遗传，患病率为 1/800～1/600。大部分患者无明显症状，少部分患者伴有呼吸道、肠胃道、泌尿道的细菌或病毒感染，消化不良，50%患者血清中出现抗食物蛋白抗体，超敏反应也比正常人高。

小　结

免疫遗传学是免疫学与遗传学相互渗透形成的一门边缘学科。它探讨免疫反应的遗传基础和遗传控制，如抗原的遗传控制、抗体的遗传控制、补体的遗传控制、免疫应答的遗传调控等。ABO 血型系统主要由 A、B 和 H 三种抗原决定，编码 ABO 抗原的基因主要有 I^A-I^B-*i*、*H-h* 和 *Se-se*；Rh 血型系统的物质基础为 Rh 抗原，包括 Rh 蛋白和 Rh 辅助蛋白，主要由 *RHCE* 基因、*RHD* 基因和 *RHAG* 基因等编码。如果胎儿与母亲红细胞抗原不相容可能引起新生儿溶血症。人类白细胞抗原（HLA）是人类中最复杂、最富有多态性的遗传系统，包括三个基因区：Ⅰ类基因区、Ⅱ类基因区、Ⅲ类基因区。HLA 与器官移植和疾病相关。抗体多样性是通过编码免疫球蛋白重链和轻链的基因多样性及 DNA 重排实现的。抗体免疫缺陷病是由于免疫系统的免疫器官或免疫活性细胞存在缺陷而致抗体生成及抗体功能缺陷，导致机体防御能力普遍或部分下降的一组临床综合征。

复习思考题

1. 说明 ABO 红细胞遗传系统的组成和 ABO 血型的形成。
2. 为什么两个 O 型血的人婚配，有可能生出 A 型血的子女？
3. 为什么 HLA 在人群中表现出高度多态性？
4. 如何理解抗体多样性的遗传基础？

（刘家宇　修江帆）

第十五章
药物反应与遗传

学习要点

掌握：①药物遗传学和药物基因组学的概念；②药物或毒物代谢和反应过程的遗传调控机制。
熟悉：药物反应的遗传多态性。
了解：药物基因组学的研究内容和应用。

不同群体或群体中不同个体对某些同一药物可能产生不同的反应，这种现象被称为药物反应的个体差异（individual variation）。其中，凡与用药目的无关却为病人带来不适或痛苦的反应统称为药物不良反应（adverse drug reaction）。早在1913年，Hanzlik在其调查的300例服用水杨酸钠的男患者中，发现约有2/3的患者在水杨酸钠摄入总量达6.5～13.0g时出现不良反应，但少数敏感个体在摄入总量仅为3.25g时就有不良反应，相反也有少数耐受个体在摄入总量达到30.0g时才有不良反应，引起不同个体间不良反应的水杨酸钠剂量相差约10倍，表明不同个体间引起药物不良反应的剂量差别很大，相似的情形临床上随处可见。多数的不良反应是药物的固有反应，在一般情况下是可以预知的，但少数或极少数病人对某些药物反应特别敏感，表现为特异质反应（idiosyncrasy reaction），即使很少剂量也会发生，这通常是有害甚至是致命的。因此在临床用药中，弄清导致药物反应个体差异的原因，掌握合理用药的个体化原则，减少不良药物反应极其重要。

药物反应个体差异的产生主要取决于个体的遗传背景。1959年，Vogel率先将药理学和遗传学结合，提出了药物遗传学（pharmacogenetics）一词，主要从单基因的角度研究遗传因素对药物反应的控制机制，特别是不良药物反应产生的遗传和分子基础。20世纪90年代，随着人类基因组计划的启动和实施，大批人类基因被发现，药物遗传学得到了迅速的发展，研究内容从单基因角度拓展到从基因组水平整体分析药物与遗传之间的关系，这使得药物基因组学（pharmacogenomics）的概念在1997年应运而生。它从基因组整体水平研究遗传因素对药物反应的影响，旨在利用药物基因组学的知识，探讨用药个性化，并且根据不同人群及不同个体的遗传特征设计和制造新药，最终达到临床上个体化安全用药的目标。

第一节　药物反应的遗传基础

一方面，药物通过与体内特异受体结合或者其他途径发挥它的药理作用；另一方面，药物必须在作用部位达到一定的浓度时才能发挥药理作用并产生相应的效应。而药物在作用部位的浓度又因药物的吸收、分布、代谢和排泄的影响而不断变化。因此，药物在体内的作用取决于药物的吸收、药物在器官间的分布、药物与细胞受体的相互作用，以及药物的代谢和排泄（图15-1）。而这些过程均需要诸多蛋白质的参与，

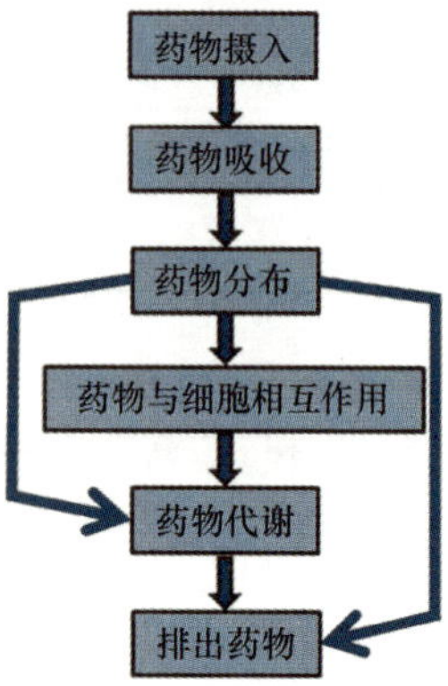

图 15-1 药物代谢过程

如药物代谢酶、药物转运蛋白和受体等。这些蛋白质的合成都受基因控制，编码这些蛋白的基因变异和缺陷就有可能使药物代谢酶、药物转运蛋白和受体的氨基酸序列改变和功能改变，进而导致相关的药物反应过程发生改变。因此个体对药物的反应不仅受内、外环境因素的影响，还受遗传因素的控制。

基因变异与缺陷将从以下几个途径改变药物的作用：

1. 吸收　药物自给药部位进入血液循环的过程称为吸收。有些药物吸收需借助膜蛋白的转运，如果膜蛋白异常就会影响药物的吸收。

2. 分布　药物分布是指药物吸收后从血液循环到达机体各个部位和组织的过程，受很多因素影响，包括与血浆和组织蛋白的结合能力、药物转运体的数量和功能状态等。如果参与药物分布的蛋白质异常，将影响药物到达作用部位。

3. 作用　药物作用于靶细胞常常要通过受体，药物与靶细胞膜上相应受体结合，引起靶细胞功能或行为的改变，产生药物作用。受体是大多数药物的作用靶点，受体异常使药物与靶细胞不能发生正常的药物反应。

4. 代谢　药物通过酶促反应发生化学结构的改变，称为药物的转化或生物转化，又称为药物代谢。代谢是药物在体内清除的重要途径之一，经过代谢后，它的作用一般降低或完全消失。参与药物代谢的酶如果异常，将影响药物的生物转化。酶的活性降低，导致药物或中间代谢产物蓄积，损害正常的生理功能；反之酶活性升高，药物降解速度过快，则达不到有效浓度。如药物乙酰化作用的快慢，直接影响其疗效和副作用。

一、药物代谢的遗传控制类型

遗传因素对药物代谢及其效应的控制主要分为两类。一类是受多基因协同控制，人群中不同个体对这些药物反应的变异是连续分布的，只有一个峰，形成连续的正态分布曲线，很难分析其遗传机制（图 15-2A）。另一类则是受单基因控制，对药物反应的变异在一个群体中的分布是不连续的，表现为双峰或者三峰曲线。假设某种药物的代谢受一个显性基因（*R*）控制，其相应的等位基因 *r* 为隐性基因，则群体中有 *RR*、*Rr* 和 *rr* 三种基因型，其中隐性纯合子 *rr* 不能代谢该药物。如果纯合子 *RR* 和杂合子 *Rr* 对该药物的代谢能力不能区分，则曲线呈双峰（图 15-2B）。如果该显性基因（*R*）为不完全显性，即 *RR* 个体表现为对该药物的强代谢能力，而杂合子 *Rr* 表现为中等程度的代谢能力，人群可明确区分为 *RR*、*Rr* 和 *rr* 三种类型个体，曲线呈三峰（图 15-2C）。单基因控制的药物代谢和效应相对易于阐明，机制也较为清楚。

但实际上，一个药物在机体内产生药理作用的总效应大多是由多基因控制的，决定药物转运蛋白、药物代谢酶和受体的基因都会对最终的药物效应产生影响，所以药物反应的个体和群体差异十分复杂，表现为药物反应的遗传多样性。

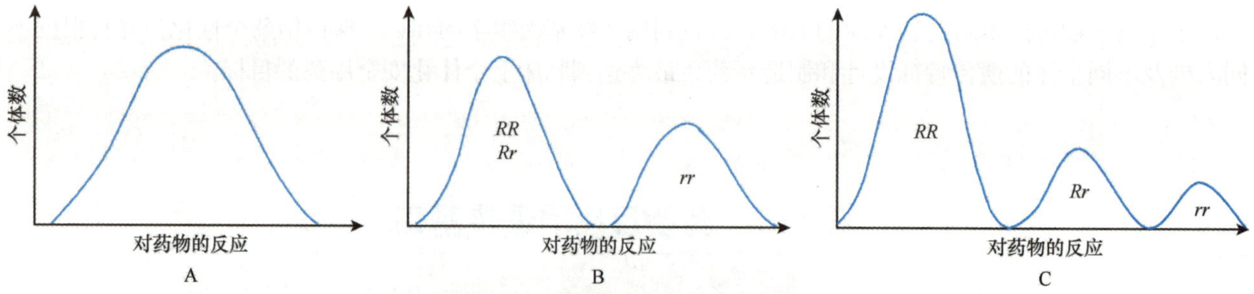

图 15-2 对药物反应的变异分布图

A. 连续变异；B. 双峰的不连续变异；C. 三峰的不连续变异

二、药物异常反应的遗传基础

从 20 世纪 50 年代开始，人们开始慢慢认识和发现一些药物异常反应的遗传基础，随着研究的深入，这方面的认知越来越多，越来越深入。这里着重介绍几种药物异常反应的遗传基础。

（一）异烟肼代谢

异烟肼（isoniazid）是异烟酸的酰肼，是各种类型结核病的首选药物，对结核杆菌具有很强的选择抑制和杀灭作用。异烟肼口服或注射均易吸收，口服 1～2 小时后血浆浓度可达高峰，大部分在肝脏内被 *N*-乙酰基转移酶（*N*-acetyltransferase，NAT）经乙酰化后转化为无效的乙酰化异烟肼（图 15-3）后灭活，少部分以原药形式从尿中排出。不同个体对异烟肼代谢的速度相差很大，将口服标准剂量异烟肼后，血中异烟肼半衰期为 45～80 分钟的个体称为快灭活者（rapid inactivator），而半衰期为 2～4.5 小时的个体称为慢灭活者（slow inactivator）。异烟肼灭活的快慢与 *N*-乙酰基转移酶活性相关。

图 15-3　异烟肼的乙酰化

N-乙酰基转移酶是一种参与乙酰化反应的代谢酶。1990 年，Blum 等利用兔 *N*-乙酰基转移酶 cDNA 克隆出人白细胞的 *N*-乙酰基转移酶基因：*NAT1*（OMIM *108345）、*NAT2*（OMIM *612182）和 *NATP*（假基因），并将 *NAT* 基因簇定位于人染色体 8p21.1-p23.1。*NAT1* 和 *NAT2* 基因均有编码功能且高度同源（87%），分别编码分子量为 33kDa 的 NAT1 和 31kDa 的 NAT2。*NAT1* 基因在人体大多数组织表达，尤其是红细胞和淋巴细胞，编码的 NAT1 参与对氨基水杨酸和氨基苯甲酸等芳基胺类药物的乙酰化代谢；而 *NAT2* 基因仅在肝脏和肠道表达，编码的 NAT2 参与多种临床常见药物的乙酰化代谢，如异烟肼、肼屈嗪、普鲁卡因胺、咖啡因和磺胺类药物等。*NAT2* 的基因多态性在药物代谢中具有更为重要的意义。

野生型 *NAT2* 等位基因被命名为 *NAT2*4*，已发现它主要存在 7 个点突变：c.191G＞A、c.282C＞T、c.341T＞C、c.481C＞T、c.590G＞A、c.803A＞G 和 c.857G＞A。而这些点突变的不同组合构成多种不同的 *NAT2* 突变等位基因，其中常见的 8 种慢灭活型（也称慢乙酰化代谢型）突变有 *NAT2*5A*、*NAT2*5B*、*NAT2*5C*、*NAT2*6A*、*NAT2*6B*、*NAT2*7B*、*NAT2*13*、*NAT2*14A*，占已发现突变等位基因的 98%。各种突变组合导致 *N*-乙酰基转移酶不稳定，活性降低，乙酰化过程受阻，使异烟肼的代谢减慢，成为慢灭活者。而野生型 *NAT2* 等位基因的纯合子和杂合子则成为快灭活者。异烟肼慢灭活型的发生率表现出明显的种族差异，埃及人中高达 83%的个体为慢灭活者，白种人中慢灭活者占 40%～70%，泰国人中占 31.2%，菲律宾人中占 25%，朝鲜人中占 10.8%，日本人中占 11.5%，中国人中占 15%～20%，加拿大因纽特人中最少，慢灭活者仅占 5%。

异烟肼乙酰化速度对治疗效果和不良反应均有影响。若每日给药则慢灭活型的不良反应相对较重；若采用间歇给药，则快灭活型（也称快乙酰化代谢型）疗效相对较差，故临床上应根据患者的代谢类型确定给药方案。

使用异烟肼常见的副反应为多发性周围神经炎，表现为手脚麻木、肌肉震颤和步态不稳等，大剂量可出现头痛、头晕、兴奋和视神经炎，严重时可导致中毒性脑病和精神病。出现这类不良反应的原因是异烟肼和体内的维生素 B_6 发生化学反应生成异烟腙，导致维生素 B_6 缺乏，进而使神经递质 γ-氨基丁酸减少，使中枢神经系统过度兴奋。长期使用异烟肼后，慢灭活型中约 80%的个体可发生多发性神经炎，而快灭活型中仅约 20%的个体发生多发性神经炎。慢灭活者更应注意及时补充维生素 B_6，用于预防多发性神经炎的发生。

异烟肼的另一不良反应是损伤肝细胞，使转氨酶升高，少数患者可出现黄疸，严重时出现肝小叶坏死。1976 年，Mitchell 等发现异烟肼在肝内乙酰化后进一步水解为异烟酸和乙酰肼，后者在肝脏又形成强的酰化剂进而导致肝组织坏死。快灭活型肝内有较多的乙酰异烟肼，从而产生较多的乙酰肼导致异烟肼肝炎。异烟肼肝炎患者约 86%是快灭活型。但近期研究发现慢灭活者更容易发生肝损伤，故使用异烟肼时应注意定期检查肝功能，或者慎用异烟肼。

除异烟肼外，NAT2 参与代谢的其他药物（如肼屈嗪、柳氮磺胺吡啶、氨苯砜和普鲁卡因等）也有快灭活和慢灭活两种代谢类型之分，甚至出现中间型代谢者。抗抑郁药物苯乙肼（phenelzine）的分子构型与异烟肼相似，在体内也被乙酰化。但并非所有病人使用苯乙肼都有疗效，可根据病人的异烟肼灭活能力预测哪些病人使用苯乙肼后有疗效。有研究提示异烟肼慢灭活者对苯乙肼的疗效较快失活者为佳，但慢灭活者会有视物模糊等副反应。

（二）葡萄糖-6-磷酸脱氢酶缺乏症

人群中有些个体服用抗疟药伯氨喹的最初几天并无反应，继之则突然出现茶色尿和黄疸，随着红细胞被破坏，红细胞计数和血红蛋白浓度下降，患者往往会逐渐恢复，但偶尔有极少患者由于大量溶血而死亡，原因就是患者缺乏葡萄糖-6-磷酸脱氢酶（glucose-6-phosphate dehydrogenase，G6PD）。

G6PD在红细胞的戊糖旁路代谢中发挥着重要作用。在红细胞中，糖主要是通过无氧酵解转变为乳糖，另外有约10%的糖通过戊糖旁路进行代谢。在戊糖旁路代谢中，G6PD催化葡萄糖-6-磷酸生成6-磷酸葡萄糖酸，脱下来的氢，由辅酶（NADP）传递给氧化性谷胱甘肽（GSSG），使之转变为还原型谷胱甘肽（reduced glutathione，GSH），维持了红细胞中还原型谷胱甘肽的浓度（图15-4）。还原型谷胱甘肽能将红细胞在生物氧化过程中产生的过氧化氢还原为水，保护血红蛋白及红细胞膜上的巯基免受氧化损伤，对于维持红细胞正常形态结构和功能稳定是必需的。

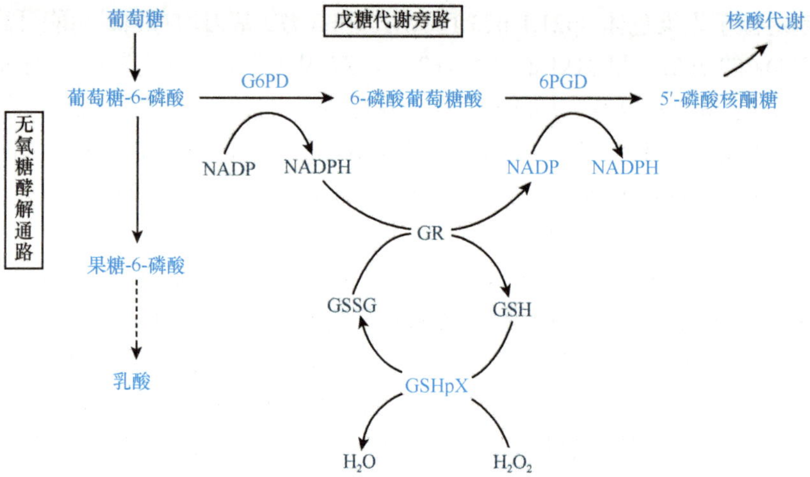

图15-4 红细胞戊糖代谢途径

G6PD：葡萄糖-6-磷酸脱氢酶；6PGD：6-磷酸葡萄糖脱氢酶；GR：谷胱甘肽还原酶；GSHpX：谷胱甘肽过氧化物酶

葡萄糖-6-磷酸脱氢酶缺乏症（glucose-6-phosphate dehydrogenase deficiency，OMIM #300908）是编码G6PD的基因缺陷导致的疾病。当*G6PD*基因（OMIM *305900）缺陷导致机体内G6PD缺乏或活性过低时，NADPH生成不足，红细胞中还原型谷胱甘肽缺乏，致使过氧化氢堆积。过氧化氢能破坏红细胞膜上的巯基，使红细胞破裂；同时，过氧化氢使血红蛋白β链表面第93位半胱氨酸的巯基氧化，进而氧化血红蛋白内部的巯基，使血红蛋白变性并附着于红细胞膜上，在光学显微镜下患者红细胞内可见变性珠蛋白小体（Heinz小体）。含Heinz小体的红细胞变形性较低，不易通过脾、肝窦而遭阻留被破坏，最终引起血管内和血管外溶血。因此，葡萄糖-6-磷酸脱氢酶缺乏症以溶血性贫血为主要临床症状，常常表现为黄疸和血尿。

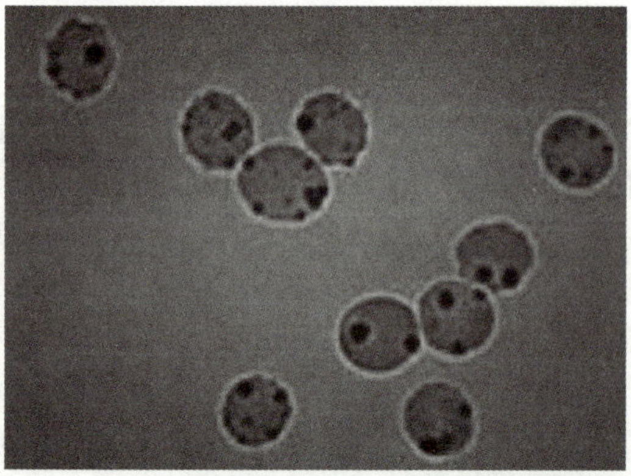

图15-5 葡萄糖-6-磷酸脱氢酶缺乏症红细胞示Heinz小体

葡萄糖-6-磷酸脱氢酶缺乏症患者一般平时无症状，但在一些常见药物、化学制剂及食物（表15-1）的作用下发生溶血性贫血，出现血红蛋白尿、黄疸等急性溶血反应，患者通常会逐渐恢复，但偶尔会大量溶血而致命。由于受累者在进食蚕豆蛋白制品或吸入蚕豆花粉时亦可诱发溶血，故葡萄糖-6-磷酸脱氢酶缺乏症又称为蚕豆病。明确诊断为葡萄糖-6-磷酸脱氢酶缺乏症者，应避免进食蚕豆及其制品，忌服有氧化作用的药品，防治各种感染以预防或减少溶血的发生。因此，葡萄糖-6-磷酸脱氢酶基因突变是一些常见药物、化学制剂及食物引起急性溶血的遗传基础，也是某些新生儿黄疸、感染性溶血（如病毒性肝炎、流感、大叶性肺炎、伤寒和腮腺炎等）发生的遗传背景。另外，一些中药（如川连、牛黄、珍珠粉和番泻叶等）也能诱发葡萄糖-6-磷酸脱氢酶缺乏症患者发生溶血。该病呈世界性分布，但相对集中于非洲、地中海沿岸及东南亚、中美洲等地，我国主要分布在长江流域及其以南各省，尤以广东、广西、贵州、云南、四川等省（区）发生率较高，为5%～20%。

表 15-1　可诱发葡萄糖-6-磷酸脱氢酶缺乏者溶血的药物、化学制剂及食物

分类	化学名称
抗疟药	伯胺喹啉、奎宁、奎尼丁、氯喹等
解热镇痛药	阿司匹林、乙酰苯胺、阿司匹林、安乃近、对乙酰氨基酚、非那西丁、安替比林、氨基比林
呋喃类药物	呋喃妥因、呋喃西林、呋喃唑酮、呋喃他酮、呋喃妥因
磺胺类药物	复方新诺明、磺胺嘧啶、磺胺吡啶、磺胺异噁唑、磺胺甲基吡嗪、磺胺醋酰等
砜类药物	氨苯砜、硫氧二砜
抗痛风药	丙磺舒
降压药	肼屈嗪、甲基多巴
避孕药	炔雌醇甲酯
局麻药	苯佐卡因、利多卡因、普鲁卡因、丙胺卡因
癌症诊断制剂	甲苯胺蓝
其他	萘（樟脑）、氯霉素、维生素K、蚕豆、盐酸小檗碱等

*G6PD*基因定位于Xq28，由13个外显子和12个内含子组成，全长18.5kb，编码515个氨基酸。至今已发现190多种不同的突变，其中绝大多数为点突变。在中国人中检出的*G6PD*基因突变型见表15-2。*G6PD*基因突变所产生的葡萄糖-6-磷酸脱氢酶生化变异型有400多种。

表 15-2　中国人 *G6PD* 基因突变型

类型	碱基突变	氨基酸改变	发生的地区
C1	c.1376G>T	p.Arg459Leu	中国大陆、中国台湾
C2	c.1388G>A	p.Arg463His	中国大陆、中国台湾
C3	c.1311C>T	无	中国大陆、中国台湾
C4	c.392G>T	p.Gly131Val	中国大陆、中国台湾
C5	c.1024C>T	p.Leu341Phe	中国大陆、中国台湾
C6	c.95A>G	p.Arg32His	中国大陆、中国台湾
C7	c.592C>T	p.Arg198Cys	中国大陆、中国台湾
CT2	c.1360C>T	p.Arg454Cys	中国大陆、中国台湾
CT3	c.493A>G	p.Asn165Asp	中国台湾
	c.1004C>A	p.Ala335Asp	中国大陆

葡萄糖-6-磷酸脱氢酶缺乏症属于X连锁不完全显性遗传，男性X染色体带有突变基因即可患病，而女性杂合子的表型变异幅度大，大约仅有1/3的女性杂合子在接触诱发因素时发生显著溶血，故人群中男性患者多于女性患者。根据酶活性缺乏的程度及其相应临床表现，人群中的变异型可分为三种（表15-3）。

表 15-3　葡萄糖-6-磷酸脱氢酶缺乏症变异型

酶活性	临床表现
严重缺乏（<10%）	代偿性慢性溶血
中度缺乏（10%～60%）	食用药物或蚕豆等发生急性溶血反应
轻度降低或正常（60%～100%）	不溶血

（三）琥珀酰胆碱敏感性

琥珀酰胆碱（succinylcholine）又称司可林（scoline），是一种肌肉松弛剂，它作用于神经肌肉接头后膜上的 *N*-胆碱受体，阻断神经肌肉冲动传递到骨骼肌纤维，从而使骨骼肌（包括呼吸肌）松弛，肌张力下降。作为麻醉辅助药，常在手术前使用，以维持气管插管、气管镜、食管镜等操作或手术中的肌肉松弛。琥珀酰胆碱经静脉注射后，首先被血浆和肝脏中的丁酰胆碱酯酶（butyrylcholine esterase，BCHE）迅速水解为琥珀酰单胆碱和胆碱，琥珀酰单胆碱的肌肉松弛作用较琥珀酰胆碱明显减弱；然后，琥珀酰单胆碱被进一步水解为琥珀酸和胆碱，肌肉松弛作用消失（图 15-6）。

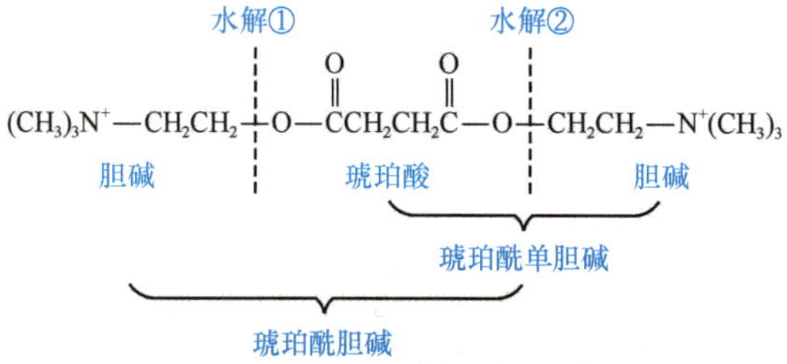

图 15-6 琥珀酰胆碱的水解

一般患者使用琥珀酰胆碱的常规剂量达到呼吸肌麻痹后，呼吸仅暂停 1～3 分钟，然后立即恢复正常。但有少数患者用药后呼吸停止可以持续 1 小时以上，处理不及时将危及生命，这种现象称为琥珀酰胆碱敏感性。该情况一般应立即进行人工呼吸直到情况好转，必要时可注射精制的血浆胆碱酯酶或输入同型的正常人血液。这种异常反应是由于患者血浆中的 BCHE 活性低，不能以正常速率将药物迅速水解，使得琥珀酰胆碱的作用时间延长，导致呼吸肌持续性麻痹。但在不使用这类药物时，这类个体并不出现任何症状。

琥珀酰胆碱敏感性的发生率约为 1/2 000，呈常染色隐性遗传。血浆丁酰胆碱酯酶是同四聚体，其基因 *BCHE*（OMIM *177400）定位于 3q26.1-q26.2，全长约 80 kb，含 4 个外显子。*BCHE* 突变类型很多，最常见的非典型突变是位于 *BCHE* 第 2 外显子的 A209G 突变，使得第 70 位的天冬氨酸被甘氨酸取代，酶活性下降，在北美白种人中的纯合子频率约为 1/3 000，较其他人种常见。

（四）恶性高热

恶性高热（malignant hyperthermia）是指使用各种全身性吸入麻醉剂或肌肉松弛剂（琥珀酰胆碱等）后出现的骨骼肌高代谢异常反应，是一种麻醉并发症。患者麻醉时出现体温骤然升高（可达 42℃以上），全身性肌肉强直，心动过速，呼吸困难，二氧化碳大量生成，产生呼吸性和代谢性酸中毒，电解质紊乱（高钾血症、低钙血症），尿中出现肌蛋白，骨骼肌中磷酸肌酶升高等。临床需及时对症抢救，如应用药物曲丹林或降温处理，否则可因心脏停搏致死。该病呈世界性分布，白种人患病率为 1/20 000，而东方民族患病率较低，我国曾有少数报道。

恶性高热发病原理尚不完全清楚。研究表明，雷诺定受体（ryanodine receptor）基因（*RYR1*）突变是恶性高热的遗传背景之一。该病呈常染色体不完全显性遗传，不同个体间表现度有所差异，也有多基因遗传的报道。雷诺定受体是一种肌质网钙离子释放通道，其异常可致心肌与骨骼肌的肌浆网与钙离子结合能力降低，当接触麻醉药物后，大量钙离子释放入肌浆，引发肌强直与代谢亢进。编码雷诺定受体的 *RYR1* 基因定位于 19q13.1-q13.2，长约 160kb，含 106 个外显子。据报道，该基因的突变主要集中在 2～18 外显子、39～46 外显子和 90～104 外显子，最常见的突变是 p.Arg614Cys、p.Gly2434Arg 和 p.Gly314Arg。除 *RYR1* 基因外，还有一些与恶性高热相关的基因分别定位于 1q32、3q13.1 和 17q11.2-q24 上。

有些缺陷个体血清中肌磷酸酶（CPK）活性增高，因此对有家族史的个体麻醉前检查 CPK 活性是预防恶性高热的有效途径。

（五）无过氧化氢酶血症

过氧化氢（H_2O_2）在组织中过氧化氢酶的作用下，可迅速分解并释放出游离氧，起抗菌除臭作用。因此，过氧化氢常用于外科创面消毒，使用时创面呈鲜红色，并有泡沫产生。1959 年，日本医生 Takahara 首次报道无过氧化氢酶血症（acatalasia，OMIM #614097）。Takahara 在给一名口腔坏疽的女孩消毒创面时，发现这个女孩创面为棕黑色，并无泡沫产生，他推测女孩可能缺乏过氧化氢酶，因此不能使 H_2O_2 迅速分解。后来的研究证实了他的推测，并发现因为 H_2O_2 氧化血红蛋白为棕红色高铁血红蛋白，所以创面呈棕黑色。约半数受累者易表现为牙龈溃疡、坏疽、萎缩和牙齿脱落等症状。

编码过氧化氢酶的基因 *CAT*（OMIM *115500）定位于 11p13.5-p13.6，全长约 34kb，含 13 个外显子，与 WAGR 综合征基因、钙调素基因和甲状腺素基因紧密连锁，目前已鉴定了 5 种不同的过氧化氢酶缺陷变异。根据血清中酶活性的高低可以分为三种表型：纯合显性个体酶正常，杂合子酶活性为中等水平，隐性纯合子无酶活性。该病在黄种人中患病率较高，日本某些地区高达 1%；我国华北地区为 0.65%，华中地区为 0.55%，华南地区为 0.25%，台湾地区为 0.29%。

第二节　环境物质不良反应的遗传基础

药物仅仅是人类接触的环境因子中的一部分化学物质，环境中还有许多潜在的毒物，可能对某些具有特定遗传基础的个体产生毒性反应，尤其是环境中的某些诱变剂、致癌物或致畸物。这些毒物在群体中能引起不同的个体反应，某些个体对之呈现易感性。实际上，药物和毒物并没有严格的界限，药物过量可引起中毒，少量毒物有时也作为药物使用。环境中各种有害因子引起的不良反应受到特定基因型的制约。生态遗传学（ecogenetics）就是研究群体中不同基因型对各种环境因子的特殊反应方式和适应特点的一门遗传学分支学科，毒物遗传学和药物遗传学都可归入生态遗传学的研究范畴。

一、乙醇中毒

乙醇中毒是指因饮酒特别是大量或长期饮酒造成的各类精神障碍，包括急性中毒、依赖性、戒断综合征、慢性中毒所致的精神病、器质性综合征以及人格的改变等。不同的种族和个体对乙醇的耐受性有明显的差异。乙醇敏感者，仅仅摄入 0.3～0.5mL/kg 乙醇时，即可表现面部潮红、皮温升高、脉搏加快等乙醇中毒症状，而乙醇耐受者则不发生这些反应或反应轻微。80%的黄种人为敏感者，而白种人中仅有 15%为敏感者。个体乙醇耐受的差异与遗传因素相关。

乙醇主要在肝脏中代谢，其代谢过程分为两步反应：第一步是乙醇在乙醇脱氢酶（alcohol dehydrogenase，ADH）作用下氧化成乙醛；第二步是乙醛在乙醛脱氢酶（acetaldehyde dehydrogenase，ALDH）作用下进一步氧化成乙酸。反应式为

$$C_2H_5OH+NAD^+ \xrightarrow{ADH} CH_3CHO+NADH+H^+$$

$$H_2O+CH_3CHO+NAD^+ \xrightarrow{ALDH} CH_3COOH+NADH+H^+$$

在第一步反应中生成的乙醛可刺激肾上腺素、去甲肾上腺素等物质的分泌，引起面红耳赤、心率加快、皮温升高等中毒症状，这种乙醇性脸红反应在亚洲人群的发生率接近 50%，也被称为“asian flush”。作为乙醇的第一级代谢产物，乙醛具有很强的细胞毒性，其毒性是同剂量乙醇的 30 倍，与肿瘤、肝脏和心血管疾病的发生密切相关。在整个乙醇代谢过程中，尽快将乙醛转化为无害的乙酸极其重要，因此乙醛脱氢酶是关键的限速酶。

乙醇脱氢酶是质量为 80kDa 的二聚体，现已发现至少有 5 种编码基因：ADH_1、ADH_2、ADH_3、ADH_4 和 ADH_5。这些基因编码人体 ADH 八个多肽亚单位：α、β_1、β_2、β_3、γ_1、γ_2、π 和 χ。ADH_1、ADH_2 和 ADH_3 基因定位于 4q21-q24，在不同组织和不同发育阶段差异性表达。ADH_1 基因编码 α 链，主要在胎儿早期肝脏内表达；ADH_2 基因编码 β 链，在胎儿及成人肺和肝内表达；ADH_3 基因编码 γ 链，在胎儿和新生儿肠和肾表达。可见，成人期主要是 ADH_2 基因表达。ADH_2 具有遗传多态性，大多数白种人 ADH_2 基因编码的乙醛脱氢酶由 $\beta_1\beta_1$ 组成；而 90%黄种人的乙醛脱氢酶由 $\beta_2\beta_2$ 组成。$\beta_2\beta_2$ 的活性比 $\beta_1\beta_1$ 的活性高 100 倍，故大

多数白种人在饮酒后产生乙醛较慢，而黄种人积蓄乙醛速度较快。

乙醛脱氢酶参与体内醛类物质的脱氢作用，目前人们已发现 19 种同工酶，其中以 $ALDH_1$、$ALDH_2$ 和 $ALDH_3$ 最为常见。$ALDH_3$ 很难被激活，基本没有功能。$ALDH_1$ 和 $ALDH_2$ 均为四聚体。$ALDH_1$ 存在于细胞质中，基因定位在 9q21；$ALDH_2$ 存在于线粒体内，基因定位在 12q24.2。因为 $ALDH_2$ 的活性高于 $ALDH_1$，所以 $ALDH_2$ 是最主要的乙醛脱氢酶。

白种人几乎全部都有 $ALDH_1$ 和 $ALDH_2$；而黄种人中 50%的个体仅有 $ALDH_1$ 而无 $ALDH_2$，因此氧化乙醛的速度比较慢。人的 *ALDH₂* 基因包括 13 个外显子和 12 个内含子，由 43 437 个碱基对组成，编码的乙醛脱氢酶含 517 个氨基酸，分子量为 55kDa。有活性的乙醛脱氢酶 $ALDH_2$ 记为 $ALDH_2{*}1$，活性很低或没有活性的记为 $ALDH_2{*}2$。第 12 外显子存在 A 被 G 替换的多态性，这种置换使得第 504 位的谷氨酸突变为赖氨酸，酶活性下降甚至完全丧失。就这一基因突变，人群中的 $ALDH_2$ 可分为 3 种基因型：野生型 $ALDH_2{*}1/ALDH_2{*}1$，酶活性正常；杂合子型 $ALDH_2{*}1/ALDH_2{*}2$，酶活性下降 30%～50%；纯合子型 $ALDH_2{*}2/ALDH_2{*}2$，酶活性基本丧失。研究发现 $ALDH_2{*}2/ALDH_2{*}2$ 纯合子基本全部是亚洲人，中国人出现率约为 18%，日本人为 27%，朝鲜人为 16%，泰国人为 4%；而在白种人和黑种人中的出现率几乎为零。$ALDH_2{*}2/ALDH_2{*}2$ 纯合子饮酒后血中乙醛含量比野生型高 6～20 倍，乙醛的过量堆积导致不良反应。

综上所述，具有 ADH_2（$\beta_2\beta_2$）及 $ALDH_1$ 者对乙醇最敏感；具有 ADH_2（$\beta_1\beta_1$）及 $ALDH_1$ 者次之；具有 ADH_2（$\beta_1\beta_1$）及 $ALDH_2$ 者最不敏感。黄种人较白种人更易发生乙醇中毒是由遗传因素决定的。大多数黄种人的乙醇脱氢酶基因和乙醛脱氢酶基因使他们在饮酒后产生乙醛速度快，但乙醛氧化为乙酸的速度慢，故易产生乙醛蓄积而中毒。大多数白种人则相反。

二、吸烟与肺癌

肺癌是最常见的恶性肿瘤之一。流行病学调查表明，吸烟是肺癌的重要病因之一，80%～90%的男性肺癌与吸烟有关。吸烟者易患肺癌，但并非所有吸烟者均患肺癌，吸烟者是否患肺癌与个体的遗传基础有关。近年来，遗传因素在肺癌发病中的作用日益受到重视。

吸烟产生的烟雾中 92%为有毒气体，8%为焦油，其中含有多种致癌物质，如大量的多环芳烃类的苯蒽衍生物。苯蒽衍生物致癌性较弱，但进入机体后通过细胞微粒体中芳烃羟化酶（aryl hydrocarbon hydroxylase，AHH）的作用可转变为具有较高致癌活性的 7, 8-二羟基-9, 10-环氧芘。因而当芳烃羟化酶活性增高时，生成的 7, 8-二羟基-9, 10-环氧芘就多，患肺癌的可能性也增加。同时这类苯蒽衍生物还是芳烃羟化酶的诱导剂，能提高细胞内芳烃羟化酶的活性。研究表明，细胞色素 P450 亚家族成员 CYP1A1 具有芳烃羟化酶活性，能被苯蒽衍生物诱导增强自身酶活性，进一步增强了苯蒽衍生物的致癌性。CYP1A1 可诱导性的高低因人而异，可诱导性高的个体，芳烃羟化酶活性增强显著。根据可诱导性的高低，可将人群分为高诱导组、中诱导组和低诱导组。中诱导组的患肺癌风险比低诱导组高 16 倍，高诱导组的患肺癌风险比低诱导组高 36 倍。而 CYP1A1 的诱导性高低由遗传因素决定，与 *CYP1A1* 基因的突变相关。*CYP1A1* 基因定位于 15q22，现已发现 4 种点突变。普遍认为，c.6235T>C 突变使 *CYP1A1* 的可诱导性增高。

三、吸烟与慢性阻塞性肺疾病

吸烟是导致慢性阻塞性肺疾病（chronic obstructive pulmonary diseases，COPD）的主要因素。研究表明，由于吸烟或其他原因刺激巨噬细胞和中性粒细胞释放大量弹性蛋白酶，分解肺泡弹性蛋白，使肺泡破坏、融合，呼吸面积减少，导致慢性阻塞性肺疾病的发生。但并非吸烟者都患慢性阻塞性肺疾病，慢性阻塞性肺疾病的发生也有相应的遗传基础。

正常人血清和各种组织中都存在多种抑制蛋白酶活性的物质。α_1-抗胰蛋白酶（α_1-AT）是一种血清中主要的由肝细胞合成的丝氨酸蛋白酶抑制剂（PI）。1986 年，Yamamoto 等将 α_1-抗胰蛋白酶的基因定位于 14q32.1。α_1-抗胰蛋白酶的含量是由一组常染色体等位基因的不同类型所决定的，其基因座命名为 *Pi*，经国际会议命名变异型和亚型有 Pi^M、Pi^S 和 Pi^Z，组成一个蛋白酶抑制剂遗传表型系统。

世界上各种人群中最常见的等位基因是 Pi^M，基因频率为 0.866～0.996；等位基因 Pi^S 基因频率为 0.11～

0.12；而等位基因 Pi^Z 基因频率最低，仅为 0.01～0.02。在遗传过程中，由两个 M 型等位基因组成的 MM 纯合子（Pi^MPi^M）是最常见的正常功能基因型。Pi^Z 是 α_1-抗胰蛋白酶严重缺失的等位基因，ZZ 型纯合子（Pi^ZPi^Z）血清中 α_1-抗胰蛋白酶含量只有正常人的 15%～20%，这种人常发生阻塞性肺气肿及幼年型肝硬化。SS 型等位基因的纯合子（Pi^SPi^S）血清中 α_1-抗胰蛋白酶含量为正常人的 60%，这种人亦有患肺气肿的倾向。此外，其他表现型如 MZ（Pi^MPi^Z）、SZ（Pi^SPi^Z）等杂合子也有 α_1-抗胰蛋白酶缺乏，其中有人发生肺气肿和肝硬化。目前认为 ZZ 型主要见于高加索人群，SZ、SS 型主要见于南欧人群，我国未发现 ZZ 型，仅有少数杂合子表现型，故认为遗传性 α_1-抗胰蛋白酶缺乏所致肺气肿在我国人群中不像欧洲人那样，杂合子表现型的临床意义有待进一步研究。

第三节 药物基因组学

药物基因组学是基因功能学和分子药理学相结合的学科，它从基因整体水平研究药物反应个体差异的遗传基础，根据不同人群及不同个体的遗传特征设计药物，最终达到个体化用药的目的。

药物基因组学将基因组技术，如基因测序、统计遗传学、基因表达分析等用于药物研发。基因检测等技术的发展已经给鉴定遗传变异对药物作用的影响提供了前提条件，可用高效的测定手段如聚合酶链式反应相关技术、基因测序技术、基因杂交技术、等位基因特异的扩增技术、荧光染色高通量基因检测技术、基质辅助激光解吸电离飞行时间质谱、变性高效液相色谱等，来检测一些与药物作用的靶点或与控制药物作用、分布、代谢相关的基因变异。同时，DNA 阵列技术、高通量筛选系统、全基因组关联分析等技术发展，为药物基因组学研究提供了多种手段和思路。

一、药物基因组学的研究内容

药物基因组学主要研究药物代谢酶、药物受体和药物转运酶的多态性与药物反应的关系。这些多态性的存在可能导致许多药物治疗中药效和不良反应的个体差异。药物基因组学从基因水平揭示这些差异的遗传特征，鉴别基因序列中的差异，在基因组水平研究药效的差异，并以药物效应及安全性为目标，研究各种基因突变与药效及安全性之间的关系。

（一）药物代谢酶多态与药物反应

体内药物代谢过程分为两相，催化第一相反应的最主要代谢酶是细胞色素 P450（cytochrome P450，CYP450）。它们是一类主要存在于肝脏、肠道中的单加氧酶，多位于内质网上。1958 年由 Klingberg 和 Gfinkle 鉴定出它在还原状态下与 CO 结合，在波长 450 nm 处有一个最大吸收峰而命名为 450 酶。目前已发现多个亚家族，其中有显著意义的遗传多态性的酶有 CYP3A4、CYP2D6、CYP2C19、CYP2C9、CYP1A2、CYP2E。催化第二相反应的酶，主要是巯嘌呤甲基转移酶（thiopurine S-methyltransferase，TPMT）、*N*-乙酰基转移酶（NAT）、谷胱甘肽 *S*-转移酶（Glutathione *S*- transferase，GST）等。如巯嘌呤甲基转移酶在巯基嘌呤、巯唑嘌呤等药物的代谢中起着重要作用，如治疗白血病的 6-巯基嘌呤，在体内主要是由巯嘌呤甲基转移酶代谢的。*TPMT* 基因中至少有四种等位基因的变异体，从而导致药物代谢的多样性，并影响药物的生物活性和细胞毒性。群体研究表明，人群中 89%的人为高巯嘌呤甲基转移酶活性，11%的人为中等活性，0.33%的人巯嘌呤甲基转移酶活性极低或缺失。高巯嘌呤甲基转移酶活性的人代谢很快，常需调高剂量；活性极低或缺失者，代谢非常低，即使很小剂量也会中毒。

（二）药物受体多态与药物反应

最重要的药物受体是 G 蛋白偶联受体，它的种类有很多。β2-受体研究较多，它有三种多态性（Arg16Gly、Gln27Glu、Thr164Ile）可改变受体功能。与纯合的 16Gly 相比，纯合的 16Arg 和杂合的 16Arg 对沙丁胺醇的反应分别高 5 倍和 2 倍。

5-羟色胺（5-HT）是一种神经递质，参与许多正常生理活动，5-羟色胺受体基因启动子的多态性可引起该受体基因表达异常，从而影响某些与5-HT有关疾病治疗的反应。

（三）药物转运酶多态与药物反应

许多药物是通过细胞膜上的载体（药物转运体）主动转运而进入体内的。这表明，药物转运体基因与药效之间也有非常密切的关系。P-糖蛋白是一种重要的膜载体，它是由*MDR-1*基因编码的ATP依赖的跨膜外输性蛋白，可从细胞内向外泵出某些药物或其代谢物，包括抗肿瘤药、地高辛、环孢素等药物。据研究报道，*MDR-1*基因的第26个外显子的多态性（3435C>T）与MDR-1的表达水平显著相关，突变纯合子（TT）的MDR-1表达率最低，纯合子患者在口服地高辛后，细胞内的地高辛浓度上升4倍或更高。

致病基因本身发生突变也可导致机体对药物的反应发生变化。例如，阿尔茨海默病（AD）患者服用他可林后的反应与*ApoE4*等位基因相关，携带*ApoE4*基因的患者，用他可林治疗，可使80%的患者病情得到改善；反之，如果患者不携带该基因，经他可林治疗反而有60%的患者病情出现恶化，目前机制尚不清楚。

二、药物基因组的应用

（一）新药研发

药物基因组学研究可以发现新的药物靶点。据估计，通过基因分型可以鉴定出5000～10 000个新的潜在药靶。新药靶的大量发现，无疑会对医学和治疗产生重大影响。

再者，药物基因组学可提高新药研制的成功率，缩短临床试验时间，减少费用。一个新药从发现到进入市场大部分的费用和时间要消耗在临床试验的高失败率上。以基因的多态性与药物效应的多样性为平台进行药物的临床前药理试验和临床试验，可根据基因特征有针对性地选择试验人群，缩短临床试验时间，减少试验经费。此外，药物基因组学可重新估价过去未通过的问题药物。对原来一些证明“无效”或“毒副反应大”的药物，药物基因组学研究可以根据基因型选择有效的治疗群体，避免不良反应的发生。

（二）精准用药

药物基因组学理论指导下的个体化药物治疗或个体化医学已成功地转化为临床实践，可以根据药物代谢酶、药物作用靶点等的基因型，选择合适的药物或调整给药剂量，极大地推动了医学模式的革新，在心血管疾病、内分泌疾病、癌症、自身免疫性疾病、精神障碍等疾病治疗领域得到广泛应用。例如，β_1受体阻断药的个体化用药方案就是药物基因组学研究成果成功实现临床转化的例证。β_1受体阻断药美托洛尔主要通过CYP2D6代谢。*CYP2D6*基因具有遗传变异，其编码的CYP2D6酶的活性不同，对药物的代谢能力不同，其疗效和毒副作用也可能不同。根据CYP2D6的酶活性，可将人群划分为超快代谢者（ultrarapid metabolizer，UM）、快代谢者（extensive metabolizer，EM）、中等代谢者（intermediate metabolizer，IM）和慢代谢者（poor metabolizer，PM）。临床用药时，可提前检测患者*CYP2D6*的基因多态性，判断其代谢类型，再进行精准的个体化用药。如果是超快代谢者，其CYP2D6的酶活性非常高，药物代谢快，血药浓度低，使用美托洛尔时应加大用药剂量，最大可增加至250%的常规剂量。对于快代谢者，其CYP2D6酶活性正常，初始可使用常规剂量美托洛尔治疗。而中等代谢者的CYP2D6酶活性降低，对药物代谢减慢，血药浓度高，应减少美托洛尔的使用剂量，推荐使用50%常规剂量。对于慢代谢者，其CYP2D6的酶活性基本丧失，血药浓度明显增高，不良反应发生率高，初始推荐使用25%常规剂量的美托洛尔治疗，或选择其他药物。

知识拓展 15-1　　硝酸甘油与*ALDH*$_2$基因

硝酸甘油是心绞痛急性发作的常规首选药，但中国汉族人群中，对硝酸甘油含服无效的病例不少。原因何在？硝酸甘油需先在体内经过线粒体乙醛脱氢酶2（$ALDH_2$）生物转化后，才能释放出有效代谢物“一氧化氮（NO）”，发挥其抗心绞痛作用。*ALDH*$_2$基因具有Glu504Lys多态性，30%～50%的亚洲人*ALDH*$_2$基因有Lys504突变，就会使硝酸甘油在体内的生物转化过程受阻，致NO减少，难以发挥有效作用。

通过检测乙醛脱氢酶 2 的基因型，可预知含服硝酸甘油无效的风险；对于该基因有缺陷的患者，往往饮酒脸红，硝酸甘油的药效很难发挥，则不能完全把硝酸甘油片当作救命良药。

针对个体化用药遗传咨询，常用的研究机构和国际权威数据库主要有临床药物遗传学实施联盟（The Clinical Pharmacogenetics Implementation Consortium，CPIC®）、美国食品药品监督管理局（Food and Drug Administration，FDA）、美国国立综合癌症网络（National Comprehensive Cancer Network，NCCN）、加拿大药物安全药物基因组网络（Canadian Pharmacogenomics Network for Drug Safety，CPNDS）、荷兰药物遗传学工作组（Royal Dutch Association for the Advancement of Pharmacy-Pharmacogenetics Working Group，DPWG）、日本药物基因组学数据科学联盟（Japan Pharmacogenomics Data Science Consortium，JPDSC）、药物基因组学知识库（The Pharmacogenomics Knowledge Base，Pharm GKB）、精准肿瘤学知识库（Precision Oncology Knowledge Base，Onco KB）等，为检索基因与药物反应关联信息提供了数据源。

正是基于药物反应相关基因变异数据库的信息，国内外机构开始逐步形成一系列相对完善的各类指南。在 2015 年，国家卫生和计划生育委员会发布了《药物代谢酶和药物作用靶点基因检测技术指南（试行）》，为临床检验实验室药物相关基因检测提供指导；在 2022 年，中国药理学会药物基因组学专业委员会和中国遗传学会遗传咨询分会颁布了《个体化用药遗传咨询指南》，定义了药物反应相关基因变异分类标准和评价体系，用以促进和规范相关基因检测及遗传咨询在临床个体化诊疗中的应用。

可以预见，随着基因分析技术的飞速发展，越来越多的药物效应的个体差异与基因多态性的关系被阐明，药物基因组学将从药物设计、开发和应用等方面极大地推动医学的发展，并为临床合理用药、发挥药物最佳疗效、防治不良反应提供理论依据，将目前依据患者人群共性的药物治疗推向今后根据不同人群和个体的遗传背景制造和应用药物，推进个体化治疗的精准医学水平。

小　结

药物遗传学是遗传学与药理学相结合发展起来的边缘学科，主要研究遗传因素对药物代谢和药物效应的控制机制，以及发生异常药物反应的分子基础。

基因是决定药物代谢酶、药物转运蛋白和受体及功能表达的基础，是药物代谢与效应的决定因素，其突变可引起所编码的代谢酶、转运蛋白和受体蛋白的氨基酸序列异常和功能的异常，成为产生药物效应个体差异和种族差异的主要原因。遗传因素对药物反应的控制受到多基因协同控制，或者受到单基因控制，如异烟肼的快慢失活、G6PD 缺乏症、琥珀酰胆碱敏感性、恶性高热和无过氧化氢酶血症。个体对环境物质的不良反应差异也与遗传相关。

药物基因组学是基因功能学和分子药理学相结合的学科，它从基因组整体水平研究药物反应个体差异的遗传基础，主要研究药物代谢酶、药物受体和药物转运酶的多态性与药物反应的关系，最终达到个体化用药的目的。

复习思考题

1. 简述长期服用异烟肼对不同人群的毒副作用及遗传基础。
2. 为什么不同种族对乙醇的敏感性存在差异，黄种人较白种人更易产生乙醇中毒症状?
3. 简述吸烟与肺癌的关系。

（寻　慧）

第十六章

表观遗传与疾病

学习要点

掌握：①表观遗传学的概念；②表观遗传修饰的分子机制。
熟悉：表观遗传学现象。
了解：表观遗传学与医学。

表观遗传学一词来源于“后生理论”（epigenesis），这一理论认为卵细胞或者植物的种子需要经过一系列的分化过程才能发育成熟。1942 年，英国遗传学家 C. H. Waddington 将“epigenesist”和“genetics”相结合，创造出“epigenetics”。表观遗传学（epigenetics）是研究在 DNA 序列没有发生改变的情况下，基因的表达或者细胞表型发生可遗传改变的一门学科。它是在研究许多不符合经典孟德尔定律的遗传现象中逐渐发展起来的。经典遗传学认为，个体的性状或表型特征（如人类的单、双眼皮等）的差异是由于 DNA 序列发生改变而导致等位基因的差异造成的。但是随着越来越多的研究发现，在某些情况下，即使基因序列不发生改变，个体的基因表达和调控同样可能会发生可遗传的变化，这种表达的差异可以通过细胞的有丝分裂和减数分裂稳定地遗传到下一代的细胞当中。

知识拓展 16-1　　孤雌生殖与表观遗传学

孤雌生殖（parthenogenesis）又称单性生殖，是指不需要精子参与，仅依靠卵子就可以发育成一个正常新个体的生殖方式。自然界中孤雌生殖常见于一些昆虫、爬虫以及鱼类中，但是在哺乳动物中尚未发现自然情况下的孤雌生殖现象。

鉴于孤雌生殖技术在发育生物学以及干细胞治疗中的光明前景，科学家利用人工激活的方法，对小鼠、兔子、雪貂、羊、猪、牛等动物的卵子进行了实验，但孤雌激活的胚胎往往发育到早期就终止而无法发育成为成熟的个体。直到 20 世纪 90 年代，随着表观遗传学研究的不断深入，科研人员逐渐发现相关印记基因的表达在胚胎发育中具有重要的作用。异常的印记基因表达，不仅会影响胎儿和胎盘的发育，而且会引起多种疾病。因此，如何控制印记基因在胚胎发育中的表达，让被“关闭”的基因重新发挥其功能成为解决孤雌生殖胚胎无法正常发育的关键问题。

2004 年 4 月 22 日，东京农业大学河野友宏团队在《自然》杂志中首次公布了一项石破天惊的科技成果：首先通过基因敲除术，培育出一只缺少 *H19* 和 *Igf2* 基因的变异母鼠（实验证明 *H19* 和 *Igf2* 基因的差异化表达是造成孤雌胚胎发育终止的关键印记基因）。随后，科学家又提取了另一只母鼠一些尚未发育成熟、没有发生基因印记的卵子。变异“母亲”贡献的卵细胞再与另外一位未变异“母亲”贡献的卵细胞融合，实现卵子的重组。继而以化学方式激活形成胚胎，植入实验鼠子宫内。创造了人类历史上第 1 例孤雌生殖的生命，该团队将这只小鼠命名为“辉夜姬”（源自日本神话中一个没有父亲的女孩的故事）。但是，利用该方法获得的 457 个卵子中最终形成的胚胎却只有 28 个，成功率为 0.6%。而且，即使获得了 28 个胚胎，最后得以存活的实验鼠也只有“辉夜姬”1 只。

第一节　表观遗传修饰的分子机制

对于一个生物体的所有体细胞来说，其基因组是完全一致的，但是其表型和功能却各不相同，这是由于不同类型的细胞之间存在着基因表达模式的差异。也就是说，决定细胞类型的不仅仅是基因本身，还有基因表达模式。细胞世代之间表达模式的传递并非依赖细胞内 DNA 的序列，而是基因表达模式的信息标记，我们把这一机制称为表观遗传修饰（epigenetic modification）。目前已知的表观遗传修饰主要包括 DNA 甲基化或乙酰化修饰、组蛋白修饰、染色质重塑、RNA 分子修饰和非编码 RNA 分子调控等。表观遗传修饰的异常会导致基因表达模式的改变，进而使细胞的结构和功能异常，最终引起生物体表型的改变乃至疾病的发生。因此，研究表观遗传修饰的分子机制对于阐明相关疾病的发病机制有着重要意义。

一、DNA 甲基化

DNA 甲基化（DNA methylation）是最早被发现也是研究最深入的表观遗传修饰的分子机制。DNA 甲基化是指在 DNA 甲基转移酶（DNA methyltransferase，DNMT）的催化下，将 *S*-腺苷甲硫氨酸（S-adenosyl methionine，SAM）上的甲基，以共价键的方式结合到 DNA 分子上特定碱基的过程。常见的结合位点有胞嘧啶的第 5 位碳原子、腺嘌呤的第 6 位和鸟嘌呤的第 7 位氮原子上。哺乳动物中 DNA 甲基化主要发生在 CpG 二核苷酸序列的胞嘧啶上，最终被修饰成 5-甲基胞嘧啶（5-methylcytisine，5-mC）（图 16-1）。该修饰方式是哺乳动物中目前发现的唯一的 DNA 甲基化方式，人类基因组中 2%～7%的胞嘧啶是甲基化的胞嘧啶。此外，不同生物中 5-mC 的含量存在较大差异，即便对于同种生物的不同组织以及同一组织的不同发育阶段，其 DNA 甲基化的程度也存在差异。

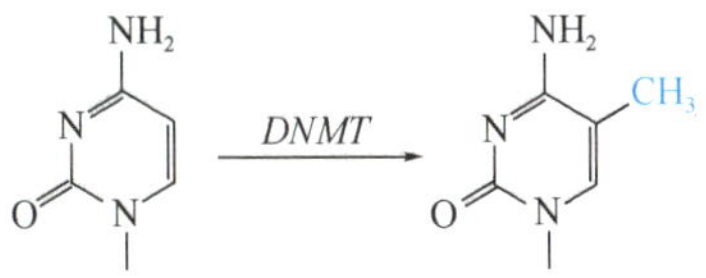

图 16-1　胞嘧啶甲基化过程

（一）真核生物 DNA 甲基化的分布

DNA 甲基化在真核生物基因组中的分布存在一定的差异。对于较为低等的真核生物如秀丽线虫基因组中没有 5-mC，果蝇基因组当中胞嘧啶的甲基化程度很低，而对于高等的脊椎动物和植物的基因组中广泛分布有甲基化的 CpG。对于人类而言，CpG 双核苷酸的分布很不均一，其中大约有 70%的 CpG 双核苷酸表现为甲基化状态，主要分布在 CpG 位点稀少的区域以及大量的 DNA 重复序列。而非甲基化的状态存在于某些区域富含 CpG 的位点，即所谓的 CpG 岛。CpG 岛主要位于基因的启动子及其附近区域，对于包括人类的哺乳动物而言，40%的基因在启动子区域存在 CpG 岛。一般情况下，启动子区域的 CpG 岛处于非甲基化状态，以保证基因的转录正常进行。分布在基因间区的 CpG 岛其生物学意义尚不明确，可能与该非编码区 RNA 分子的转录有关。近年来，随着高通量测序技术以及第二代测序技术的发展，可以对人类干细胞、肿瘤细胞等多种细胞进行全基因组 DNA 甲基化图谱的研究，对于进一步解释甲基化在干细胞分化和肿瘤发生过程中的作用提供帮助。

（二）真核生物的 DNA 甲基化修饰

真核生物 DNA 的甲基化修饰依赖于三类重要蛋白质：DNA 甲基转移酶、DNA 甲基化结合蛋白和 DNA 去甲基化蛋白。

1. DNA 甲基转移酶　根据其结构和功能，已知的 DNA 甲基转移酶被分为两大类：维持 DNA 甲基转移酶和新生甲基转移酶。

维持 DNA 甲基转移酶的功能主要是维持 DNA 的甲基化状态，其修饰机制是利用亲本中甲基化的 CpG 为模板，催化子链中 CpG 的甲基化，使子代 DNA 的甲基化模式与亲本 DNA 的保持一致（图 16-2）。目前已知的维持 DNA 甲基转移酶仅有 DNA 甲基转移酶 1（DNMT1）。DNMT1 是最早被克隆和进行生化分析的 DNA 甲基转移酶，人类 DNMT1 由 1616 个氨基酸组成，N 端结构域主要参与组成酶的调节区域，C 端为酶的催化区域。

新生甲基转移酶，又称为从头甲基转移酶，包括 DNA 甲基转移酶 3A（DNMT3a）、DNA 甲基转移酶 3B（DNMT3b），还有一个本身无催化活性、但在结构上与前两者极度关联的调节因子 DNA 甲基转移酶 3L（DNMT3L）。新生甲基转移酶广泛存在于生物体的各种细胞当中，但主要在早期胚胎和未分化的胚胎干细胞中表达，它催化无甲基化的 DNA 双链进行甲基化和发育所必需的重新甲基化（图 16-2）。实验证明，*DNMT3a* 与 *DNMT3b* 基因突变的小鼠的胚胎畸形率和死亡率极高，此外 DNMT3 与 DNMT1 共同参与胚胎着床和流产发生、发展的过程。*DNMT3b* 基因的点突变还可以引起一种罕见的常染色体隐性遗传病——ICF 综合征（ICF syndrome，OMIM *242860），患者表现为免疫缺陷，着丝粒的不稳定和面部异常。

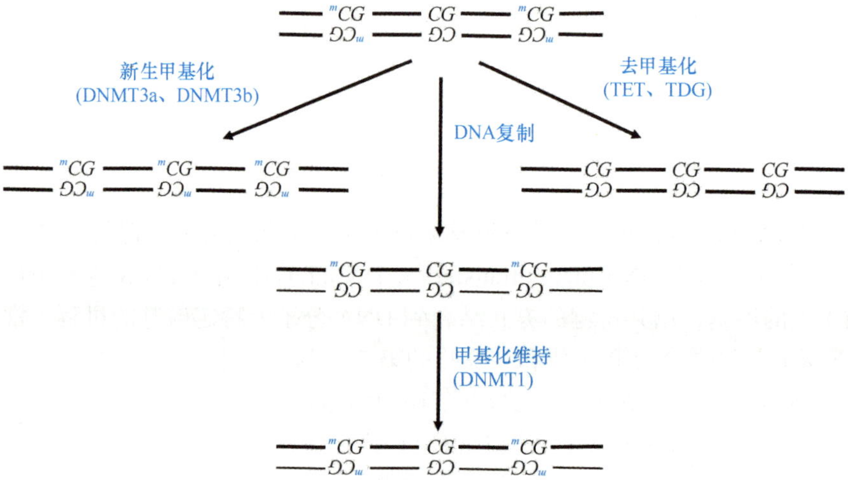

图 16-2 DNA 甲基化的维持和新建

DNMT1，DNA 甲基转移酶 1；DNMT3a，DNA 甲基转移酶 3A；DNMT3b，DNA 甲基转移酶 3B；TET，10-11-易位蛋白；TDG，胸腺嘧啶 DNA 糖基化酶

2. DNA 甲基化结合蛋白　至今发现的 DNA 甲基化结合蛋白可分为三类：MBD 蛋白家族，KAISO 和 KAISO 样蛋白家族以及 SRA 结构域蛋白。

MBD 蛋白在 20 世纪 80 年代被发现，其家族包含多个成员，其中人类的 MBD 蛋白家族包括了 MBD1、MBD2、MBD3、MBD4、MECP1 和 MECP2，除了 MBD3 以外其他的家族成员均含有甲基结合域（methyl-CpG-binding domain，MBD），该结构域可以特异性地与甲基化 DNA 分子相结合，从而引起染色质结构改变和转录抑制，但具体的机制尚不明了。

KAISO 和 KAISO 样蛋白家族于 1999 年被发现，是脊椎动物早期发育过程中非常重要的甲基化 CpG 依赖性抑制蛋白。但其甲基化 DNA 结合域与 MBD 蛋白家族完全不同。测序发现这类蛋白通常包括锌指结构（zinc-finger，ZF），通过锌指结构，KAISO 可以与至少两个甲基化的 CpG 结合来抑制基因转录。与 KAISO 结构和功能相类似的还有 ZBTB4 和 ZBTB38，它们均含有与 KAISO 类似的锌指结构，可以与甲基化的 DNA 结合并抑制基因转录，这类蛋白被称为 KAISO 样蛋白家族。

SRA 结构域蛋白的代表是 UHRF1，在人类该蛋白也被称为 ICBP90。敲除小鼠的 UHRF1 蛋白基因会导致其胚胎发育停止，因此推测 UHRF1 对维持 DNA 的甲基化有重要作用。在哺乳动物中，UHRF2 是 UHRF1 唯一的同源性基因，两者具有相似的结构域，都可以与甲基化 DNA 相结合，但具体的功能机制仍在探索中。

3. DNA 去甲基化蛋白　DNA 甲基化与去甲基化是维持生物体内 5-mC 水平和模式的重要方式。DNA 去甲基化可以分为被动方式和主动方式（图 16-2）。在细胞分裂 S 期 DNA 复制时，维持甲基转移酶 DNMT1 失活，导致新合成的 DNA 链未被甲基化，此种情况称为 DNA 被动去甲基化。与被动去甲基化的方式不同，主动去甲基化不涉及 DNA 复制，但是需要一个或多个酶的参与，如 10-11-易位蛋白（ten-eleven-translocation protein，TET 蛋白）和胸腺嘧啶 DNA 糖基化酶（thymine DNA glycosylase，TDG）。在 10-11-易位蛋白的催化下，5-mC 首先被氧化为 5-羟基甲基胞嘧啶（5-hydroxymethylcytosine，5hmC），再进一步被氧化为 5-甲酰基胞嘧啶（5fC），后者最后再一次被氧化为 5-羧基胞嘧啶（5caC）。接下来，在胸腺嘧啶 DNA 糖基化酶作用下，通过碱基切除修复（base excision repair，BER）途径，将 5fC 和 5caC 从 DNA 中去除，产生一个未修饰的胞嘧啶。尽管目前尚未完全清楚 10-11-易位蛋白和胸腺嘧啶 DNA 糖基化酶介导的 DNA 主动去甲基化过程，以及主动去甲基化和被动去甲基化之间的关联，但编码 10-11-易位蛋白和胸腺嘧啶 DNA 糖基化酶的基因突变或异常表达已被证实与癌症患者肿瘤细胞中异常的 DNA 甲基化水平有密切的联系。

（三）DNA 甲基化对基因表达调控的作用和机制

DNA 甲基化作为最重要的表观遗传修饰机制，虽然没有改变 DNA 中核苷酸的组成和排列顺序，但其确实在转录的起始阶段抑制了基因的表达。尽管其中许多具体的机制还没完全搞清楚，但是目前认为 DNA 甲基化对基因活性的抑制是多方面的，主要包括以下两种机制：

1. DNA 甲基化直接影响转录因子的结合活性　一方面，细胞中许多转录因子特异性结合位点中的 CpG 如果发生了甲基化，该转录因子与启动子的结合效率即被显著降低。另一方面，5-甲基胞嘧啶会伸入 DNA 双螺旋的大沟中，影响转录因子与 DNA 的结合，从而降低基因的转录效率。

2. DNA 甲基化结合蛋白对转录有抑制作用　DNA 甲基化结合蛋白的主要作用就是通过与甲基化的 DNA 相结合（如 MBD 蛋白家族）或者与多种转录抑制因子相结合来发挥基因表达抑制的作用（KAISO 和 KAISO 样蛋白家族）。

二、组蛋白修饰

组蛋白（histones）是真核生物染色质中的碱性蛋白质，富含精氨酸和赖氨酸等碱性氨基酸，两者加起来约为所有氨基酸残基的 1/4。因为组蛋白富含带正电荷的碱性氨基酸，所以可以与带负电荷的 DNA 磷酸基团相互作用，形成 DNA-组蛋白复合体。根据组蛋白氨基酸成分和相对分子质量的不同，可将其分为五种：H1、H2A、H2B、H3、H4。近年来发现，组蛋白修饰对基因表达的调控，在表观遗传学领域有非常重要的意义。对组蛋白特定氨基酸进行修饰，可以提供蛋白识别信息，并通过蛋白质和染色质之间的相互作用，调节染色质的构象，从而影响基因表达。

组蛋白修饰发生在翻译后，目前已经发现的组蛋白的翻译后修饰类型有 8 种，其中最常见的 4 种为乙酰化、甲基化、磷酸化和泛素化。

1. 组蛋白乙酰化　组蛋白乙酰化是在组蛋白乙酰转移酶（histone acetyltransferase，HAT）的催化下，将乙酰 CoA 的乙酰基转移到 H3 和 H4 组蛋白 N 端尾区内赖氨酸侧链的 ε 位氨基上。一般情况下，未发生表观遗传修饰的组蛋白可通过电荷相互作用与 DNA 相结合，但如果组蛋白 N 端赖氨酸发生乙酰化修饰，将减弱组蛋白与 DNA 甚至核小体与核小体之间的相互作用，造成染色质结构的松散，便于转录相关的蛋白质与 DNA 相结合。此外，发生乙酰化修饰的组蛋白还可以创造新的结合位点，吸引那些与转录激活相关的蛋白质来促进转录。组蛋白 H3 的第 27 位赖氨酸残基的乙酰化（H3K27ac），与较高的转录激活有关，因此被定义为活性增强子信号，H3K27ac 在转录起始位点的近端、远端都有发现。

2. 组蛋白甲基化　组蛋白甲基化可以发生在赖氨酸和精氨酸的侧链上，由组蛋白甲基转移酶（histone methytransferase，HMT）催化 H3 和 H4 组蛋白 N 端的氨基酸甲基化。与乙酰化修饰不同，甲基化修饰并不改变赖氨酸携带的电荷数，而是通过吸引那些识别特定甲基化修饰的蛋白质来影响染色质的功能。组蛋白 H3 的第 9 位赖氨酸残基三甲基化（H3K9me3），与异染色质形成、基因的表达和转录伸长率相关联，H3K9me3 重编程在胚胎发育早期起重要作用。

3. 组蛋白磷酸化　组蛋白磷酸化是指在磷酸激酶作用下，组蛋白 N 端尾区内的丝氨酸、苏氨酸和酪氨酸与 ATP 水解后的磷酸基团相结合。与组蛋白甲基化相比，组蛋白磷酸化是一种瞬时的、可诱导的表观遗传修饰，它与许多动态的过程密切相关，如染色体分离或 DNA 的损伤应答等。DNA 损伤后的一个明显变化就是组蛋白变异体 H2AX 第 139 位丝氨酸发生磷酸化（H2AXS139），它可以招募修复酶如 MDC1、53BP1 以及 PP2A、Pph3 等，这可能为阐明 DNA 修复的分子机制提供了出路。

4. 组蛋白泛素化和类泛素化　上述组蛋白的表观遗传修饰如甲基化、乙酰化或是磷酸化都是在酶的作用下在组蛋白上添加一个分子量较小的化学基团，而泛素化和类泛素化则是在组蛋白上以共价键的形式结合多肽的过程。泛素（ubiquitin，Ub）是含有 76 个氨基酸的高度保守的蛋白质，在真核生物体内广泛存在。

而类泛素一般含有 100 个左右的氨基酸，分子量大小与组蛋白相似，泛素和类泛素的羧基末端可以和组蛋白赖氨酸残基相结合，此外泛素含有的多个赖氨酸残基也可与其他泛素羧基末端的甘氨酸相结合，这种修饰的结果是染色质的表面积大大增加，与其他蛋白质接触和识别的概率也随之增大。组蛋白 H2B 第 120 位赖氨酸残基发生单泛素化（H2BK120ub1），与染色质重塑密切相关，H2BK120ub1 缺失可诱发多种原发性恶性肿瘤，包括乳腺癌、肺癌和结直肠癌。

三、染色质重塑

在真核细胞中，DNA 通过缠绕、折叠形成高度致密状态的染色质，从而能够包装入只有几微米大小的细胞核中。但是这种致密状态的染色质却阻碍了相应染色质部位的基因转录、DNA 复制及损伤修复等过程。因此，真核生物随着进化产生了一组机制，通过调控染色质上核小体的装配、拆解和重排等来调控染色质的结构。染色质重塑指染色质结构动态修饰过程，使浓缩的基因组 DNA 接近转录复合物，从而调控基因转录。染色质重塑牵涉染色质的组装和浓缩，受到 DNA 修饰（如甲基化）、组蛋白修饰、组蛋白变异体的结合、ATP 依赖的染色质重塑以及非编码 RNA 介导的调节等。染色质重塑在基因转录调控中起着关键性的作用，并参与细胞内多种重要的生物学过程。

组蛋白翻译后修饰是染色质重塑调节的主要机制之一，修饰后的组蛋白直接影响染色质的浓缩和组装，从而影响转录；或者为其他效应蛋白提供结合位点，如其他染色质修饰因子和染色质重塑复合物等，最终影响转录。

ATP 依赖的染色质重塑是指重构酶利用水解 ATP 获得的能量，通过移动、移除或重组核小体的方式来改变染色质的结构。这类 ATP 依赖的蛋白质就是染色质重塑因子，通常由多个亚基组成一个较大分子质量的染色质重构复合物。真核细胞基因转录起始时，染色质重塑因子由特异的转录因子募集到靶基因部位，并作为共激活或共抑制因子而发挥功能。当染色质结构趋于疏松时，RNA 聚合酶Ⅱ、转录因子等对染色质 DNA 的可接近性增加，以便启动基因的转录。反之，当染色质结构趋于致密时，RNA 聚合酶Ⅱ和转录因子等对染色质 DNA 的可接近性减弱，从而抑制了基因的转录。

组蛋白是一类高度保守的蛋白质，其编码的基因往往成簇排列，仅在细胞周期的 S 期表达。但是在很多生物体内还可以编码组蛋白的变异体，编码组蛋白变异体的基因往往单独存在，可以在整个细胞周期内持续表达。组蛋白变异体可以通过替换常规组蛋白，改变核小体的结构，从而影响染色质的活性和功能。真核生物的五种组蛋白中，H1 组蛋白有许多序列变异体，是组织特异或是发育时期特异的，在基因转录过程中主要起抑制作用；H2A 组蛋白具有最多的已知变异体数目；H2B 的变异体也有很多，主要存在于精细胞当中；H3 组蛋白的变异体与常规的组蛋白相比含有更多能激活转录的翻译后修饰；H4 组蛋白是最保守的，变异体数量最少，目前仅在人的脂肪细胞中发现。

四、RNA 甲基化

同 DNA 表观遗传修饰类似，RNA 内部也存在甲基化或羟基化修饰的现象。RNA 表观遗传修饰对于维持 RNA 结构的稳定起着重要作用，并影响转录翻译的过程，代表了一种全新的遗传信息调控方式。RNA 表观遗传修饰可出现在 mRNA、tRNA、rRNA、lncRNA 以及剪切体 RNA。常见的 RNA 表观遗传修饰包括 N6-腺苷酸甲基化（m6A）、N1-腺苷酸甲基化（m1A）、胞嘧啶羟基化（m5C）等。在目前已知的 RNA 转录后修饰中，m6A 是大多数真核生物 mRNA 和 lncRNA 中最丰富的修饰之一，占哺乳动物 RNA 中腺苷酸的 0.1%～0.4%和核糖核苷酸总甲基化的 50%。m6A 甲基化是一个动态可逆的过程，由三类分子参与完成，分别是 m6A 甲基转移酶复合体（N6-methyladenosine RNA methyltransferase complex）、m6A 脱甲基酶（N6-methyladenosine RNA demethylase）和 m6A 甲基位点结合蛋白（N6-methyladenosine RNA binding proteins）。

1. m6A 甲基化写入　m6A 甲基转移酶复合体负责将甲基化修饰“写入”RNA，即介导 RNA 的甲基化修饰过程。最常见的甲基转移酶有 METTL3、METTL14 和 WTAP。在 DNA 转录产生 RNA 过程中，mRNA 或其他细胞核 RNA 内部的腺苷酸在 METTL3、METTL14 和 WTAP 复合体作用下在腺苷酸第六位氮原子（N）处发生了甲基化修饰，即 m6A 甲基化。

2. m6A 甲基化擦除 m6A 脱甲基酶将 RNA 甲基化修饰信号“擦除”，即介导 RNA 的去甲基化修饰过程。2011 年芝加哥大学何川教授团队首次证实脂肪量和肥胖相关蛋白（FTO）具有 m6A 去甲基化的功能。与 FTO 功能类似的 RNA 脱甲基酶还有 AlkB 同源物 5（ALKBH5）。它们都可以利用亚铁原子作为辅因子和 α-酮戊二酸作为共同底物将 m6A 位点的 *N*-甲基氧化成羟甲基。哺乳动物体内或体外沉默或过表达 FTO 和 ALKBH5 都能改变细胞中 m6A 的水平。

3. m6A 甲基化读取 m6A 甲基位点结合蛋白主要负责“读取”mRNA 甲基化修饰的信息，并参与下游 mRNA 的翻译、降解等过程。YTH（YT521-B 同源性）家族蛋白 YTHDF1、YTHDF2 和 YTHDF3 可直接结合含有 m6A 的 RNA。YTHDF1 可促进 m6A 甲基化 mRNA 的翻译，YTHDF2 加速 m6A 甲基化 mRNA 的衰变，YTHDF3 与 YTHDF1 和 YTHDF2 一起能显著增强细胞质中 m6A 甲基化 mRNA 的代谢。

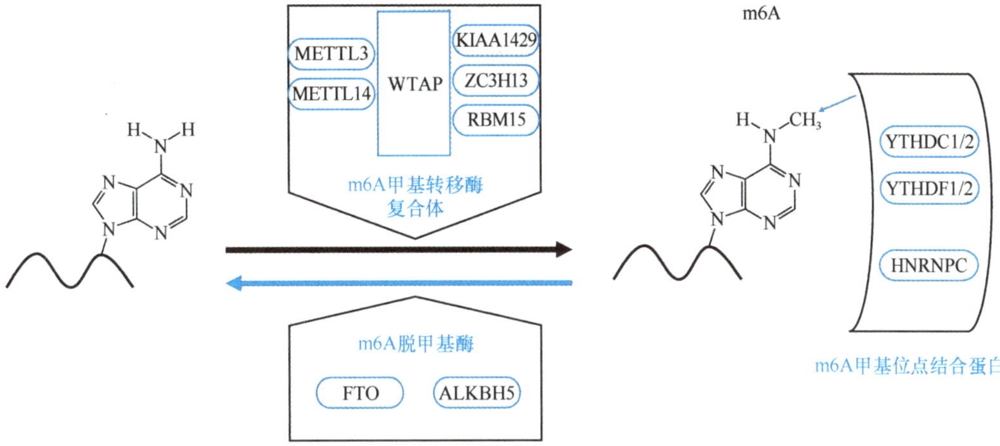

图 16-3 m6A 甲基化的写入、擦除和读取

METTL3，RNA 甲基转移酶 3；METTL4，RNA 甲基转移酶 4；WTAP，肾母细胞瘤 1 关联蛋白；KIAA1429，m6A 甲基转移酶相关蛋白；ZC3H3，锌指蛋白 C3H3；RBM15，RNA 结合基序蛋白 15；FTO，肥胖相关基因蛋白；ALKBH5，AlkB 同源物 5；YTHDC1/2，YTH 结构域包含蛋白 1/2；YTHDF1/2，YTH N6-甲基腺苷 RNA 结合蛋白 F1/2；HNRNPC，核不均一核糖核蛋白 C

五、非编码 RNA 分子的调节

非编码 RNA 指不编码蛋白质的 RNA，包括 siRNA、miRNA 等。非编码 RNA 发挥功能的方式很多，可以与蛋白、DNA 和 RNA 相互作用，参与多种细胞活动，主要包括基因的激活和沉默，RNA 的剪接、修饰和编辑，蛋白质的翻译等。比如 siRNA 可以与 Argonaute 亚家族蛋白相互作用，组成 RNA 诱导沉默复合体（RNA-induced silencing complex，RISC），直接裂解与之互补的靶基因 mRNA，引起靶基因的表达沉默，产生 RNA 干扰（RNA interference，RNAi）现象。随着对非编码 RNA 在疾病发生发展中作用的关注，非编码 RNA 作为表观遗传学调控的新机制，已成为现代遗传学研究的热点。

第二节 表观遗传学现象

本节探讨的表观遗传学现象是区别于经典遗传学、无法用孟德尔遗传定律解释的一系列遗传现象，我们将其定义为“非 DNA 突变引起的可继承的表型变化”。而且对于这些表型的变化必须是开关型的，而不仅是程度上的变化；此外，这些变化可以通过生殖细胞遗传给下一代。目前已发现的表观遗传学现象包括基因组印记、X 染色体失活以及衰老中的表观遗传学。

一、基因组印记

基因组印记（genomic imprinting），又称遗传印记（genetic imprinting）或亲本印记（parental imprinting），是指精子和卵子成熟过程中由于染色体某些区域或基因受到了不同的表观修饰（如甲基化），当不同性别亲本将其传递给子代时引起不同表型的现象。这类基因称作印记基因，来自精子的印记基因称为父源印记基因，来自卵子的印记基因称为母源印记基因。

经典的孟德尔遗传学认为，来自父母双亲同源染色体上的遗传物质对于子代的贡献是相等的，但是1984 年 McGrath 和 Surani 进行的核移植实验证明双亲遗传物质在子代中的表达是不对称的，该实验将来自雄性小鼠的雄原核取代雌原核移入小鼠受精卵中，使得小鼠受精卵单独从父源获得两套染色体，仍形成二倍体并在子宫中继续发育，结果是小鼠胚胎生长不良，而胎盘发育相对良好；相反，使用雌原核取代雄原核、单独从母源获得两套染色体的小鼠在子宫中胚胎生长良好，但胎盘发育较差。猜测父源基因组的印迹基因表达促进胎盘生长，而母源基因组的印迹基因表达则有利于胚胎生长，两者均为正常胚胎发育所必需。1991 年 DeChiara 的小鼠胰岛素生长因子 2（insulin-like growth factor-2，IGF-2）基因敲除实验证明，敲除父系的 *IGF-2* 基因使小鼠个体发育受到影响，而敲除母系 *IGF-2* 基因的小鼠个体发育并无变化，首次证实印记基因的存在，*IGF-2* 基因也是第一个被鉴定的印记基因。印记基因异常将导致疾病的发生，如 Prader-Willi 综合征和 Angelman 综合征。

二、X 染色体失活

X 染色体失活（X chromosome inactivation，XCI）是指雌性哺乳动物细胞中两条 X 染色体的其中一条失去活性的现象，在此过程中失活的 X 染色体会被包装成异染色质，进而其表达受到抑制。哺乳动物 X 和 Y 染色体是由一对常染色体进化而来，在进化过程中 Y 染色体由于基因突变没有得到重组修复而丢失了大部分的祖先基因，而在 X 染色体上这些基因得以保留，从而在两性间造成性连锁基因拷贝数的差异。已经证明胚胎或胚外组织伴性基因表达剂量的失衡是致死性的。因此，必须存在一种机制来平衡 XX 雌性和 XY 雄性的性连锁基因剂量，即为 X 染色体失活。

相关研究表明，X 染色体失活的启动依赖于 X 失活中心（X inactivation centre，Xic）。Xic 的作用是保证每一个二倍体染色体组中，仅有一条 X 染色体具有活性，而另一条 X 染色体将被选择失活。该位点可以转录一种非编码 RNA，即 X 染色体失活特异转录子（X inactive specific transcript，Xist），包绕诱导 X 染色体发生一系列的结构变化，从而引起 X 染色体失活的起始和维持（详见第四章第一节）。

三、衰老与表观遗传学

1967 年 Vaniushin 等通过对驼背大马哈鱼的研究发现，随着年龄的增长，其 DNA 中总体的 DNA 甲基化水平会降低，这一现象同样也在其他物种中被证实。此外，许多衰老相关疾病如神经退行性疾病、心血管疾病以及癌症等都与表观遗传修饰有关，这些研究结果对于人类更加深入地认识衰老的机制、设计有效的抗衰老策略以及理解衰老相关疾病的发生机制有着极为重要的意义。

大量的研究证明，生物基因组 DNA 的低甲基化，即 DNA 甲基化水平降低，是细胞和组织衰老最重要的特征之一。但是对于衰老过程中 DNA 低甲基化状态的原因仍不明确。此外在一些衰老相关疾病如动脉粥样硬化、阿尔茨海默病等中也观察到了 DNA 的亚甲基化；而在癌症的发病过程中，抑癌基因则出现高甲基化的状态，即 DNA 甲基化水平升高。Hamid 等的研究发现，在衰老的过程中，作为重要甲基供体的 *S*-腺苷甲硫氨酸的代谢会发生失调，使 DNA 甲基化模式紊乱，从而导致正常的表观遗传调控失调诱发疾病。

第三节　表观遗传与疾病

经典遗传学理论无法阐明携带相同基因组的同卵双生子在疾病易感性等方面显示出的极大差异，也解释不了基因转录的时空特异性。伴随着对表观遗传学研究的不断深入，其在人类复杂疾病发病机制中的重要作用逐渐被医学界所认同。特别是在恶性肿瘤、自身免疫性疾病等重大复杂性疾病中表观基因组学的发展，对于我们治疗和逆转复杂性疾病带来了希望。

一、表观遗传修饰与肿瘤

对于表观遗传修饰诱发肿瘤的具体机制尚不明确，但是可以确定的是肿瘤细胞中基因组整体低甲基化水平与肿瘤发生和发展的过程是密切相关的。以肝癌为例，用致癌药物诱导的小鼠肝细胞癌中的甲基化程度明显低于正常小鼠肝组织基因组，推测其作用可能与以下几个方面有关：①细胞基因组整体 DNA 的低甲基化可导致染色体的不稳定。在 DNA 甲基转移酶突变小鼠模型中，由于基因组染色体整体的变化，对小鼠从胚胎到成体的整个发育过程都会有极大的影响，而对于肝细胞而言低甲基化水平促进了抑癌基因 *apc* 的杂合性缺失，并激活 Wnt 信号通路，从而导致肝癌的形成。②细胞基因组整体 DNA 的低甲基化可激活反转录转座子。细胞基因组 DNA 低甲基化状态易使沉默的反转录转座子再次活化，结果是其他正常基因的功能被干扰，从而导致肝癌的发生。③细胞基因组整体 DNA 的低甲基化可激活原癌基因的表达。研究发现有 30.3%的原癌基因 *myc* 和 60.1%的原癌基因 *ras* 的甲基化水平较低并过量表达，证明基因组的低甲基化可能会激活原癌基因，促进肝癌的形成。

二、表观遗传修饰与自身免疫性疾病

系统性红斑狼疮（systemic lupus erythematosus，SLE；OMIM #152700）作为一种自身免疫性疾病，其发病机制是机体 T 细胞异常活化而分泌大量炎症因子，并诱导 B 细胞产生大量自身抗体。而研究显示，T 细胞的活化与 DNA 的甲基化修饰有关。研究人员利用 DNA 甲基化抑制剂 5-氮杂-2′-脱氧胞苷酸处理 $CD4^+$ T 细胞，可诱导 T 细胞异常活化，诱导 B 细胞产生大量自身抗体。将体外由 5-氮杂-2′-脱氧胞苷酸诱导异常活化的 $CD4^+$ T 细胞移入小鼠体内，可导致小鼠出现狼疮样病变。

另一个与表观遗传修饰有关的自身免疫性疾病是类风湿关节炎（rheumatoid arthritis，RA；OMIM #180300）。类风湿关节炎确切的病因和发病机制目前仍不清楚，但是随着表观遗传学的发展，越来越多的证据显示类风湿关节炎与表观遗传修饰密切相关。Karouzakis 等发现类风湿关节炎患者滑膜成纤维细胞（synovial fibroblast，SF）基因组 DNA 整体甲基化水平显著下降。使用 5-氮杂-2′-脱氧胞苷酸处理正常组织滑膜成纤维细胞，可降低滑膜成纤维细胞基因组 DNA 整体甲基化水平，导致滑膜成纤维细胞活化，诱导其产生类似类风湿关节炎患者滑膜成纤维细胞的表型。

三、表观遗传修饰与心血管系统疾病

流行病学的研究显示，高血压、动脉粥样硬化等心血管系统疾病的发生与发展除了与环境因素有关以外，遗传因素也起到了非常重要的作用。随着表观遗传学的研究深入，人们发现与心血管系统疾病发病密切相关的脂肪酸、胆固醇和脂蛋白等物质的代谢也受到表观遗传的调控。

以高血压为例，11β-羟基类固醇脱氢酶-2（11β-hydroxysteroid dehydrogenase type 2，11β-HSD-2）可以催化有活性的糖皮质激素转化为无活性的糖皮质激素。Alikhani-Koopaei 等的研究证明，11β-羟基类固醇脱氢酶-2 基因启动子及其第一外显子的 CpG 岛甲基化修饰可以引起该基因表达的差异，如果 11β-羟基类固醇脱氢酶-2 基因表达下调，肾脏 11β-羟基类固醇脱氢酶-2 活性就随之降低，使肾脏游离皮质醇水平上升，而皮质醇与醛固酮受体的结合使得盐皮质激素水平增高，从而引起低肾素、低醛固酮和盐敏感型高血压。而另一种缩血管活性肽生物合成中的关键酶内皮素转换酶-1（endothelin converting enzyme-1，ECE-1）基因启动子区域也存在 CpG 岛，该区域如果甲基化程度高会降低其转录活性，但如果相反该基因启动子区去甲基化程度升高会增强其转录活性，促进入球和出球小动脉强烈收缩，降低肾血流量和肾小球滤过率，导致尿液排泄减少，从而导致血压升高。

四、表观遗传修饰与神经精神类疾病

越来越多的证据显示，表观遗传修饰对大脑功能起着重要调节作用，特别是在哺乳动物中枢神经系统中 DNA 甲基化动力学被发现是表观遗传学调节的重要成分。大量研究发现表观遗传学在神经系统疾病的发生中也起着重要作用。Mastroeni 等通过比对同卵双生中患阿尔茨海默病（Alzheimer disease，AD；OMIM #104300）的个体与未患病个体脑部整体 DNA 甲基化水平发现，阿尔茨海默病患者脑部 DNA 甲基化水平显著下降。而近年来越来越多的证据显示另一种常见的神经系统疾病帕金森病的发病过程中也有表观遗传学修饰的参与。α-synuclein（*SNCA*）基因的表达是帕金森病发病机制的一个重要因素，研究发现人 *SNCA* 基因内含子的甲基化水平降低能促进 *SNCA* 基因的表达，这些现象在帕金森病患者的黑质、核壳及皮层均有发现，通过研究发现在帕金森病患者的黑质中，CpG-2 甲基化水平明显下降。CpG-2 区域可能是 *SNCA* 基因的内含子调控元件，其甲基化水平对 SNCA 的表达起着调控作用。这些研究表明有表观遗传学机制调控着 *SNCA* 的表达，从而影响帕金森病的发病。此外，Prader-Willi 综合征和 Angelman 综合征都是由于 15 号染色体上印记基因表达异常导致的神经行为方面的疾病（详见第六章第二节）。

知识拓展 16-2　　表观遗传疗法

表观遗传疗法旨在使用影响 DNA 表观遗传修饰的药物或方法来治疗临床疾病。可逆的表观遗传变异可以通过化学药物调节，在癌症治疗中具有广泛的前景。利用表观遗传学机制开发的肿瘤药物主要有 DNA 甲基化酶（DNMT）抑制剂、组蛋白去乙酰酶（HDAC）抑制剂、异柠檬酸脱氢酶（IDH）抑制剂、组蛋白-赖氨酸 *N*-甲基转移酶（EZH2）抑制剂。早在 2004 年，美国食品药品监督管理局（FDA）就曾批准用于骨髓增生异常综合征和白血病的非特异性 DNA 甲基化抑制剂 Vidaza（5-阿扎胞苷）上市。随后，陆续多款用于治疗白血病、淋巴瘤、骨髓瘤的表观遗传药物通过了 FDA 审核并成功用于临床治疗。目前，最新的第四类表观遗传药物研发主要以 EZH2 为靶点开发抑制剂。2023 年我国自主研发的淋巴瘤 EZH2 抑制剂 SHR2554 被报道在复发难治滤泡性淋巴瘤（FL）、外周 T 细胞淋巴瘤（PTCL）和经典霍奇金淋巴瘤（HL）患者治疗中显示出了良好的抗肿瘤活性。相关 I 期临床研究成果已发表于国际权威学术期刊《柳叶刀·血液学》（*Lancet Haematology*）。

小　结

表观遗传学是研究在 DNA 序列没有发生改变的情况下，基因的表达或者细胞表型发生可遗传改变的一门学科。目前已知的表观遗传学现象包括基因组印记、X 染色体失活以及衰老的表观遗传学等。

目前，对于表观遗传学的研究主要集中在四大调控机制，即 DNA 甲基化、组蛋白修饰、染色质重塑和非编码 RNA 分子的调节上，这四者都是在不改变 DNA 序列的情况下，通过影响染色质的结构和功能来调节基因的表达水平，当然，表观遗传的建立和维持是不稳定的，这是与 DNA 遗传最主要的区别，表观遗传信号能否像 DNA 遗传一样通过生殖细胞传递到下一代，仍然是一个亟待解决的课题。此外，对于表观遗传信息的研究对于阐明细胞分化、个体发育以及复杂疾病的发生同样具有重要意义。

复习思考题

1. 简述表观遗传修饰的分子机制。
2. 什么是基因组印记、X 染色体失活？简述重要的表观遗传现象机制。
3. 举例说明表观遗传学与疾病的关系。

（张　弋）

第十七章

遗传病的诊断和治疗

学习要点

掌握：①临症诊断的概念和主要内容；②产前诊断的概念和主要技术；③基因治疗的概念和策略。

熟悉：①症状前诊断的概念；②植入前遗传学检测的概念；③分子遗传学诊断技术的基本原理；④遗传病的常规治疗方法。

了解：①基因诊断技术在遗传病中的应用；②基因治疗的种类、主要步骤、临床应用和存在的问题。

遗传病的诊断、治疗和预防属于遗传医学的内容。遗传医学（genetic medicine）也称为临床遗传学（clinical genetics），是医学遗传学的重要组成部分，也是遗传学与临床医学相交叉的领域。遗传医学有助于临床医生用医学遗传学的基本理论、规律去认识疾病，探究遗传病的正确诊疗方法和干预手段，进而提高出生人口质量和整体健康素质。

第一节　遗传病的诊断

遗传病的诊断是一项复杂的、跨学科的临床实践，是目前医学遗传学临床实践的主要内容。与常规的临床诊断不同，病因诊断是遗传病诊断最突出的特点。遗传病诊断主要是利用遗传学基本知识与技术方法，通过对患者及家系成员进行遗传学检查，筛查与确定导致疾病的遗传物质的改变，从而为遗传病提供确诊、治疗与预防的依据。因此，遗传病的诊断既要求扎实的基础理论知识，又需要丰富的临床经验，还要求有多学科的密切配合以及先进的辅助诊断仪器设备和技术。

根据诊断时间的不同，遗传病的诊断可分为临症诊断、症状前诊断、产前诊断和植入前遗传学检测。

一、临症诊断

临症诊断（symptomatic diagnosis）是指患者已经出现症状，医生根据患者症状体征、系谱和相关的遗传学检查结果进行分析，对疾病做出诊断，并判断遗传方式。临症诊断是遗传病临床诊断的主要内容。

遗传病的临症诊断不仅遵循一般疾病的诊断原则，还需要在询问病史时着重了解患者的家族史、婚姻史和生育史，查看症状体征时注意遗传病特殊的临床表现；系谱分析也是遗传病诊断的必要内容之一；除了一般的辅助检查如血清学检测、影像学检查等之外，必须以遗传学检查的结果作为确诊的主要依据。

（一）病史、症状与体征

1. *病史*　包括就诊者的主诉、家族史、婚姻史和生育史等信息。由于遗传病多有家族聚集现象，所以病史采集要准确详尽。在采集病史过程中，应重点注意以下方面：

（1）家族史：家族史即整个家系患同种疾病的历史。询问家族史对分析该病是否为遗传病和判断可能的遗传方式非常重要，因此是遗传病诊断的重要环节。医生在询问家族史时需注意就诊者或代述人由于记忆能力、精神状态、文化程度和思维判断能力等因素，造成对症状、体征等描述不够准确或不全面。另外，对于单基因病而言，家系中出现两个或两个以上的患者比较常见。但是对于染色体病，由于患者多为新发的遗传物质异常而致病，所以多数缺乏阳性家族史。

（2）婚姻史：应着重询问婚龄、结婚次数、配偶健康情况以及是否为近亲婚配等。

（3）生育史：应着重了解生育年龄、子女数目及其健康状况，是否有自然流产、死产或早产史。如果有新生儿畸形、死亡或患病，还应了解患儿出生时有无产伤、窒息等，妊娠早期有无接触致畸物质或患病毒性疾病等。

2. 症状与体征　遗传病既有与其他疾病相交叉的症状与体征，又有其特殊的临床表现。如 21-三体综合征患儿多伴有先天性心脏病，但是智力障碍、特殊面容等症状体征则一般是先天性心脏病所不具有的，因此当医生认为就诊者可能患有遗传病时应注意该遗传病的特异症状和体征。如苯丙酮尿症患者有特殊腐臭味尿液、汗液；猫叫综合征患儿哭声似猫叫等。另外，还要注意患者的生长发育、智力水平、性器官和第二性征发育等是否存在异常。

染色体病由于涉及较多基因的缺失或重复，临床上往往表现为同时累及多个组织器官的综合征型表现，出生后即可能观察到“特殊面容”、异常皮纹、组织器官的先天畸形等。而多数单基因病的临床表现比较单一，如地中海贫血以溶血性贫血为主要表现；血友病以出血倾向为主要表现等。由于基因的多效性，单基因病也可表现出多种症状，如溶酶体贮积病不仅可导致智力障碍，还可能会引起生长发育迟缓等。

（二）系谱分析

在了解家族史、生育史后，应绘制系谱图并进行系谱分析。系谱分析可利于判断是否是遗传病；如果是遗传病，可以进一步区分是单基因病、多基因病还是线粒体遗传病；如果是单基因病，则可以通过系谱分析判断是何种方式遗传的单基因病。

绘制系谱应注意：①完整性。至少有三代以上。系谱的完整性可能会因为主诉者文化程度、记忆和判断能力以及家庭成员分散程度的差异而受到影响。②可靠性。涉及非婚子女、婚姻变更、收养等家庭成员隐私问题时，应细心劝说主诉者积极配合，避免影响系谱的可靠性，并且尽可能对有关成员进行逐个查询和资料核实。

系谱分析时应注意：①在一些常染色体显性遗传病家系中，可能存在外显不全或延迟显性的家系成员，两者均携带显性致病基因，其中前者可能终生不发病，后者或许在家系患者就诊时还未发病，因此在系谱上可能出现隔代遗传的现象，不要误判断为隐性遗传病；②单基因病还应注意孟德尔遗传定律以外的因素，包括遗传印记、遗传异质性和动态突变等；③目前家庭子女普遍较少，小家系较多，当见到仅有一个患者的家系时，可优先考虑常染色体隐性或 X 连锁隐性遗传，但不能排除新发突变导致显性遗传病的可能。

（三）一般检查

遗传病诊断的一般检查包括除遗传学检查以外的所有临床检查方法，如生化检查、影像学检查、电生理检查和病理检查等。

生化检查在遗传病诊断，尤其是单基因病的诊断中起着非常重要的作用。在单基因病中，由于基因突变可表现为酶和蛋白质的质和量的改变，所以通过对这些蛋白质的数量或酶活性进行实验室检测，可以用于辅助诊断单基因病，尤其是分子病和先天性代谢缺陷疾病。生化检查取材标本多为血液或特定组织细胞，通过对特定的酶、蛋白质进行质和量的测定以判断是否为某种单基因病。例如，疑为苯丙酮尿症患者可检测其血清苯丙氨酸浓度；进行性假肥大性肌营养不良患者可检测血清磷酸肌酸激酶活性；地中海贫血患者可通过血红蛋白电泳检测血红蛋白组分有无异常；血友病 A 可检测凝血因子Ⅷ的活性；G6PD 缺乏症可以通过检测 G6PD/6PGD 比值辅助诊断（案例 19-6）。但是一种酶缺乏不一定在所有组织中都能检测出来，即有的酶表达有组织特异性，如苯丙氨酸羟化酶通常只在肝细胞中表达，所以苯丙酮尿症患者如果要检测此种酶活性不能使用血液，而要采用肝脏活检取得少量肝细胞。

皮肤与神经系统遗传病在临床中较为常见，两者往往具有一些共同的特点，比如遗传异质性强、症状体征交叉程度高、鉴别诊断困难等。因此皮肤的遗传病诊断经常需要做组织病理检查，神经系统遗传病诊断则经常需要影像学检查、电生理和病理检查以助于鉴别诊断。如进行性肌营养不良症患者肌电图检查可提示肌源性损伤，脊肌萎缩症患者肌电图检查则提示神经源性损伤等特征性改变。

（四）遗传学检查

许多遗传病可以具有相同或相似的症状（如智力障碍），所以仅凭病史、症状和体征很难做出诊断，而一般检查也不是都可以确诊遗传病，必须结合遗传学检查才能确诊。

1. 染色体病　对于染色体病而言，核型分析是确诊该类遗传病的主要方法（案例 19-1、案例 19-3）。随着显带技术的应用和高分辨显带技术的出现和改进，更多的染色体畸变被发现（案例 19-2）。荧光原位杂交技术（fluorescence in situ hybridization，FISH）由于快速、灵敏度高、特异性强等优点，也已广泛应用于染色体畸变检测和基因定位等领域中。

用于核型分析的标本主要取自外周血，孕期可以取胎儿的绒毛细胞、羊水中胎儿的脱落细胞和脐血，肿瘤患者则主要是取骨髓、胸腔积液、腹水和手术切除的病理组织。

一般有下列情形之一者，建议进行染色体检查：①智力障碍、生长发育迟缓或伴有先天畸形者；②父母之一有染色体异常（如缺失、易位或重复等）的胎儿；③反复流产、死产的妇女及其丈夫；④家族中已有染色体异常或先天畸形的个体；⑤疑为 21-三体综合征的患儿及其父母；⑥男女原发性不育症者、高龄孕妇；⑦原发闭经；⑧两性内外生殖器畸形者。

需要特别注意的是，染色体核型变异并不一定是异常，还有多态性的可能，所以将染色体检查中发现的染色体可疑异常核型与临床表现相联系是染色体病确诊的核心。当两者的联系难以确定时，可以了解患者一级亲属中的健康者是否具有该核型，以及调研该变异核型是否存在于其他类似表型的患者中。如果在患者中非常常见，则可以认为是确诊染色体病的重要依据。反之，则应尽量排除染色体多态性的可能，可采用微阵列比较基因组杂交（array-based comparative genomic hybridization，aCGH）或单核苷酸多态微阵列（single nucleotide polymorphisms array，SNP-array）等方法对染色体进行更详细的分析。

如果遗传物质发生微缺失和（或）微重复（100kb～10Mb），患者主要表现为智力障碍为主的综合征，可以采用荧光原位杂交、比较基因组杂交、微阵列比较基因组杂交、单核苷酸多态微阵列及测序等方法进行检测。

2. 单基因病　单基因病的遗传学检查主要是基因诊断。基因诊断（gene diagnosis）又称为分子诊断，是利用核酸分析技术直接从基因水平（DNA 或 RNA）检测遗传病的基因异常而做出诊断（案例 19-4、案例 19-5）。但从严格意义上说，基因诊断应包括实验室基因检查和基因型/表型关系分析两个步骤。

3. 肿瘤　某些恶性肿瘤除了影像学、病理学等检测之外，在诊断或治疗时还需要做染色体或基因检测。慢性髓性白血病是最典型的一个例子：该肿瘤中 95%左右的患者有 Ph 染色体，因此 Ph 染色体可作为慢性髓性白血病的诊断依据之一；从分子机制上看，Ph 染色体阳性意味着 *BCR-ABL* 融合基因的形成，所以也可以直接检测该融合基因。而且，Ph 染色体或 *BCR-ABL* 融合基因与治疗效果和预后也有一定关系。

从 20 世纪 70 年代基因诊断诞生至今，基因诊断的病种和技术都有长足的发展。近十年来，能进行基因诊断的单基因病已近 3000 种，涵盖了绝大多数临床常见的致死、致残、致愚性疾病。近年来出现的一些分子遗传学技术，如用于高通量基因突变检测的二代测序和用于基因外显子水平缺失/重复检测的多重连接依赖式探针扩增（multiplex ligation-dependent probe amplification，MLPA）等技术，也显著提高了基因突变的检出率。

主要技术介绍详见本章第二节。

二、症状前诊断

症状前诊断（presymptomatic diagnosis）是对遗传病家系中的患病高风险个体在症状出现前进行临床诊断。症状前诊断主要是针对单基因病，而且前提条件是家系患者已明确临床诊断，且已证实家系的致病性突变。

进行症状前诊断的目的主要有：①早预防、早治疗。有少数延迟显性遗传病可以对症治疗，如家族性多发性结肠息肉，症状前诊断可以帮助受检者了解自己是否携带致病突变，并及早采取医疗措施，从而避免或降低结肠癌的发生。②避免患者出生。神经系统的延迟显性遗传病，虽然发病较晚，但发病后病情会逐渐加重以致生活难以自理，属于严重致残致死性遗传病。对家系高风险个体进行症状前诊断，有利于提前做好心理准备与生育的医学安排，从而避免影响子代。③职业选择。如神经系统的遗传病多为延迟显性，一旦发病，进行性发展会严重影响患者的工作能力，因此早发现有利于提前做好职业规划。

对于延迟显性的严重遗传病进行症状前诊断是必要且可行的。但需要注意的是，症状前诊断存在一定程度的伦理学冲突。如上面提到的第 2 种目的，如果延迟显性的遗传病没有有效医疗措施防止发病和治疗，那么受检者在得知结果呈阳性后可能会有思想负担。另外，对未成年人的诊断尤其值得商榷。根据有益无害的原则，未成年人如无明确社会或医学原因，不宜在成年前进行症状前诊断，以免影响未成年人的成长。

三、产前诊断

产前诊断（prenatal diagnosis），也称出生前诊断或宫内诊断，是以羊膜腔穿刺和脐静脉穿刺等有创性技术为主要手段，对羊水、脐血或绒毛膜中胎儿细胞的染色体或基因进行遗传学检测，以判断胎儿的染色体或基因是否正常。产前诊断是在遗传咨询和产前筛查的基础上，对高风险的妊娠进行诊断，是预防遗传病患儿出生的有效手段，也属于遗传病预防的重要环节。

产前诊断的目的并不仅仅是检测异常胎儿，随后终止妊娠。产前诊断的目的还有以下几种：①产前诊断结果正常可以使产前筛查高风险或其他高危孕妇及其家属解除心理负担；②产前诊断后，部分遗传病可以进行宫内治疗或出生后尽早治疗干预。

（一）产前诊断的对象

染色体病产前诊断的指征主要有：①35 岁以上高龄孕妇；②产前筛查或产前影像学检查提示出生缺陷高风险的孕妇（案例 19-1）；③夫妇之一有染色体异常；④夫妇核型正常，但曾生育染色体病患儿或畸形儿；⑤夫妇核型正常，但有 2 次以上原因不明的自然流产、死胎或新生儿死亡史。

单基因病产前诊断的基本条件包括：①严重致愚、致残、致死的单基因病；②家系中先证者临床诊断明确，致病基因已知，且胎儿有较高发病风险。

另外，有些孕妇尽管有上述指征，但有下列情况之一则不宜进行有创性产前诊断：①已发生稽留流产或先兆流产；②孕周过大；③有出血倾向；④仅要求做胎儿性别鉴定。

（二）产前诊断的技术

产前诊断技术分为有创（伤）性和无创（伤）性两类。有创性技术是因为其取材过程对胎儿和母体有一定比例的风险与损伤，故称之为有创性。

1. 有创性技术　也称为侵袭性技术。有创性技术主要包括羊膜腔穿刺术、脐静脉穿刺术和绒毛取样法。

（1）羊膜腔穿刺术：羊膜腔穿刺术（amniocentesis）是最常用的有创性产前诊断技术。早在 20 世纪 50 年代，该技术首先应用于胎儿性别鉴定及胎儿 Rh 溶血性疾病的诊断。随后羊水细胞培养技术的成功建立，使得羊膜腔穿刺术广泛应用于胎儿染色体核型分析及单基因病的产前诊断。

羊膜腔穿刺在妊娠 16～20 周进行最佳，此时羊水量较多，穿刺成功率高，并且羊水中的细胞培养成功率也较高。主要步骤：术前常规 B 超检查以了解胎心率，估计孕周，明确胎盘位置、羊水深度及胎儿数，并选择穿刺部位；用消毒的 20～22 号腰穿针或一次性产前诊断穿刺针，通过孕妇腹壁、子宫壁进入羊膜腔；见有淡黄色清亮羊水溢出，接上注射器，获得羊水标本（图 17-1）。一般抽取羊水 20ml 左右。羊水中含有胎儿的脱落细胞，经离心后上清可用于生化检测，细胞经体外培养后可用于产前诊断。

羊膜腔穿刺术已经非常成熟，风险相对较小，引起流产或早产的风险为 0.5%～1%，母体感染、Rh 溶血则更加少见。

（2）脐静脉穿刺术：脐静脉穿刺术是在 B 超监视下，用一细针经孕妇腹壁进入胎儿的脐带，抽取胎儿脐静脉血 1～2ml（图 17-2）。该方法一般在妊娠 18 周到分娩前都可以进行，但不同医院实施的具体时间可能会有所不同。该方法与羊膜穿刺术相比难度增大、手术并发症的风险也增高，所获取的胎儿血标本必须进行胎血鉴定排除母血污染，以确保结果的准确性。由于该方法可用于妊娠中晚期的检测，为已错过羊膜穿刺时机或因羊水细胞培养失败的孕妇提供了做产前诊断的机会，因而脐静脉穿刺术在产前诊断中仍然占有重要地位。

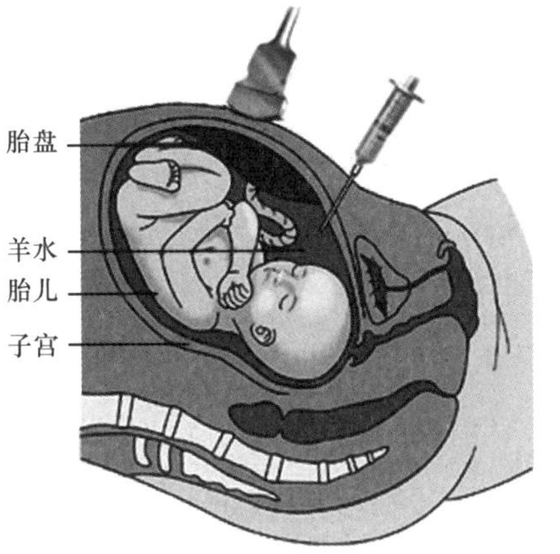

图 17-1 羊膜腔穿刺术示意图

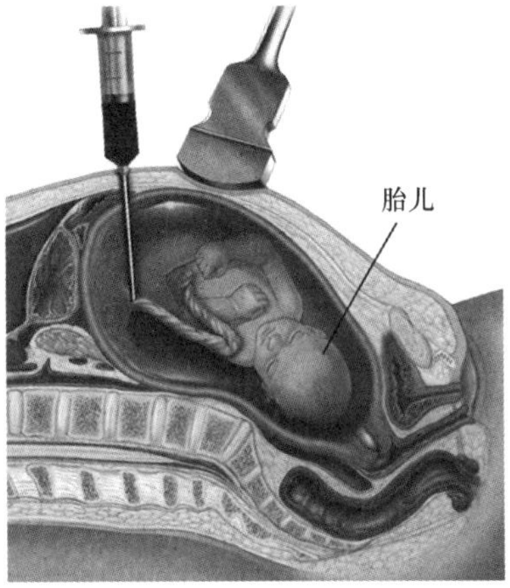

图 17-2 脐静脉穿刺术示意图

（3）绒毛取样法：绒毛取样法（chorionic villus sampling，CVS）同样是在 B 超监视下，用一根特制的导管（末端套一个注射器）经宫颈或腹壁到达取样位置后吸取绒毛组织（图 17-3）。绒毛取样法的优势是孕早期（孕 10～13 周）即可进行；而且绒毛组织中含有大量的处于分裂期的细胞，所以通过该方法获得的绒毛细胞可以直接用于染色体制备，从而缩短确诊时间。缺点是手术导致的流产风险较羊膜腔穿刺高，为 1%～3%；而且由于绒毛组织嵌合型的存在，可能导致假阳性或假阴性的结果。

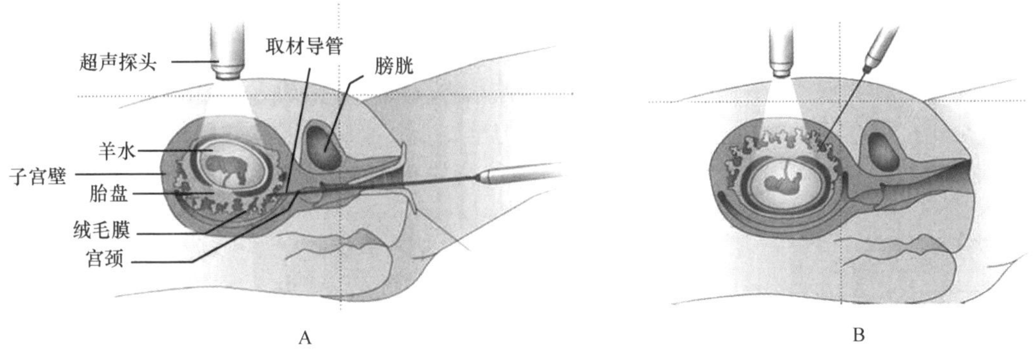

图 17-3 绒毛取样法示意图

A. 经宫颈绒毛取样；B. 经腹壁绒毛取样

2. 无创性技术　目前常用的无创性技术有 B 超和磁共振。近年来，临床逐渐开展了孕妇外周血胎儿游离 DNA 的检测，这是一种无创性产前检测（non-invasive prenatal test，NIPT），但是由于此检测结果仍然存在一定的假阴性与假阳性，目前的一般共识是将 NIPT 定位于高精度的产前筛查，因此也称为无创性产前筛查（non-invasive prenatal screening，NIPS）。

（1）B 超：可以对胎儿外形和部分器官组织的畸形进行检查，如唇腭裂、脑积水、神经管缺陷、先天性心脏病等。B 超对胎儿和孕妇基本无损害，但是一般在妊娠 20 周以后才能较详细准确地检查出胎儿畸形，所以一旦检出胎儿畸形需要终止妊娠时对母体损伤较大。

（2）磁共振成像：磁共振成像（magnetic resonance imaging，MRI）以其无放射性、多切面成像和良好的软组织对比分辨率等优点，成为 B 超诊断的重要补充。MRI 一般在孕中、晚期应用，在诊断胎儿中枢神经系统、胸部和盆腹腔畸形，尤其是胸部不典型病变或合并多种复杂畸形方面更加具有优势。

（3）孕妇外周血胎儿游离 DNA 的检测：孕妇血液循环中胎儿 DNA 以两种形式存在，一是存在于进入母体血液循环中的胎儿完整细胞内，二是游离于母体血浆中。分离孕妇外周血中的胎儿细胞，费时长、操作复杂，富集的胎儿细胞数量少、纯度不高，较难应用于临床，因而从孕妇外周血中直接提取胎儿游离DNA（cell-free fetal DNA，cffDNA）进行产前检测为无创性产前检测提供了一条新的途径。

胎儿游离DNA一般在妊娠第7周即可检出，随着孕周增大，胎儿游离DNA的水平会逐渐增高，其平均比例可达到孕妇血浆游离DNA的10%。我国开展检测的时间是孕12～22^{+6}周。目前，无创产前检测主要用于筛查胎儿非整倍体（21-三体、18-三体、13-三体）、排查胎儿Rh血型以及产前诊断某些单基因病等。

该方法对母体和胎儿无损伤、孕妇易于接受，并且21-三体综合征的检出率为98.8%，但是该技术与传统产前诊断技术相比仍有一定的缺陷。例如，孕妇血液中的胎儿DNA浓度并不一致，如果浓度低于5%可能造成准确度下降；诊断病种多限于21-三体综合征、18-三体综合征和13-三体综合征，尽管目前可扩展到筛查性染色体非整倍体（如特纳综合征）和22q11.2缺失综合征，但不适宜检测染色体的易位型、嵌合型等。

四、植入前遗传学检测

植入前遗传学检测（preimplantation genetic testing，PGT）是指通过体外受精（in vitro fertilization，IVF）或单精子卵细胞胞质内注射（intracytoplasmic sperm injection，ICSI），获取卵裂球胚胎或囊胚期胚胎，活检1～2个卵裂球细胞或3～5个囊胚外胚层细胞进行遗传学分析，再选择无遗传性缺陷的胚胎移植进母体子宫，是一种将辅助生殖技术与遗传学诊断技术相结合的新型产前诊断技术。

目前，植入前遗传学检测用于辅助生殖领域可以检测的遗传病包括单基因遗传病和染色体病，在多基因病、线粒体病和HLA配型等方面也有临床尝试。近年来，单细胞PCR、荧光原位杂交、基因芯片、二代测序等技术已用于植入前遗传学检测，这些技术扩展了植入前遗传学检测疾病谱的范围。

与传统产前诊断技术相比，植入前遗传学检测的优势主要体现在胚胎植入前进行检测，从而避免非意愿性流产带给孕妇的身心创伤及相应的宗教、伦理学的争议，也避免了因绒毛取样、羊膜腔穿刺或脐静脉穿刺等操作所带来的流产、出血和宫腔感染等并发症风险。然而，植入前遗传学检测本身还存在一些技术上的挑战，例如，早期胚胎的嵌合现象可能导致误诊、需要在很短的时间内完成遗传分析、可安全获得用于检测的遗传物质数量有限、费用昂贵等，这些是制约其推广的主要障碍。

无论是实施哪一种产前诊断技术，医生都有必要与孕妇及其家属进行有效的沟通，使其了解胎儿患某种遗传病的风险、这种遗传病的特征及可能的后果、所施行的产前诊断技术操作的危险性及局限性等情况。

知识拓展17-1　　“无创产前检测之父”卢煜明

卢煜明，香港中文大学教授。作为无创产前检测的奠基人，他发现了孕妇外周血中存在游离的胎儿DNA，并发展出了一套新技术来准确分析母亲血浆内的胎儿DNA。但是这一革命性技术的背后，是研究过程中的不断思考与尝试和令人赞叹的永不言弃的精神。

卢煜明尚在牛津大学读医科时，对PCR技术的兴趣和在妇产科的实习使他萌生了一些“可笑”的想法：有没有可能用安全的方法，如采用孕妇血液检测胎儿是否正常？能否将PCR技术应用到产前检测？因此在实习结束后，他重返牛津大学读博士，同时继续无创产前检测（NIPT）的研究。但是从1989年至1996年夏天，一直没有得到理想的结果。1996年9月他看到两篇关于癌症患者血浆中发现癌细胞DNA的文章，这两篇文章使卢煜明联想到：胎儿生长在母体里，其实和癌细胞生长在患者体内差不多，两者既然有共同点，那么在孕妇的血浆中应该也存在胎儿的DNA。

随后，无论是在英国还是回到中国香港，他一直致力于该方面的研究。首先是如何从母体血浆中提取微量的胎儿DNA。该研究的灵感来自于煮方便面，他通过“煮”血浆的方法在母体血浆中提取到了胎儿DNA。其文章“*Presence of fetal DNA in maternal plasma and serum*”发表在《柳叶刀》杂志上，成为NIPT历史上具有里程碑意义的重大发现。善于思考的卢煜明后来通过实时定量荧光PCR技术研究了孕妇血浆中胎儿游离DNA的含量、片段大小等特点，并成功利用胎儿游离DNA检测了胎儿性别和血型等。他还与其他人合作采用高通量测序对21-三体及正常样本进行测序，结果100%吻合，完美验证了NIPT在临床上的可行性与可信性。卢煜明教授也因此被业内人士赞誉为“NIPT之父”。

善于钻研，永不止步。卢煜明随后又考虑能否将整个胎儿的基因组图谱做出来。而该想法的实施据说又得益于2009年夏天他观看的3D大片《哈利波特与混血王子》。当片头“Harry”中的“H”从屏幕缓缓飘出时，他马上想起一个众所周知却一直被忽视的事实：孩子的遗传物质来自父母，因此可以用父母的基因组数据作为蓝本，将胎儿的DNA碎片连接起来。很快，他带领的团队与合作者一起，首次在孕妇外周血浆中获得了胎儿的全基因组图谱。

如今，卢煜明的团队又在相似的理论基础上，继续开发代替活检的血液和尿液查癌，他的奇思妙想正在逐步实现。

第二节 遗传病诊断技术

检测遗传物质有无异常是确诊遗传病的重要依据。染色体病诊断技术包括显带核型分析和荧光原位杂交等。单基因病和线粒体遗传病最直接的诊断方法是基因诊断。

一、细胞遗传学和分子细胞遗传学诊断技术

（一）细胞遗传学诊断技术

细胞遗传学诊断技术主要是显带核型分析。20世纪70年代发展起来的染色体显带技术是细胞遗传学研究的一大突破，它使研究工作者不仅能准确识别每一条染色体，而且可以精细地识别每一条染色体的每一个区段。利用该技术，研究者不但从染色体水平上找到了发育缺陷、心血管疾病、肿瘤等的原发性改变、发现了100余种染色体病，而且将某些相关基因定位在一个较小范围内，从而加速了单基因病的基因克隆。染色体显带技术发展至今，根据对染色体处理方法和染料的不同，已有十余种显带技术，包括G显带（最常用）、Q显带、R显带、T显带、C显带、N显带等。常规制备的G显带染色体只能显示400条带左右，而采用甲氨蝶呤、过量胸腺嘧啶核苷等将有丝分裂的细胞阻断在S期的同步培养方法，可以制备出有丝分裂早期的染色体标本，所获得染色体条纹较常规制片更丰富、更精细，此为高分辨显带染色体制备技术，它可在每个细胞的单套染色体上获得近1000条带，从而可检测染色体的微小异常（详见第四章第二节）。

（二）分子细胞遗传学诊断技术

传统的显带技术能够准确地诊断染色体数目异常和明显的结构畸变，但往往不能检出低于5Mb的染色体结构畸变。因此，利用克隆的DNA探针检测染色体的分子细胞遗传学诊断技术应运而生，这些技术大大提高了染色体病检测的分辨率和准确性。

1. 荧光原位杂交　把某条染色体或某个区带的特异DNA用带有荧光染料的地高辛、生物素等标记作为探针，与染色体或间期细胞进行杂交，然后在荧光显微镜下观察杂交后的颜色信号以检测染色体，这种方法称为荧光原位杂交（fluorescence in situ hybridization，FISH）。FISH可鉴别难以确定的染色体结构异常并迅速（1～3天）诊断染色体数目异常。不同的荧光染料可显示不同的颜色，具有快速、灵敏度高和特异性强等优点，现已广泛应用于细胞遗传学、分子细胞遗传学、基因定位等领域中。

FISH可以分为常规分裂期FISH、间期FISH和多色FISH。常规分裂期FISH可快速准确识别染色体易位和任何区域来源的异常染色体片段；间期FISH不需要进行细胞培养，检测更加方便快速，而且可直接在组织切片上进行检测；多色FISH适用于检测染色体微缺失、染色体易位携带者、不同染色体区域的结构异常、同时存在的几种染色体数目异常等（图17-4）。

2. 微阵列芯片杂交　染色体显带分析和FISH可检测出染色体结构变异，但实验操作烦琐，而且不能覆盖全基因组，所以难以提供染色体变异位点的精确定位。微阵列比较基因组杂交（array-based comparative genomic hybridization，aCGH）和单核苷酸多态微阵列（single nucleotide polymorphism array，SNP-array）的出现，则解决了上述难题。

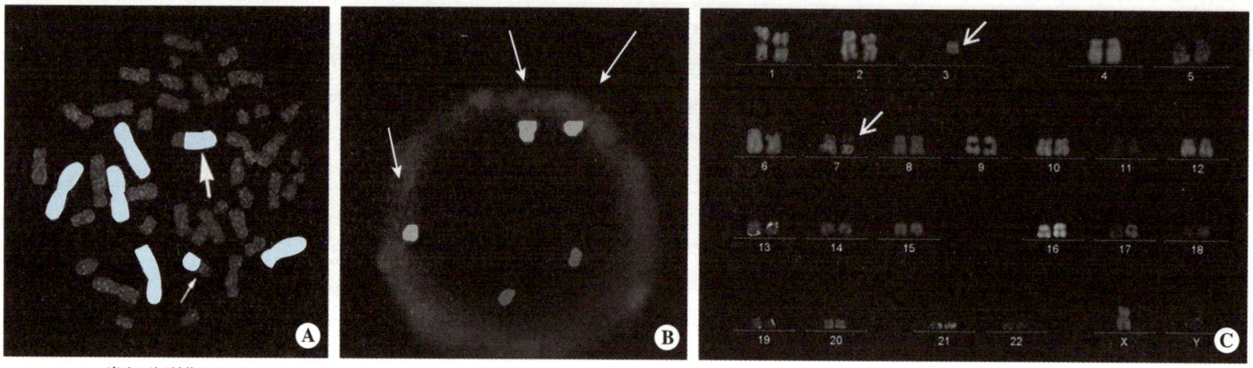

常规分裂期FISH　　间期FISH　　多色FISH

图 17-4　荧光原位杂交

A. 箭头所示为两条相互易位的染色体；B. 箭头所示为 21 号染色体；C. 箭头所示为易位片段，通过颜色看出是 3 号染色体和 7 号染色体发生了相互易位

aCGH 和 SNP-array 的基本原理是：荧光标记 DNA，与全基因组 DNA 芯片或 SNP 芯片杂交。杂交后的芯片经激光扫描，所得的数据再用计算机进行分析。

这两种微阵列芯片杂交技术综合了染色体显带分析和 FISH 的优势，还覆盖了全基因组，具有极高的诊断率和准确性。目前，这两种技术已在诊断儿童孤独症、智力障碍等染色体相关的微缺失和微重复综合征，以及胎儿发育异常、流产胎儿组织、白血病和肿瘤组织的 DNA 检测中发挥了重要作用。但是尚不能用于检出染色体相互易位、插入易位、倒位等染色体的平衡重排。

二、分子遗传学诊断技术

利用分子遗传学技术在 DNA 或 RNA 水平上对某一基因进行突变分析，从而对特定的疾病进行诊断称为基因诊断（gene diagnosis）。基因诊断的策略有两种：①直接诊断，即对致病基因有无异常直接进行检测。这种策略只能适用于已知基因异常的疾病，如进行性假肥大性肌营养不良，这种单基因病致病基因已明确，且突变类型多为缺失和点突变，因此可进行直接检测。通常使用基因本身或相邻 DNA 序列作为探针与标本进行杂交，或通过 PCR 扩增检测基因有无突变、缺失等异常。②间接诊断，通过对受检者及其家系进行连锁分析来推断受检者是否获得了带有致病基因的染色体，因此又称基因连锁分析。间接诊断适用于致病基因虽然已知但其致病变异未知、或致病基因本身未知的疾病。

（一）直接检测 DNA 突变的技术

1. 核酸分子杂交　用已标记的核酸单链作为探针，在一定条件下，与待测样品的核酸片段进行杂交，从而确定两者的同源程度，鉴定靶序列是否存在、靶序列分子大小以及进行靶序列的相对定量。核酸分子杂交主要包括斑点杂交、Southern 印迹杂交等技术。

（1）斑点杂交：斑点杂交（dot blot hybridization）直接将被测 DNA 或 RNA 样品固定于小孔径硝酸纤维素膜或尼龙膜上，再与已标记的探针相杂交。根据杂交图谱可知目的基因是否存在，根据杂交信号的放射性强度或光密度可估计待测基因的数量（图 17-5）。如果是将探针固定于膜上，然后与样品杂交，则称之为反向斑点杂交。

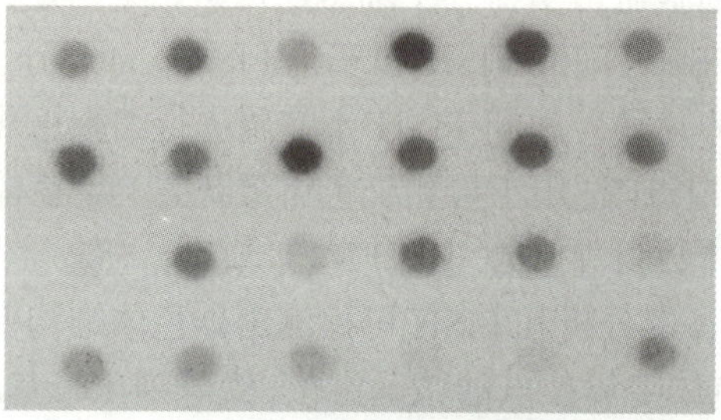

图 17-5　斑点杂交结果

图中圆形斑点颜色有无代表杂交基因是否存在，颜色深浅代表杂交基因量的高低

（2）原位杂交：原位杂交（in situ hybridization）用特定标记的已知核酸片段作为探针，直接与细胞或组织切片中的核酸进行杂交反应，再经过显色，检测 DNA 在细胞核或染色体上的分布及特定基因在细胞中的表达情况（图 17-6）。

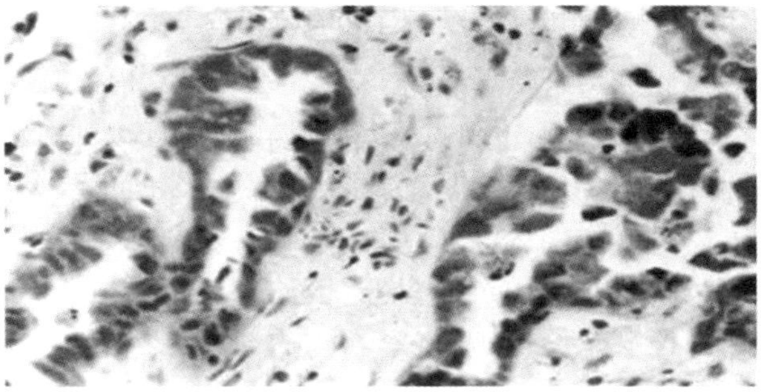

图 17-6　原位杂交结果

图中褐色区域代表 β-cat mRNA 在肺腺癌组织的表达情况

（3）Southern 印迹杂交：Southern 印迹杂交是最经典和应用最广泛的杂交方法，是指将电泳分离的待测 DNA 片段结合到一定的固相支持物上，然后与存在于液相中标记的核酸探针进行杂交，分析基因组 DNA 有无变异的过程。利用 Southern 印迹杂交可进行酶谱分析、基因突变分析、限制性片段长度多态性分析等。

（4）Northern 印迹杂交：Northern 印迹杂交原理同于 Southern 印迹杂交，用于检测 RNA。

（5）等位基因特异性寡核苷酸杂交：等位基因特异性寡核苷酸杂交（allele-specific oligonucleotide，ASO）是根据已知基因突变位点的碱基序列，设计和制备探针。当被检 DNA 序列与探针不完全互补时，使只有一个碱基的差异，杂交分子也不能稳定形成，因此杂交信号将明显减弱或缺失。探针一般需要两种：正常探针和突变探针。如果待测 DNA 样本只能与正常探针杂交即意味着是正常个体，反之为患者；如果与两种探针都能杂交，则为杂合体（图 17-7）。

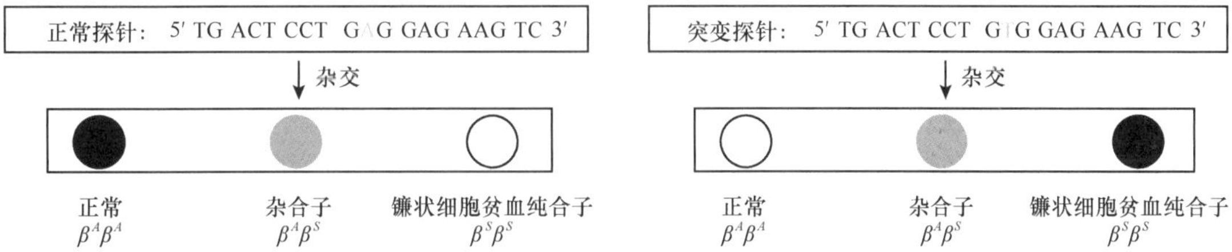

图 17-7　ASO 鉴定镰状细胞贫血

2. 聚合酶链式反应　聚合酶链式反应（polymerase chain reaction，PCR）是最基本、最广泛应用的 DNA 突变检测技术。该技术的原理是用一对能分别与靶基因序列配对的人工合成的寡聚核苷酸引物，在耐热 DNA 聚合酶的作用下扩增目的基因片段，通过变性、退火及延伸的循环周期，使靶序列拷贝数呈指数倍增加，因此可以在几小时内将特定的 DNA 或 RNA 迅速扩增至几十万甚至几百万倍。

PCR 技术有快速、经济、灵敏度高等很多优势。自 Mullis 于 1985 年发明 PCR 技术以来，已经衍生出几十种相关的 PCR 方法，如多重 PCR、RT-PCR、巢式 PCR、实时定量 PCR（real-time quantitative PCR）、数字 PCR（digital PCR）等。实时定量 PCR 在临床已应用于传染病检测，而在遗传病领域主要用于少数已知特定突变的检测。在实时定量 PCR 基础上发展起来的多色探针熔解曲线分析技术（multicolor melting curve analysis，MMCA）适用范围更广，目前已成功用于点突变、缺失和插入的检测。另外，还有一种基于实时定量 PCR 的技术——高分辨率熔解曲线分析（high-resolution melting analysis，HRM）能够进行突变扫描、基因分型、法医鉴定和甲基化研究等。数字 PCR 是在普通 PCR 和实时定量 PCR 基础上发展起来的第三代 PCR 技术，通过有限稀释和泊松分布统计实现 DNA 的绝对定量检测，且灵敏度更高，可用于无创产前检测、基因突变检测、肿瘤液体活检、病原微生物检测等领域。PCR 还常与其他技术结合进行基因诊断。

（1）PCR-限制性片段长度多态性：是 PCR 与限制性片段长度多态性（restriction fragment length polymorphism，RFLP）相结合的一种技术。由于 DNA 多态性可改变限制性内切酶的酶切位点，所以导致酶切后 DNA 片段长度发生变化，即称之为 RFLP。在具有多态位点的 DNA 序列的两端设计引物，PCR 扩增 DNA 片段，产物经限制性内切酶酶切后，大小不同的片段通过电泳即可方便识别。

（2）PCR-单链构象多态性：不同构象的等长 DNA 单链在中性聚丙烯凝胶中电泳迁移率会有所改变，称为单链构象多态性（single strand conformation polymorphism，SSCP）。当 DNA 序列发生改变，甚至只有一个碱基变化时，空间构象即可能发生改变，电泳时迁移率便有所不同。PCR-SSCP 常用于初步筛查突变分子。

3. 变性高效液相色谱　变性高效液相色谱（denaturing high performance liquid chromatography，DHPLC）是一种针对可能的未知单核苷酸多态性和突变的筛查技术。此技术曾用于对一些遗传病开展基因诊断或突变筛查，包括马方综合征、白化病、进行性假肥大性肌营养不良及一些线粒体遗传病和甲基化异常疾病。

4. 多重连接依赖式探针扩增　多重连接依赖式探针扩增（multiplex ligation-dependent probe amplification，MLPA）是 DNA 探针杂交和 PCR 技术的结合，可以对待检 DNA 序列进行定性和半定量分析。其基本实验流程和原理包括 DNA 变性、探针和靶序列 DNA 杂交，之后通过连接、PCR 扩增，产物通过毛细管电泳分离，数据收集后用分析软件进行分析，最后得出结论。该技术高效、特异、快速，但是目前只适用于检测较大片段的基因外显子水平的缺失或重复。

5. DNA 测序　DNA 测序可以确定突变的部位和性质，一般认为是基因突变检测的金标准，适用于检测已知和未知点突变以及小片段核苷酸的缺失与插入突变。从 1977 年第一代 DNA 测序技术（Sanger 法）发展至今，测序技术已取得了相当大的发展，目前已发展到第三代测序技术。DNA 测序不仅可用于遗传病和传染病的明确诊断，还为个体化医疗、疾病预防和健康生活开启了广阔的未来。

6. 基因芯片　又称 DNA 微阵列（DNA microarray），是将许多特定的寡核苷酸或基因片段作为探针，有规律地排列于固相支持物上（如玻片、硅片等），将待测样品的核酸分子标记荧光与探针杂交，软件分析处理结果，可快速、准确、高效地检测上千种或更多基因的表达水平、突变和多态性。目前已有数种遗传病、肿瘤检测的芯片用于临床诊断。

（二）间接检测 DNA 突变的技术

当致病基因虽然已知但其致病变异尚不清楚、或致病基因结构序列未知时，上述直接检测基因突变的技术便无法使用，这种情况需要使用间接诊断的策略。间接诊断主要是用基因附近或内部的遗传多态性标记对家系进行连锁分析。由于紧密连锁的基因或遗传标记通常连在一起传给子代，所以通过对遗传标记的检测，可以间接鉴定致病基因是否传给了子代。

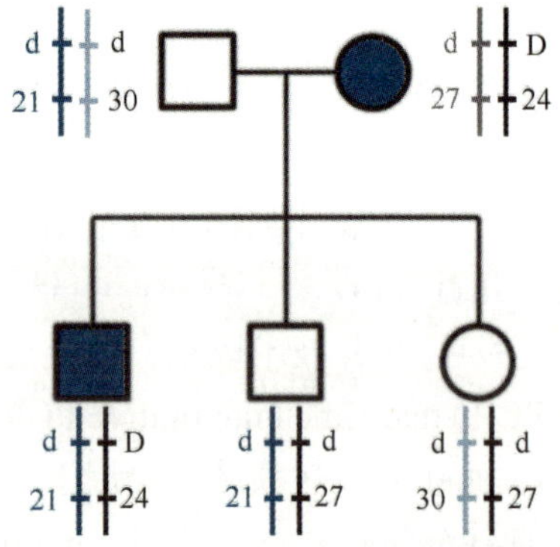

图 17-8　用 STR 进行间接基因诊断

家系内各成员目的基因与其侧翼的 STR 连锁，图中的数字代表 STR 重复的数目

目前常用的遗传标记有限制性片段长度多态性、短串联重复序列（short tandem repeat，STR）、单核苷酸多态性（single nucleotide polymorphism，SNP）等。

图 17-8 显示了将 STR 作为遗传标记进行连锁分析做出基因诊断的原理。分析显示有 24 个重复单位的 STR 与突变基因 *D* 连锁，因此再次妊娠或症状前诊断就可以用此 STR 为标志进行诊断。

三、基因诊断技术在遗传病中的应用

1. 地中海贫血　地中海贫血（thalassemia），简称地贫，是世界上最常见的人类单基因遗传性血液病（详见第八章第一节）。根据受累珠蛋白基因的不同，地中海贫血可分为 α 地中海贫血（OMIM #604131）和 β 地中海贫血（OMIM #613985）。我国南方发病率较高，携带者检出率为 1%～23%。

（1）α 地中海贫血：主要是由于 α 珠蛋白基因缺失造成，少数是由于 α 珠蛋白基因点突变导致。Southern

印迹杂交曾认为是诊断缺失型 α 地中海贫血的金标准，但由于该技术操作烦琐和耗时，所以难以将其作为临床诊断实验室的常规检测手段。特异性扩增缺失断裂区的 gap-PCR 是目前缺失型 α 地中海贫血主要的基因诊断方法。非缺失型 α 地中海贫血的诊断大多采用 PCR 结合反向点杂交（reverse dot blot，RDB），必要时可采用 DNA 测序（如三代测序）等。

（2）β 地中海贫血：绝大多数是由于 β 珠蛋白基因点突变导致，极少数是由基因缺失造成，因此目前对该病的基因诊断是以检测点突变为主。PCR 结合反向点杂交是主要的检测方法。对少见的缺失型或其他罕见的未知突变，目前一般采用测序技术，包括第三代测序。

2. 进行性假肥大性肌营养不良　进行性假肥大性肌营养不良（OM1M#310200）是神经肌肉系统中最常见的 X 连锁隐性遗传病（详见第七章第五节）。目前对进行性假肥大性肌营养不良尚无有效的治疗方法，因此检测致病基因携带者及提供产前基因诊断成为预防与减少发病的唯一有效途径。

进行性假肥大性肌营养不良的致病基因 *DMD* 突变以外显子缺失为主，其次是点突变，少数患者是外显子重复。对于缺失而言，可以选择经典的多重 PCR 技术或多重连接依赖式探针扩增；如果是点突变则选择测序的方法；外显子重复则可以使用多重连接依赖式探针扩增检测。目前临床一般采用二代测序+多重连接依赖式探针扩增的检测技术组合进行 *DMD* 基因检测。但由于 *DMD* 基因序列长、外显子多，仍可能存在突变未明确的家系，此种情况就需要使用间接诊断的策略。

各种遗传病的基因突变类型不同，同一遗传病的基因也可能存在多种突变类型异常。表 17-1 列举了不同基因突变类型通常选用的方法。

表 17-1　基因突变诊断方法的选择

基因异常	常选择的诊断方法
基因外显子缺失或重复	DNA 印迹法、PCR、MLPA、基因芯片、测序等
点突变	测序、DHPLC、PCR-RDB、MMCA 等
基因甲基化修饰	测序、甲基化芯片、甲基化特异 PCR 等

第三节　遗传病的治疗

遗传病由于发病机制和临床表现不同，治疗方法也有所差异。但是由于遗传病的根本病因是遗传物质的改变，所以目前尚无办法根治，只能采取改善症状的治疗措施。但是对于多基因病而言，由于环境因素也起到重要作用，所以使用手术或药物治疗可以具有明显的疗效。人们对遗传病发病机制的认识逐渐深入，以及分子生物学技术在医学中的广泛应用，为根治遗传病带来了希望。

一、遗传病的常规治疗方法

遗传病的常规治疗方法同于一般疾病，即手术治疗、药物治疗和饮食疗法。

（一）手术治疗

当遗传病患者具有某种器官组织的畸形或出现明显的器官、组织损伤时，通过手术治疗可以有效减轻或改善症状。手术治疗主要分为以下几类：

1. 手术矫正　针对遗传病所产生的畸形进行矫正或修补，这是手术治疗的主要手段。先天性心脏病、唇腭裂、多指（趾）和两性畸形等可以在适宜的年龄通过手术矫正进行修复。

2. 器官和组织移植　对遗传病患者受累器官、组织进行器官和组织移植。例如，遗传性肾炎、家族性多囊肾等可以进行肾移植；重型 β 地中海贫血可施行骨髓移植。对于某些先天性代谢病而言，进行器官移植后可以持续提供正常的酶或蛋白质，因此又称为酶移植。

3. （干）细胞移植　少数遗传病治疗可选择（干）细胞移植。例如，胰岛素依赖性糖尿病患者可进行胰岛细胞移植术；脐血干细胞移植用于治疗克拉伯（Krabbe）病和黏多糖贮积症 IH 型。但是此种方法不是很成熟，还存在免疫排斥等问题。

4. 宫内介入治疗 少数胎儿畸形可以在宫内进行手术介入治疗。例如，脑积水、肾盂积水、胸腔积液患儿可以实施分流术；利用胎儿镜治疗下尿道梗阻、先天性膈疝甚至脊髓脊膜膨出等。

（二）药物治疗

药物治疗的原则是“去其所余”“补其所缺”。根据实施对象可以分为出生前治疗、症状前治疗和临症患者治疗。

1. 出生前治疗 有些遗传病可以在胎儿出生前进行药物治疗，从而减轻胎儿出生后的症状。例如，对先天性肾上腺皮质增生症女性胎儿，可以给孕妇服用地塞米松。

2. 症状前治疗 对于某些遗传病，在症状出现前给予药物治疗可以预防病症发生。例如，先天性甲状腺功能减退症患儿出生时一般无症状，通过新生儿筛查和诊断后，在出生后 2 周内开始使用甲状腺制剂治疗，可以使大部分患儿的神经系统发育和智力水平正常。

3. 临症患者治疗 当遗传病的症状已经出现，这时的治疗作用就仅限于对症。

（1）去其所余：因为酶促反应障碍导致体内贮积过多底物或代谢产物时，可以使用各种理化方法将多余的底物或代谢产物排出或抑制其生成，从而使患者症状得到明显改善。去余的方法主要有：①使用螯合剂。肝豆状核变性是一种铜代谢障碍疾病，青霉胺可以与铜离子形成螯合物，所以患者服用青霉胺可以除去体内细胞中堆积的铜离子。需要长期输血治疗的地中海贫血患者会导致体内铁离子沉积，造成器官损害，使用去铁胺 B 可以与铁离子形成螯合物，以去除多余的铁。②使用促排泄剂。治疗家族性高胆固醇血症可以服用考来烯胺，此药物可结合肠道中的胆酸，从而防止胆酸再吸收，同时促进胆固醇更多地转化为胆酸从胆道排出，降低血液中的胆固醇水平。③使用代谢抑制剂。当酶活性过高导致产物过多时，可以利用代谢抑制剂抑制酶活性来降低代谢率。例如，别嘌醇可以抑制黄嘌呤氧化酶，减少尿酸形成，所以可以治疗原发性痛风和自毁容貌综合征。④血浆置换或血浆过滤。这两种方法可以除去大量含有毒物的血液。重型高胆固醇血症、溶酶体贮积症和某些遗传性溶血性贫血患者使用血浆置换或血浆过滤效果显著。⑤平衡清除法。对于某些溶酶体贮积症，由于其沉积物可弥散入血，并保持血与组织间的动态平衡，如果将一定的酶制剂注入血液以清除底物，则平衡被打破，组织中的沉积物就会不断进入血液而被清除。

（2）补其所缺：根据病因给患者针对性地补充某些成分，以使症状缓解从而达到治疗目的。例如，特纳综合征患者在骨龄超过 15 岁之前可以使用生长激素促进长高、青春期补充雌激素使其第二性征得到发育（案例 19-3）。先天性肾上腺皮质增生症患者可使用类固醇激素予以治疗。先天性代谢病通常是由于基因突变造成酶缺失或活性降低，因此可使用酶疗法。这种疗法又分为：①酶诱导治疗。如果酶活性降低是因为编码的基因表达关闭所导致，可以使用药物、激素和营养物质使其开启表达，从而诱导合成相应的酶。例如，新生儿非溶血性高胆红素Ⅰ型（Gilbert 综合征）患者肝细胞内缺乏葡萄糖醛酸尿苷转移酶，胆红素在血中滞留使患者出现黄疸、消化不良等症状。苯巴比妥能诱导肝细胞滑面内质网合成此酶，所以给予患者该药物治疗可以使症状消失。雄激素能诱导 α1-抗胰蛋白酶的合成，因此可用于治疗 α1-抗胰蛋白酶缺乏症。②酶补充疗法。给患者体内输入纯化酶制剂是酶补充疗法的重要途径。例如，给戈谢病（Gaucher disease）患者注射 β-葡萄糖苷酶制剂，可以降低患者肝脏和血液中的脑苷脂含量，从而缓解症状。但是临床上很多情况下直接输入的酶制剂会受到机体免疫功能的作用而被破坏。因此，可以将纯化酶制剂装入载体后再输给患者，常用的载体是红细胞血影和脂质体。此外，酶受体介导分子识别法也已取得临床疗效。该方法把所用的酶进行一定的改造，用靶细胞表面特殊受体的配体或抗体包裹，注入体内后，更容易被靶细胞的某些结合部位识别并与之特异性结合。

还有一些代谢病是酶反应辅助因子（如维生素）合成不足，或者是酶与维生素辅助因子的亲和力降低所致，因此给予相应的维生素可以纠正代谢异常。例如，叶酸可以治疗先天性叶酸吸收不良和同型胱氨酸尿症，生物素可以治疗混合型羧化酶缺乏症和丙酸血症。

（三）饮食疗法

饮食疗法适用于酶缺乏无法对底物进行正常代谢的患者，通过限制底物摄入量达到治疗目的，即禁其所忌。

有些遗传病可以在其母亲怀孕期间就进行这种疗法。例如，对患有半乳糖血症风险的胎儿，在孕妇饮食中限制乳糖和半乳糖摄入，胎儿出生后再禁用人乳和牛乳喂养，患儿可得到正常发育。

临症患者一方面需要制订特殊的食谱，控制底物或中间产物的摄入，从而减少代谢产物的产生，另一方面在常规进食后可以使用药物降低患者对所忌物质的吸收。例如，苯丙酮尿症患者应限制食物中苯丙氨酸的摄入量，常规进食后可以服用苯丙氨酸氨基水解酶胶囊，将食物消化后形成的苯丙氨酸转化为苯丙烯酸，使苯丙氨酸在未被肠道吸收前就被选择性清除；又如 G6PD 缺乏症患者应禁食蚕豆类食品和禁止服用具有氧化作用的药物，从而避免还原型谷胱甘肽（GSH）进一步被氧化损耗，进而使 H_2O_2 降解减弱。

上述常规治疗方法往往初期效果是明显的，但长期观察后则达不到预期目的。例如，苯丙酮尿症患者在出现症状前或发病早期通过饮食控制，不会发生严重的智能落后，并具有正常或接近正常的智商，即从短期疗效看治疗是成功的；但随着年龄的增长，该疾病的患者还是会出现或轻或重的学习障碍和行为紊乱，因此从长期疗效看谈不上十分成功。还有一些遗传病长期治疗会产生一些不良反应，例如，用于治疗肝豆状核变性的青霉胺，长期用此药可能会对生殖系统和神经系统造成影响。因此，对遗传病治疗效果的评价需要十分谨慎。

二、基因治疗

基因治疗（gene therapy）是运用重组 DNA 技术，将正常基因及其表达所需的序列导入病变细胞或体细胞中，以替代或补偿细胞内有缺陷的基因，或抑制基因的过度表达，从而达到治疗遗传病的目的。

（一）基因治疗的策略

根据疾病类型、患者病变的不同，基因治疗的策略也不同。概括起来主要有以下几种：

1. 直接策略　包括基因修正、基因替代、基因增强、基因抑制和（或）基因失活。

（1）基因修正：基因修正（gene correction）是通过特定的方法，如用同源重组或靶向突变等直接对突变的 DNA 进行原位修复，纠正致病基因的突变碱基序列，而正常部分维持不变。该方法是基因治疗最理想的途径和目的，但是目前从技术上还无法做到。

（2）基因替代：基因替代（gene replacement）是指用正常的基因原位替换致病基因，使 DNA 完全恢复正常、致病基因得到永久更正。即先“剪切”致病基因，再把正常基因“粘贴”进来，该方法需要应用基因编辑技术。继基因打靶技术之后，基因编辑技术在近 20 年得到迅速发展，锌指核酸酶（zinc finger nuclease，ZFN）、转录激活样因子核酸酶技术（transcription activator-like effector nucleases，TALEN）以及 2013 年出现的 CRISPR/Cas（clustered regularly interspaced short palindromic repeats，CRISPR；CRISPR-associated，Cas）技术都先后在实验研究中发挥作用。

知识拓展 17-2　基因编辑明星——CRISPR/Cas 技术

基因编辑通俗地说就是先“剪切”一段 DNA 序列，再在此断端“粘贴”目的基因。

20 世纪 80 年代以来，先后出现了基因打靶、锌指核酸酶和 TALEN 三种基因编辑技术。2013 年，基因编辑神器 CRISPR/Cas 技术问世，并获得 2020 年诺贝尔化学奖。CRISPR/Cas 是一种来自细菌降解入侵的病毒 DNA 或其他外源 DNA 的免疫机制，其中 CRISPR/Cas9 是目前最成熟和应用最广的类型，CRISPR 位点结构见图 17-9，作用过程可分为 3 个阶段：①将原间隔序列（一小段外源 DNA 的序列）插入到 CRISPR 序列中；②CRISPR 序列的表达（包括转录和转录后加工，最后生成含有原间隔序列的 crRNA）；③当同样的病毒再次入侵后，复合物 crRNA-tracrRNA（重复序列区转录而成的 RNA）-Cas9 蛋白（具有核酸酶活性，可切割 DNA 双链）（图 17-10）识别并剪切与 crRNA 互补的序列，使外源 DNA 的表达被沉默。

图 17-9 CRISPR 位点结构示意图

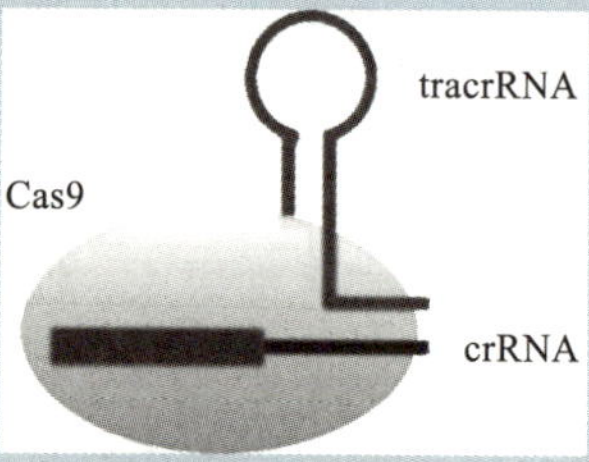

图 17-10 复合物

基于这种精确的靶向功能，CRISPR/Cas 被开发成一种高效的基因编辑工具。随着研究的深入，CRISPR/Cas 技术不断优化，一方面简化为将 crRNA 和 tracrRNA 结合起来构建成一个 sgRNA 与 Cas9 蛋白结合，另一方面还可以在 RNA 水平进行编辑。值得一提的是，华裔科学家张锋教授是目前该领域的领军人物之一。由于该技术使基因编辑更准确、高效和简单，所以在近 10 年的时间内，就有大量实验室利用该技术进行基因敲除、基因替换、基因激活、疾病模型构建，甚至对疾病模型小鼠进行基因治疗，成了生物、医学领域最炙手可热的研究工具。

（3）基因增强：基因增强（gene augmentation）是指将目的基因非定点导入病变细胞或其他细胞，目的基因的表达产物可以补偿缺陷细胞的功能或使原有功能加强。该方法不改变原有的异常基因。目前已有许多有效的方式将目的基因导入真核细胞并获得表达，是较为成熟的方法。该方法最适合用于治疗隐性单基因疾病。

（4）基因抑制和（或）基因失活：通过导入外源基因来干扰、抑制有害基因的表达。例如，向肿瘤细胞里导入肿瘤抑制基因（如 *p53* 或 *Rb*），以抑制癌基因的异常表达。

此外，利用反义技术和 RNA 干扰也可以抑制基因表达，已被广泛用于肿瘤和艾滋病等的基因治疗研究中。①反义技术（antisense technology）：是反义核酸（RNA 或 DNA）技术、核酶技术和反义核酶的总称。例如，反义 RNA 技术是将人工合成的反义 RNA 导入靶细胞，与特定 mRNA 分子互补结合，抑制特定基因的表达。②RNA 干扰（RNA interference，RNAi）：是指当细胞中导入与内源性 mRNA 编码区同源的双链 RNA 时，该 mRNA 发生降解而导致基因表达沉默的现象。RNAi 具有特异性和高效性。

2. 间接策略　包括免疫基因治疗、应用“自杀基因”、耐药基因治疗、药物增敏基因治疗和特异性细胞杀伤，目前主要用于肿瘤治疗。

（1）免疫基因治疗：是将主要组织相容性复合物、共刺激分子、细胞因子及受体、肿瘤抗原、病毒抗原等外源基因导入人体，提高机体的抗肿瘤免疫反应，从而达到抑制和杀伤肿瘤细胞的目的。

（2）应用“自杀基因”：“自杀基因”是一种前体药物酶转化基因，可将原来没有细胞毒或低毒的药物转化为细胞毒物质，从而杀死细胞。因此可将自杀基因转染到肿瘤细胞中，再使用对正常细胞无毒的药物，该药物就被自杀基因编码表达的酶转化为对肿瘤有害的物质，以此来杀死肿瘤细胞。

（3）耐药基因治疗：在肿瘤治疗时，把耐药基因导入人体细胞而不导入肿瘤细胞，以使机体耐受大剂量化疗。

（4）药物增敏基因治疗：将可提高药物敏感性的外源基因导入肿瘤细胞，通过增强肿瘤细胞对药物的敏感性来提高疗效。

（5）特异性细胞杀伤：将生物来源的细胞毒素基因和某些特异受体的配体基因融合，将该融合基因导入高表达该受体的肿瘤细胞，实现特异性杀伤。

（二）基因治疗的种类

根据靶细胞的类型可以将基因治疗分为生殖细胞基因治疗和体细胞基因治疗。广义的生殖细胞基因治疗是将外源基因导入精细胞、卵细胞和受精卵早期胚胎细胞内，从而使其发育成正常个体。这种方法虽然理想，但由于当前基因治疗技术还不成熟，以及涉及一系列伦理学问题，因此生殖细胞基因治疗目前仍属禁区。体外受精的发展也许可以推动生殖细胞基因治疗的研究。体细胞基因治疗只涉及体细胞的遗传改变，不影响下一代，因此被广泛接受。

根据基因转移的途径，可将基因治疗分为直接体内疗法和间接体内疗法。直接体内（*in vivo*）疗法是将外源基因直接导入体内，操作简便、易于推广，是基因转移研究的方向，但尚不成熟，而且还存在疗效维持时间短、免疫排斥和安全性问题。间接体内（*ex vivo*）疗法是将外源基因克隆至一个合适的载体，首先导入体外培养的细胞内，然后筛选出能表达外源基因的细胞输回患者体内。间接体内疗法比较安全、效果较易控制，但是步骤多、技术复杂难度大，不容易推广应用。

（三）基因治疗的主要步骤

1. 选择与获取目的基因　这是基因治疗的首要问题。目的基因应当满足两点：①在体内仅有少量表达就可以显著改善症状；②该基因的过高表达不会对机体造成危害。获取目的基因的技术已经比较成熟，既可以人工合成，也可以从基因组或通过 RNA 逆转录获得。

2. 选择靶细胞　靶细胞（target cell）是指接受外源基因的细胞。合适的靶细胞应当满足以下条件：①能耐受处理，经转化和体外培养后输回体内仍能成活；②取材容易，具有增殖优势，生命周期长；③易被外源基因转化；④具有外源基因表达的组织特异性。

最理想的靶细胞是干细胞或前体细胞，目前使用较多的干细胞是骨髓干细胞。除此之外，皮肤成纤维细胞、肝细胞、血管内皮细胞、肌细胞等也可作为靶细胞。

3. 基因转移　将外源基因安全有效地转移到靶细胞中是基因治疗的关键步骤。目前基因转移的方法主要有以下几种：

（1）物理法：又可分为三类。①直接注射法：用显微操作技术向细胞核内直接注射外源基因，并使其在靶细胞内表达。该方法一次只能注射一个细胞，费力耗时，因此主要用于制备转基因动物。②电穿孔法：将靶细胞置于高压脉冲电场中，通过电击使细胞产生可逆性的穿孔，周围基质中的 DNA 可渗入细胞。③微粒子轰击法：利用亚微粒的钨和金能吸附 DNA 的特点，将它包裹起来形成微粒，通过物理途径（一般是使用可调电压产生的轰击波）使其获得很高的速度即基因枪技术，微粒瞬间进入靶细胞。该方法既达到转移基因的目的，又不损伤靶细胞的原有结构。

（2）化学法：利用磷酸钙沉淀法改变细胞膜通透性，以加强细胞从培养液中摄取外源 DNA 的能力。此方法简单，但效率很低。

（3）膜融合法：利用人工脂质体或红细胞影泡等可与细胞膜融合的原理，将外源基因包装到里面，再与靶细胞融合或直接注射到病灶组织，使外源基因表达。

（4）受体载体转移法：将含有目的基因的重组质粒和某些细胞表面受体的特异配体形成复合物，通过受体介导的胞吞作用使目的基因进入细胞。这种方法可以使外源基因在活体内导向特异类型的细胞，如肝细胞。

（5）病毒介导转移法：以病毒为载体，将外源目的基因通过基因重组技术组装到病毒上，然后使这种重组病毒感染宿主细胞。目前最常用的病毒载体有逆转录病毒、腺病毒和腺相关病毒。这三种病毒载体各有优缺点，需要根据治疗的目的选择使用。

4. 目的基因在靶细胞中表达　虽然目的基因在靶细胞中的表达已获得成功，但表达效率仍然较低。位于目的基因前端的启动子往往是表达效率的关键。所以使目的基因高效表达的关键在于选择合适的载体，尤其是寻找适合目的基因的高表达启动子。但是对于某些遗传病来说，目的基因的表达也不是越高越好，如地中海贫血，外源珠蛋白基因过表达会导致 α 珠蛋白和 β 珠蛋白量的再次失衡。

（四）基因治疗的临床应用

随着 DNA 重组、基因克隆等技术的逐步成熟，基因治疗这一具有革命性的医疗技术不断发展，改变了单基因遗传病的治疗现状，为肿瘤、遗传性疾病、自身免疫性疾病等带来了新的选择。

自美国 1990 年批准第 1 例基因治疗腺苷脱氨酶缺乏导致的严重联合免疫缺陷病临床试验以来，截至 2022 年第一季度，全球在研的基因疗法/药物有近 2000 个，而截至 2024 年 1 月，有 54 款基因疗法/药物获批上市。从获批治疗的疾病领域来看，超过一半是单基因遗传病，其次是肿瘤。随着临床试验研究的不断发展，基因治疗的大规模临床应用已经逐步趋近。用于遗传病已获批上市的部分基因疗法/药物见表 17-2。

表 17-2 用于遗传病已获批上市的部分基因疗法/药物

治疗种类	基因疗法/药物名称	适应证	治疗大致流程
体外基因疗法	Strimvelis	重症联合免疫缺陷（SCID）	利用逆转录病毒将功能性 ADA（腺苷脱氨酶）基因拷贝导入体外扩增培养的患者自身造血干细胞中，将基因修饰后的细胞回输到患者体内。临床结果显示，Strimvelis 治疗的 ADA-SCID 患者 3 年存活率为 100%
	Zynteglo	β 地中海贫血（输血依赖性）	通过慢病毒载体，把正常 β 珠蛋白基因的功能性拷贝导入到患者体内取出的造血干细胞中，再将这些基因修饰的自体造血干细胞回输到患者体内 一次性疗法，旨在取代终身输血和终生药物，适用于 12 岁及以上患者
	Skysona	肾上腺脑白质营养不良	通过慢病毒载体，把 *ABCD1* 基因导入患者自身造血干细胞，然后回输到患者体内 用于治疗 18 岁以下、携带 *ABCD1* 基因突变的早期患者
	LYFGENIA（lovo-cel）	有复发性血管闭塞危象的镰状细胞贫血	通过慢病毒载体，将功能性 β 珠蛋白基因永久添加到患者自身的造血干细胞中，可持久产生具有抗镰状细胞特性的血红蛋白，并有可能减少血管闭塞事件
	CASGEVY（exa-cel）	有复发性血管闭塞危象的镰状细胞贫血、β 地中海贫血（输血依赖性）	利用 CRISPR/Cas9 技术，将 CRISPR-Cas9 蛋白与 sgRNA 在体外经电穿孔的方式递送到患者的离体 $CD34^+$ 造血干细胞和祖细胞中，降低 *BCL11A* 基因转录，从而特异性提高 HbF 在红细胞中的表达 能够缓解或消除镰状细胞贫血患者的疼痛及血管闭塞性危象，并且能缓解输血依赖性 β 地中海贫血患者的输血需求，使其摆脱长期输血的困扰
体内基因疗法	Luxturna	因双拷贝 *RPE65* 基因突变所致的视网膜疾病（莱伯先天性黑矇、视网膜色素变性）	以腺相关病毒 AAV2 为载体，将正常 *RPE65* 基因的功能性拷贝通过视网膜下注射导入患者视网膜细胞
	Zolgensma	脊髓性肌萎缩症（SMA）	用腺相关病毒 scAAV9 载体，经静脉输注将正常 *SMN1* 基因导入患者体内 治疗 2 岁以下患者。一次性治疗
	Hemgenix	血友病 B	用腺相关病毒 AAV5 载体，将凝血因子Ⅸ（*FⅨ*）基因变体 *FⅨ-Padua* 通过静脉给药输入体内
	Vyjuvek	营养不良性大疱性表皮松解症	该药物被制成凝胶剂型。以单纯疱疹病毒为载体，搭载 *COL7A1* 基因正常拷贝，通过创口局部涂抹将该基因递送至患者伤口部位的靶细胞内 用于 6 个月及以上患者
小核酸药物	Spinraza	脊髓性肌萎缩症（SMA）	反义寡核苷酸药物，通过与 *SMN2* 外显子 7 的剪切位点结合，改变 *SMN2* 基因的 RNA 剪切，进而增加全功能性 SMN 蛋白的表达。以鞘内注射的方式将药物注射到脊髓鞘内
	Exondys 51	杜氏肌营养不良症（DMD）	反义寡核苷酸药物，可以与 *DMD* 基因的 pre-mRNA 51 号外显子位置结合，使成熟 mRNA 51 号外显子被部分切除，从而部分修正 mRNA 读码框，合成有一定功能形式、比正常蛋白稍短的抗肌萎缩蛋白 适用于 *DMD* 基因发生第 51 号外显子跳跃基因突变的 DMD 患者
	Leqvio	成人原发性高胆固醇血症（杂合子家族性和非家族性）或混合型血脂异常	靶向 PCSK9 mRNA 的 siRNA 药物，给药方式为皮下注射。通过 RNA 干扰作用，降低 PCSK9 蛋白水平，进而降低 LDL-C 水平

（五）基因治疗存在的问题

1. 可利用的基因数目不足　基因治疗是导入外源基因以达到治疗目的的新型医疗方法。目前，具有治疗价值的基因较少。如恶性肿瘤，已经知道的能抑制肿瘤生长的基因并不多。再如多基因病，每种多基因病的致病基因尚不完全清楚，故难以达到基因治疗目的。

2. 导入基因表达率不高　目前所有导入细胞的目的基因表达率都不高。这与基因转移方法、靶细胞的选择等因素有关。所以还需要进一步研究提高导入基因表达率。

3. 安全性问题　是基因治疗临床试验前首先需要重视的问题。病毒载体潜在的感染性、外源基因随机整合进人类基因组的隐患等问题都需要深入研究以确保安全性。在临床试验之前，基因治疗必须在动物研究中达到三项基本要求：外源基因能导入靶细胞并维持长期的有效效应；该基因要以足够的水平在细胞中表达；该基因对细胞无害。

尽管目前基因治疗主要处于试验阶段，尚未广泛用于临床；且存在成功率尚不能令人满意、长期疗效难以确定、安全性、费用等问题，但是科学家们仍然在基因治疗领域不断进行研究和改进，或许在不久的将来，基因治疗将成为治疗遗传病的重要手段。

小　结

遗传病的诊断可分为临症诊断、症状前诊断、产前诊断和植入前遗传学检测。诊断遗传病时除了遵循一般疾病的诊断原则外，还需要着重了解患者的家族史、婚姻史和生育史，注意遗传病特殊的临床表现，进行系谱分析；而且除了一般的辅助检查之外，还要以遗传学检查结果作为确诊的重要依据。染色体病的遗传学检查有显带核型分析和荧光原位杂交等方法；单基因病和线粒体遗传病则通过基因诊断。基因诊断可通过核酸分子杂交、PCR或测序等技术直接对基因突变进行检测；当致病基因尚未完全已知时，需要用遗传多态性标记对家系进行连锁分析来诊断。产前诊断需要通过羊膜腔穿刺、脐静脉穿刺或绒毛取样等技术，对羊水、脐血或绒毛膜中胎儿细胞的染色体或基因进行遗传学检测。

遗传病的治疗包括手术治疗、药物治疗和饮食疗法等常规治疗，但是根本治疗方法是进行基因治疗。基因治疗的策略主要有基因修正、基因替代和基因增强等；种类有生殖细胞或体细胞基因治疗、直接体内或间接体内基因治疗。其主要步骤包括选择与获取目的基因、选择靶细胞、基因转移和在靶细胞中表达目的基因。其中，基因转移的方法分为物理法、化学法和病毒介导转移法等。目前在临床上经过基因治疗获得疗效的疾病种类越来越多。由于基因治疗还存在可利用的基因较少、目的基因表达率不高和安全性等问题，所以需要不断研究和改进，以使更多的遗传病可以进行基因治疗。

复习思考题

1. 比较产前诊断有创性技术的取材孕周和优缺点。
2. 遗传病的常规治疗方法有哪些？
3. 以血友病B为例，简要说明其诊断和基因治疗的主要步骤。

（胡　浩　张延洁）

第十八章
遗传病的预防

学习要点

掌握：①遗传病再发风险估计；②产前筛查。
熟悉：①遗传咨询的概念和基本步骤；②新生儿筛查。
了解：①遗传咨询的类型、内容和应遵循的原则；②携带者筛查；③遗传医学（服务）的伦理问题。

很多遗传病目前尚无有效疗法或难以治疗，即使可以治疗也只是纠正或改善症状，致病基因或畸变染色体仍然可以传给后代；而且很多遗传病需要终身治疗，费用昂贵。因此，预防遗传病的发生十分重要。

目前，对遗传病的预防主要包括以下三方面的工作：遗传咨询、遗传筛查和产前诊断，其中产前诊断的内容详见第十七章第一节。

第一节　遗传咨询

遗传咨询（genetic counseling）又称遗传商谈，是指临床医生或从事医学遗传学研究的专业人员通过询问、检查和收集分析家族史，来解答患者或家属提出的有关病因、遗传方式、诊断、治疗或预后等问题，估计患者同胞、子女再发风险，并提出建议和指导，供患者和家属参考的过程。2006 年，美国国家遗传咨询协会（National Society of Genetic Counselors）对遗传咨询重新定义，认为遗传咨询是遗传咨询师或临床遗传学家通过与咨询者商谈交流，帮助咨询者理解疾病发生发展中的遗传因素，进而使其适应疾病对医疗、心理和家庭影响的程序。在新定义的指导下，遗传咨询的范围将会有所扩展，内容将更加广泛，例如，机体对药物治疗的敏感性、人的正常行为和生理特征等的咨询。因此，对咨询师的知识面和知识更新要求更高。

20 世纪 70 年代以来，遗传咨询已经受到重视，在北美洲、欧洲等地成立了遗传咨询专门机构，给合格的遗传咨询师、医学遗传学学者等颁发遗传咨询行医执照。我国也在北京、上海、长沙等地先后设立了遗传咨询门诊。2015 年 2 月，中国遗传学会遗传咨询分会正式成立，截至 2019 年 4 月，已在上海等地举办了十四届遗传咨询师初级培训班、四届中级培训班和两届国际遗传咨询高级班。

一、遗传咨询的类型和内容

根据前来进行遗传咨询的对象不同，遗传咨询可以分为：

1. *一般咨询*　进行一般咨询的人群范围较广，因此咨询的问题也涉及很多方面，主要有：①本人或亲属所患疾病是否是遗传病；②已诊断的某种遗传病能否治疗；③某些畸形是否与遗传有关，能否结婚生育；

④本人有遗传病家族史，该遗传病是否会累及本人或子女；⑤亲子鉴定也属于一般咨询的范畴。

2. 婚前咨询　一般提出的问题有：①因为男女双方或一方，或亲属中有遗传病患者，担心婚后会生出同样遗传病的患儿。该种情况下，咨询师在明确了遗传病的诊断后，可就再发风险做出估计，并告知目前做出产前诊断的可能性。②男女双方有一定的亲属关系，咨询两人能否结婚，如果结婚对后代的影响有多大。对于该种情况，应告知《中华人民共和国民法典》有关“直系血亲或者三代以内的旁系血亲禁止结婚”的规定，耐心解释此项规定的科学依据。③男女双方中有一方患某种疾病，咨询是否为遗传病，如果是遗传病是否会传给后代。对于这类问题，应帮助患者做出正确诊断。

3. 产前咨询　是目前最常见的一类遗传咨询（案例 19-1）。一般提出的问题如下：①曾有过遗传病患儿或智力障碍儿生育史，询问再生育是否会出现同样状况；②夫妻双方之一或亲属中有某种遗传病患者，咨询他们生育该病患儿的风险；③女方习惯性流产是否有遗传方面的原因，可否再生育；④原发性不孕是否有遗传因素；⑤妊娠期曾患病、服用过某些药物、接触过化学毒物或在有放射线污染的岗位上工作过，是否会影响胎儿健康。

遗传咨询最好在婚前进行；如果已经结婚，最好在怀孕前或孩子出生前进行；如果已生出遗传病患儿，则最好立即进行遗传咨询，以免错过最佳的治疗时机。

二、遗传咨询的基本步骤

（一）明确临床诊断

建立临床诊断是正确咨询的基础。只有明确诊断，才能了解病因、进行合适的治疗或干预，同时也能为分析遗传方式和估计再发风险打下基础。

诊断的过程需要认真填写咨询病历，并妥为保存，以备后续咨询使用；对患者做必要的体格检查；根据患者的症状和体征，建议患者做进一步的辅助检查及必要的实验室检查（包括生化、染色体以及基因分析等），但不是每个患者都需要做每一项检查，检查项目应有针对性。有时这类检查还需扩展到其一级亲属，特别是其父母。一般在第二次甚至第三次咨询时才能根据病史、家族史、临床表现及实验室和辅助检查结果做出初步诊断（详见第十七章第一节）。

（二）确定遗传方式

很多遗传病的遗传方式是已知的，因此明确遗传病的诊断后也就能了解该病的遗传方式。但是对于存在遗传异质性或拟表型的疾病，则需要通过家族史、系谱图进行分析，从而确定遗传方式。

（三）估计再发风险

遗传病的再发风险，又称复发风险，是曾经生育过遗传病患儿的孕妇再生育同种患儿的概率。目前已扩展为可导致一对夫妇生育某种遗传病患儿（包括第一胎）的概率，这种情况又称患病风险或遗传风险。

估计再发风险是遗传咨询的核心内容。在明确了遗传病的种类和遗传方式后，根据其各自不同的遗传规律可估算遗传病的再发风险。

（四）提出对策和措施

在明确患者所患遗传病的种类和遗传方式、估算再发风险后，就可以向患者或家属提出对策和建议，以供参考和选择。这些对策建议包括：①产前诊断：在先证者所患遗传病较严重且难以治疗，再发风险高，但患儿父母又迫切希望有一个健康孩子的情况下，可考虑自然受孕后进行产前诊断，这种情况有孕期终止妊娠的风险；②植入前遗传学检测：针对已知的遗传性疾病再生育风险，进行胚胎染色体或基因检测，依据检测结果选择合适的胚胎移植，从而降低相应遗传性疾病的再生育风险；③供精或供卵生育：若自精或自卵生育再发风险较高，又不能接受产前诊断或植入前遗传学检测等方式，可根据主要的生育风险来源（即男方来源或女方来源）选择供精或者供卵助孕，需同时告知此种生育方式并不能完全避免再生育风险；④冒险再生育：如果先证者所患遗传病不太严重且只有中度再发风险（4%～6%）时，可以做出此项选择；⑤不宜生育：对一些危害严重且致残或致死的遗传病，目前尚无有效疗法，再发风险高，又没有产前诊断方法，这种情况的夫妇不宜生育。

需要注意的是，咨询医师不应代替咨询者做出决定。以上对策建议只是咨询医师提出的可供咨询者选择的一些方案，咨询医师要陈述各种方案的优缺点，供咨询者做出选择。

对咨询者进行适当的心理支持和疏导也特别重要。咨询者及其家属在得知患遗传病时，往往产生不同程度的心理压力，尤其是得知后代再发风险较高时更会加重心理负担。所以在遗传咨询时，可以向咨询者说明遗传异常自然发生的非可控性和传递的非选择性，以舒缓心理压力。

（五）随访和扩大咨询

完整的遗传咨询有时还需要对咨询者进行回访。随访可以验证咨询者提供信息的可靠性和完整性，观察遗传咨询的效果，进一步总结经验教训，以便更好地改进工作。

从全社会或本地区降低遗传病发病率的目标出发，咨询医师应利用随访的机会，在增加的家庭成员中，就某种遗传病的传递规律、有效治疗方法、预防对策等方面，进行教育和宣传；同时可以了解家庭其他成员是否患有遗传病，特别是查明家庭中的携带者，从而预防家系中出现新的遗传病患者，达到降低遗传病发病率的目标。

三、遗传病再发风险估计

估计再发风险是遗传咨询的核心内容，也是遗传咨询门诊区别于一般医疗门诊的主要特点。再发风险的估计一般遵循下列原则：由环境因素导致的疾病再发风险一般小于多基因病，多基因病再发风险往往低于单基因病和双亲之一是平衡易位或倒位的情况。

（一）染色体病再发风险的估计

染色体病一般均为散发性，临床上很少见到一个家庭中同时出现两个或两个以上的染色体病患者。发生机制主要是因为患儿双亲之一生殖细胞发生与成熟过程中新发的染色体畸变。

1. *夫妇双方核型正常* 如果尚未生育过染色体病患儿，再发风险率就是群体发病率。如果已经生育一个染色体病患儿，再发风险则增高 4～9 倍。如果连续生育染色体病患儿或生育一个患儿并反复出现流产，应该注意夫妇之一是否存在生殖系统染色体畸变嵌合的可能，该情况会具有更高的再发风险，但具体风险值与异常细胞系的比例相关，往往难以估计。

2. *夫妇一方为嵌合型染色体病患者* 嵌合型个体异常细胞系所占比例越大，后代再发风险越高。以 21-三体综合征为例，由于约 80%的 21-三体综合征胚胎或胎儿会出现自然流产，所以当患者的异常细胞系比例为 50%时，再次出生 21-三体综合征患儿的风险约为 5%。

3. *夫妇一方为非同源染色体平衡易位携带者* 群体中染色体平衡易位携带者是比较常见的。这种携带者理论上形成 18 种类型的配子，与正常配子结合后，其中仅 1 种正常、1 种是平衡易位携带者、其余 16 种都是部分或完全的三体或单体（详见第五章第三节）。所以，这种携带者在生育时常出现流产或死胎的情况。

4. *夫妇一方为非同源染色体罗伯逊易位携带者* 以 14/21 罗伯逊易位携带者为例，这种携带者理论上可产生 6 种类型的配子，其中 1 种正常、1 种是罗伯逊易位、其余 4 种配子受精后都形成完全的三体或单体（其中 14 三体、14 单体、21 单体均会流产，只有 21-三体可以出生）。所以在出生者中，理论上 1/3 的可能性是 21-三体综合征患儿（详见第六章第三节）。但是实际上 14/21 易位型 21-三体综合征的出生率低于 1/3，原因可能与自发流产有关；而且当男方为罗伯逊易位携带者时，出生 21-三体综合征患儿的风险为 1%～3%；女方为罗伯逊易位携带者时，出生 21-三体综合征患儿的风险为 10%～15%。这种患儿出生风险的差异，其原因可能在于母亲每月一般只排出 1 个卵细胞，而精子一次排出很多，受精的不一定是异常精子，所以女性携带者后代的再发风险高于男性携带者后代。

5. *夫妇一方为同源染色体罗伯逊易位携带者* 这种携带者一般产生两种类型的配子，受精后分别为单体或三体，多表现为流产，即使少数胎儿出生，也全部是三体征患者，如 21/21 平衡易位携带者（详见第六章第三节）。这类夫妇很难生育正常后代，因此不宜生育。

6. *夫妇一方为倒位携带者* 臂内倒位或臂间倒位携带者理论上均会形成 4 种类型的配子，其中 1 种正常、1种倒位、其余2种均带有部分重复和缺失（详见第五章第三节、第六章第三节）。带有部分重复和缺失的配子与正常配子结合后，可表现为早期流产、死产、胎儿畸形。一般来说，倒位片段越长，则重复和缺失的部分越短，其配子和合子能够发育的可能性越大，分娩出畸形胎儿的危险率越高。除了倒位片段的长短以外，遗传效应还要考虑重复和缺失片段上所包含基因的致死效应。

除了上述情况之外，由于染色体不分离与孕妇年龄存在较显著的相关性，所以孕妇年龄也应作为一个重要因素加以考虑。

（二）多基因病再发风险的估计

多基因病与环境因素和遗传因素有关，无法由孟德尔遗传定律计算再发风险。多基因病的再发风险与群体发病率、遗传率、家庭中患病人数、患者病情严重程度和性别等有关（详见第九章第二节）。近年来，随着多基因病数学模型的建立和计算机软件的应用，多基因病再发风险的估计有了很大的进步。

（三）单基因病再发风险的估计

1. 可以确定亲代基因型　只需根据单基因病的遗传方式，按照孟德尔遗传定律计算再发风险（详见第七章第一节）。

2. 不能确定亲代基因型　当双亲之一或双方的基因型未知的情况下，需要应用贝叶斯定理（Bayes' theorem）推算再发风险。贝叶斯定理是确认两种相互排斥事件相对概率的理论，其基本原理是根据事情已发生的结果反推形成这种结果的各种前提的概率。使用该定理计算再发风险需要进行4种概率的推算：

（1）前概率：前概率（prior probability）是根据孟德尔分离定律推算的有关成员具有某种基因型的概率。

（2）条件概率：条件概率（conditional probability）是按照咨询者家庭成员的健康状况，如正常子代数、发病年龄、外显率、实验室检查结果等，列出上述遗传假设下产生这种情况的概率。

（3）联合概率：联合概率（joint probability）是指某种遗传假设下，前概率和条件概率说明的两种事件同时发生的概率，即前概率乘以条件概率。

（4）后概率：后概率（posterior probability）是某一假设条件下的联合概率除以所有假设条件下的联合概率之和，即联合概率的相对概率。后概率全面考虑了家系提供的所有特定条件下的信息，因此比前概率更准确。具体计算举例如下：

例1：一个25岁男青年的外祖父患亨廷顿病，其母亲今年50岁，无该病症状，该青年现来咨询他发病的风险有多大？

该病为延迟显性的常染色体显性遗传病，50岁的外显率为70%，25岁前的外显率为5%。该男青年（$Ⅲ_1$）只有是Aa的情况下才有可能发病，而致病基因A是由其母亲（$Ⅱ_1$）传来，绘制系谱图如图18-1所示。由于该病有延迟显性现象，所以不能确定$Ⅱ_1$和$Ⅲ_1$是否是杂合子。所以，需要用贝叶斯定理先计算$Ⅱ_1$是杂合子的概率。根据遗传规律，$Ⅱ_1$是Aa和aa的概率各为1/2，此即前概率。条件概率由该病的年龄依赖性外显率确定，$Ⅱ_1$50岁还未发病，降低了她是Aa的概率，如果她是Aa，未发病的条件概率是1–0.7=0.3；如果她是aa就不会发病，条件概率为1。随后即可算出联合概率和后概率（表18-1）。

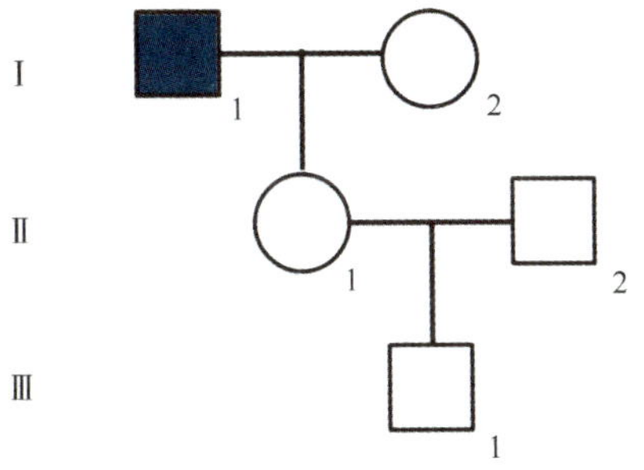

图18-1　亨廷顿病家系系谱图

表18-1　$Ⅱ_1$是杂合子的概率

概率	$Ⅱ_1$是Aa	$Ⅱ_1$是aa
前概率	1/2	1/2
条件概率	3/10	1
联合概率	3/20	1/2
后概率	3/13	10/13

通过$Ⅱ_1$是杂合子的后概率，再用贝叶斯定理计算该男青年（$Ⅲ_1$）是杂合子的概率（表18-2）。

表 18-2 $Ⅲ_1$是杂合子的概率

概率	$Ⅲ_1$是 Aa	$Ⅲ_1$是 aa
前概率	3/13×1/2	1–3/26
条件概率	1–5%	1
联合概率	57/520	23/26
后概率	57/517≈0.11	460/517

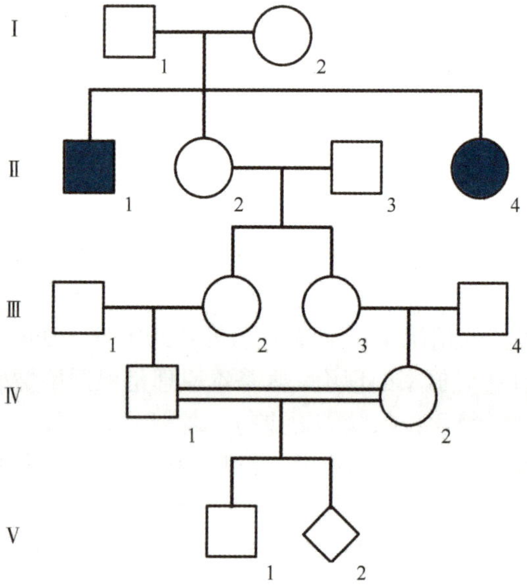

图 18-2 白化病家系系谱图

所以，该青年目前的发病风险为 11%。随着年龄增长若$Ⅱ_1$和$Ⅲ_1$仍不发病，那么$Ⅲ_1$的发病风险也就越来越小。

例 2：一对为近亲结婚的夫妇（姨表兄妹）前来咨询，他们外婆的兄妹是眼皮肤白化病ⅠA 型患者，该夫妇已生育一正常男孩，现又怀孕，故咨询这次生育该型白化病患儿的风险有多大？

根据系谱（图 18-2）和 AR 病遗传规律，此夫妇（$Ⅳ_1$和$Ⅳ_2$）同为携带者才可能生出患者。外婆（$Ⅱ_2$）是 Aa 的概率为 2/3，则该夫妇各自母亲（$Ⅲ_2$和$Ⅲ_3$）是 Aa 的概率均为 2/3×1/2=1/3，因此该夫妇是 Aa 的概率均为 1/3×1/2=1/6，同为 Aa 的前概率即 1/36。他们都是 Aa 有一个正常孩子的概率是 3/4，该夫妇不同为 Aa 时有一个正常孩子的概率是 1，这是假设条件下得出的条件概率。根据前概率和条件概率计算联合概率和后概率（表 18-3）。

表 18-3 咨询者（$Ⅳ_1$和$Ⅳ_2$）同为 Aa 的概率

概率	$Ⅳ_1$和$Ⅳ_2$同是 Aa	$Ⅳ_1$和$Ⅳ_2$不同是 Aa
前概率	1/36	35/36
条件概率	3/4	1
联合概率	3/144	35/36
后概率	3/143	140/143

计算结果显示，该夫妇在生育了一个正常孩子后同为携带者的概率由 1/36 降到了 3/143，所以生第二个孩子的患病风险为 3/143×1/4=3/572。随着该夫妇生育正常孩子数的增多，同是携带者的概率逐渐降低。

例 3：DMD 是 XR 病。现有一表型正常的女性有一个患病的哥哥，该女性已婚并生育了两个正常的男孩，那么她是携带者的可能性有多大？如果再生育一个孩子，发病风险如何？

根据系谱（图 18-3）和 XR 病遗传规律，$Ⅱ_2$有一患病的哥哥，则其母亲（$Ⅰ_2$）是携带者，因此$Ⅱ_2$是携带者的前概率是 1/2。$Ⅱ_2$已生育两个正常男孩，降低了她是携带者的概率，假设条件下的条件概率是$(1/2)^2$。根据贝叶斯定理计算$Ⅱ_2$是携带者的概率（表 18-4）。

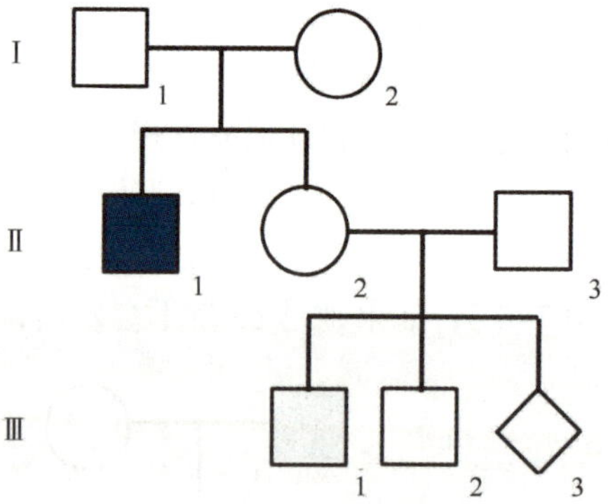

图 18-3 DMD 家系系谱图

表 18-4 $Ⅱ_2$是携带者的概率

概率	$Ⅱ_2$是携带者	$Ⅱ_2$不是携带者
前概率	1/2	1/2
条件概率	$(1/2)^2$	1
联合概率	1/8	1/2
后概率	1/5	4/5

计算结果显示，$Ⅱ_2$在生育两个正常男孩后是携带者的概率降为1/5。$Ⅱ_2$如果生女孩则发病风险为0，若生男孩则患DMD的概率为1/5×1/2=1/10。随着$Ⅱ_2$生育正常男孩数的增加，是携带者的概率逐渐降低。

从上述例子可以看出，贝叶斯定理和仅仅按照遗传规律计算出的发病风险有一定差别，贝叶斯定理考虑到的信息更全面，计算结果更准确。

四、遗传咨询应遵循的原则

1. 知情同意与非指令性　对咨询者及其家族成员实施各种检查及风险干预措施前都应贯彻知情同意原则，让受检者充分了解检查的目的与必要性，以及检查与干预措施可能带来的各种风险。咨询者的最终决定并不完全取决于医学因素，其对疾病的容忍程度、经济、家庭及社会因素等均在发挥作用。因此，咨询医师需要做的只是让咨询者了解疾病的原因、后果、预后、再发风险及风险管理措施，在任何情况下都应该避免表达自己的观点，更不能对咨询者有任何鼓励性甚至强迫性的言语和行为，即非指令性咨询。

2. 保护隐私　咨询者提供的个人信息及其家庭成员信息均为隐私，应予以尊重和保护。对隐私的保护主要涉及两个方面：一是对家庭成员保密，例如，X连锁隐性遗传病，患儿的母亲往往是致病基因携带者，这时患儿母亲可能不希望丈夫家人知道这种情况，因此应予以单独咨询；二是对社会各方保密，包括咨询者单位、雇主和保险公司等。但是如果患者的某个家属在接受治疗时，该患者的医生可以在未获得患者允许的情况下，向其家属的主治医生交流其患者本身的医疗信息。

3. 平等与信息公开　平等地向需要的个体提供有关遗传病的遗传咨询服务，不能因为咨询者一时无法理解所提供的信息，在重复讲解时减少教育的内容，也不能因为咨询者可能无法承担检查和干预措施的费用而忽略其选择权。在对咨询者进行讲解的过程中，咨询师必须毫无保留地向咨询者公开与疾病有关的信息，除非信息的公开会受到咨询者的反对或者马上会给咨询者带来严重的精神、经济或者生命伤害。例如，DNA 检查发现“非亲生父亲”，在没有涉及患病风险评估而且当事人表明不愿意将事实公开的情况下，可不告知。

第二节　遗传筛查

遗传筛查（genetic screening），是指对特定或普遍的人群进行一些简便、经济、无创伤性的检查，识别出可能罹患某种遗传病的高危人群，再针对高危群体进行后续的诊断性检查及治疗，最终使这一疾病的患者得到早期诊断和治疗处理，从而最终获益的过程。

适宜筛查的疾病需具备以下几个特征：①危害严重，无较好治疗办法；②发病率较高，人群分布明确；③筛查后阳性人群有进一步明确诊断的方法；④筛查方法为无创或微创，且较简易、经济；⑤群体筛查成本显著低于出生后患者群给家庭和社会带来的经济和社会负担。

根据筛查对象的不同，遗传筛查分为携带者筛查、新生儿筛查和产前筛查。

一、携带者筛查

携带者是指表型正常但带有致病基因或异常染色体的个体。一般包括：带有隐性致病基因的杂合子个体；带有平衡易位（或倒位）染色体的个体；带有显性致病基因而暂时表现正常的顿挫型或延迟显性的个体。

携带者筛查（carrier screening）对遗传病的预防具有积极的意义，不仅可以降低疾病的发病率，还可以防止致病基因在群体中的播散。但是在实际工作中，由于人力和物力等的限制，实施大面积的筛查有很大的难度，所以目前携带者的筛查多针对发病率较高、临床表现严重的遗传病进行，对于发病率较低的遗传病则是在已经出现遗传病患者的家系中进行。例如，我国南方大部分省（自治区）尤其是广西、广东、海南等地的地中海贫血（α 地中海贫血，OMIM #604131；β 地中海贫血，OMIM #613985）发病率较高，该病危害性较大，所以在婚前或孕早期可以通过检查平均红细胞血红蛋白量（MCH）、红细胞平均体积（MCV）和 HbA_2，从而筛查是否属于高风险地中海贫血携带者；如果经进一步诊断确定男女双方同为地中海贫血携带者，则需要进行婚姻和生育指导，配合产前诊断，防止重型地中海贫血患儿出生，从而降低发病率和防止致病基因在群体中散播。

二、新生儿筛查

新生儿筛查（neonatal screening）是对新出生婴儿进行某些特定疾病的检查，以便早诊断、早治疗，从而防止或减缓患者组织器官发生不可逆转的损伤、残疾乃至死亡。新生儿筛查是出生后预防和治疗某些遗传病的有效措施，目前筛查的疾病大部分属于遗传性代谢性疾病，还有一些是先天性内分泌异常疾病和导致患儿精神发育迟滞、视听障碍等疾病。新生儿筛查的病种已扩展到数十种，我国列入新生儿筛查的疾病有苯丙酮尿症（OMIM #261600）、先天性甲状腺功能减退症（1 型，OMIM #275200；2 型，OMIM #218700）、听力障碍，部分省市还筛查 G6PD 缺乏症（OMIM #300908）、先天性肾上腺皮质增生症等。

新生儿遗传代谢病筛查一般是在出生后 3～7 天并充分哺乳后从足跟部采微量血或采集尿样，然后采用国家推荐的实验方法和批准的标准试剂盒进行检测。苯丙酮尿症的筛查以苯丙氨酸作为筛查指标，推荐方法为细菌抑制法、定量酶法和荧光分析法。先天性甲状腺功能减退症以促甲状腺素为筛查指标，推荐方法为酶联免疫吸附法、酶免疫荧光分析法和时间分辨免疫荧光分析法。听力障碍则通过听力筛查仪器进行检测。

三、产前筛查

产前筛查（prenatal screening）通常是通过血清学、影像学等方法对孕早、中期孕妇进行检查从而发现高风险胎儿的检测。产前筛查并非诊断手段，筛查高风险的孕妇必须再通过其他方法做出诊断。

我国目前产前筛查的疾病主要是 21-三体综合征（OMIM #190685）、18-三体综合征和神经管缺陷（叶酸不敏感型，OMIM #182940；叶酸敏感型，OMIM #601634）。

（一）产前筛查的常用概念

1. 中位数倍数　产前筛查通常是检测甲胎蛋白、人绒毛膜促性腺激素等血清学标志物和 B 超测量胎儿颈后透明层厚度。这些指标均因孕周的不同而变化，且在人群中呈非正态分布，个体间差异较大，正常值范围较宽。因此，为了消除不同孕周的影响，对于每个单独的指标，取每一孕周正常妊娠人群检测值的中位数代表该孕周的最正常水平，而将同孕周每例筛查病例的实际测定值与中位数的比值代表该测定值偏离正常的程度，该比值即为中位数倍数（multiples of median，MoM）。用数学表达式表示即

$$\text{MOM}=\frac{\text{实际测定值}}{\text{该孕周正常妊娠人群测定的中位数}}$$

MoM 值是产前筛查中一个非常重要的概念，所有实际测定值都必须先转化为 MoM 值再进行风险计算及所有其他相关的表述。

2. 检出率　检出率（detection rate，DR）指产前筛查呈高风险的某种遗传病妊娠人数与所有该遗传病妊娠总数的比例。检出率体现了产前筛查体系的检出能力，检出率越高，说明这个筛查模式的特异性越高。用数学表达式表示即

$$\text{DR}=\frac{\text{产前筛查为高风险的某种遗传病妊娠人数}}{\text{所有该遗传病妊娠人数}}\times 100\%$$

3. 假阳性率　假阳性率（false positive rate，FPR）是指通过产前筛查被识别为高风险的正常妊娠人数与所有参与筛查的正常妊娠人数的比例，即一个产前筛查模式会将多大比例的正常妊娠识别为高风险。对于产前筛查而言，假阳性率越低，这个筛查模式的准确性越高。用数学表达式表示即

$$\text{FPR}=\frac{\text{产前筛查被识别为高风险的正常妊娠人数}}{\text{所有参与筛查的正常妊娠人数}}\times 100\%$$

4. 假阴性率　假阴性率（false negative rate，FNR）是指产前筛查未被识别为高风险的某种遗传病妊娠人数与所有参与筛查的该遗传病妊娠人数的比例。假阴性率描述了一个产前筛查模式的漏诊比例。在产前筛查中，假阴性率应该尽可能控制在较低水平。但同时也应该认识到的是，筛查不是确诊性检查，假阴性不可能完全避免。用数学表达式表示即

$$\text{FNR}=\frac{\text{产前筛查未被识别为高风险的某种遗传病妊娠人数}}{\text{所有参与筛查的该遗传病妊娠人数}}\times 100\%$$

5. 阳性预测值　阳性预测值（positive predictive value，PPV）是指在筛查高风险的人群中，某种遗传病妊娠人数与筛查高风险妊娠人数的比值。阳性预测值反映了一个筛查模式的效率，阳性预测值越高，筛查效率越高。用数学表达式表示即

$$\text{PPV}=\frac{\text{筛查高风险人群中某种遗传病妊娠人数}}{\text{筛查高风险妊娠的人数}}$$

6. 风险切割值及其与检出率、假阳性率的关系　风险切割值或风险截断值（cut-off value）是在某一产前筛查模式中人为设定的高风险和低风险的临界值。一般在孕中期血清学筛查的切割值设定在 1/270～1/250。这相当于分娩时为 35 岁的正常孕妇的胎儿患有 21-三体综合征的风险值。

对于一个特定的筛查模式而言，风险切割值的确定直接影响筛查模式的检出率和假阳性率。当风险切割值设置为较低风险水平时，检出率将提高，但同时假阳性率也将上升，反之当风险切割值设置为较高风险水平时，检出率将下降，但同时假阳性率也将下降（图 18-4）。因此，风险切割值的选择需要在检出率和假阳性率之间找出一个适宜的平衡点，既能实现较高的检出率，又能保证假阳性率控制在一个可接受的范围。对于孕中期血清“二联筛查”模式（AFP+β-hCG）而言，国内外的临床实践和科学研究都习惯将假阳性率控制在 5%左右，此时风险切割值为 1/270～1/250，检出率为 60%～70%。

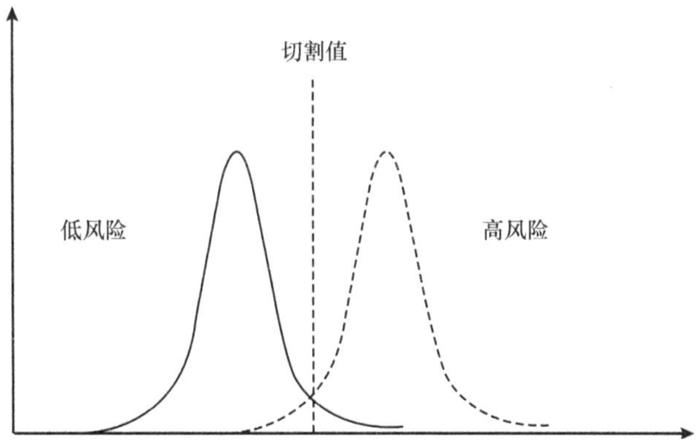

图 18-4　筛查的切割值与高低风险判断的关系

图中曲线下面积是对应的低风险（实线）或高风险（虚线）人群。取特定的切割值后，对于低风险人群而言，切割值右侧的为假阳性；对于高风险人群而言，切割值左侧的为假阴性

（二）产前血清学筛查的常用标志物

1. 甲胎蛋白　甲胎蛋白（alpha-fetoprotein，AFP）在孕早期由卵黄囊分泌产生，孕晚期由胎儿肝脏大量产生。AFP 通过胎儿泌尿系统排泄到羊水中，再通过血液循环到达母体外周血中，所以孕期血清 AFP 浓度较非孕期明显升高。一般来说，AFP MoM 正常值范围为 0.7～2.5。

流产、早产、低体重儿、胎儿患 21-三体综合征等染色体病等情况可导致 AFP 降低。也有多种情况可导致 AFP 异常升高，如开放性神经管缺陷、畸胎瘤、孕妇肝功能异常等。

2. 人绒毛膜促性腺激素　人绒毛膜促性腺激素（human chorionic gonadotrophin，hCG）是由胎盘合体滋养层细胞分泌的孕期激素。它由 α 和 β 二聚体的糖蛋白组成，其中 β 亚基具有特异性，因此用于检测可避免交叉反应，更能准确反映胎盘功能及胎儿状况。游离 β-hCG 是一个可以同时用于孕早期及孕中期筛查的指标，其 MoM 正常值范围一般为 0.25～2.5。

以下情况可导致游离 β-hCG 值升高：曾使用黄体酮保胎、葡萄胎、胎儿患 21-三体综合征、患有 1 型

糖尿病的孕妇等。而胎儿患 18-三体综合征、孕妇吸烟等情况可导致游离 β-hCG 值异常降低。

3. 非结合雌三醇　非结合雌三醇（unconjugated estriol，uE3）是由胎儿肾上腺皮质和肝脏提供前身物质，最后由胎盘合成的一种重要的雌激素，它以游离形式直接由胎盘分泌进入母体循环。其 MoM 正常值范围一般为 0.7～2.0。

如果母血中 uE3 比同孕周水平降低（一般<0.7MoM），提示胎儿患 21-三体综合征的风险较高。除此之外，胎儿宫内生长迟缓、先兆子痫、胎儿先天畸形、葡萄胎、宫内死胎、孕妇吸烟等也会导致 uE3 下降。而孕妇患 1 型糖尿病、胎儿患先天性肾上腺皮质功能亢进症等可导致 uE3 升高。

4. 妊娠相关血浆蛋白 A　妊娠相关血浆蛋白 A（pregnant associated plasma protein A，PAPP-A）是一种妊娠期母体血浆中逐渐增多的高分子糖蛋白，孕期主要由胎盘合体滋养层细胞分泌。PAPP-A 是孕早期 21-三体综合征筛查的可靠指标之一，其 MoM 正常值范围一般为 0.44～2.5。PAPP-A 与年龄和游离 β-hCG 联合应用，检出率达 70%以上，如果再加上胎儿颈后透明带厚度则可将检出率提高到 85%～90%，因此是早期筛查 21-三体综合征的标准模式。孕早期胎儿核型异常的孕妇血中，PAPP-A 水平明显低于正常孕妇组。

5. 抑制素 A　抑制素 A（inhibin A）是一种异二聚体糖蛋白，孕期主要由胎盘合成。在孕 10～12 周时升高并达高峰，随后逐渐下降，孕 15～25 周时浓度比较稳定。该标志物一般是孕中期四联筛查的指标之一，胎儿患 21-三体综合征时抑制素 A 可异常升高。

（三）B 超筛查的常用指标

胎儿颈后透明层厚度（nuchal translucency，NT）是目前染色体异常产前超声筛查中唯一一个得到广泛认可的指标。在孕期 11～13^{+6} 周进行超声检查，可见胎儿正中矢状切面颈后呈现一透明区域，即为胎儿颈后透明层厚度。正常胎儿颈后透明层在此时期的厚度为 0～3mm，染色体异常的胎儿由于常出现淋巴回流障碍从而导致颈后透明带增厚，这些染色体异常包括 21-三体综合征、18-三体综合征、13-三体综合征、特纳综合征等（图 18-5）。颈后透明带增厚还常与胎儿结构异常（尤其是先天性心脏病）相关。

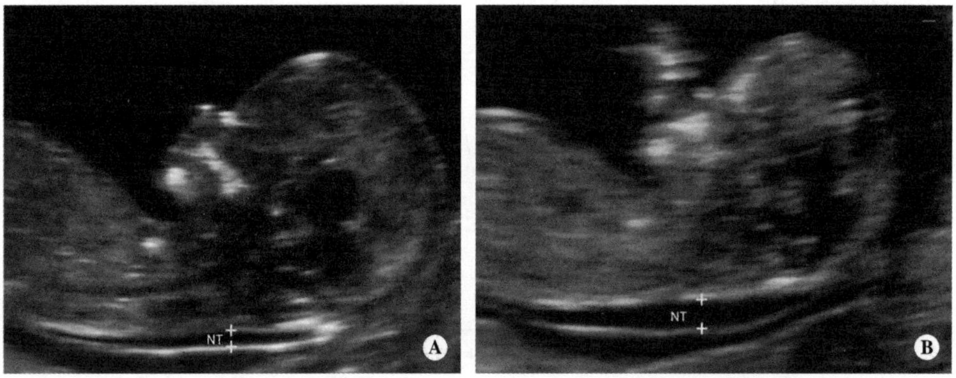

图 18-5　正常胎儿的颈后透明带（A）和染色体异常胎儿的颈后透明带（B）

（四）选择适宜的产前筛查模式

近十年来产前筛查模式有了日新月异的发展，产前筛查不再局限于孕中期，筛查指标也由单纯血清学指标发展为联合血清学及超声指标，因此使得检出率不断上升。但同时应该注意的是，在检出率不断提高的情况下，一些筛查模式的假阳性率也不断上升，这就意味着更多不必要的产前诊断。所以在选择合适的筛查模式时，一定要控制假阳性率在合适的范围内（5%左右）；同时也要注意到许多筛查模式在实现高检出率的同时也带来筛查成本的显著增高，例如，超声测量胎儿颈后透明层厚度由于技术要求高，通量低，需要较多训练有素的专业人员和一整套完善的质量控制体系才能较好地开展。因此，不同地区应根据实际情况选择最适宜本地区的筛查模式。

产前筛查中发现的高风险胎儿，可通过产前诊断来确诊。我国产前筛查和产前诊断的流程如图 18-6 所示。

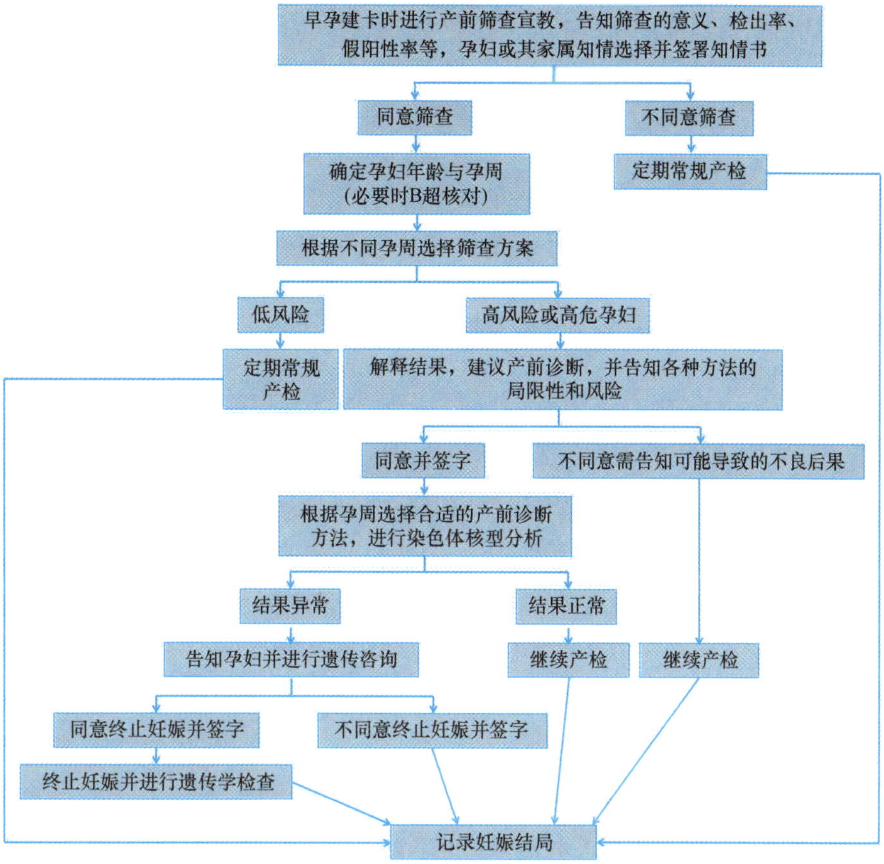

图 18-6　产前筛查和产前诊断流程图

第三节　遗传医学（服务）的伦理问题

医学遗传学理论和技术的发展为人类健康和幸福做出了巨大贡献，但是任何一种现代科学技术都是“双刃剑”，医学遗传学研究在为人类带来福利的同时，也会引发一系列的伦理、法律和社会问题。在医学遗传学的应用过程中，我们应充分考虑到伦理、心理和社会等方面的问题，最大限度发挥其有益作用，并使其危害程度降到最低。

医学遗传学能提供服务，帮助个人就自己的某些医学问题做出理智的、符合自身最佳利益的决定。但是遗传病的终身性、难治性和可遗传性，使得医学遗传学服务不仅关系就诊者本人，也涉及家庭其他成员和亲属，从而可能对个人、家庭乃至社会产生影响。因此，遗传服务除了应该遵循医学伦理学的一般原则：即尊重、有益、无害和公义原则之外，还应该考虑到遗传服务的特殊性，尤其是遗传病检测的结果不仅涉及个人，还可能对后代和亲属有重要意义，由此可能会引发更多的伦理问题。1997 年，世界卫生组织在日内瓦召开了“医学遗传学的伦理问题”会议，提出了《医学遗传和遗传服务中伦理问题的国际准则》，其内容如下。

（1）公共资源公平分配给最需要的人们（公义原则）。

（2）遗传相关的所有问题中具有自主选择权。在生育问题上妇女应该是最终决策者（自主权）。

（3）自愿接受服务，包括检验和治疗；避免政府、社会和医生的压力（自主权）。

（4）尊重人群的多样性，尊重观点属于少数派的人（自主权、非恶意）。

（5）无论个人的知识水平如何，尊重其基本智慧（自主权）。

（6）对公众、医疗保健专业人员、教师、神职人员和其他一些宗教信息来源的人普及遗传学知识（善意）。

（7）如果存在患者和父母组成的团体，应与他们密切合作（自主权）。

（8）防止在就业、保险或升学等方面因遗传信息而出现的不公平的歧视或偏袒现象（非恶意）。

（9）通过转诊网络与其他专业人士合作。如有可能，帮助患者和家属成为该合作团队的知情成员（善意、自主权）。

（10）使用非歧视性语言，尊重患者的人格（自主权）。

（11）及时提供应有的服务和后续治疗（非恶意）。

（12）禁止提供医学上不需要的检查和治疗（非恶意）。

（13）提供持续的服务质量控制，包括实验室操作（非恶意）。

小　结

遗传病的预防主要包括遗传咨询、遗传筛查和产前诊断。遗传咨询的内容根据咨询对象的不同有所区别。基本步骤包括明确临床诊断、确定遗传方式、估计再发风险、提出对策和措施以及随访和扩大咨询。估计再发风险是遗传咨询的核心内容。遗传筛查分为携带者筛查、新生儿筛查和产前筛查。产前筛查为高风险的孕妇建议进行产前诊断，从而有效减少已确诊的遗传缺陷儿出生。遗传服务需要遵循医学伦理学的一般原则：尊重、有益、无害和公义，还应考虑到遗传服务的特殊性引发的更多伦理问题。

复习思考题

1. 什么是遗传咨询？简述遗传咨询的基本步骤。
2. 什么是遗传筛查？遗传筛查的种类和意义是什么？
3. 产前筛查的指标有哪些？请结合本地区产前筛查报告单思考各项内容的意义。

（张延洁　胡　浩）

第十九章

遗传病案例

案例 19-1　21-三体综合征
（trisomy 21 syndrome or Down Syndrom，OMIM #190685）

一、遗传学概念及原理

染色体不分离；罗伯逊易位；平衡易位携带者；嵌合体；产前筛查；MoM（中位数倍数）；产前诊断。

二、主要表型特征

1. 智力障碍。
2. 发育迟缓。
3. 特殊面容（眼距宽、眼裂小、外眼角上斜、鼻梁低平、经常伸舌、流涎等）。

三、病史及体检

患儿，女性，4 岁，因生长发育迟缓和反复呼吸道感染就诊。初步病史采集如下：

患儿为足月顺产。出生时无缺氧，体重 2600g。查体：脸部扁平，眼距宽，外眼角上斜，鼻梁低平，内眦赘皮，耳位低；右手通贯掌，指短，小指内弯，缺少指中节，双足拇趾与第二趾间距宽。心前区可闻及 2/6 级杂音，心脏 B 超示房间隔缺损。

患儿父亲 32 岁，母亲 30 岁，非近亲婚配。父母外观及智力均无异常。自述无家族遗传病史，无明显药物接触史。患儿母亲在生育该患儿之前曾有两次不良孕产史，两次怀孕均于孕早期因胚胎停育而行人工流产。孕前和孕期无服药史、接触毒物史、经受辐射史和感冒发热等。

目前患儿母亲孕 16^{+5} 周，产前筛查 21-三体风险率为 1/200（高风险）。

结合患儿症状、体征和患儿母亲孕产史，医生建议该患儿除了对房间隔缺损进行手术治疗外，还要进行染色体检查；目前所孕胎儿行羊水穿刺进行产前诊断；该夫妇进行染色体检查。

检查结果：患儿核型 46,XX,der(14;21)(q10;q10),+21。胎儿核型 46,X?,der(14;21)(q10;q10),+21（图 19-1A）。孕妇核型 45,XX,der(14;21)(q10;q10)（图 19-1B），其丈夫核型 46，XY。

该夫妇就此结果咨询医生：①该患儿、胎儿和孕妇染色体有何异常？②如何治疗处理？③如果再次怀孕，会有何结果？

医生对此咨询的解释：①患儿和此次所孕胎儿核型显示，除了两条正常 21 号染色体外，还有一条 14 号和 21 号染色体发生罗伯逊易位的衍生染色体，所以 21 号染色体长臂为 3 条，为易位型 21-三体综合征患儿。孕妇为 14/21 罗伯逊易位携带者。②该疾病无特效药物治疗。该次妊娠仍有流产或胎死宫内的可能，建议终止妊娠。如果执意继续妊娠，则孕期检查需注意胎儿有无心脏或消化道等畸形；若有心脏等畸形则可向儿科心脏病专家或外科专家进行咨询；建议在三级医院进行分娩；分娩后对患儿进行全面体检，并尽早进行康复训练。③该孕妇如果再次妊娠，由于她是 14/21 罗伯逊易位携带者，形成的受精卵有 14 三体、

14 单体或 21 单体的可能性，这些核型的胚胎均无法正常发育，核型为 21-三体的胚胎也常常无法存活，所以仍有自发流产或死胎的可能性，这也是她之前两次怀孕早期发生胚胎停育的原因。如果胎儿能够存活至出生，理论上有 1/3 的可能性是 21-三体综合征患儿；实际上有 10%～15%的可能性是 21-三体综合征患儿。因此可在再次妊娠 16～20 周时进行羊水穿刺产前诊断；也可选择通过辅助生殖技术在胚胎植入前进行检测，选择核型正常的胚胎植入子宫。

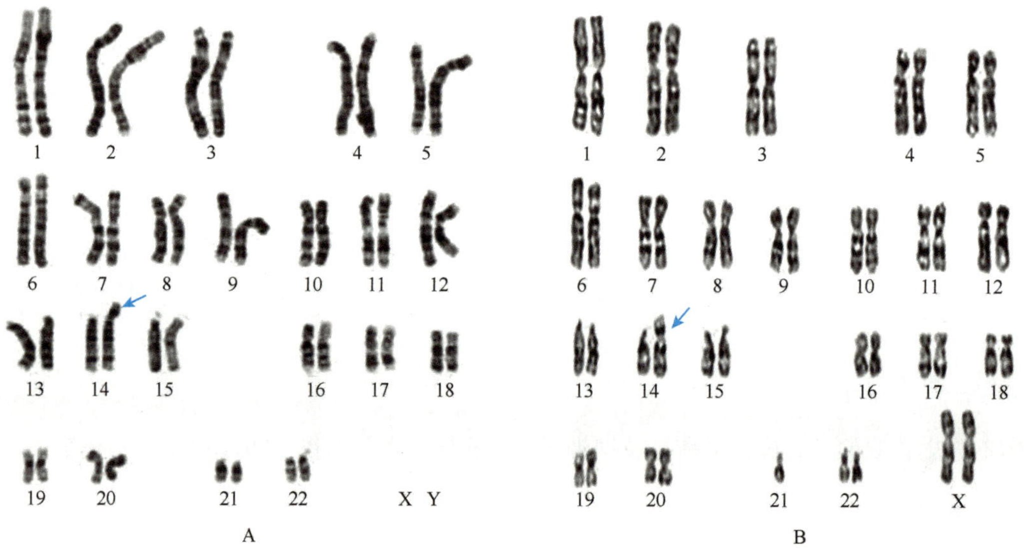

图 19-1　胎儿（A）（注：产前诊断不能透露胎儿性别）和就诊孕妇（B）染色体核型图（箭头示异常染色体）

四、发病率

21-三体综合征在活婴中的发生率为 1/800～1/600，出生率在各种族和民族间无明显差异。据估计，我国目前大约有 60 万以上的患者。流行病学研究表明，发病率与母亲生育年龄密切相关，35 岁以上孕妇生育患儿的风险显著升高。

五、发病机制

目前已将 21-三体综合征的 24 种特征定位在 21 号染色体的 6 个小区域，其中许多与发病有关的基因定位于 21q22。该区域与 21-三体综合征表型相关的基因有：①与智力发育迟缓相关：21-三体综合征细胞黏附分子（trisomy 21 syndrome cell adhesion molecule，*DSCAM*）、活性依赖性神经保护蛋白（activity dependent neuroprotectiveprotein，*ADNP*）、*DSCR1*、*DYRK* 基因。②与肌张力低下相关：主要是 *MNBH/DYRK1* 基因。③与先天性心脏病相关：*COL6A1/2*、*KCNE-2* 基因。④与白血病相关：*AML* 基因。这些基因过度表达是 21-三体综合征发病的重要原因。

无论是 21-三体综合征的游离型还是易位型，患者 21q 都多了一条，因此都显示出 21-三体综合征的主要临床特征。

六、临床表现

21-三体综合征主要表现为智力障碍，成年患者平均智商（IQ）为 50；生长发育迟缓；肌张力低下；小头畸形；特殊面容（眼距过宽、眼裂小且外眼角上斜、内眦赘皮，鼻梁低平，经常伸舌、流涎，小耳且低位或畸形等）；小指桡侧弯曲、通贯手；第一、二趾间距宽；常伴有先天性心脏病、十二指肠闭锁等先天畸形；男性患者无生育能力、女性患者偶有生育能力；患甲状腺功能低下和白血病的风险升高；存活至 35 岁以上的患者可出现阿尔茨海默病的病理表现。

七、治疗及预防

（一）治疗

目前尚无有效治疗方法，对先天性心脏病等畸形主要是通过手术治疗，如果患甲状腺功能减退或白血病，则进行相应治疗。改善患儿发育状况主要是通过康复训练，且越早干预越好。儿童期应该执行标准的免疫接种。随着医疗水平的提高，患者平均寿命可达 50 岁以上。通过特殊教育和适当的护理可以提高生活质量和适应能力，部分患者生活基本自理。

（二）预防

预防的有效方法是进行产前筛查和产前诊断。

1. 产前筛查　主要是通过血清学筛查 AFP、游离 β-hCG 等指标和 B 超测量 NT 筛查出高风险孕妇。在孕期不同时段筛查指标有所不同，而且有的地区采用孕早期+孕中期联合筛查。

此外，判断是否为高风险不能仅考虑孕妇年龄，还需了解孕妇体重，是否有吸烟史、糖尿病等病史。

（1）孕早期：一般在孕期 10～13^{+6} 周进行。方法为 B 超测量胎儿 NT、检测母血清游离 β-hCG 和 PAPP-A。上述指标均需转化为 MoM 值后再进行风险判断。21-三体综合征患儿表现为 NT 增加、游离 β-hCG 升高和 PAPP-A 降低。

（2）孕中期：一般在孕期 15～20 周进行。检测母血清学指标 uE3、AFP、游离 β-hCG 和 Inhibin A。不同国家、不同地区联合检测的指标不完全相同，我国多数省市检测 uE3、AFP 和游离 β-hCG。这些指标同样均需转化为 MoM 值。21-三体综合征患儿表现为 uE3 下降、AFP 下降、游离 β-hCG 升高、Inhibin A 升高。

目前，从孕妇外周血中直接提取游离胎儿 DNA 也可用于筛查胎儿是否为 21-三体综合征高风险，并且检出游离型 21-三体综合征的准确度接近 99%，我国开展此项检测的时间是孕 12～22^{+6} 周。

2. 产前诊断　根据孕妇孕周选取羊膜腔穿刺术、绒毛取样法或脐静脉穿刺术进行取样，然后通过核型分析或 FISH 诊断。

八、再发风险

再发风险主要与母亲生育年龄和父母核型有关。

当母亲年龄大于 35 岁时，21-三体综合征发生率可明显增高。有资料显示父亲年龄超过 39 岁时，出生患儿的风险可能增高。

父母核型主要有正常、一方为嵌合型 21-三体患者、一方为 D/21 或 G/21 罗伯逊易位携带者和一方为 21/21 罗伯逊易位携带者等这几种情况，生育患儿风险有所不同，详见第六章第三节和第十八章第一节。

九、讨论题

1. 如果该孕妇及其丈夫核型正常，那再次生育 21-三体综合征患儿的风险有多高？
2. 如果常规显带核型分析结果正常的夫妇已生育两个游离型 21-三体综合征患儿，如何解释此现象？

十、参考文献

1. 贺林，马端，段涛，2013. 临床遗传学. 上海：上海科学技术出版社，43-49.
2. 邬玲仟，张学，2023. 医学遗传学（第 2 版）. 北京：人民卫生出版社，90-96.
3. Bianchi DW, Crombleholme TM, D'Alton ME, et al., 2012. 胎儿学诊断与治疗. 2 版. 李笑天等译. 北京：人民卫生出版社，12-23, 863-869.

（张延洁）

案例 19-2 普拉德-威利综合征
（Prader-Willi syndrome，OMIM #176270）

一、遗传学概念及原理

常染色体病；遗传印记；单亲二体；染色体微小缺失。

二、主要表型特征

1. 发病年龄：出生前。
2. 婴儿期喂养困难。
3. 婴儿期肌张力低下。
4. 儿童期过量摄食而肥胖。
5. 认知障碍。
6. 身材矮小。

三、病史及体检

患者，男性，18 岁，因体重增加 15 年，加剧 5 年入院就诊。15 年前起无明显诱因出现多食，体重增加，无精神异常及性格改变，学习成绩较差，平素运动较少。5 年前体重达 80kg，曾在当地医院就诊，经相关内分泌激素测定和垂体、肾上腺 CT 检查未发现明显异常，诊断为“单纯性肥胖”，建议饮食运动干预，未进行药物治疗。近 5 年来体重增加约 50kg。起病来无口干、多饮，多尿；无怕冷、无汗、嗜睡、乏力；无头痛、视野缺损；无情绪不稳定、烦躁、失眠等变化。患者系早产儿，无产伤史，出生体重 2.6kg；出生后发现患儿隐睾，肌张力低下，动作无力，哭泣无声和吸吮困难；3 个月时方能哭泣有声，前 3 个月靠鼻饲和静脉营养，6 岁时因为发现一侧睾丸坏死，行一侧睾丸切除并对侧睾丸复位固定术。7 岁以后身高增长稍缓慢，略低于同龄儿童；上学后语文、数学成绩差，不爱活动，视力差但语言交流能力尚可。体格检查：身高 156cm，体重 130kg，BMI[①]：47.26kg/m^2。额径窄、杏仁眼、低鼻梁、满月脸、上唇薄、手足短小、手指细尖。男性外生殖器仍为幼稚型，一侧睾丸大小约 2ml，阴茎细小、长 4cm。无男性第二性征表现。通过染色体高分辨显带分析确定，患者染色体 15q11-q13 缺失（图 19-2）。结合病史及临床评分，临床确诊普拉德-威利综合征。

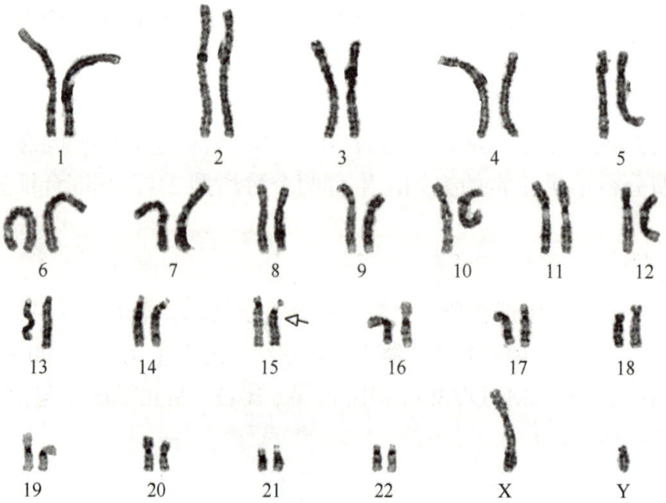

图 19-2 患者染色体核型分析结果图

①BMI：体重指数（body mass index），用体重（kg）除以身高（m）的平方得出的数字。BMI 是目前国际上常用的衡量人体胖瘦程度以及是否健康的一个标准。

四、发病率

普拉德-威利综合征发病率为 1/30 000～1/10 000，男女发病率无明显差异。

五、发病机制

普拉德-威利综合征是由父系 15q11.2-q13 上基因表达缺失引起的发育疾病。

15q11.2-q13 内许多基因的差异性表达，取决于该片段是来源于父亲还是母亲。15q11.2-q13 内有的基因为父源表达母源失活，而有的基因为母源表达父源失活。这种只表现来自父源或母源单方的基因而抑制另一方的现象称为遗传印记（genetic imprinting）。印记基因要通过生殖细胞进行印记转换才能正确表达。所有印记在性腺细胞中被消除，之后母源印记在卵细胞中被重建，父源印记在精细胞中被重建。遗传印记受到印记中心（imprinting center）的控制。印记中心是指位于印记基因内部或周围的基因表达调控元件，在印记基因向异性的传递中控制其印记的重新设定。正常情况下，父源 15q11.2-q13 内普拉德-威利综合征关键基因表达，母源 15q11.2-q13 内相应基因被抑制而失活。

目前产生普拉德-威利综合征的确切原因仍然未知，研究人员认为普拉德-威利综合征的遗传机制主要涉及以下几个方面（图 19-3）：

1. *父源 15q11.2-q13 微缺失*　患者父源 15 号染色体上 q11.2-q13 发生微缺失，导致父源普拉德-威利综合征关键基因缺失，约占所有患者的 70%。

2. *母源单亲二体*　患者存在 15 号染色体的母源单亲二体（maternal uniparental disomy 15，UPD 15）。单亲二体指体细胞中同源染色体均来自一个亲本的个体。患者两条 15 号染色体都来自母方，没有来自父源的 15 号染色体，父源普拉德-威利综合征关键基因缺失。约占所有患者的 25%。

3. *印记缺陷*　不到 5%的患者是由于印记中心发生突变，造成基因未携带正确的印记，这一现象称为印记缺陷（imprinting defection）。印记突变导致精细胞减数分裂中，母系印记向父系印记转换失败，携带母系印记的精细胞没有完成印记的消除和重新设定。这类携带母系印记的精细胞产生的后代，因无法表达该片段的父系印记基因（普拉德-威利综合征关键基因）而致病。这种情况有部分病例是遗传性的，会造成普拉德-威利综合征的家族性发病，再发风险高达 50%；也有部分病例为偶发性的，源于精卵形成或胚胎早期基因印记的清除与重建发生异常，此时再发风险则难以评估。

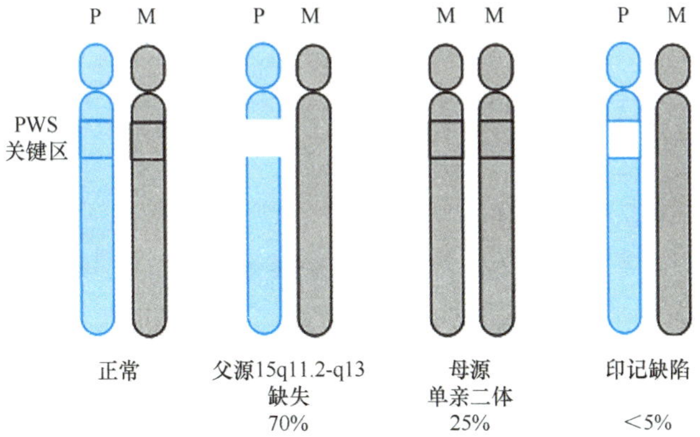

图 19-3　普拉德-威利综合征遗传机制

P. 父源；M. 母源

普拉德-威利综合征的诊断以临床诊断为主，遗传学诊断为辅。其遗传学诊断是 DNA 检测，以确定 15q11.2-q13 父系印记基因的缺失，包括甲基化检测、基因芯片检测、测序等。

六、临床表现

本病主要临床特征包括：新生儿及婴儿期肌张力低下，但随年龄增加而改善；婴儿期喂养困难，生长缓慢、体重增加不易；1～6 岁间，过度进食、无法控制食欲、有强烈的索食行为，这种行为和低代谢率导致体重快速增加，显著肥胖；轻度到中度智力障碍（平均智商 60～80），学习障碍。

患者其他常见的临床表现：胎儿期胎动减少，婴儿时期慵懒，哭声微弱。青春期发育迟缓（如女性超过 16 岁无月经），性腺功能低下、性器官发育不良（男性隐睾、阴茎短小，女性阴唇、阴蒂发育不良或无阴唇、阴蒂）。患者往往有特殊面容，双颊径窄、长头、杏仁眼、小嘴、薄上唇、嘴角下垂；身材矮小，小手小脚、手狭窄且尺骨边缘较直；视力异常，近视、内斜视；毛发、眼睛和皮肤的色素减退，皮肤白；脊柱侧弯或驼背，骨质疏松。患者可有睡眠障碍、睡眠呼吸暂停；易动怒、暴力行为、强迫行为等，体痒、抓后留痕；构音障碍（语言表达不清晰）。患者还会出现口水量多黏稠、聚在嘴角，疼痛阈值高，体温调节异常等。肥胖常引发患者出现心肺疾病、2 型糖尿病、中风、睡眠呼吸暂停及其他严重并发症，可危及生命。

七、治疗及预防

普拉德-威利综合征目前尚无有效的治疗方法，临床上主要给予对症处理。治疗的目的在于预防并发症，并借由早期干预达到最佳预后。目前没有药物可用于治疗食欲过盛症状，极低热量、限制性饮食和运动仍然是控制肥胖的主要途径。生长激素替代疗法可提高患者生长速度，还会增加肌肉质量和力量等。性激素替代治疗可促进第二性征发育，但也常导致男性行为恶化和增加女性中风的风险。

目前主要通过产前诊断等手段预防普拉德-威利综合征患儿的出生。

八、再发风险

再发风险与普拉德-威利综合征的遗传机制有关。如果是印记缺陷引发的普拉德-威利综合征，再发风险可能高达 50%，父源 15q11.2-q13 缺失或母源单亲二体引起的普拉德-威利综合征，再发风险均小于 1%。

九、讨论题

快乐木偶综合征也是由于 15q11.2-q13 微缺失引起的疾病。请分析比较普拉德-威利综合征和快乐木偶综合征的临床表现和发病机制。

十、案例来源

中山大学附属第三医院疑难病例，“病例讨论：以显著肥胖为主要表现、伴糖尿病的 Prader-Willi 综合征”（http://case.medlive.cn/endocr/case-article/show-73424_48.html）

（杨榆玲）

案例 19-3 特纳综合征
（Turner syndrome）

一、遗传学概念及原理

性染色体病；染色体不分离；出生选择（出生率低）；单倍剂量不足。

二、主要表型特征

1. 发病年龄：出生前。
2. 身材矮小。
3. 卵巢发育不全。
4. 性发育不成熟。

三、病史及体检

患者，女性，16 岁。生长发育迟缓，身高 1.29m，智力尚可，尚未来月经。患者为第一胎，其妹妹正常。父母间无血缘关系。患者出生时其母亲 25 岁，父亲 36 岁。查体：神志清楚，体型瘦小，体重 36.5kg。巩膜蓝色，蹼颈，肘外翻，胸骨隆凸。腋毛、阴毛缺如，乳腺发育不良，双侧乳头于锁骨中线外。多发性色素痣，颈后发际低，指甲过凸。B 型超声：子宫小，卵巢萎缩，呈条索状物。X 线所见：普遍性骨质疏松；泛掌骨征阳性；指骨优势；腕内翻；胫骨内髁增大，形成鸟嘴状。股骨内髁增大，膝内翻。阴道涂片显示过多的间质细胞，尿中大量促性腺激素，而雌激素明显减少，颊黏膜上皮细胞性染色质小体检查阴性。性激素检测显示*，促卵泡激素 30.22IU/L，黄体生成素 31.3IU/L，泌乳素 7.9 μg/L，雌二醇 3.91pmol/L，睾酮 4.84nmol/L。核型分析为 45,X，见图 19-4。诊断：特纳综合征。

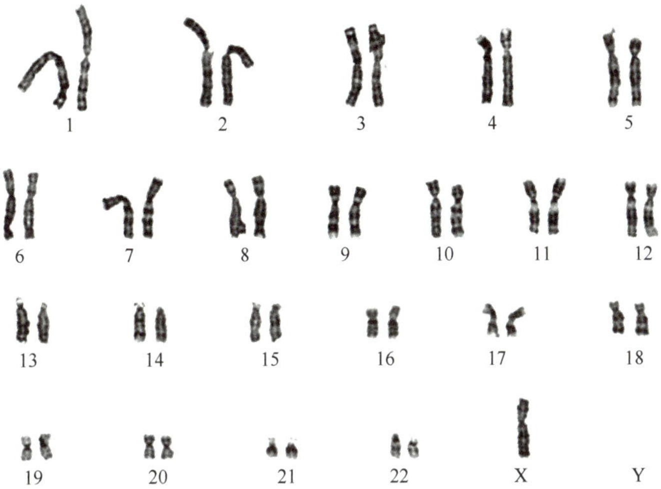

图 19-4　患者染色体核型分析结果图

四、发病率

特纳综合征在女性活婴中发病率约为 1/4000，但在自发流产胎儿中发生率高达 7.5%。患病胎儿在子宫内不易存活，99%流产。

五、发病机制

约 50%患者核型为 45,X；25%为 X 染色体结构异常，常为 46,X,i（X）(q10)；25%为嵌合型，常见 45,X/46,XX。X 染色体的缺失可能源于双亲配子形成中 X 染色体不分离，或受精卵早期卵裂时 X 染色体的丢失。核型为 45,X 的患者中，70%～80%是由于父亲生殖细胞发生性染色体不分离。在受精卵早期卵裂时丢失 X 染色体将导致嵌合型患者。

X 染色体单体性引起特纳综合征的发病机制还不十分明确。X 染色体含有许多逃避失活（X 染色体失活）的基因位点，其中一些可能与卵巢维持和女性生育有关。虽然卵母细胞发育只需要一条 X 染色体，但卵母细胞维持却需要两条 X 染色体存在。患者通常在胎儿期或新生儿期，卵母细胞即过早死亡，且大多数卵巢组织在出生前退化。研究发现，*SHOX* 基因单拷贝缺失，可能导致患者身材矮小和骨骼异常。其他表型的遗传基础尚不明确，但可能与一个或多个逃避失活的 X 连锁基因的单倍剂量不足有关。

特纳综合征的临床诊断主要采用常规核型分析、基因芯片检测等技术。

六、临床表现

本病主要特征包括：身材矮小、卵巢发育不全。所有患者表现为身材矮小（5 岁左右显现），成年身高

* 性激素正常参考值范围：促卵泡激素（黄体期）1.70～7.70 IU/L，黄体生成素（黄体期）1.00～11.40 IU/L，泌乳素 4.61～30.74μg/L，雌二醇（黄体期）164.0～774.0pmol/L，睾酮 0.29～1.67nmol/L。特别说明：以上正常值区间为本案例参考范围，一般来说，不同医院根据不同的化验方法，正常值稍有不同。

120～140cm。90%以上的患者出现卵巢发育不全，导致仅10%～20%的患者具有自发性青春期发育，仅2%～5%患者有自发月经。

患者其他常见的临床表现：无青春期生长突增，青春期无第二性征发育，乳房不发育，子宫小，外生殖器发育幼稚，阴毛、腋毛缺如或稀少，通常原发闭经。蹼颈，后发际低。盾形胸，乳距宽。患者中肾脏畸形发生率约60%，包括马蹄肾，其他结构异常，发育不全。患者中1/3～1/2出生时具有心血管畸形，如主动脉狭窄。出生时常有手足水肿，第4、5指（趾）骨与掌（跖）骨短或畸形，小指甲。面部、背部有多发性黑痣。其他体格异常如肘外翻，骨骼畸形，骨密度低。感觉神经性听力缺陷。大多数患者智力发育正常，但低于同胞，具有智力障碍者通常具有X染色体结构异常。患者社会适应能力较低，害羞和内向孤僻，成年后患骨质疏松性骨折、甲状腺炎、1型和2型糖尿病、感染性肠病和心血管疾病的风险都有所增加。大多数患者不育，仅嵌合型患者或X染色体结构异常患者可以妊娠。

七、治疗及预防

儿童期可通过补充生长激素改善身高，直至骨龄达到15岁。至成年总体身高增长约10cm。生长激素补充得越晚，最终身高改善得越少。若同期进行雌激素治疗有可能降低生长激素治疗的效果。

青春期用雌激素替代治疗，可促进患者第二性征的发育和降低骨质疏松的风险。孕酮联合雌激素的替代治疗可诱导月经来潮及改善患者心理状态。但两者均会增加血栓形成的风险。

完全卵巢发育不全的患者无法自发排卵或怀孕，可通过体外受精和卵子捐赠生育后代。患者妊娠时因主动脉破裂或夹层而死亡的风险增加。

可以通过产前诊断预防特纳综合征患儿的出生。主要通过羊膜腔穿刺获得产前诊断样本，采用常规核型分析联合基因芯片检测等技术进行产前诊断。如果产前诊断确定核型为45,X，则胎儿存活率很低；如果产前诊断确定核型为45,X/46,XX，则胎儿预后与异常核型占比相关。

八、再发风险

特纳综合征与父亲或母亲生育年龄无关，呈散发病例，有特纳综合征阳性家族史并不会显著增加生育患儿的再发风险。有自发月经的患者中仅少数能怀孕，其所生后代中1/3患有先天异常，如先天性心脏病、唐氏综合征和脊柱裂等。

九、讨论题

X染色体单体型是出生后唯一可见的人类染色体单体型改变（男性Y染色体除外）。试讨论其可能的原因。

十、参考文献

崔建国, 1993. Turner氏综合征一例报道. 昆明医学院学报, 14(2): 44.

（杨榆玲）

案例19-4 亨廷顿病
（Huntington disease，HD；OMIM #143100）

一、遗传学概念及原理

1. 常染色体显性遗传；2. 动态突变；3. 遗传早现；4. 延迟显性；5. 遗传印记。

二、主要表型特征

1. 通常中年期起病，发病年龄多在 30～50 岁。
2. 特征性的舞蹈样动作、精神障碍和进行性痴呆三联征。
3. 当父亲为患者时，其所生子女的发病年龄提前，临床症状加重。

三、病史及体检

先证者，女，46 岁，2 年前无明显原因及诱因出现口角、面部及四肢不自主运动，持物、写字困难，步态不稳，病情呈进行性加重，并逐渐出现近事记忆力减退，反应迟钝，情绪不稳，对周围事物缺乏兴趣。

1. *体格检查*　意识清楚，言语清晰，记忆力、计算力明显下降。面部有咀嚼动作，不自主耸肩，躯干、肩带及四肢可见不规则舞蹈样动作，步态不稳，四肢肌张力低，腱反射对称正常，感觉正常，双侧锥体束征阴性。裂隙灯下未见角膜 K-F 环，血清铜及铜蓝蛋白均正常，肝肾功能及各项生化指标正常。

2. *家族史*　先证者的外祖父、母亲、哥哥和侄子均有类似症状，其外祖父和母亲已故（图 19-5）。

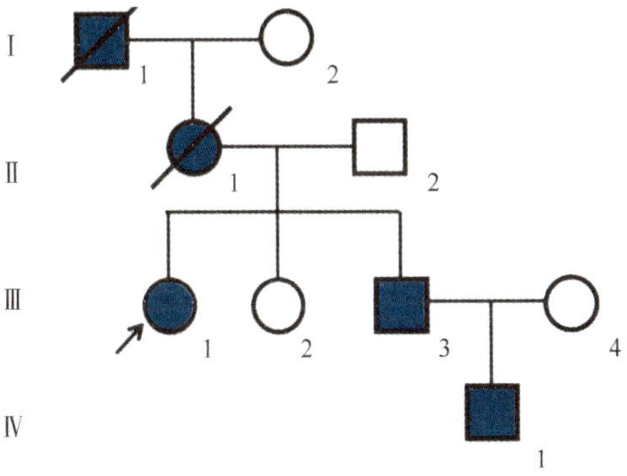

图 19-5　亨廷顿病先证者系谱图

3. *影像学检查*　头颅磁共振成像（MRI）示双侧局部皮质萎缩，纹状体萎缩，侧脑室前角增大。

4. *神经电生理检查*　脑电图呈弥漫性异常，无特异性。肌电图可见异常自发电位、潜伏期延长等。

5. *分子遗传学检测*　检测到 *IT15* 基因（CAG）$_n$ 重复序列的异常扩增突变，其（CAG）$_n$ 重复数为 65 个，确诊为亨廷顿病。

四、患病率

亨廷顿病在白种人的患病率是 1/20 00～1/14 300，某些欧洲国家可达 1/6700，亚洲、非洲人群患病率较低，我国目前尚无确切的流行病学统计数据。

五、发病机制

亨廷顿病是常染色体显性遗传病。该病的致病基因 *IT15* 定位于 4p16.3。在正常情况下，*IT15* 基因编码 huntingtin 蛋白；在疾病状态下，*IT15* 基因 5′端第一外显子内（CAG）$_n$ 发生动态突变，且（CAG）$_n$ 重复的次数与发病的早晚、疾病的严重程度成正比。正常个体（CAG）$_n$ 重复的次数为 9～34 次，患者大于 36 次，最多超过 120 次。突变的 huntingtin 蛋白因其羧基端串联重复的谷氨酰胺（Poly Q）数量大大增加而导致疾病发生。但是确切的发病机制目前尚不清楚。

六、临床表现

1. 通常中年期起病，发病年龄多在 30～50 岁，但从婴儿到老年人均可发病。
2. 患者有典型的四肢及头颈部的舞蹈样动作、精神障碍和进行性痴呆等症状。
3. 患者常规头颅 CT/MRI 检查显示纹状体体积缩小，侧脑室前角增大，侧脑室尾状核区形成特征性的“蝴蝶症”，随着病情发展，可出现大脑皮质和皮质下局部或弥散性萎缩。

七、治疗及预防

1. *治疗*　目前对此病无特异性治疗措施，对症治疗如下：

（1）对舞蹈样运动可给予氟哌啶醇、奋乃静、舒必利等治疗。目前，美国食品药品监督管理局批准的用于治疗亨廷顿病患者舞蹈症状的药物是丁苯喹嗪。丁苯喹嗪为患者带来了一定希望，但其严重副作用包括抑郁、自杀等，使用时需特别注意。

（2）有抑郁症状者可给予抗抑郁治疗。

（3）有精神症状者可给予抗精神病药物治疗（如氯氮平、奥氮平、利培酮）。

（4）社会心理治疗，加强看护和社会关怀。

2. 预防　产前诊断是目前减少亨廷顿病家系患儿出生及后代再发风险的最佳手段，羊水细胞和绒毛样本都可以进行检测。其中，胚胎植入前遗传学检查为近年来发展起来的有效的产前诊断方法。

八、再发风险

亨廷顿病属于常染色体显性遗传病，每代均可有个体发病，无性别差异。患者的双亲必有一患者，患者的同胞、子女均有 50%的概率成为患者。

九、讨论题

1. 亨廷顿病临床上需要与哪些疾病进行鉴别诊断？
2. 怎样对亨廷顿病患者进行分子遗传学诊断？
3. 如何对亨廷顿病家系进行遗传咨询？

十、参考文献

1. 贺林, 马端, 段涛, 2013. 临床遗传学. 上海: 上海科学技术出版社, 396～398.
2. 邬玲仟, 张学, 2016. 医学遗传学. 北京: 人民卫生出版社, 204～209.
3. 刘娜, 杨志杰, 樊东升, 2011. Huntington 舞蹈病一家系六例报告. 中国神经免疫学和神经病学杂志, 18(2): 145.
4. Burgunder JM, 2015. 亨廷顿舞蹈病: 教学性综述. 中国神经精神疾病杂志, 41(10): 577-582.

（马　萍）

案例 19-5　α 地中海贫血
（α thalassemia，OMIM#604131）

一、遗传学概念及原理

等位基因频率的种族变异；基因剂量效应；遗传异质性；双重杂合性。

二、主要表型特征

1. 胎儿期或幼年发病。
2. 小细胞低色素性贫血。
3. 脾肿大。

三、病史及体检

患儿，女性，5 岁，因感冒发热前来就诊。患儿为足月自然分娩，出生时正常，婴儿期吃奶常吐，食欲不佳，夜间睡眠中易哭闹，平时易感冒。其父母均为汉族，均为广东韶关人。

查体：脸色苍白，巩膜黄染，腹部膨大，肝、脾质软，肋下可触及，无智力障碍，无明显头颅和面部骨骼畸形。

血液检验：血常规检查提示血红蛋白（Hb）78.0g/L，红细胞平均体积（MCV）76.5fl，平均红细胞血红蛋白量（MCH）21.5pg。外周血涂片观察可见红细胞着色不足及靶形细胞。血红蛋白成分分析：HbA 91.8%，HbA_2 1.6%，HbH 5.1%，HbF 0.5%。

基因检测和家系分析：患儿 *HBA* 基因型为$-\alpha^{3.7}$/--（双重杂合子）。父亲 Hb 128.5g/L，MCV 78.3fl，MCH 26.4pg；HbA 96.2%，HbF 1.7%，HbA_2 2.1%；*HBA* 基因型为$-\alpha^{3.7}/\alpha\alpha$。母亲 Hb 123.8g/L，MCV 79.2fl，MCH 26.8pg；HbA 96.6%，HbF 1.0%，HbA_2 2.4%；*HBA* 基因型为$--/\alpha\alpha$。

根据上述检查结果，可确诊该患儿为中间型 α 地中海贫血（HbH 病）。

四、发病率

本病发病率有明显种族和地域差异，高发于地中海地区、非洲及东南亚等热带和亚热带地区。英国、冰岛等国家发病率低于 0.01%，马尔代夫发病率可高达 18%。我国长江以南各省区也是该病高发区，广东省人群携带者频率为 12.07%，广西壮族自治区人群携带者频率可达 14.95%。

五、发病机制

本病是 α 珠蛋白肽链减少或丧失而导致的遗传性溶血性贫血。病因为 16p13.3 上的 α 珠蛋白基因（*HBA* 基因）发生先天性突变，造成血红蛋白合成不足。全世界目前发现的 α 地中海贫血基因突变已超过 300 种，导致中国人 α 地中海贫血的主要病因以 α 珠蛋白基因大片段缺失为主，点突变为次。

缺失型 α 地中海贫血是由于 α 珠蛋白基因缺失所引起。若同一条 16 号染色体缺失 2 个 *α* 基因者称为 α^0 地中海贫血，α^0 地中海贫血也称东南亚缺失型（$--^{SEA}$）。若同一条 16 号染色体缺失 1 个 *α* 基因者称 α^+地中海贫血，α^+地中海贫血较常见的有$-\alpha^{3.7}$、$-\alpha^{4.2}$。$-\alpha^{3.7}$ 缺失了 *α2* 基因的 3'端和 *α1* 基因的 5'端，缺失片段大小为 3.7 kb，*α2* 基因的 5'端和 *α1* 基因的 3'端融合成一个 *α* 基因，称为右缺失；$-\alpha^{4.2}$ 缺失了 *α2* 基因，缺失片段大小为 4.2kb，*α1* 基因保持完整，称为左缺失。$--^{SEA}$、$-\alpha^{3.7}$、$-\alpha^{4.2}$ 是我国人群最常见的三种缺失类型。根据基因型和临床表现不同，缺失型 α 地中海贫血可分为四种类型（详见第八章第一节），不同患者依受累 *α* 基因数量不同而有明显差异，缺失 *α* 基因越多，病情越严重。

非缺失型 α 地中海贫血主要是由于 *α* 基因碱基点突变所致，中国人常见的非缺失型 α 地中海贫血有：Hb Constant Spring（HbCS）*α2* c.427T＞C 和 Hb Quong sze（HbQS）*α2* c.377T＞C。

目前基因检测缺失型 α 地中海贫血多采用跨越断裂点 PCR（gap-PCR）技术、对非缺失型 α 地中海贫血主要使用反向点杂交（reverse dot blot，RDB）技术检测，若上述结果为阴性，可采用 DNA 测序（DNA sequencing）技术检测罕见的基因变异类型，一般采取三代测序。

六、临床表现

本病一般非缺失型病情重于缺失型；重型 α 地中海贫血（Hb Bart's 胎儿水肿综合征）胎儿宫内死亡或出生后不久死亡；标准型和静止型 α 地中海贫血一般无症状。临床中有贫血症状的患者以 HbH 病最为常见。

1. 轻、中度小细胞低色素性贫血：MCV<80fl，MCH<28pg。
2. 常见脾大。
3. HbH 阳性，HbA2 水平降低。
4. 多属于非输血依赖性贫血，生长发育基本正常。

七、治疗及预防

1. 治疗　HbH 病患者终身患病，多数可长期存活，临床上可给予支持疗法改善症状，根据患者 Hb 水平变化长期治疗。规范输血和除铁治疗是临床处理要点。输血治疗的目的是稳定维持 Hb＞80g/L 水平。治疗中需注重补充叶酸、抗氧化剂、维生素 D 和钙制剂；避免使用铁制剂和氧化剂，避免食用富含铁的食品。严重 HbH 病患者需考虑脾切除治疗。

2. 预防　α 地中海贫血可行产前基因诊断，但诊断必须基于家系分析，高风险夫妇纳入产前诊断需要慎重处理，遗传咨询严格执行医学伦理原则。在进行胎儿样品采集之前，其双亲的 α 地中海贫血已知突变基因型都必须明确，这样才能有效完成胎儿基因型的检测，应杜绝单独针对胎儿样品的检测。胎儿样品采集于孕早、中期（妊娠 11～23 周）进行，如通过产前诊断确诊为重型 α 地中海贫血胎儿，需及时与受累胎儿双亲沟通，知情选择胎儿去留。

八、再发风险

患者双亲的基因型多分别为 α^0 地中海贫血杂合子（--/αα）和 α^+地中海贫血杂合子（$-\alpha^{3.7}/\alpha\alpha$），子女有 1/4 的概率为基因型正常者（αα/αα），1/4 的概率为 HbH 病（$-\alpha^{3.7}/--$），1/4 的概率为 α^0 地中海贫血杂合子（--/αα），1/4 的概率为 α^+地中海贫血杂合子（$-\alpha^{3.7}/\alpha\alpha$）。

九、讨论题

1. 怎样对 α 地中海贫血患者进行诊断?
2. 如患儿母亲拟再生育，应当如何进行遗传咨询?
3. α 地中海贫血是世界上最常见的单基因疾病，有两种机制可以改变群体中的基因频率：选择和遗传漂变。请描述这两种机制可能会导致 α 地中海贫血频率增高的原因。

十、参考文献

1. 贺林, 2019. 今日遗传咨询. 北京: 人民卫生出版社, 431～434.
2. 邬玲仟, 张学, 2023. 医学遗传学. 2 版. 北京: 人民卫生出版社, 235-240.
3. 胡新年, 欧文岳, 欧阳慧, 等, 2020. 2659 例地中海贫血基因检测结果分析. 中国优生与遗传杂志, 28(10): 1174～1177.
4. Jiang F, Xu LL, Chen GL, et al., 2020.Hematological characteristics of Hb constant spring (HBA2: c.427T＞C) carriers in Mainland China. Hemoglobin, 44(2): 86-88.
5. Yang Y, Lou JW, Liu YH, et al., 2014. Screening and diagnosis of Hb Quong Sze [HBA2: c.377T ＞ C (or HBA1)] in a prenatal control program for thalassemia. Hemoglobin, 38(3): 158-160.

（武　阳）

案例 19-6　葡萄糖-6-磷酸脱氢酶缺乏症
（glucose-6-phosphate dehydrogenase deficiency，OMIM #300908）

一、遗传学概念及原理

基因缺陷；遗传性溶血性疾病；X 连锁不完全显性遗传；药物遗传学。

二、主要表型特征

1. 黄疸。
2. 血尿。

三、病史及体检

患儿，男性，8 岁，因“发热 4 天，面色黄、茶色尿 1 天”就诊。入院前 4 天患儿因发热（38.4℃）服用磺胺类药和解热镇痛药，服药后体温下降。2 天前患儿不明原因出现头晕、乏力、面色苍白。1 天前症状加重，出现面黄、茶色尿、阵发性脐周痛等症状，无呕吐和发热。体格检查：一般情况差，呈贫血貌，皮肤、巩膜轻度黄染，脐周有轻度压痛。实验室检查显示：患儿血常规示 Hb70 g/L；尿常规：尿胆原（++），尿胆红素（+）；Heinz 小体（+），G6PD/6PGD 定量比值 0.43（正常值>1.0），其父 G6PD/6PGD 定量比值为 1.70，其母 G6PD/6PGD 定量比值为 0.75。

四、发病率

该病呈世界性分布，但相对集中于非洲、地中海沿岸及东南亚等地，我国主要分布在长江流域及其以南各省，尤以广东、广西、贵州、云南、四川等省（区）发生率较高，为 5%～20%。

五、发病机制

葡萄糖-6-磷酸脱氢酶（G6PD）缺乏症是一种 X 连锁不完全显性的遗传病，它的病因是 X 染色体上带有 G6PD 缺陷基因，发病机制详见第十五章第一节。该病多发生于男性。该患儿为男性，因从母亲得到 X 染色体上的 *G6PD* 突变基因导致 G6PD 缺乏。

疑似病例可做 G6PD 活性筛选试验或定量测定。筛选试验中有两项中度异常或一项严重异常，或定量测定异常即可确立诊断。G6PD 活性测定方法有多种，国内常用 G6PD 活性筛选试验有高铁血红蛋白还原试验、荧光斑点试验、硝基四氮唑蓝纸片法等。

六、临床表现

多见急性血管内溶血，有头晕、厌食、恶心、呕吐、疲乏等症状，继而出现黄疸、血红蛋白尿，溶血严重者可出现少尿、无尿、酸中毒和急性肾衰竭。

七、治疗及预防

轻、中型病例单纯补液和采用中药治疗即可。如果是危重病例，除输血外，还应注意补液和纠正电解质紊乱及酸中毒。

在高发地区，采用群体筛查 G6PD 缺乏症。在筛查的基础上，制作列有禁用或慎用药物、食物等的“G6PD 缺乏者携带卡”，供医生及本人参考。已确诊的 G6PD 缺乏症患者，忌各种诱发因素，如忌用氧化性药物或使用樟脑丸储存衣服，忌吃蚕豆及其制品等。

八、再发风险

先证者母亲为杂合子，再次生育男孩的遗传变异风险为 50%，生育女孩为杂合子风险为 50%。

九、讨论题

简述葡萄糖-6-磷酸脱氢酶缺乏症患者的临床表现及代谢遗传基础。

十、参考文献

1. 杜传书，2000. 我国葡萄糖-6-磷酸脱氢酶缺乏症研究 40 年的回顾和展望. 中华血液学杂志, 21(4): 174-175.

2. 杜传书, 2001. 漫谈“蚕豆病”和“葡萄糖-6-磷酸脱氢酶缺乏症”. 新医学, 32(11): 696-697.

3. 林芬，杨辉，杨立业，2016. 我国葡萄糖-6-磷酸脱氢酶缺乏症的分布特征和基因突变. 分子诊断与治疗杂志, 8(2): 73-77.

4. 税青林, 2012. 医学遗传学. 2 版. 北京：科学出版社, 161.

5. 张娟，余朝文，苗静琨，等，2016. 基于测序分析的新生儿葡萄糖-6-磷酸脱氢酶缺乏症分子诊断与基因新突变鉴定. 中华检验医学杂志, 39(11): 843-847.

（寻　慧）

案例 19-7 肌阵挛性癫痫伴破碎红纤维综合征（myoclonic epilepsy associated with ragged-red fibers，MERRF； OMIM #545000）

一、遗传学概念及原理

mtDNA 突变；碱基替换；复制分离；阈值效应；突变率高；随年龄增长的突变积累；异质性。

二、主要表型特征

1. 发病年龄：童年到成年。
2. 肌病。
3. 痴呆。
4. 肌阵挛性癫痫。
5. 共济失调。
6. 耳聋。

三、病史及体检

赵某某，女，8 岁，因肌肉阵挛性癫痫就诊。在癫痫发作之前，无明显不适、生长发育正常。家族史如下：舅舅 50 岁死于未确诊的肌病；姨妈患有渐进性痴呆症，35 岁出现共济失调；外祖母 81 岁患有耳聋、糖尿病和肾功能不全。体格检查发现全身肌无力、肌萎缩、共济失调。专科检查提示：感音神经性听力损失，脑电图提示慢波和尖波复合，神经电生理检测提示神经传导速度减慢，血液和脑脊液的乳酸含量轻度升高。肌肉活检发现线粒体异常：细胞色素氧化酶染色阴性，有破碎红纤维——肌纤维和肌膜下线粒体被 Gomori trichrome 染成红色。骨骼肌活检标本分子遗传学检测发现线粒体基因组（mtDNA）有异质性突变（m.8344G>A，$tRNA^{lys}$）。随后对赵某某的母亲、姨妈和外祖母的血液样本进行 mtDNA 检测，发现她们也有这种异质性突变。对其已故的舅舅行病理尸检，发现一些肌肉群有破碎红纤维。医生建议患儿其他母系家族成员（赵某某的同胞和她母亲的同胞）做 mtDNA 已知突变检测以了解突变负荷情况并评估临床预后，但暂未配合完成。

四、病因

肌阵挛性癫痫伴破碎红纤维综合征是由线粒体 $tRNA^{lys}$ 基因突变引起的一种罕见的人类疾病。90%以上的患者有该基因的三个突变之一：m.8344G>A 占 80%～90%，m.8356T>C 和 m.8363G>A 占 10%。这种病是母系遗传的，因为子代的线粒体几乎全部来自母亲。患者突变的线粒体几乎都是异质性的。

五、发病机制

线粒体通过氧化磷酸化合成 ATP，为细胞生命活动提供能量。五个酶的复合物（Ⅰ～Ⅴ）组成呼吸链。mtDNA 编码呼吸链的 13 个亚基、2 个 rRNA 和 22 个 tRNA。除了复合物Ⅱ全部由核 DNA（nDNA）编码外，其他每个复合物的亚基都由 mtDNA 和 nDNA 共同编码（即一些亚基由 mtDNA 编码，而另一些亚基由 nDNA 编码）。若 mtDNA 的 $tRNA^{lys}$ 基因突变，会导致线粒体中有功能的 $tRNA^{lys}$ 减少 50%～60%，翻译效率降低使得复合物Ⅱ之外的所有氧化磷酸化成分的含量降低；由于复合物Ⅰ和Ⅳ的大部分亚基是在线粒体内合成的，因此它们受到的影响最明显，患者的复合物Ⅰ和Ⅳ通常减少得最多。

因为每个线粒体包含多个拷贝的 mtDNA，每个细胞包含多个线粒体，所以每个细胞含有正常或异常 mtDNA 的比例不同。因此该疾病在细胞、器官、个体的表型，最终取决于线粒体氧化磷酸化能力的降低程度。发病的阈值取决于氧化磷酸化能量供需的平衡。这个阈值随年龄和个体、器官系统、组织而变。

mtDNA 的突变率比 nDNA 高 10 倍，这是由于 mtDNA 暴露于高浓度活性氧、缺乏保护性的组蛋白、DNA 修复效率低。另外，由于 mtDNA 没有内含子，随机突变通常影响编码序列。随着年龄增长，突变的 mtDNA 在细胞中的比例增加，呼吸链的缺陷增加，线粒体合成 ATP 效率下降，患者的症状加重。

mtDNA 的突变比例变化可能是由于以下三个因素。第一，异质性的母亲 mtDNA 的复制分离在卵子发生过程中由于遗传瓶颈效应，可以在不同的卵细胞中存在不同比例。第二，当子代的异质性细胞进行有丝分裂时，由于正常或突变的 mtDNA 复制分离导致子代体细胞中突变 mtDNA 比例可能不同于其亲代细胞。第三，在同一个体中，由于 mtDNA 基因型比例的变化影响细胞表型，mtDNA 受到较强的选择压力；不同组织间的选择压力不同，导致不同组织中的 mtDNA 也不同。

六、临床表现

典型的肌阵挛性癫痫伴破碎红纤维综合征表型特征包括肌阵挛性癫痫、线粒体肌病伴破碎红纤维。在肌肉活检标本中没有破碎红纤维，不能排除本病。其他相关的临床表现包括脑干诱发电位异常提示的感音神经性听力丧失、共济失调、肾功能不全、糖尿病、心肌病、痴呆症等。发病可始于儿童期或成人期，病程可缓慢加重或迅速恶化。

母系家族成员可有各不相同的类型和严重程度，临床表现异质性高。临床表现严重程度一般与氧化磷酸化不足的严重程度相关，伴随氧化磷酸化能力下降，症状逐渐加重。

七、治疗及预防

目前没有特效的治疗方法，只能对症治疗。一般建议给予辅酶 Q_{10} 和左旋肉碱补充剂，以期提高氧化磷酸化复合物的活性，部分患者有一定疗效。

八、再发风险

男性患者的后代患病风险基本上是零，因为父系 mtDNA 很少遗传给后代。对发现 mtDNA 突变、患有或不患有本病的女性，后代患病风险难以评估，因为不能预测决定后代患病与否的关键参数（复制分离、组织选择性和体细胞 mtDNA 突变）。

同样，高危家族成员的血液样本的分子检测也难以准确评估临床预后，原因有二：首先，由于复制分离和组织选择性，血液中的突变可能无法检测到，因此家庭成员通过采血检测的阴性结果，不排除其他组织存在 mtDNA 突变；其次，由于复制分离，单一组织来源样本的阳性检测结果既不能预测 mtDNA 在其他组织中的比例，也不能预测疾病的严重程度。可取尿液沉渣细胞，或皮肤、肌肉细胞活检，从不同组织来源的检测结果综合判断突变负荷。

九、讨论题

1. 在一个含有数百个正常 mtDNA 分子的细胞，新出现的一个突变，如何变成导致总能量产生受损和病症发展的病因？
2. 线粒体突变如何影响氧化磷酸化并加速 mtDNA 的突变率？
3. 线粒体突变如何影响氧化磷酸化并加速衰老？

十、参考文献

1. Abbott JA, Francklyn CS, Robey-Bond SM, 2014. Transfer RNA and human disease. Front Genet, 5: 158.
2. Suzuki T, Nagao A, Suzuki T, 2011. Human mitochondrial tRNAs: biogenesis, function,structural aspects and diseases. Ann Rev Genet, 45: 299-329.

（陈元晓）

案例 19-8 慢性髓性白血病
（chronic myeloid leukemia，CML；OMIM #608232）

一、遗传学概念及原理

染色体异常；原癌基因激活；融合基因与融合蛋白；多步骤损伤学说；癌基因的靶向治疗。

二、主要表型特征

1. 在各年龄组均可发病，以中老年多见。
2. 白细胞增多。
3. 脾大。
4. 浑身乏力。
5. 精神萎靡。

三、病史及体检

孙某某，45 岁，女性。身体健康，家庭医生为其做年度体检。检查中发现脾尖明显，无其他异常。血细胞计数结果显示，白细胞异常增高，为 31×10^9/L；血小板为 650×10^9/L。外周血涂片显示嗜碱性粒细胞增多，粒细胞未成熟。医生建议她到肿瘤科做进一步检查评估。骨髓穿刺结果显示，骨髓来源的细胞及巨噬细胞增多，骨髓细胞与红细胞的比值增高。对其骨髓细胞做细胞遗传学分析，发现她的部分骨髓细胞中具有 Ph 染色体，t（9；22）（q34；q11.2），检测到 *BCR-ABL* 融合基因突变。医生诊断她患有慢性髓性白血病，虽然目前没有症状，但在未来的几年内，有可能发展为致命的白血病。同时医生也建议，尽管目前治疗此病非常有效的方法是异体骨髓移植，但有一种新型的、靶标慢性髓性白血病患者癌基因的药物，能够诱导或长时间地缓解此病的症状。

四、患病率

慢性髓性白血病患病率为 1/100 000～1/50 000，占成年人白血病总数的 15%～20%，男女患病比例约为 1.4∶1。

五、发病机制

慢性髓性白血病是一种以髓系增生为主的造血干细胞恶性疾病。大约 95%的慢性髓性白血病患者具有 Ph 染色体，其余患者具有复杂多样的染色体易位。Ph 染色体是由 9 号染色体与 22 号染色体发生相互易位即 t（9，22）（q34；q11）形成的。易位使 9q34 的 *ABL* 基因和 22q11 的 *BCR* 基因形成 *BCR-ABL* 融合基因，融合基因的产物能够引起造血干细胞发生转化。

融合蛋白 BCR-ABL 可结合在微丝的肌动蛋白上，表现出酪蛋白激酶的活性。可以将细胞质中许多结构成分磷酸化，从而激活那些控制细胞增殖、分化以及造血细胞黏附作用的相关信号通路。这些信号通路异常的激活使造血干细胞异常增殖，骨髓中会释放出更多的未成熟的粒细胞，并最终导致慢性髓性白血病。

随着慢性髓性白血病的发展，它将逐渐变得具有侵袭性。在这个过程中，患者体内 50%～80%的肿瘤细胞会发生其他染色体的异常，如 8 号染色体三体、19 号染色体三体、17 号染色体长臂的等臂染色体等。甚至有些患者的肿瘤细胞中兼有多种染色体异常。除了细胞遗传学改变之外，患者肿瘤细胞中也存在原癌基因和抑癌基因的突变。

六、临床表现

慢性髓性白血病的疾病过程一般分为3个阶段：慢性期、加速期和急变期。超过85%的慢性髓性白血病患者发病时处于慢性期，20%～40%的患者无任何症状，因查体或偶然发现血常规异常或脾大。典型症状包括乏力、低热、盗汗、左上腹胀满、体重下降等症状。查体可触及肿大的脾脏，或腹部B超显示脾大。如果疾病处于加速期或急变期，病情恶化，常伴有不明原因的发热、骨痛、脾脏进行性肿大等症状。大部分慢性期患者自然病程3～5年内发展为进展期（加速期和急变期）。疾病的进展伴随着临床表现的恶化及严重的贫血、血小板减少与脾大所带来的相关症状。约70%的急变期患者转变为急性髓性白血病，20%～30%转变为急性淋巴细胞白血病。

七、治疗及预防

基于对慢性粒细胞白血病产生机制的分子生物学研究，科学家发明了一种BCR-ABL酪蛋白激酶的抑制剂（tyrosine kinase inhibitor，TKI）——甲磺酸伊马替尼（Glivec）。使用伊马替尼治疗后，超过85%的患者骨髓抽取物中发生了明显的细胞遗传学效应——Ph染色体消失，并伴随着白细胞数量的大幅度下降。但多聚酶链式反应（PCR）技术显示，仍然有少于5%的患者具有*BCR-ABL*融合基因。因此，这些患者即便有了症状的缓解，但体内仍有10^6～10^7个癌变的白血病细胞。血液学和细胞遗传学方面的资料表明，超过95%的慢性粒细胞白血病患者使用伊马替尼能彻底缓解症状，一般需要3年半的时间。32%急性期的患者使用这种药物后，可以增加12个月的存活期。

伊马替尼的问世，显著地改善了慢性髓性白血病患者生存期，使80%～90%的患者的生存期接近正常人，并提高了患者的生活质量。伊马替尼一线治疗初发慢性期患者长期的结果证实，10年生存率为80%～90%。如今，二代TKI（如尼洛替尼、达沙替尼、博舒替尼和拉多替尼）、三代TKI（如普纳替尼）的陆续面世，更是加快和提高了患者的治疗反应率和反应深度，有效克服了伊马替尼的耐药性，为伊马替尼不耐受患者提供了更多选择，使致命的慢性髓性白血病成为一种可控的慢性疾病。

八、再发风险

慢性髓性白血病是起源于体细胞突变的肿瘤，在生殖细胞中还没有发现导致慢性髓性白血病的突变，因此这种肿瘤遗传给后代的风险几乎为零。

九、讨论题

1. 许多体细胞突变和细胞遗传重组从未检测到，因为含有这些突变的细胞没有选择性生长的优势。Ph染色体的存在为细胞造成的优势是什么？

2. 举例说出一些其他的由基因融合引起的原癌基因激活从而导致的肿瘤，并谈谈对这些肿瘤是否有了针对性的靶向治疗？

十、参考文献

1. Druker BJ, 2008. Translation of the Philadelphia chromosome into therapy for CML. Blood, 112: 4808-4817.

2. Jabbour E, Cortes J, Ravandi F, et al., 2013. Targeted therapies in hematology and their impact on patient care: chronic and acute myeloid leukemia. Semin Hematol，50: 271-283.

3. Krause DS, Van Etten RA, 2005. Tyrosine kinases as targets for cancer therapy. N Engl J Med, 353: 172-187.

（霍 静）

案例 19-9　遗传性乳腺癌与卵巢癌
（hereditary breast and ovarin cancer；OMIM #604370）

一、遗传学概念及原理

抑癌基因；二次突变假说；体细胞突变；外显率与表现度。

二、主要表型特征

1. 成年发病。
2. 卵巢癌、乳腺癌、前列腺癌等多发肿瘤。

三、病史及体征

李某某在 27 岁时被诊断出患有乳腺癌。由于她的母亲、母亲的两个姐妹及外祖父都是乳腺癌患者，因此医生确认她存在患有遗传性肿瘤的风险（图 19-6）。因为乳腺癌家族史意味着肿瘤的易感性，所以李某某很担心她的孩子也存在罹患卵巢癌或其他肿瘤的风险。遗传咨询师解释了上述情况中先证者 *BRCA1/BRCA2* 基因检测的重要性，建议她选择基因测序。检测结果显示她的一对 *BRCA2* 等位基因中一个发生了无义突变，这种突变在已发现的早发型乳腺癌中曾经被报道过。李某某咨询她的两个女儿（6 岁和 7 岁）是否应该接受相同检测。遗传咨询师解释，因为这种突变在儿童期罕见，是否做同样的基因检测需要等到孩子们长大后再做决定。李某某的 4 位成年亲属也做了 *BRCA2* 基因检测，结果 3 人（1 人为男性）携带有相同突变。这四人中的一位女性在医生的建议下选择了双侧乳房切除，同时医生也对其他突变携带者亲属患肿瘤的可能性做了预测。

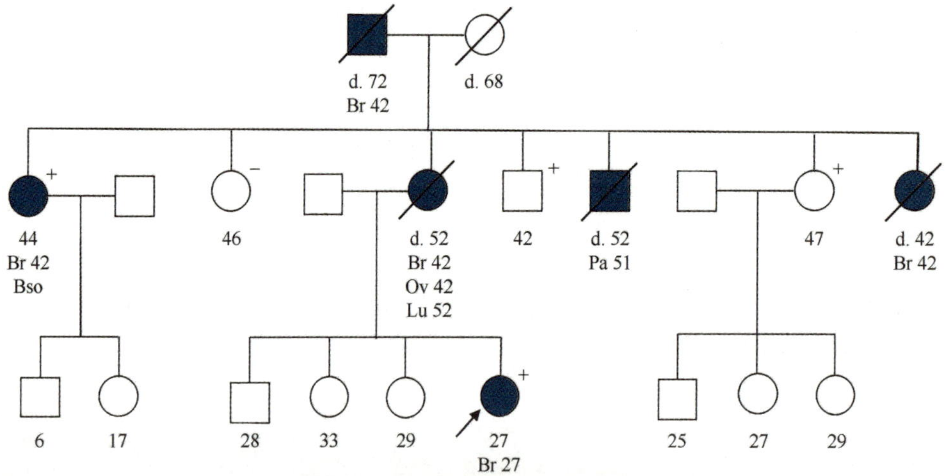

图 19-6　遗传性乳腺癌与卵巢癌

Pa：胰腺癌；Bso：双侧输卵管卵巢切除；d：死亡

+：BRCA2 携带者；−：非携带者；Br：乳腺癌；Ov：卵巢癌；Lu：肺癌；Pa：胰腺癌；Bso：双侧输卵管卵巢切除；d：死亡

四、患病率

目前，乳腺癌在我国的患病率约为 1/2 000。据统计，85%遗传性乳腺癌与乳腺癌易感基因 *BRCA1* 和 *BRCA2* 的突变相关。*BRCA1* 和 *BRCA2* 基因突变所导致的遗传性乳腺癌占所有乳腺癌的 5%～10%。一般 *BRCA1* 突变导致的乳腺癌患病率为 1/1000～1/500，*BRCA2* 突变导致的乳腺癌患病率是前者的两倍之多。

五、发病机制

BRCA1 定位于 17q21.21，*BRCA2* 基因定位于 13q12.3，两者都编码广泛表达的核蛋白，其功能涉及DNA复制、转录激活及细胞周期调控，其突变经常会导致乳腺癌和卵巢癌。*BRCA1* 和 *BRCA2* 基因功能的丧失可能导致其他突变的积累，引发肿瘤的产生。研究发现，携带有突变 *BRCA1* 和 *BRCA2* 基因的乳腺癌与卵巢癌患者，常具有染色体不稳定及其他抑癌基因高突变率的特征。

胚系细胞 *BRCA1* 和 *BRCA2* 基因突变的携带者的肿瘤形成可以用二次突变假说来解释，即在生殖细胞 *BRCA1* 和 *BRCA2* 基因突变的基础上，体细胞中 *BRCA1* 和 *BRCA2* 的等位基因发生了第二次突变。*BRCA1* 和 *BRCA2* 基因的等位基因功能的丧失可以通过多种机制发生，包括杂合性的丧失、基因内突变或启动子甲基化。

六、临床表现

携带 *BRCA1* 或 *BRCA2* 基因突变的患者，罹患其他肿瘤的风险也会增加。除了卵巢癌和女性乳腺癌的风险增加，*BRCA1* 的突变会增加前列腺癌、黑色素瘤、结肠癌的风险。同样的，除了卵巢癌和女性乳腺癌外，生殖细胞中 *BRCA2* 的突变增加了患前列腺癌、胆管胆囊癌、黑素瘤，以及男性乳腺癌的风险。

据估计，生殖细胞 *BRCA1* 或 *BRCA2* 的女性携带者中，*BRCA1* 突变所致乳腺癌与卵巢癌的外显率是50%～80%；*BRCA2* 突变所致乳腺癌和卵巢癌的外显率更低，分别为40%和10%。研究发现，约2/3有乳房和卵巢病史的癌家族被检测出 *BRCA1* 突变，大约2/3有男性或女性乳腺癌病史的癌家族被检测出 *BRCA2* 突变。*BRCA1* 胚系突变的男性携带者，患乳腺癌的风险为1%～2%，前列腺癌的发病风险高于一般人群。*BRCA2* 胚系突变的男性携带者，患乳腺癌的风险约为6%，前列腺癌的发病风险约为20%。

七、预防

目前，预防乳腺癌的药物主要是三苯氧胺（tamoxifen）。分析显示，三苯氧胺可使 *BRCA2* 携带者乳腺癌发病风险降低62%，但对 *BRCA1* 携带者乳腺癌发病无任何影响。这可能与 *BRCA1* 携带者更多发展为雌激素受体阴性的乳腺癌有关。建议对有生殖细胞 *BRCA1* 和 *BRCA2* 基因突变的女性做经常性的乳房和卵巢检查，以及影像学检查。建议有患病风险的男性做经常性的前列腺与乳腺检查，以及前列腺癌实验学检查。对已知的带有种系突变的癌家族，分子生物学的检测可以有效发现突变基因携带者，并进行很好的监测和预防。对于遗传性的乳腺癌和卵巢癌，双侧乳房切除术和双侧卵巢切除术是目前治疗的首选，因为手术可以将携带者患癌的风险降低90%以上。

八、再发风险

对于乳腺癌而言，女性的性别、年龄和家族史等因素的影响很重要。在西方，女性乳腺癌在40岁人群累积患病率为1/200；50岁为1/50；70岁为1/10。如果某人有一个患乳腺癌的一级亲属，则其55岁以后患乳腺癌的风险是1.6%；55岁之前的发病风险会上升到2.3%；45岁之前发病风险则是3.8%。如果这个患病的一级亲属患有双侧乳腺癌，那么发病风险则会高达6.4%。

具有生殖细胞 *BRCA1* 或 *BRCA2* 突变的患者，其子女有50%的风险遗传突变。但是由于外显不完全和表现度的不同，乳腺癌的发展和发病并不能做到精确预测。

九、讨论题

1. 在什么年龄、在什么条件下测试孩子患卵巢癌和乳腺癌的危险合适？
2. 如果父母携带有生殖细胞的 *BRCA1* 或 *BRCA2* 突变，那么他们的儿子患前列腺癌的风险分别是多少？
3. 目前，*BRCA1* 编码区域的测序只检测到60%～70%的突变，请问这样会造成什么突变被错过？应该如何给受累家庭成员解释一份“没有检测到突变的”的报告并提出合理的建议?如何使受累的家庭成员明确测试结果?

十、参考文献

1. King MC, 2014. The race to clone BRCA1. Science, 343: 1462-1465.

2. Lynch HT, Snyder C, Casey MJ, 2013. Hereditary ovarian and breast cancer: what have we learned. Ann Oncol, 24(Suppl 8): 83-95.

3. Mavaddat N, Peock S, Frost D, et al., 2013. Cancer risks for BRCA1 and BRCA2 mutation carriers. J Natl Cancer Inst, 105: 812-822.

4. Metcalfe KA, Kim-Sing C, Ghadirian P, et al., 2014. Health care provider recommendations for reducing cancer risks among women with a *BRCA1* or *BRCA2* mutation. Clin Genet, 85: 21-30.

5. 连臻强, 王颀, 2016. 遗传性乳腺癌的易感基因检测与咨询策略. 医学与哲学, 37(9B): 11-15.

（霍　静）

案例 19-10　阿尔茨海默病
（Alzheimer disease，OMIM #104300）

一、遗传学概念与原理

遗传异质性；表现度；基因剂量；常染色体显性遗传方式；多基因遗传方式/复杂疾病。

二、主要表型特征

1. 发病人群：老年人。
2. 痴呆。
3. β-淀粉样斑。
4. 神经原纤维缠结。
5. 淀粉样血管病变。

三、病史及体检

周伟，男，34 岁，教师。头晕、记忆力减退 2 年余，并有加重的趋势，其父死于类似症状的疾病。查体：一般情况可，心肺腹无特殊，神清，注意力欠集中，对答切题，流利，语言清晰，表情淡漠，右侧鼻唇沟稍浅，咽反射迟钝，四肢肌力 V 级，肌张力适中，计算力、时间定向差。MMSE 评分 2.1 分，HIS 评分 3 分。常规查血生化、血常规未见异常，LSP 未见明显异常。诱发电位检查报告：双眼 VEP 均异常，P300 异常。单光子发射计算机断层成像（SPECT）：①双侧大脑血流灌注减少；②小脑及各神经核团血流灌注未见明显异常。异常脑电图，异常脑地形图。头部 MRI：额叶脑白质多发缺血灶。该患者的临床症状逐渐恶化。发病 4 年后于 36 岁时死亡。

李放，男，39 岁。2.5 年前不明原因出现记忆力减退，并逐渐出现智力减退。认知能力及计算能力减退，无昏迷、头痛、头昏等。1.5 年前曾患“左肾结石并肾积水”，经排石、抗炎治疗，症状缓解。1.5 年前开始出现疲倦、嗜睡、尿频现象，认知能力明显减退，运算能力丧失，生活不能自理。发音模糊，语言表达不连续，3 个月来听、理解、阅读及书写能力丧失，每日睡眠 14～16 小时，并有斜视表现。半年来步态不稳，表情淡漠，但精神尚可，饮食正常，大便无异常表现。查体有意识模糊，情感淡漠，理解力、定向力、记忆力下降。眼球震颤阳性，步态不稳，姿势正常。MMSE 评分未能进行，HIS 心理评分 6 分。该患者的临床症状逐渐恶化。发病 2 年后死亡。

李放之母与周伟之父为姐弟关系。该家系的系谱如图 19-7 所示。

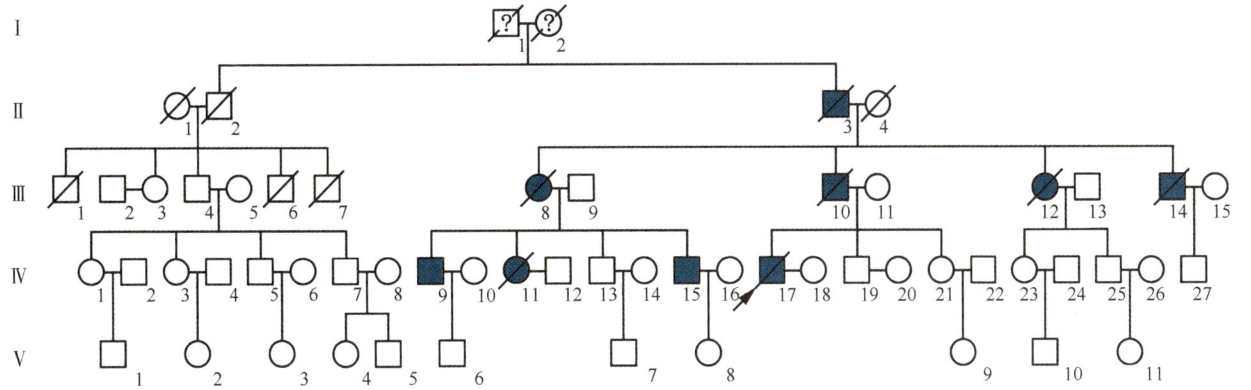

图 19-7　周伟家系

四、患病率

阿尔茨海默病（AD）的患病率约为 1.5%。在 70 岁以上的人中，约 10%罹患痴呆，其中约一半为 AD。在 AD 中，5%以下为早发家族型，15%～25%为迟发家族型，75%为散发型。

五、发病机制

在家族型 AD 中，约 10%为常染色体显性遗传，其余为多因子遗传。

现在主流的 AD 发病机制认为，β-淀粉样前体蛋白（β-amyloid precursor protein，β-APP）代谢缺陷导致神经元功能障碍及死亡。在以常染色体显性遗传方式遗传的早发型 AD 中，在 β-淀粉样前体蛋白基因（*APP*）、早老素 1 基因（presenilin 1 gene，*PSEN1*）、早老素 2 基因（presenilin 2 gene，*PSEN2*）等基因中发现突变。在常染色体显性遗传的早发型 AD 中，20%～70%具有 *PSEN1* 突变，1%～2%具有 *APP* 突变，约 5%具有 *PSEN2* 突变。

在迟发型 AD 中未观察到明显的单基因遗传方式，但研究表明，迟发家族型和散发 AD 均与载脂蛋白 E 基因（apolipoproten E gene，*APOE*）的 *ε4* 等位基因具有强烈相关性。

β-APP 在细胞内水解后，产生具有神经营养和保护作用的多肽。在内体-溶酶体室中，β-APP 的羧基端水解为 Aβ40，这是一种由 40 个氨基酸构成的多肽，其功能未知。在内质网或高尔基体顺面膜囊中，β-APP 的羧基端水解含 42 个氨基酸（Aβ42）或 43 个氨基酸（Aβ43）的多肽。Aβ42/43 容易发生聚合，体外实验证实其具有神经毒性，推测其在体内也具有神经毒性。在 AD 患者的大脑中，Aβ42/43 聚合显著增加。*APP*、*PSEN1* 和 *PSEN2* 基因突变使 Aβ42/43 的相对含量或绝对含量增加。在 AD 患者中，约 1%为 21-三体综合征患者。由于 *APP* 基因位于 21 号染色体上，21-三体使 β-APP 过表达，从而使 Aβ42/43 的含量增加。*APOE ε4* 的作用已知晓，但其产生作用的机制尚未被完全阐明。

AD 是一种中枢神经系统的退行性疾病，主要累及海马的胆碱能神经元、新皮质相关结构及边缘结构。AD 的神经病理改变包括皮质萎缩（cortical atrophy）、胞外神经炎性斑（neuritic plaque）、神经元之间形成的神经原纤维缠结（neurofibrillary tangle）、脑动脉血管壁上出现淀粉样蛋白沉积。胞外神经炎性斑中含多种蛋白质，包括 Aβ42/43 和 APOE。神经原纤维缠结主要由高度磷酸化的 tau 蛋白构成。tau 蛋白的正常作用是促进微管组装、维持微管稳定，从而起到维持神经元的完整性、辅助轴突传递和维持轴突极性的作用（图 19-8～图 19-10）。

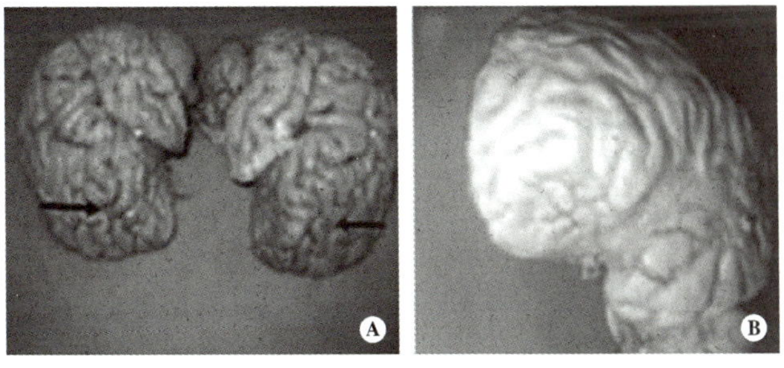

图 19-8　对先证者（$Ⅳ_{17}$）的病理解剖

A. 箭头所指显示双侧额叶局灶性萎缩，脑回明显变窄；B. 正常人对照组织相应部位脑沟无增宽、脑回宽度正常

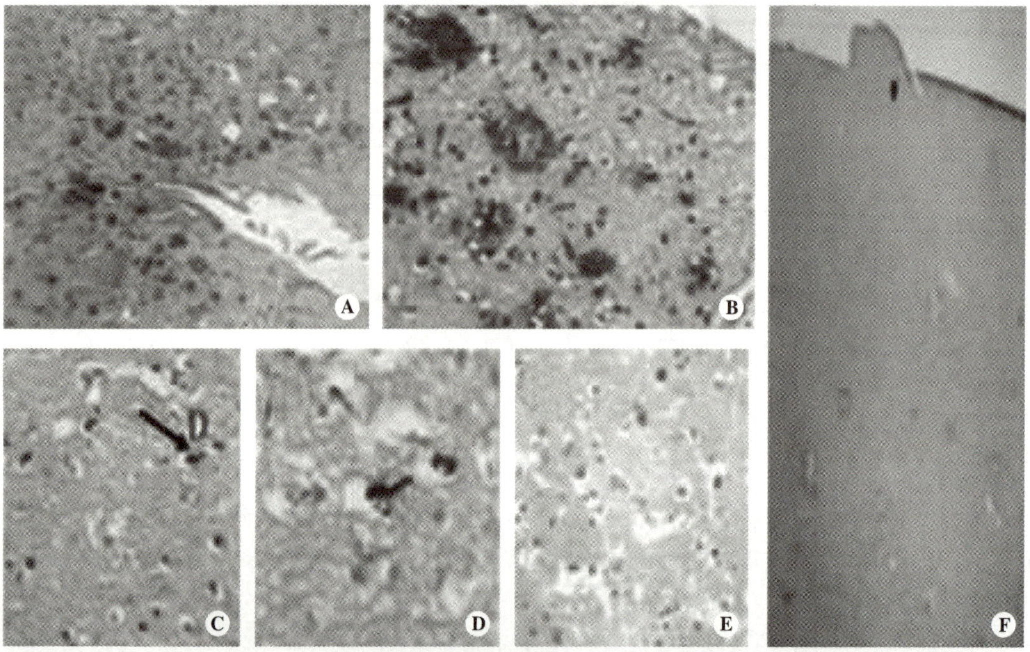

图 19-9 Bodian 银染及磷酸化 tau 蛋白免疫组化

对先证者（Ⅳ₁₇）的病理检查发现：A、B. Bodian 银染方法示额叶中大量斑块存在，巨大的圆形斑块类似脱脂棉斑。C、D. 神经原纤维缠结，神经原纤维粗细不等，排列紊乱。E. 磷酸化 tau 蛋白免疫组化显示神经元内阳性颗粒（黄色）。F. 正常人额叶脑组织 Bodian 银染。（A、F. ×40，B. ×100，C、D、E. ×400）

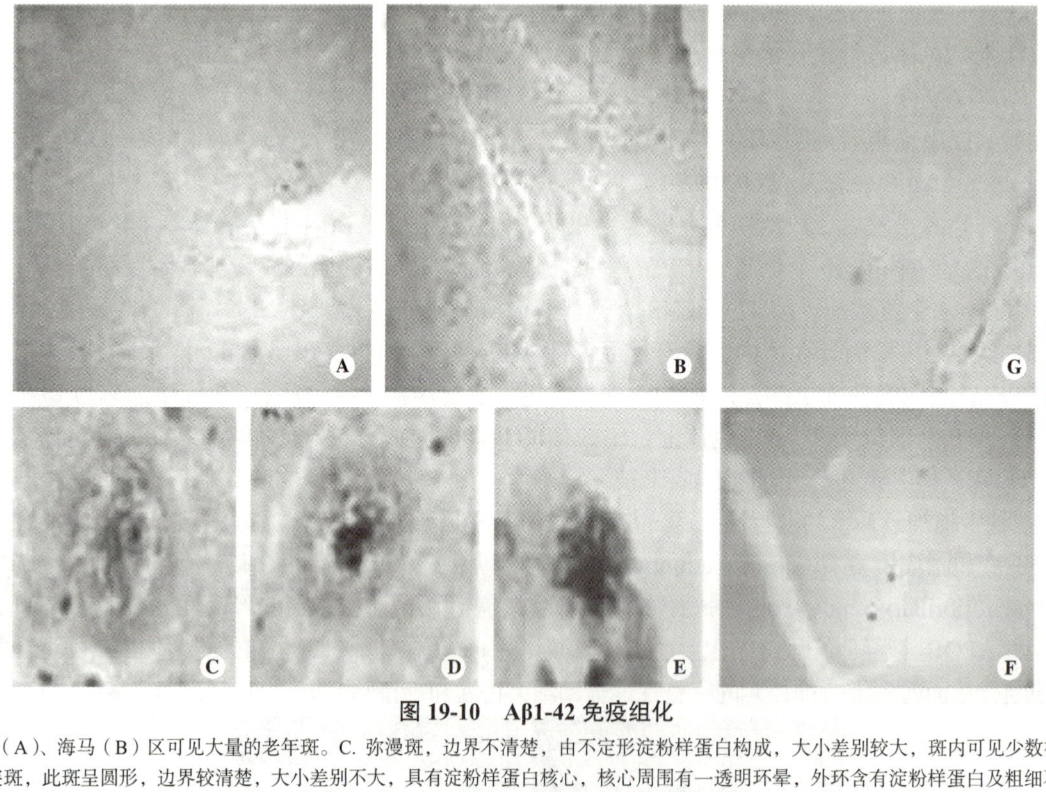

图 19-10 Aβ1-42 免疫组化

额叶（A）、海马（B）区可见大量的老年斑。C. 弥漫斑，边界不清楚，由不定形淀粉样蛋白构成，大小差别较大，斑内可见少数神经细胞。D. 神经突斑，此斑呈圆形，边界较清楚，大小差别不大，具有淀粉样蛋白核心，核心周围有一透明环晕，外环含有淀粉样蛋白及粗细不等而扭曲的嗜银纤维。E. 终末斑，此斑体积较小，含有致密淀粉样蛋白核心，周围为稀疏的淀粉样蛋白。F、G. 正常人海马、额叶（A、B、F、G. ×40，C、D、E. ×400）

六、临床表现

AD 的主要特征是认知功能的逐渐丧失，包括近期记忆、抽象思维、注意力、语言、视觉及视觉空间感等的逐渐丧失。AD 刚开始起病时，出现不易察觉的记忆障碍，常被说成“健忘”。部分 AD 患者会意识到自己认知能力的衰退，从而变得沮丧、焦虑。最终患者会丧失工作能力，需要监护。社交礼仪和浅层次的交谈能力会保持得比较好。大部分患者最后会变得动作僵硬、沉默不语、大小便失禁、卧床不起。AD患者的其他症状包括易怒、社交退缩、幻觉、癫痫、肌肉阵挛以及出现类似帕金森病的特征。患者通常因为营养不良、感染或心脏病而死亡。

除了发病年龄，早发型 AD 和迟发型 AD 在临床上无法区分。*PSEN1* 基因突变完全外显，病情恶化的速度通常较快，平均发病年龄为 45 岁。*APP* 基因突变也为完全外显，导致病情加剧的速度与迟发型 AD 类似，发病年龄在 40～60 岁。*PSEN2* 基因突变可表现为不完全外显，患者病情恶化的速度较慢，发病年龄在 40～75 岁。与早发型 AD 相比，迟发型 AD 在 60～65 岁之后病情才逐渐加剧，发展期持续 2～25 年，但通常为 8～10 年。

七、治疗及预防

在家系中可观察到 AD 相关基因突变分离的患者，可以确诊为 AD。除此之外，往往只有通过尸检才能将具有痴呆症状的患者确诊为 AD。但是，如果严格按照诊断标准，通过神经病理学检查可对 80%～90%临床疑似 AD 患者进行确诊。如果患者为 *APOE ε4* 等位基因纯合子，则对临床疑似病例进行确诊的准确性可提高到 97%。

对于 AD 无治愈性治疗方法，通常是针对行为上的或神经系统方面的问题采取改善措施。在发病早期使用增加胆碱能活性的药物，可使 10%～20%的患者认知能力衰退的速度略有下降。

八、再发风险

AD 最重要的风险因素包括老年、家族史、女性和 21-三体综合征。西方人患 AD 的终身风险（lifetime risk）为 5%。如果患者有一级亲属在 65 岁之后患 AD，其患 AD 的风险增加 3～6 倍。如果患者的同胞在 70 岁前罹患 AD，且双亲之一为患者，则其患 AD 的风险增加 7～9 倍。

21-三体综合征患者罹患 AD 的风险增加。40 岁以上的 21-三体综合征患者几乎均具有 AD 的神经病理学改变，其中约 50%的患者表现出认知功能衰退。

在具有常染色体显性分离的 AD 家系中，每一个体遗传得 AD 致病突变基因的风险为 50%。除某些 *PSEN2* 突变之外，如果在同一家系中完全外显且发病年龄相对一致，可有助于遗传咨询。现在临床上已可对 *APP*、*PSEN1* 和 *PSEN2* 等基因进行 DNA 检测。

九、讨论题

1. 对于无症状的个体而言，为什么 APOE 基因型对预测 AD 无用？
2. 为什么 AD 通常进行神经病理学诊断？AD 的鉴别诊断是什么？
3. tau 蛋白基因 *MAPT* 的突变可导致额颞叶型痴呆，但在 AD 中未检测到 *MAPT* 突变。请比较在 AD 和额颞叶型痴呆中 tau 蛋白异常导致痴呆机制的异同。
4. 在 AD 的群体发病风险中，30%～50%属于遗传因素，其余的为环境因素，这些环境因素包括哪些方面？将环境因素确定为风险有哪些困难？

十、参考文献

1. Karch CM, Cruchage C, Goate AM., 2014. Alzheimer's disease genetics: from the bench to the clinic. Neuron, 83: 11-26.
2. 李强明，臧贵勇，杨明，等，2013．一个阿尔茨海默病大家系报告．中风与神经疾病杂志，30(3): 253-256.

（杨 明）

案例 19-11　HGPS 综合征

（Hutchinson-Gilford progeria syndrome，OMIM #176670）

一、遗传学概念及原理

HGPS 综合征即儿童早老症；*LMNA* 基因突变；携带者；非近亲婚配；常染色体隐性遗传。

二、主要表型特征

1. 在 1 岁以内发病。
2. 生长发育迟缓。
3. 特殊早老面容。
4. 全身皮下脂肪消失。
5. 肌肉萎缩。
6. 骨骼畸形。
7. 关节僵硬。
8. 预期寿命 14 岁左右。

三、病史及体检

先证者黎某，2006 年 10 月 19 日出生，广西壮族自治区贺州市人。2009 年曾因身体皮肤变硬就诊于广西医科大学第一附属医院。当时患者肢体皮肤表现为明显的硬皮病样改变，双下肢活动受限，皮肤色素沉着。经血常规、生化检测、双手 X 线、肺部 CT 平扫、颅脑 MRI 等检查，诊断为儿童系统性硬皮病。但随着黎某妹妹（2010 年 7 月 7 日生辰）和弟弟（2013 年 1 月 3 日生辰）的出生以及三姐弟早老症状的相继表现，经基因检测确诊三姐弟均罹患 HGPS 综合征即儿童早老症。

1. 查体　3 例患儿在出生时与正常婴儿无异，只是生长发育相对缓慢。出生后 6 个月头发开始脱落，最后完全秃头。紧接着，一些特殊的早老面容相继出现：突眼、尖鼻、鸟形脸；头面部不成比例，头部所占面积相对较大，面部相对较小；小下颌，牙齿拥挤。三姐弟的发病进程和表现度基本一致，均于 1 岁内起病，之后病情呈进行性发展。表现：①身材矮小、低体重。黎某 11 岁时，身高 97cm，体重 8.5kg；黎某妹妹 7 岁，身高 82cm，体重 7.5kg；黎某弟弟 4 岁，身高 77cm，体重 8kg。②肢端皮肤硬化明显，双手指屈曲，肌肉萎缩，全身皮下脂肪消失，头皮静脉显露。黎某还有右侧胸锁乳突肌发育不良导致斜颈的现象。③四肢关节僵硬，无法做深蹲动作，行走时有拖步的表现。颈部僵硬，头部无法自由转动。④黎某三姐弟的智力和性格正常，说普通话时口齿略显不清，这主要与三姐弟日常讲本地方言有一定关系（图 19-11）。

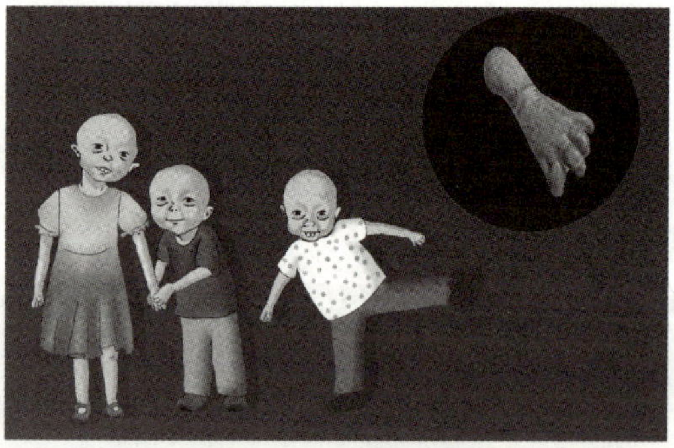

图 19-11　黎某三姐弟

左 1：黎某 11 岁；左 2：黎某弟弟 4 岁；左 3：黎某妹妹 7 岁。右上图示手指屈曲

2. X 射线检查　黎某颈部侧位片显示颅盖骨与下颌骨比例严重失调，下颌骨明显发育不良，小下颌，牙床拥挤畸形，脊柱向左侧弯曲，锁骨消失（图 19-12A）；双手正位片显示双手指指间关节屈曲畸形和骨质疏松，远端指（趾）骨骨质溶解吸收（图 19-12B）。

3. 基因检测　*LMNA* 基因测序分析显示：*LMNA* 基因的 9 号外显子发生 c.1579C>T（p.R527C）点突变，三姐弟均为 c.1579C>T 纯合突变，父母为 c.1579C>T 杂合突变（图 19-13）。

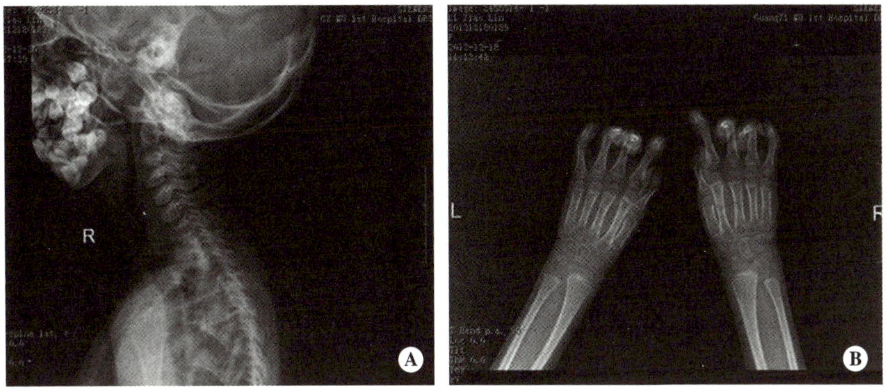

图 19-12　X 射线检查

A. 颈部侧位片；B. 双手正位片

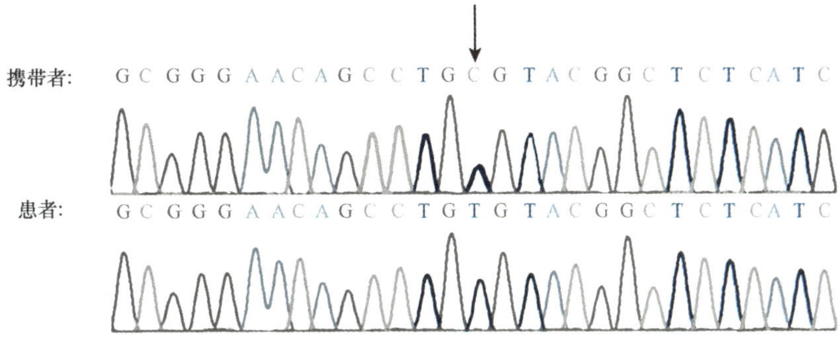

图 19-13　携带者和患者的 *LMNA* 基因测序峰图

箭头所指即为 *LMNA* 基因的 1579C>T 突变位点

4. 家系调查　整个家系四代共 47 名成员，只出现 3 例患者。家系系谱调查显示（图 19-14），患者是从他们的父母那里各获得一个隐性致病基因所致，男女均可发病，遗传方式为常染色体隐性遗传。该病的预期寿命是 14 岁左右，姐弟三人均没有活过预期寿命。黎某于 2019 年 1 月 26 日死亡，终年 12 岁；其妹于 2019 年 2 月 1 日死亡，终年 8 岁；其弟于 2020 年 10 月 20 日死亡，年仅 7 岁。

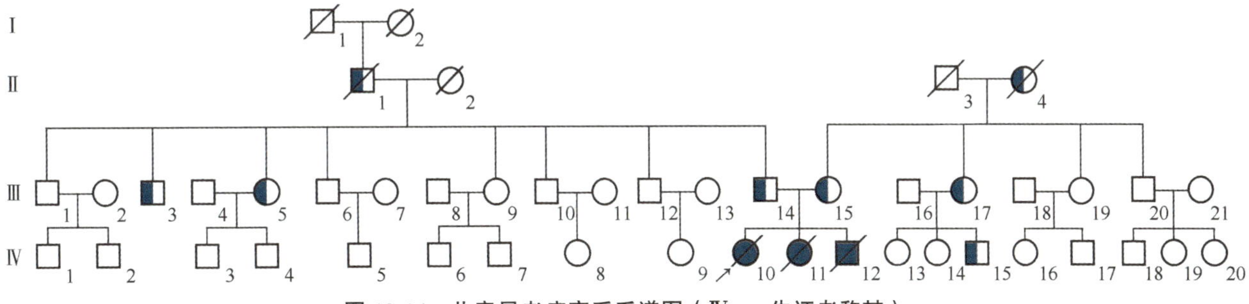

图 19-14　儿童早老症家系系谱图（$Ⅳ_{10}$：先证者黎某）

四、发病率

HGPS 综合征的发生率为 1/8 000 000。据美国早老症研究基金会官网记录，目前全世界确诊病例不超过 350 例，我国报告的儿童早老症约在 20 例左右。

五、发病机制

HGPS 综合征最早由 Hutchinson 和 Gilford 分别于 1886 年和 1904 年报道，progeria 这个词在希腊语中有衰老的意思。2003 年美国早老症研究基金会的科研团队找出了这种病的罪魁祸首是 *LMNA* 基因的突变。*LMNA* 基因定位于 1q21.1-21.3，全长 56.7kb，共有 12 个外显子，经可变剪接编码 3 种蛋白 lamin A、lamin C、lamin B，均为核纤层蛋白。核纤层蛋白经二聚化或多聚化组装形成 20～50nm 的核纤层蛋白网架，支撑核膜结构。*LMNA* 基因突变后，激活了这个基因 11 号外显子上一个隐蔽的剪接位点，产生了一种被截短了 50 个氨基酸的 Lamin A 蛋白，这种异常的 Lamin A 蛋白被称为“早老素”，“早老素”破坏了细胞核的稳定性，正是这种不稳定导致了儿童早衰的表现。研究还表明，核纤层蛋白 lamin A 是双链 DNA 断裂修复必需的，lamin A 功能异常使得细胞中的基因组变得不稳定，DNA 修复反应滞后，染色体端粒变短。端粒变短是细胞衰老和个体衰老的关键原因。

六、临床表现

1. HGPS 综合征患者多数死于冠脉病变引起的心肌梗死或动脉粥样硬化卒中，HGPS 综合征是研究衰老和心血管疾病机制的极好模型。

2. HGPS 综合征患者身体衰老的速度比正常人快 5～10 倍，体内的器官亦快速衰老，但 HGPS 综合征患者不发生癌症。

3. HGPS 综合征患儿的成纤维细胞在体外培养只能传 2～10 代。正常人成体组织的成纤维细胞可以培养 15～30 代后才开始死亡，而从胚胎培养的成纤维细胞，一般传 50 代后才开始衰退和死亡。

七、治疗及预防

HGPS 综合征患者预后较差，因其血管内存在大量粥样硬化斑块，大多死于心血管疾病或中风，平均寿命约 14 岁左右。目前，尚缺乏特效药物治愈该病，应用小剂量阿司匹林（乙酰水杨酸）对延缓心肌梗死有一定作用；选用降血脂药物，并限制食物中的脂肪量可减轻动脉硬化，以延长寿命；采用按摩、中药泡脚等物理疗法并辅以体能训练，可放松紧缩的肌肉和僵硬的关节，减轻运动障碍；一些发育畸形，可通过外科手术矫正。有研究表明，法尼基化抑制剂（洛那法尼和替吡法尼）可以逆转表达早老素细胞的核形态改变，但该药物仅限于 *LMNA* 基因 c.1824C>T （p.G608G）突变导致的细胞内有早老素堆积的患者。

八、再发风险

HGPS 综合征是一种极端罕见且严重过早性老化的疾病，男女发病概率一样。在常染色体隐性遗传的 HGPS 综合征中，父母是携带者，子女发病的概率是 1/4。本案例中，父母表型正常，为非近亲婚配，但他们都是 *LMNA* 基因变异携带者，再次生育时孩子患病风险是 1/4。

九、讨论题

1. 谈谈 *LMNA* 基因突变对核纤层蛋白功能的影响。
2. 谈谈你对 HGPS 综合征的认识。

十、参考文献

1. 方玲，何远，梁彬玲，等，2016. 从人文教育角度谈制作人类染色体标本片[J]. 南方医学教育，27(4): 18-20.

2. 覃霞，罗彦彦，袁广之，等，2015. 一个儿童早老症家系临床特征分析和致病基因研究[J]. 中华皮肤科杂志，48(3): 184-186.

3. 吴华裕，覃霞，舒艳，等，2015. 广西汉族早老症家系三例病例研究：影像学特征分析[J]. 中国全科医学，18(29): 3619-3623.

（方　玲）

参 考 文 献

曹雪涛, 2018. 医学免疫学. 7 版. 北京: 人民卫生出版社.

陈竺, 2015. 医学遗传学. 3 版. 北京: 人民卫生出版社.

崔建国, 1993. Turner 氏综合征一例报道. 昆明医学院学报, 14 (2): 44.

杜传书, 2000. 我国葡萄糖-6-磷酸脱氢酶缺乏症研究 40 年的回顾和展望. 中华血液学杂志, 21(4): 174.

杜传书, 2001. 漫谈“蚕豆病”和“葡萄糖-6-磷酸脱氢酶缺乏症”. 新医学, 32(11): 696-697.

杜传书, 2014. 医学遗传学. 3 版. 北京: 人民卫生出版社.

杜传书, 刘祖洞, 1992. 医学遗传学. 2 版. 北京: 人民卫生出版社.

杜若甫, 2004. 中国人群体遗传学. 北京: 科学出版社.

方玲, 何远, 梁彬玲, 等, 2016. 从人文教育角度谈制作人类染色体标本片. 南方医学教育, 27(4): 18-20.

傅松滨, 2024. 医学遗传学. 5 版. 北京: 北京大学医学出版社.

盖莱哈特 T D, 柯林斯 F S, 金斯伯格 D, 2006. 医学遗传学原理. 孙开来, 等, 译. 北京: 科学出版社.

哈特尔 D L, 鲁沃洛 M, 2015. 遗传学: 基因和基因组分析. 8 版. 杨明, 译. 北京: 科学出版社.

何年安, 2020. 产前筛查、产前诊断与遗传咨询. 合肥: 中国科学技术大学出版社.

贺林, 马端, 段涛, 2013. 临床遗传学. 上海: 上海科学技术出版社.

胡新年, 欧文岳, 欧阳慧, 等, 2020. 2659 例地中海贫血基因检测结果分析. 中国优生与遗传杂志, 28(10): 1174-1177.

吉尔伯特 S F, 巴雷西 M J F, 2020. 发育生物学. 11 版. 石德利, 等, 译. 北京: 科学出版社.

李强明, 臧贵勇, 杨明, 等, 2013. 一个阿尔茨海默病大家系报告. 中风与神经疾病杂志, 30(3): 253-256.

李永芳, 罗兰, 2022. 医学遗传学. 2 版. 北京: 中国医药科技出版社.

梁素华, 邓初夏, 2020. 医学遗传学. 5 版. 北京: 人民卫生出版社.

林芬, 杨辉, 杨立业, 2016. 我国葡萄糖-6-磷酸脱氢酶缺乏症的分布特征和基因突变.分子诊断与治疗杂志, 8(2): 73-77.

刘瀚旻, 李胜利, 朱军, 2021. 中国出生缺陷图谱. 2 版. 北京: 人民卫生出版社.

刘娜, 杨志杰, 樊东升, 2011. Huntington 舞蹈病一家系六例报告. 中国神经免疫学和神经病学杂志, 18(2): 145.

刘权章, 1995. 临床遗传学彩色图谱. 北京: 人民卫生出版社.

刘祖洞, 2013. 遗传学. 3 版. 北京: 高等教育出版社.

税青林, 2019. 医学遗传学. 3 版. 北京: 科学出版社.

覃霞, 罗彦彦, 袁广之, 等, 2015. 一个儿童早老症家系临床特征分析和致病基因研究. 中华皮肤科杂志, 48(3): 184-186.

王江华, 田国红, 何士刚, 2016. 视神经疾病与能量代谢及轴浆转运的关系. 生物化学与生物物理进展 43(2): 101-108.

王培林, 傅松滨, 2016. 医学遗传学. 4 版. 北京: 科学出版社.

魏克伦, 魏兵, 于军, 2020. 出生缺陷与精准医疗. 北京: 科学出版社.

邬玲仟, 张学, 2016. 医学遗传学. 北京: 人民卫生出版社.

邬玲仟, 张学, 等, 2023. 医学遗传学. 2 版. 北京: 人民卫生出版社.

吴华裕, 覃霞, 舒艳, 等, 2015. 广西汉族早老症家系三例病例研究——影像学特征分析. 中国全科医学, 18(29): 3619-3623.

吴立甫, 谢企云, 曹贵强, 等, 1983. 贵州省不同民族的近亲结婚情况调查. 中华医学杂志 63(4): 216-218.

夏家辉, 2004. 医学遗传学. 北京: 人民卫生出版社.

阳国平, 郭成贤, 2016. 药物基因组学与个体化治疗用药决策. 北京: 人民卫生出版社.

杨保胜, 李刚, 2023. 医学遗传学. 3 版. 北京: 高等教育出版社.

杨榆玲, 吴玲, 瞿秋, 等, 2013. 血管紧张素原基因 *M235T* 多态性与云南彝族原发性高血压相关性研究. 中国卫生检验杂志, 23(14): 2863-2865.

于文强, 徐国良, 2023. 表观遗传学. 北京: 科学出版社

张娟, 余朝文, 苗静琨, 等, 2016. 基于测序分析的新生儿葡萄糖-6-磷酸脱氢酶缺乏症分子诊断与基因新突变鉴定. 中华检验医学杂志, (11): 843-847.

张学, 朱宝生, 2020. 重大出生缺陷与精准预防. 上海: 上海交通大学出版社.

赵彦艳, 孙开来, 2016. 人类发育与遗传学. 3 版. 北京: 科学出版社.

郑敏化, 韩骅, 鞠躬, 2014. 生命之窗. 生命科学前沿纵览: 医学遗传学. 西安: 第四军医大学出版社.

周春燕, 药立波, 2018. 生物化学与分子生物学. 北京: 人民卫生出版社.

左伋, 2018. 医学遗传学. 7 版. 北京: 人民卫生出版社.

Abbott J A, Francklyn C S, Robey S M, 2014. Transfer RNA and human disease. Frontiers in genetics, 5: 158.

Akhabir L, Sandford A J, 2011. Genome-wide association studies for discovery of genes involved in asthma. Respirology, 16(3):396-406.

Allis C D 等, 2009. 表观遗传学. 朱冰, 孙方霖, 译. 北京: 科学出版社.

Andreoli T E, 2010.Cecil Essentials of Medicine. 8th ed. Philadelphia: Elsevier.

Ayala F J, Kiger J A, 1987. 现代遗传学. 蔡武城, 等, 译. 长沙: 湖南科学技术出版社.

Blau N, 2016. Genetics of Phenylketonuria: Then and Now. Human mutation, 37 (6): 508-515.

Bossé Y, Hudson T J, 2007. Toward a comprehensive set of asthma susceptibility genes. Annual Review of medicine, 58:171-184.

Cann R L, Stoneking M, Wilson A C. 1987. Mitochondrial DNA and human evolution. Nature, 325:31-36.

Cohn R D, STEPHEN S, ADA H, et al, 2023. Thompson & Thompson Genetics and Genomics in Medicine. 9th ed. Philadelphia: Elsevier Inc.

Douglas C W, 2015. Mitochondrial DNA Variation in Human Radiation and Disease. Cell, 163(1): 33-38.

Druker B J, 2008. Translation of the Philadelphia chromosome into therapy for CML. Blood, 112(13): 4808-4817.

Dungan J S, Klugman S, Darilek S, et al, 2023. Noninvasive prenatal screening (NIPS) for fetal chromosome abnormalities in a general-risk population: An evidence-based clinical guideline of the American College of Medical Genetics and Genomics (ACMG). Genetics in medicine, 25(2):100336.

Ferreira CR, van Karnebeek CDM, 2019. Inborn errors of metabolism. Handbook of Clinical Neurology, 162:449-481.

Frazer K A, 2012. Decoding the human genome. Genome Res, 22(9): 1599-1601.

Harrison P J, Weinberger D R, 2005. Schizophrenia genes, gene expression, and neuropathology: on the matter of their convergence. Molecular psychiatry, 10(1):40-68.

Helen M K, 2002. ABC of Clinical Genetics. 3rd ed. London: BMJ Books.

Helen V F, Jane A H, 2008. 临床遗传学. 祁明, 黄涛生, 译. 杭州: 浙江大学出版社.

Iolascon A, Bianchi P, Andolfo I, et al, 2021. Recommendations for diagnosis and treatment of methemoglobinemia. American Journal of Hematology, 96(12):1666-1678.

Jabbour E, Cortes J, Ravandi F, et al, 2013. Targeted therapies in hematology and their impact on patient care: chronic and acute myeloid leukemia. Seminars in hematology, 50(4):271-283.

Jean M B, 冯璐杨, 2015. 亨廷顿舞蹈病: 教学性综述. 中国神经精神疾病杂志, 41(10): 577-591.

Jiang F, Xu LL, Chen GL, et al., 2020. Hematological Characteristics of Hb Constant Spring (HBA2: c.427T＞C) Carriers in Mainland China. Hemoglobin, 44(2):86-88.

Jorde L B, et al, 2016. Medical Genetics. 5th ed. Philadelphia: Elsevier.

Karch C M, Cruchage C, Goate A M., 2014. Alzheimer's disease genetics: from the bench to the clinic. Neuron, 83(1): 11-26.

Keitn L M, Persaud T N, Turchin M G, 2022. 胚胎学基础与出生缺陷——在我们出生前. 10 版. 施诚仁, 译. 上海: 世界图书出版公司.

Kim K S, Kim J, 2012. Disorders of Sex Development. Korean J Urol, 53(1): 1–8.

King M C, 2014. The race to clone BRCA1. Science, 343:1462–1465.

Kono T, Obata Y, Wu Q, et al, 2004. Birth of parthenogenetic mice that can develop to adulthood. Nature, 428(6985): 860-864.

Krause D S, Van Etten R A, 2005. Tyrosine kinases as targets for cancer therapy. The new England Journal of Medicine, 353: 172-187.

Lander E S, 2011. Initial impact of the sequencing of the human genome. Nature, 470(7333): 187-197.

Levy P A. 2009. Inborn errors of metabolism: part 1: overview. Pediatrics in Review, 30(4): 131-137.

Li Y, Zhang D, Jin W,et al, 2006. Mitochondrial aldehyde dehydrogenase-2 (*ALDH2*) Glu504Lys polymorphism contributes to the variation in efficacy of sublingual nitroglycerin. Journal of Clinical Investigation, 116(2):506-511.

Lidonnici M R, Scaramuzza S, Ferrari G, 2023. Gene therapy for hemoglobinopathies. Human Gene Therapy, 34(17-18):793-807.

Lupski J R, 2009. Genomic disorders ten years on. Genome medicine, 1(4):42.

Lynch H T, Snyder C, Casey M J, 2013. Hereditary ovarian and breast cancer: what have we learned? Annals of oncology, 24(8):83-95.

Mavaddat N, Peock S, Frost D, et al, 2013. Cancer risks for BRCA1 and BRCA2 mutation carriers. J Natl Cancer Inst, 105(11): 812-822.

Metcalfe K A, Kim-Sing C, Ghadirian P, et al, 2014. Health care provider recommendations for reducing cancer risks among women with a *BRCA1* or *BRCA2* mutation. Clinical genetics, 85(1): 21-30.

Mishmar D, Ruiz E, Golik P, et al, 2003. Natural selection shaped regional mtDNA variation in humans. Proceedings of the National Acadeny of Sciences of the United States of America, 100(1): 171-176.

Monroy N, López M, Cervantes A, et al, 2002. Microsatellite analysis in Turner syndrome: Parental origin of X chromosomes and possible mechanism of formation of abnormal chromosomes. American Journal of Medical Genetics, 107 (3): 181-189.

Moo W F, Jue D L, Johnson M H, et al, 1984. Structural and functional studies of hemoglobin Wayne: an elongated alpha-chain variant. Journal of Molecular Biology,180(4):1119-1140.

Moore K L, Persaud T, Torchia M G, et al, 2016. The Developing Human: Clinically Oriented Embryology, 10th ed. Philadelphia: Elsevier Inc.

Muncie H L Jr, Campbell J, 2009. Alpha and beta thalassemia. American Family Physician, 80(4): 123.

Netea M G, Wijmenga C, O'Neill L A J, 2012. Genetic variation in Toll-like receptors and disease susceptibility. Nature Immunology, 13(6):535-542.

Nussbaum R L, Mclnnes R R, Willard H F, 2016. Thompson & Thompson Genetics in Medicine. 8th ed. Philadelphia: Elsevier.

Popanda O, Schattenberg T, Phong C T, et al, 2004. Specific combinations of DNA repair gene variants and increased risk for non-small cell lung cancer. Carcinogenesis, 25(12): 2433-2441.

Rees D C, Williams T N, M T Gladwin, 2010. Sickle-cell disease. Lancet, 376: 2018-2031.

Rosias P R, Sijstermans J M, Theunissen P M, et al, 2001. Phenotypic variability of the cat eye syndrome. Case report and review of the literature. Genet Couns, 12(3): 273-282.

Smith W R, Valrie C R, Jaja C, et al, 2023. Precision, integrative medicine for pain management in sickle cell disease. Frontiers in Pain Research, 4:1279361.

Snustad D P, Simmons M J, 2011. 遗传学原理. 赵寿元, 乔守怡, 吴超群, 等, 译. 北京: 高等教育出版社, 674-704.

Song Y, Liu Y, Li Z, et al, 2022. SHR2554, an EZH2 inhibitor, in relapsed or refractory mature lymphoid neoplasms: a first-in-human, dose-escalation, dose-expansion, and clinical expansion phase 1 trial. Lancet Haematol, 9(7): 493-503.

Sreeja L, Syamala V S, Syamala V, et al, 2008. Prognostic importance of DNA repair gene polymorphisms of XRCC1 Arg399Gln and XPD Lys751Gln in lung cancer patients from lndia. J Cancer Res Clin Oncol, 134(6):645-652.

Suzuki T, Nagao A, 2011. Human mitochondrial tRNAs: biogenesis, function,structural aspects and diseases, Annual Review of Genetics, 45(1): 299-329.

Thomsen S F, 2015. Genetics of asthma: an introduction for the clinician. European clinical respiratory journal, 2:24643.

Turnpenny P D, ELLARD S, CLEAVER R, et al, 2021. Emery's Elemcnts of Medical Genetics and Genomics. 16th ed. Philadelphia: Elsevier.

Uematsu A, Yorifuji T, Muroi J, et al, 2002. Parental origin of normal X chromosomes in Turner syndrome patients with various karyotypes: Implications for the mechanism leading to generation of a 45,X karyotype. American Journal of Medical Genetics, 111(2): 134-139.

van S F J, Blau N, Harding C, et al, 2021. Phenylketonuria. Nature Reviews Disease Primers, 7(1): 36.

Weinberg R A, 2018. 癌生物学. 2 版. 詹启敏, 刘芝华, 译. 北京: 科学出版社.

Wise I A. Charchar F J, 2016.Epigenetic modifications in essential hypertension. International Journal of Molecular Sciences, 17(4):451.

Wu D, Chen Y, Xu C, et al, 2013. Characteristic face: a key indicator for direct diagnosis of 22q11.2 deletions in Chinese velocardiofacial syndrome patients. PLoS One, 8(1):e54404.

Yamamoto F, 2000. Molecular genetics of ABO. Vox Sang, 78(2):91-103.

Yang Y, Lou J W, Liu Y H, et al, 2014. Screening and diagnosis of Hb Quong Sze [HBA2: c.377T > C (or HBA1)] in a prenatal control program for thalassemia. Hemoglobin, 38(1):158-160.

Yin Z, Zhou B, He Q, et al, 2009. Association between polymorphisms in DNA repair genes and survival of non-smoking female patients with lung adenocarcinoma. BMC Cancer, 9(12):439-445.

Zai G, Robbins T W, Sahakian B J, et al, 2017. A review of molecular genetic studies of neurocognitive deficits in schizophrenia. Neuroscience and Biobehavioral Reviews, 72: 50-67.

索 引

W

X

Y

Z

其他